Reinhard Bein (Hrsg.)

Braunschweiger Persönlichkeiten des 20. Jahrhunderts

Band 3

Alles währt nur einen Tag:
Wer rühmt und wer gerühmt wird.
(Marc Aurel, römischer Kaiser)

döringDRUCK
Druckerei und Verlag GmbH

Bildlegenden

Titelseite:
Braunschweiger Burglöwe, Foto: Detlef Gumula, Warendorf.

Buch-Rückseite:
Emil Pottner, Die beiden Schwestern, Ölgemälde um 1900, veröffentlicht in „Westermanns Monatsheften", Braunschweig, Dezember 1920

Zeichen im Text:

↑ Kurzbiografie in diesem Buch

↑¹ Kurzbiografie im Band 1 der Reihe

↑² Kurzbiografie im Band 2 der Reihe

© 2015
Rechte bei den Autoren

ISBN-Nr. **978-3-925268-53-3**

Verlag und Herstellung:
döringDRUCK, Druckerei und Verlag GmbH
Koppestraße 6, 38104 Braunschweig
Tel. 0531-120 55 80, E-Mail: info@doeringdruck.de

Layout:
Reinhard Bein und Günther Langmaack

Braunschweiger Persönlichkeiten des 20. Jahrhunderts

aus der Stadt Braunschweig und den ehemaligen braunschweigischen Landkreisen

Band 3

Reinhard Bein
(Herausgeber, Verfasser)

Mit Beiträgen von:
Herbert Blume
Regina Blume
Brigitte Cherubim
Heinz Günther Halbeisen
Gudrun Hirschmann
Gilbert Holzgang
Wolfhart Klie
Dietrich Kuessner
Hans-Ulrich Ludewig
Dieter Miosge
Almuth Rohloff
Isabel Rohloff
Hans Schaper
Manfred Urnau
Susanne Weihmann

als Projektarbeit des
Arbeitskreis Andere Geschichte

Inhalt

01	Max Beckmann, Maler		6
02	Konrad Beste, Schriftsteller		12
03	Käthe Buchler, Fotografin		18
04	Axel von dem Bussche-Streithorst, Major, Diplomat		24
05	Anna Dräger-Mühlenpfordt, Malerin, Graphikerin		30
06	Felix Ehrlich, Biochemiker		36
07	Otto von Frisch, Zoologe, Museumsdirektor		40
08	Ernst Fritz Fürbringer, Schauspieler, Synchronsprecher		44
09	Hedwig Götze-Sievers, Sozialreformerin		48
10	Adolf Grimme, Pädagoge, Kultusminister		54
11	Alfred Grotjahn, Arzt, Sozialhygieniker		60
12	Heinrich Heidersberger, Fotograf		66
13	Carl Heimbs, Kaufmann, Kaffeehändler		72
14	Justus Herrenberger, Architekt		78
15	Bruno Heusinger, Gerichtspräsident		82
16	Kurd E. Heyne, Schauspieler, Regisseur, Kabarettist		88
17	Werner Hofmeister, Minister, Landtagspräsident		94
18	Friedrich Huch, Schriftsteller		98
19	Walter Kahn, Reisebürokaufmann, Märchenforscher		104
20	Katharina von Kardorff-Oheimb, MdR, Unternehmerin		110
21	Anna Klie, Schriftstellerin		116
22	Leo von König, Maler		122
23	Carl Koppe, Physiker, Geodät, Astronom		126
24	Otto Korfes, General, Archivar		132
25	Grete Krämer-Tschäbitz, Bildhauerin, Keramikerin		138
26	Helmut Krausnick, Historiker, Institutsleiter		142
27	Gerhard Kubetschek, Kaufmann, Unternehmer		146
28	John Landauer, Kaufmann, Wissenschaftler		150
29	Gustav Lehmann, Maler		156
30	Peter Lufft, Schriftsteller, Maler, Galerist		162
31	Ernst Mackensen, Ingenieur, Eisenbahnbauer		168

32	Georg Mackensen, Verleger	174
33	Rudolf Magnus, Pharmakologe, Physiologe	178
34	Wilhelm Mansfeld, Oberlandesgerichtspräsident	184
35	Erwin Marx, Hochschullehrer, Ingenieurwissenschaftler	188
36	Curt Mast, Kaufmann, Likörfabrikant, Politiker	192
37	Paul Jonas Meier, Archäologe, Museumsdirektor	198
38	August Merges, Schneider, MdN, Präsident	204
39	Willy Meyer, Kunstmaler	210
40	Hubert von Meyerinck, Schauspieler	216
41	Heinz Nordhoff, Ingenieur, Generaldirektor	222
42	Erich Paulun, Arzt, Gründungsvater der Tongji-Universität	228
43	Emil Pottner, Maler, Graphiker, Keramiker, Porzelliner	234
44	Norbert Regensburger, Rechtsanwalt, MdL	240
45	Margret Rettich, Kinderbuchautorin, Illustratorin	246
45	Rolf Rettich, Illustrator	246
46	Schlomo Rülf, Rabbiner, Lehrer, Autor	252
47	Albert Schneider, Maschinenbauer, Eisenbahnpionier	258
48	Eberhard Schomburg, Heilpädagoge	264
49	Emil Schomburg, Pfarrer, MdL, Amtsdirektor	268
50	Henriette Schrader-Breymann, Pädagogin	274
51	Hans Christoph-Seebohm, IHK-Präsident, Bundesminister	280
52	Emil Selenka, Zoologe, Hochschullehrer	284
54	Alfred Vierkandt, Soziologe	288
55	Anna Vorwerk, Pädagogin, Schulleiterin	296
56	Rudolf Wassermann, OLG-Präsident, Justizreformer	302
57	Ludwig Winter, Architekt, Stadtbaurat, Hochschullehrer	308

Anhang:
Die Autoren 314
Gesamtverzeichnis der Persönlichkeiten (Bände 1 und 2) 316
Abkürzungen 318

Max Beckmann
(12.02.1884 – 27.12.1950)
Maler

„Ich bin in Leipzig geboren, doch stamme ich nicht aus Sachsen, sondern aus Braunschweig. Meine Mutter stammt aus Königslutter im Braunschweigischen, mein Vater aus Helmstedt, ebenfalls Braunschweig, [...] woher die besonders gut renommierten Würste und Conserven kommen".[1] So stellte sich der neben Picasso wohl bedeutendste gegenständliche Maler des 20. Jahrhunderts dem Piper Verlag vor, betonte aber auch bei anderen Gelegenheiten immer wieder, dass er aus Braunschweig stamme.

Die Familien seiner Eltern Carl und Antoinette Berta Beckmann, geborene Düber, stammten seit Generationen aus dem Herzogtum Braunschweig-Wolfenbüttel. Ihre Vorfahren waren Bauern, Müller, Gastwirte, der Vater von Antoinette Brauereibesitzer und Stärkefabrikant. „Meine Eltern besaßen in Helmstedt eine Mühle, die mein Vater später verkaufte, um in Leipzig als Mühlenvertreter zu agieren".[2] 1878 war das Ehepaar mit seinen Kindern Margarethe und Richard nach Leipzig gezogen, wo Carl Beckmann sich als Getreidekaufmann niederließ und es in den Gründerjahren zu einem ansehnlichen Vermögen brachte; in Leipzig besaß er zwei Häuser.[3] Als Max 1884 geboren wurde, waren seine Geschwister 15 und 10 Jahre alt.

1895 zog die Familie nach Braunschweig zum Sandweg 1, heute Magnitorwall. In der Nähe wohnte Friedrich Beckmann, der Bruder von Carl. Er war ein erfolgreicher Maurermeister und „hat fast die ganze Adolphstraße gebaut."[4] Als der Vater 1895 starb, war Max 11 Jahre alt. Onkel Friedrich wurde sein Vormund. Über seinen Vater schrieb er, dass er „ein neugieriges, experimentelles Naturell gehabt habe" und „jeden Baum und jede Blume kannte", wie später auch Max, der bis zum Tag seines Todes bei täglichen Spaziergängen

Kraft und Anregungen zum Malen sammelte.[5] Zu seiner Mutter hatte er ein inniges, herzliches Verhältnis, das wegen seiner Schullaufbahn und dem Willen, Kunst zu studieren, nicht immer spannungsfrei war. Er wurde als Achtjähriger zur Schwester ins pommersche Falkenberg geschickt („eine gräßliche Zeit") und besuchte ab 1895 in Braunschweig die Jahnsche Realschule, die er bald wieder verlassen musste, denn „in Braunschweig zeichnete ich mich in der Schule dadurch aus, dass ich in den Stunden eine kleine Bilderfabrik errichtete, deren Erzeugnisse von Hand zu Hand gingen und manchen armen Mitsklaven auf einige Minuten über sein trübes Schicksal hinwegtäuschten."[6] Danach besuchte er kurz eine Schule in Königslutter, bevor er einem Pfarrer in Ahlshausen bei Gandersheim anvertraut wurde. Pfarrer Diestelmann „war ein harter, grausamer Mann, der die Kinder fast täglich ohne jeden Grund schlug", wie sein Enkel berichtete.[7] Außerdem war er geizig, und die Kinder bekamen nicht genug zu essen. Max schrieb Postkarten nach Hause, sodass seine Mutter davon Kenntnis erhielt. Sie schickte Pakete mit Apfelsinen, Ölsardinen, auch Bonbons.[8] Da Max in Ahlshausen wieder angefangen hatte zu zeichnen, „bezahlte" er seine ihm Modell sitzenden Mitschüler mit den Leckereien und hatte selbst wenig davon. Sein erstes Skizzenbuch von 1899-1900 enthält u.a. Porträtzeichnungen der Söhne Diestelmanns.[9] Als im Winter das Pfarrhaus auch noch schlecht geheizt wurde, riss Max aus: „In einer kalten Nacht, als alle schliefen, […] verließ er das Haus. Der Schnee lag kniehoch. […] Schließlich kam er am Bahnhof an."[10] Aber sein Geld reichte nur bis eine Station vor Braunschweig, und sein Angebot, das Restgeld mit Briefmarken zu begleichen, nahm der Schaffner nicht an. Nach erneut langem Fußmarsch fiel er seiner Mutter erschöpft in die Arme. Im Triptychon „Beginning" hat Beckmann 40 Jahre später seine Schulzeit verewigt: „Die rechte Tafel […] zeigt ein Schulzimmer. An der Wand hängen zwei Bilder, dazwischen steht der Gipsabguß eines römischen Porträts. Rechts, hinter dem Rücken des Lehrers, steht ein Globus. Unter den Knaben ist Max, er zeigt seinen Schulkameraden eine kleine Zeichnung, die er eben gemacht hat."[11]

Obwohl er erst 15 Jahre alt war, stand für ihn fest, dass er keine Schule mehr besuchen würde. Er wollte jetzt sofort Kunst studieren. Erst nach „gewaltigen Familienkrawallen" und nachdem er seinen Onkel Friedrich zu dessen Zufriedenheit porträtiert hatte, ließ man ihn ziehen.

Dass Max sich ernsthaft und zielstrebig auf das Kunststudium vorbereitete, belegt das oben erwähnte Skizzenbuch von 1899-1900. Es enthält zahlreiche Skizzen, die er im Frühjahr 1900 in Braunschweig anfertigte. Er zeichnete die unterschiedlichsten Menschentypen am Theater, im Stadtpark und immer wieder im Grünen Jäger. Am Hagenmarkt bzw. Kohlmarkt zeichnete er Männer bei der Arbeit und zu Hause seinen Bruder Richard und seine Mutter. Fast alle Skizzen sind mit Datum, Ortsangabe und Signatur versehen. Seine Vorliebe galt den Menschen, Landschaften malte er selten. Erhalten ist eine Ansicht vom Nussberg auf die Stadtsilhouette. Häufig kolorierte er die Bilder mit Buntstift oder Wasserfarben. Die Konturen verstärkte er von Anfang an mit schwarzer Tinte oder Wasserfarbe. Auch ein Wunschzettel zu Weihnachten 1899 ist im Skizzenbuch enthalten. Max wünschte sich Kunstbücher, u.a. über Raffael, Rembrandt, Michelangelo. Bücher über Vermeer, Tizian und Leonardo da Vinci wollte er sich von dem Geld verkaufter Schulbücher selber kaufen.[12]

Dann bewarb er sich in Dresden, fiel aber durch die Aufnahmeprüfung. Nach einer dreimonatigen Probezeit nahm ihn im Oktober 1900 die Großherzogliche Sächsische Kunstschule in Weimar auf. „Er machte rasende Fortschritte; wo er ging und stand, zeichnete er. Frithjof Smith war ein sehr guter Lehrer und sein einziger im Leben."[13] In der Naturklasse des Norwegers lernte Max sowohl seinen lebenslangen Freund Ugi Battenberg kennen als auch Minna Tube, seine erste Frau. Im Oktober 1903 verließ er gleichzeitig mit Minna Weimar mit einer Medaille für Malerei aus der Naturklasse.

Während der Akademiezeit kehrte er häufig nach Braunschweig zurück. Nachträglich legte er hier seine Mittlere Reife ab. Damals fiel auf, dass er für sein Alter über ungewöhnlich gute Literaturkenntnisse verfügte. Im Alter von 13 Jahren hatte er Jean Paul und Nietzsche gelesen, später Kant, Schopenhauer und immer auch zeitgenössische Literatur.

Von Weimar reiste er über Braunschweig nach Paris, wo er ein großes Atelier mietete, was auf finanzielle Unterstützung der Mutter hindeutet. Aber er wurde in Paris nicht heimisch. Ihm fehlte wohl Minna, die von ihrer Mutter, einer strengen Pfarrerswitwe, nicht die Erlaubnis bekam, mit ihm nach Paris zu gehen. Außerdem war der Impressionismus in Paris „en vogue". Diese Kunstrichtung schreckte ihn ab. „Meine größte Liebe schon 1903 war Cézanne und ist es auch geblieben, wenn ich an französische Meister denke".[14]

Mit Edvard Munch setzte er sich ebenfalls intensiv auseinander. Nach acht Monaten verließ er Paris. Den Sommer 1904 verbrachte er in Jütland am Meer. Es entstanden Strandlandschaften und Skizzen zu seinem ersten bedeutenden Werk „Junge Männer am Meer". Das Bild brachte ihm 1906 den Ehrenpreis des deutschen Künstlerbundes ein, verbunden mit einem Studienaufenthalt in der Villa Romana in Florenz.

Im Sommer 1906 starb seine Mutter nach schwerem Leiden an einer Krebserkrankung. Seine Trauer verarbeitete er in dem Bild „Große Sterbeszene". Im September heiratete er Minna Tube. Als 1908 ihr Sohn Peter geboren wurde, wohnten sie in Berlin-Hermsdorf, wo sie ein Haus mit Atelier gebaut hatten. Auf Max' Wunsch verzichtete Minna auf die Malerei und nahm Gesangsunterricht.

Ab 1909 war Beckmann in zahlreichen Ausstellungen im In- und Ausland vertreten. Paul Cassirer richtete im Jahr 1913 in Berlin eine Beckmann-Retrospektive aus. Eine erste Monografie erschien.

Nach Ausbruch des Ersten Weltkriegs meldete sich Beckmann freiwillig und kam als Krankenpfleger an die Ostfront. Ab Februar 1915 wurde er in Flandern als ausgebildeter Sanitäter eingesetzt, u.a. in einem Typhuslazarett und einem Operationssaal. Die Schrecken und das Gemetzel des Krieges führten bei ihm zu einem psychischen Zusammenbruch. Im Oktober beurlaubt, erfolgte 1917 die endgültige Entlassung aus dem Kriegsdienst. Die Kriegserlebnisse verarbeitete er in 110 grafischen Blättern, die 1917 in Berlin ausgestellt wurden.

Während des Krieges entfremdeten sich die Eheleute. Minna hatte eine erfolgreiche Karriere als Sopransängerin begonnen und konnte nicht ständig an seiner Seite sein. Die Ehe wurde 1925 geschieden.

In Wien lernte Beckmann 1924 bei einer befreundeten Familie Mathilde Kaulbach, gen. Quappi, kennen. Sie war 20 Jahre jünger als er und studierte Musik. Ein Jahr später heirateten sie und zogen nach Frankfurt, wo er seit 1925 das Meisteratelier an der vereinten Städelschule/Kunstgewerbeschule leitete. Sein Vertrag wurde, nachdem er 1929 mit dem Professorentitel ausgezeichnet worden war, bis 1935 verlängert. Die 1920er Jahre waren für Beckmann äußerst erfolgreich. Der Kunsthändler I. B. Neumann gab ihm 1925 einen Dreijahresvertrag, der ihm ein Jahresgehalt von 10.000 Reichsmark gegen den Alleinverkauf seiner Bilder sicherte. Zahlreiche Ehrungen, Preise und Ausstellungen im In- und Ausland wiesen ihn als großen Künstler aus. In Mannheim wurde 1928 sein Gesamtwerk mit über

100 Gemälden präsentiert. Neumann stellte ihn in New York aus, das Carnegie Institute in Pittsburgh 1929. In Braunschweig hatten der Lessingbund 1921 und die von **Otto Ralfs** [1] initiierte „Gesellschaft der Freunde junger Kunst" 1929 Druckgrafiken präsentiert. Nach seinem Tod wurden in Braunschweig 1953 Malerei und Grafik und 1976/77 noch einmal Grafik ausgestellt. 2001 zeigte das Herzog-Anton-Ulrich-Museum (HAUM) „Selbstbildnisse. Zeichnung und Druckgrafik." Und 2014/15 „Max Beckmann-Gesichter im Kriege. Graphische (Selbst-)Bildnisse 1914-1918".

Mit dem Aufstieg der Nationalsozialisten veränderte sich Beckmanns Lage grundlegend. Am 15. April 1933 wurde er in Frankfurt aus dem Amt entlassen. In der Berliner Nationalgalerie wurde sein Raum geschlossen. 1937 entfernten die Nationalsozialisten 28 Gemälde und 500 Papierarbeiten von ihm aus den Museen. In der Ausstellung „Entartete Kunst" wurden 10 Gemälde und 12 Drucke von ihm gezeigt. Nachdem Beckmann Hitlers Rede am 18. Juli zur Eröffnung der „Großen Kunstausstellung" in München gehört und miterlebt hatte, wie seine Kunst geächtet wurde, wanderte er mit seiner Frau am 19. Juli 1937 nach Amsterdam aus.

Bis 1947 lebte und arbeitete er dort. Obwohl das Leben in den besetzten Niederlanden belastend war und er erstmals finanzielle Sorgen hatte, zeitweise auch unter Depressionen litt, hatte er künstlerisch eine unglaublich produktive Phase: Es entstanden u.a. die Triptychen „Karneval", „Blinde Kuh" und „Schauspiel". Freude hatte er an Besuchen im Rembrandthaus, auch wenn er die „Nachtwache" langweilig fand im Vergleich zum „Familienportrait", das im HAUM hängt.[15] Berufungen nach Deutschland nach Ende des Krieges lehnte er ab. Er siedelte mit Quappi in die USA über und nahm zunächst für ein Jahr eine Stelle an der Art School der Washington University in St. Louis an. 1948 verließ er nach einigen Schwierigkeiten endgültig die Niederlande. Am 21. September nahm er einen neuen Lehrauftrag an der Brooklyn Museum Art School an.

Es folgten zahlreiche Ausstellungen in den USA. Beckmann erkannte, dass er mit seiner Kunst in den USA längst auf große Anerkennung gestoßen war. Als ihm 1950 die Washington University in St. Louis die Ehrendoktorwürde verlieh, sprach er von der „Krönung" nach den stürmischen Jahren zwischen 1930 und 1948.

Max Beckmann bewahrte sich zeit seines Lebens ein „ruhiges und brummiges niedersächsisches Temperament."[16] So unnahbar und furchteinflößend wie er sich in seinen Selbstbildnissen häufig darstellte, sei er nicht gewesen: „Ich hatte, offen gestanden, ein wenig Furcht vor dem bärbeißig dreinschauenden Prominenten, dessen mächtiger Körper und felsenhafter Kopf die Gesellschaft zu beherrschen schienen."[17] Bei näherer Bekanntschaft war er „ein warmer, großherziger, mitfühlender, im tiefsten verstehender Mensch mit einer bemerkenswerten Fähigkeit zur Freundschaft," sagten seine Freunde Lackner und Rathbones.[18]

„Bei keinem Maler sonst gehörten Selbstdarstellungen derart zum gesamten Schaffen wie bei Beckmann".[19] Schon als Jugendlicher, wie die Skizzenbücher bestätigen, ging es ihm um die Erkennung seines Selbst bzw. um die „rücksichtslose Erkenntnis und Kritik des eigenen Ichs", wie er später äußerte. Das Prinzip der bildnerischen Ironie beherrschte ebenfalls sein Werk. „Wie schon Bosch oder Breughel ist sie ihm weniger Stilmittel denn Sichtweise. Sie besteht in der komischen Konfrontation des Unvereinbaren, der irrealen Gestaltung des höchst Realen. Nur in solcher Vermittlung kann der Künstler das Unfassbare fassen. [...] Trocken brummt sein Witz; niedersächsischer Humor, wie er sich bei Wilhelm Busch, [...] Frank Wedekind, Kurt Schwitters und Ernst Jünger findet. [...] Ihr aller Ahn ist freilich der Schalk Till Eulenspiegel, der im Braunschweigischen geboren wurde".[20] Am 26. Dezember 1950 beendete Beckmann abends das Triptychon „Argonauten". Am Morgen des 27. machte er, wie so oft, einen Spaziergang in den Central Park, mit dem Ziel, im Metropolitan Museum die Ausstellung mit dem „Selbstbildnis in blauer Jacke", seinem letzten, zu besuchen. Auf dem Weg dorthin fiel er tot um.

(Gudrun Hirschmann)

⌂ **Touristischer Hinweis**: Braunschweig: Druckgrafiken und Zeichnungen im Herzog-Anton-Ulrich-Museum; Max-Beckmann-Platz; Königslutter: Geburtshaus der Mutter Am Markt 11.

◈ **Quellen- und Literaturangaben**: **1, 2, 6, 14, 16, 20** S. Reimertz, Max Beckmann, Hamburg 2008, S. 17, 18, 19, 26, 17, 10, 69; **3, 4** Max Beckmann. Von Angesicht zu Angesicht, Leipzig 2011, S. 236 f.; **5, 10, 11, 18** M.Q. Beckmann, Mein Leben mit Max Beckmann, München 1983, S. 56, 113, 162, 96; **7** BZ 18.4.2001, 28.2.2001; **8, 15** Max Beckmann, Briefe I, München 1993, S. 9, 59; **9, 12,** C. Zeiller, Max Beckmann. Die frühen Jahre, Weimar 2003, S. 280 ff., 284; **13, 17** Max Beckmann. Frühe Tagebücher, München 1985, S. 158, 59; **19** Max Beckmann. Selbstbildnisse. Zeichnung und Druckgraphik, Heidelberg 2000, S.10. **Foto**: Selbstbildnis von 1922, Herzog-Anton-Ulrich-Museum Braunschweig, Museumsfoto Claus Cordes.

Konrad Beste
(15.04.1890 – 24.12.1958)
Schriftsteller

„Im Süden des Lüneburger Landes, nahe der Braunschweigischen Grenze, ist ein erheblicher Rest schöner wilder Heide verblieben. Während nun die nördlichere Heide das Ziel aller jener Pilgerscharen geworden ist, die im Gefolge des großen Löns nach mythischen Bauernhöfen, knorrigen Geschlechtern mit tausendjähriger Geschichte und wohlverwahrten Familienbibeln suchen, ist dieser bescheidenere Anfang des Heidelandes unbeachtet von der nach Norden vorwärtsdrängenden Reiselust liegen geblieben. Wie denn auch, wenn sie von Braunschweig nach Hamburg fahren, wohl sagen: die Gegend läßt man links liegen. [...] Hier gibt es in der Tat nichts, was die Schaulust oder die Geschäfte herbeirufen könnte, es gibt keine Spur von Industrie, und Wacholder und Ödland gibt es anderswo ebensoviel."[1]

So beschreibt Konrad Beste den Schauplatz seines Romans „Das heidnische Dorf", der Mitte der 1920er Jahre angesiedelt ist und für den er 1932 den Lessing-Preis der Stadt Hamburg erhielt. Obwohl besonders in den letzten Jahrzehnten Städte, Dörfer und Landschaft in Deutschland einem rasanten Wandel unterlagen, passt die Beschreibung Bestes für die Region zwischen Gifhorn und Uelzen noch immer. Der Schriftsteller, der das Buch verfasste, war in den 1930er Jahren ein Bestsellerautor, der für die Reihe „Deutsche Hausbücherei" folgendermaßen gewürdigt wurde: „Konrad Beste zählt zu den charaktervollsten Dichtergestalten des heutigen Deutschlands. Er ist seinem seelisch-geistigen Ursprung nach aufs engste mit dem Boden und der Landschaft des deutschen Nordens verbunden, mit seinem dichterischen Schaffen aber längst in den gesamtdeutschen Lebensraum hineingewachsen. Sein Roman ‚Das heidnische Dorf' gehört zu den ‚Ersten hundert Büchern für nationalsozialistische Büchereien.'"
War der erfolgreiche Autor Nazi?

Der beklemmend düsteren Schilderung der traditionsgebundenen dumpfen Heidebauern mit ihrer Neigung zu Spuk und Aberglaube folgte 1934 der heitere Roman „Das vergnügliche Leben der Doktorin Löhnefink". Noch 1942, als die Zuteilung von Papier streng limitiert war, durfte er als Kriegsausgabe gedruckt werden: Die Landarztfamilie Löhnefink verschlägt es anfangs der 1920er Jahre in das abgelegene Dorf Hunzen bei Eschershausen, wo sie den Vorurteilen der Bauern ausgeliefert ist. Dr. Löhnefink möchte an einem Fortbildungskurs an der Universität Göttingen teilnehmen und benötigt für die Zwischenzeit einen Vertreter. Der erste, Dr. Schädlich, erweist sich als unbrauchbarer Hypochonder, der zweite, der kränkelnde Dr. Scholz, als Querulant und Verkünder der Weltrevolution – also auch untauglich. Als Frau Löhnefink in der Gastwirtschaft des Dorfes dem Wirt ihr Leid klagt, bietet ihr der zuhörende Gast Katzenstein einen Dr. Blumenthal als zuverlässigen Vertreter an. Katzenstein sagt: „Ich werde Ihnen liefern den Herrn per sofort, gnädige Frau!" Wer von den Lesern bei der Namensnennung noch Zweifel hatte, dass hier von Juden die Rede war, erkannte es an der karikierenden Wortstellung – jüdeln nannten es die Zeitgenossen. Der Zensor kannte die Verhältnisse im Landkreis Holzminden wohl nicht, sonst wäre ihm Bestes Anspielung auf den Namen des Kommerzienrats Katzenstein aufgefallen. Der war ein geschätzter Ehrenbürger der Stadt Holzminden und hatte auf Druck des Nazi-Bürgermeisters diese Auszeichnung 1933 an Hindenburg abgeben müssen.

Die Nazis überließen nichts dem Zufall, sondern griffen konsequent in das Leben ihrer Volksgenossen ein. Sie machten Autoren zur Unperson, indem sie sie aus rassischen oder politischen Gründen nicht in die Reichsschrifttumskammer aufnahmen. Veröffentlichte Bücher hatten aber die Zensur durchlaufen. Man darf folglich sicher sein, dass schriftstellerische Werke, die zur Veröffentlichung freigegeben waren, als rassisch und politisch unbedenklich eingestuft worden sind.

Hatte man hier etwas übersehen? Auch die Schilderung Dr. Blumenthals hätte die Zensoren stutzig machen müssen: kompetent, liebenswürdig, gradlinig. „Herr Dr. Blumenthal erwies sich als ein junger Mann von außerordentlich robuster Gesundheit, er hatte keine Angst vor unserem [altersschwachen] Motorrade und bewältigte die Schwierigkeiten, die ihm Wetter und [fast unpassierbare] Wege bereiteten. [...] Wenn er des Nachts verlangt wurde, erhob er sich ohne Murren und war prompt zur Stelle."[2]

Einen Juden also würdigt Beste hier 1934 als vorbildlichen Arzt, während die beiden „Arier" eine ganz schlechte Figur machen. Diese Kritik am Antisemitismus und der massiven Judenverfolgung, die sofort mit der Machtübernahme der Nazis 1933 einsetzte, verriet kein Leser den Zensoren, sodass der Roman noch 1942 im 161.–170. Tausend bei Westermann in Braunschweig erscheinen konnte.

Konrad Bestes Erzählungen und Romane, die in der Südheide oder im braunschweigischen Weserkreis spielen, erzielten mit ihrer Art realistischen Erzählens in der NS-Zeit und in den Nachkriegsjahren die größten Erfolge. Der Autor wurde 1890 in Wendeburg im früheren Landkreis Braunschweig geboren. Sein Großvater Dr. Wilhelm Beste (1817–1889) war Pfarrer, General- und Stadtsuperintendent in Braunschweig (zuständig für die Schulaufsicht an den Volksschulen) und Förderer der „Heidenmission". Seine Landeskirchengeschichte von 1889 war bis 2010 das einzige Standardwerk für diese Region. Konrads Vater Dr. Paul Beste war Pfarrer in Wendeburg, dann Superintendent in Stadtoldendorf und schließlich in der gleichen Position in Wolfenbüttel. In einer veröffentlichten Epistelpredigt aus seiner Zeit in Wendeburg sagte er: „Es ist meines Herzens Freude, daß dieses Gotteshaus allsonntäglich die Sammelstätte großer Scharen ist, die aus den lieben drei Dörfern [Wendeburg, Wendezelle und Zweidorf] zusammenströmen. Es ist ein erfreulicher und erhebender Anblick, wenn am Sonntag Morgen die drei Züge zur Kirche wallen."[3] Ein fröhlicher Gottesmann war er also.

Konrad wuchs in behüteten Verhältnissen auf, besuchte das Gymnasium Große Schule in Wolfenbüttel, studierte nach dem Abitur 1909 in Berlin, Heidelberg und München Literaturgeschichte und Philosophie und wurde 1914 mit einer Dissertation über Franz Grillparzer promoviert. Als frisch gebackener Doktor zog der Patriot in den Ersten Weltkrieg. Nach Kriegsende folgten Jahre der Orientierungslosigkeit in der ihm fremden Stadt Berlin: „Es war eine bittere Zeit, die ich in grenzenloser Duldsamkeit und grenzenloser Verachtung im Hause meiner früheren Studentenmutter, 107 Treppenstufen hoch, ohne Licht und Gas, ohne Heizung und Teppich verbrachte. Aber ich hatte den Krieg als Frontsoldat überstanden, so überstand ich auch in den hektischen Nachkriegsjahren die seelenlose Maschine Berlin, die mich zu einem willenlosen Rädchen zu machen drohte."[4] In diesen Jahren als Filmdramaturg und Pressechef bei der UFA entstanden seine ersten Romane. „Grummet" (1923), „Geld und Erde" (1925) und „Preisroman" (1927), eine moderne Taugenichtsgeschichte. Für ein paar Jahre lebte er nach der Abkehr vom „Moloch Berlin" im Heidedorf Willsche bei Gifhorn, wo er das Material für seinen Roman „Das heidnische Dorf" sammelte, ehe er 1931 nach dem Tode seiner ersten Frau nach Hamburg-Wandsbek übersiedelte. Es folgten Romane, Erzählungen und Theaterstücke, die ihn zu einem der bekanntesten Erzähler und Dramatiker der damaligen Zeit machten. Die zum Teil düsteren Werke vor 1933 wurden von solchen mit leichter Hand geschriebenen, humorvollen abgelöst. Sie wurden seine populärsten Bücher: geistreich, fast unpolitisch, heiter. Sie passten gut in eine Zeit, in der die Zeitgenossen genötigt waren, sich nach Feierabend z.B. mit launig unbeschwerter Lektüre von der anstrengenden Diktatur zu erholen. Und die Nationalsozialisten gaben dem Volk gern „Brot und Spiele", denn sie wussten, dass es nötig war, die Menschen zu zerstreuen, damit sie ihnen ohne zu murren folgten.

Aber die Nazis versuchten vergebens, Beste für propagandistische Literaturaufträge zu gewinnen. „Er bewahrte sich durch andere laufende Verpflichtungen und Aufträge davor."[5] Der Christ und Humanist hielt Abstand zu den braunen Machthabern.

1937 heiratete er Annemarie, die Tochter seiner Wirtin in Hamburg, und zog mit ihr in das 1938 errichtete Fachwerkhaus am Rande von Stadtoldendorf, genannt das Sperberhaus. „In Bestes Domizil droben am Berghang auf dem Kellberg in Stadtoldendorf mit dem weiten Blick zu den Bergen des Solling hielt er ein gastfreundliches Haus. Hier war eine Stätte der Geselligkeit, Kunst und Kultur, der lebendigen geistigen Auseinandersetzung, tiefgründigen Gespräche und anregenden Diskussionen, die alle Gäste bereicherten. Beste nahm sich Zeit für das Leben und die Menschen, die ihm begegneten. Er verrichtete seine Arbeit nicht in der Hetze des Tages, sondern in der Beschaulichkeit, und er brachte in dieser Beschaulichkeit sehr viel zustande."[6] Dieses gesellige Beisammensein war das Grundmuster seiner Löhnefink-Romane. Und Beste benutzte die Schilderungen, Arabesken, Anekdoten seiner Gäste, um seinem Stoff Farbe zu geben. Fast niemand beschwerte sich bei ihm darüber.

„Konrad Beste war trotz seiner robust und kraftvoll wirkenden äußeren Erscheinung ein feinsinniger, äußerst sensitiver Mensch, ein Mensch von tiefer Religiosität, die ihm ein ‚höheres Leben, die Sammlung der Seele' möglich machte. Die körperlichen Beschwerden, unter denen er zeitlebens zu leiden hatte, vermochten seinen geistigen

Flug nicht zu hemmen. Sein lebhafter Geist, der allem Schönen, vorzugsweise der Musik zugewandt war, blieb bis ans Lebensende den Problemen menschlichen Seins offen, des Menschen, den er in Verbindung mit Welt und Natur und in seiner Bindung zu übersinnlichen Mächten und zu Gott sah. Er hatte den Blick, hinter die Dinge zu schauen und überraschte stets aufs Neue durch die Ansichten, Einsichten und Erkenntnisse des wirklichen und über die Tagesereignisse hinausreichenden wichtigen Lebens."[7]

Obwohl die Alliierten die Werke des unbelasteten Beste 1945 als die ersten eines niedersächsischen Schriftstellers wieder freigaben, reichte seine Kraft nur noch für einen letzten Roman: den dritten Band seiner Löhnefink-Bücher mit dem Titel „Löhnefinks leben noch!".

Soll man dem Autor zürnen, dass in diesem Buch über das Kriegsende 1945 und die Monate danach keine schuldbeladenen Nazis vorkommen? Da er Grete Löhnefink erzählen lässt, eine Frau mit Helfersyndrom, die das Böse überspielt und das menschliche Leid mit Güte und Hilfe zu überwinden sucht, entzieht er sich dieser Notwendigkeit. Alle Schicksalsschläge, die ihr widerfahren, stärken ihr Gottvertrauen und ihren Glauben an das Gute im Menschen:

Im Mai 1945 bekommt sie Besuch von Carl Wilhelm Gerding, eigentlich Carl Wilhelm Gerberding, Eigentümer der Holzmindener Duftstofffirma Dragoco (etliche Figuren der Handlung haben reale Vorbilder), und dessen Frau Ilse, einer Freundin Gretes. Sie bringen ihren aus der Kriegsgefangenschaft entlassenen Sohn mit und erklären, Gretes Sohn würde wohl noch mit langer Zwangsarbeit in Frankreich rechnen müssen. Grete beklagt im Stillen die Herzlosigkeit ihrer Freundin: „Direkt vor dem Fenster stand Gerdings schäbiges Wägelchen, in der Versunkenheit meines Schmerzes musterte ich mit quälender Eindringlichkeit die vielen Mängel dieses Fahrzeugs – die verbeulten Kotflügel, den Sprung in der Fensterscheibe, die abgefahrenen Reifen ohne Profile, die rostigen, verbogenen Stoßstangen. Daß diesem Wagen nun noch ein anderer Insasse entstieg, kam mir zunächst kaum zu Bewußtsein. Was hätte mich an ihm auch sonderlich fesseln sollen – es war eben ein junger Soldat in abgetragener Uniform, wie ich sie in den letzten Wochen zu Hunderten gesehen hatte. Er drehte mir den Rücken zu, aber wie er jetzt sein Käppi abnahm und mit einer weitausholenden Bewegung durch sein langes blondes Haar strich, durchzuckte es mich plötzlich. Ich riß das Fenster auf und wollte einen Namen schreien, aber da hatte er sich schon umgewandt und kam auf mich zugestürzt – es war mein Sohn."[8] Der Sohn selbst war der Urheber dieses abgeschmackten Spaßes. Aber Grete verzieh ihm sofort mit einem mütterlichen Kuss.

Im Nachwort zum zweiten Band schrieb Konrad Beste: „Immer wenn der Dichter Konrad in Hunzen [Wenzen] einkehrte, war es so, daß die Doktorin mit einer Fülle ergötzlicher Geschichten aufwarten konnte, die sie inzwischen erlebt und erlauscht hatte."[9] Dass daraus ein Buch und später weitere werden würden, wussten die Vorbilder, sein Jugendfreund und dessen Ehefrau, natürlich. So muss man es wohl als Spiel im Spiel verstehen, wenn Beste die erzählende Figur Doktorin Löhnefink im zweiten Band der Trilogie über den Dichter Konrad sagen lässt: „In seinem Streben nach ‚innerlich notwendiger Abrundung von Schicksalen' lügt er das Blaue vom Himmel herunter. Das Ganze soll ich dann als ‚Das vergnügliche Leben der Doktorin Löhnefink' erzählt haben! […] Wochenlang habe ich mich damals weder in Hunzen noch in Einbeck auf der Straße zeigen können."[10] Dem Autor machte es Spaß, wenn sich Fiktion mit Wirklichkeit vermischte.

Konrad Beste starb am Heiligabend 1958 an einem Gehirnschlag. Er war ein Menschenfreund, der nicht predigen und keine Botschaft verkünden wollte, sondern sich darauf beschränkte, dem Leben nachzuspüren und es ohne Zorn und Eifer, aber gelegentlich mit satirischer Überzeichnung abzubilden. (Reinhard Bein)

⌂ **Touristischer Hinweis:** Gedenktafel am Pfarrhaus, Schulstraße 9, in Wendeburg. Friedhof Wolfenbüttel, Lindener Straße, Abt.18, rechts hinter der Kapelle. Gedenkstein vor dem Sperberhaus an der Kellbergstraße in Stadtoldendorf. In Wendeburg, Schöppenstedt, Stadtoldendorf, Wolfenbüttel sowie Einbeck und Gifhorn Würdigung durch Straßenbenennungen.

❖ **Quellen- und Literaturangaben**: **1** K. Beste, Das heidnische Dorf, Dt. Hausbücherei, o.J., S. 5; **2** K. Beste, Das vergnügliche Leben der Doktorin Löhnefink, Westermann Br. 1942, S. 154 ff.; **3** Paul Beste, Licht auf dem Wege, Br. 1891, S. 5; **4, 5, 6** BZ 12.4.1990; **7** Bernd Füllner, 1281-1981 700 Jahre Stadtrechte Stadtoldendorf, Stadtoldendorf 1981. Darin: Herbert Boehnhardt, K. Beste; **8** K. Beste, Löhnefinks leben noch!, Holzminden 1950, S. 184; **9, 10** K. Beste, Die drei Esel der Doktorin Löhnefink, Dt. Buchgemeinschaft Darmstadt 1960 – Laut Adressbuch des Kreises Gandersheim hieß der Arzt in Wenzen Dr. Wilhelm Sievers. **Foto**: Gemälde von Otto Bücher im Pfarrhaus Wendeburg (Foto: Gudrun Hirschmann).

Käthe Buchler
(11.10.1876 – 14.09.1930)
Fotografin

An der Buchler-Villa (erbaut 1898) am Löwenwall 19 ist die Gedenktafel für Käthe Buchler zu finden, in diesem imposanten Haus hatte sie seit 1901 mit ihrer Familie gewohnt. Geboren wurde sie als Katharina von Rhamm, Tochter des Braunschweiger Landsyndikus und Staatsrechtlers Albert von Rhamm (Mitglied der Ehrlichen Kleiderseller). Mit zwei Schwestern und einem Bruder wuchs sie wohlbehütet im Landschaftsgebäude an der Martinikirche auf. Sie heiratete schon 1895 als 19-Jährige Walther Friedrich Theodor Buchler (1863-1929), den Inhaber der Chininfabrik Braunschweig Buchler & Co. Ihre Tochter Ellen wurde 1896 geboren, ihr Sohn Walther 1900; die Familie wohnte zunächst am Petritorwall. Sie führte einen großen, gastfreundlichen Haushalt, in dem auch die später berühmten Schauspieler **Hubert von Meyerinck** ↑ und **Ernst Fritz Fürbringer** ↑ als Jugendliche verkehrten. Ihrer gesellschaftlichen Stellung entsprechend gab sie Abendgesellschaften, beschäftigte eine Kinderfrau und ermöglichte ihren Kindern Reitunterricht. Bodo von Dewitz beschreibt sie als „begabt, musikalisch, begeisterungs- und arbeitsfreudig, dabei witzig, hart gegen sich selbst und von ernster schlichter Natürlichkeit".[1]

Schon als junges Mädchen litt sie unter Schwerhörigkeit, was sie dazu veranlasste, sich zeit ihres Lebens für ihre Leidensgenossen einzusetzen und 1929 im Dom eine moderne Höranlage installieren zu lassen. Sie soll den Domprediger gefragt haben: „Und was mache ich, wenn die ausfällt?" Seinen nicht ganz ernst gemeinten Rat, sie solle dann ihren Schirm aufspannen, hat sie eines Tages tatsächlich befolgt.[2] Inge Buchler (1915-2009), ihre Schwiegertochter, vermutete, dass Käthe Buchler im Malen, Aquarellieren und schließlich und hauptsächlich im Fotografieren einen Ausgleich zu ihrem eingeschränkten Hörsinn finden wollte.[3] Dazu kam, dass die Familie Buchler verwandtschaftliche Beziehungen zur Familie **Voigtländer** ↑¹ hatte. Friedrich Ritter von Voigtländer, der Schwager Walther Buchlers, soll nach seinen morgendlichen Ausritten öfter an der Villa am Löwenwall gehalten und Käthe Buchler seine neuesten Kamera-Modelle vorgestellt haben.

Mit dem Fotografieren begann sie 1901 als Autodidaktin, reiste dann aber regelmäßig nach Berlin, wo sie ihre Kenntnisse durch Kurse am Lette-Haus vertiefte. Der Lette-Verein war ein Verein zur Förderung der Erwerbsfähigkeit des weiblichen Geschlechts und wurde 1866 von Wilhelm Adolf Lette gegründet. Seit 1890 gab es eine Photographische Lehranstalt, die damals die einzige Institution war, an der sich Frauen als Fotografinnen ausbilden lassen konnten (vgl. **Lette Valeska** ↑²). Weitere Anregungen und technische Informationen bekam sie von dem Braunschweiger Berufsfotografen Wilhelm Müller (Am Damm 6), von dem sie auch ihr fotografisches Material bezog. Sie durfte gelegentlich sein Atelier benutzen und fotografierte dort z.B. ihre Kinder Walther und Ellen in einem Boot vor einer gemalten Landschaftskulisse. In ihrer Villa am Löwenwall richtete sie sich eine eigene Dunkelkammer ein, wo sie ihre Bilder selbst entwickelte.

Überhaupt waren Familie und Freunde zunächst die Hauptmotive ihrer Aufnahmen. Die Kinder waren nicht immer begeistert, als „Modelle" dienen zu müssen. Häufig ertönte der Ruf „Fotomachen" oder auch, in Käthe Buchlers Spaßsprache, „Photen".[4] Dann rannten die Kinder in die letzten Winkel der Villa, um sich zu verstecken. Wegen der langen Belichtungszeiten mussten sie nämlich mindestens drei Minuten ganz stillhalten.[5] Ein Foto von 1904 zeigt dann auch den ungnädigen, weinenden Sohn Walther.

Die Aufnahmen entstanden sowohl in Innenräumen als auch im Freien, beim Spielen, bei Ausflügen und Reisen an die Ostsee, nach Holland, England und Frankreich. Die Erwachsenen wurden häufig vor einer hellgrauen Leinwand porträtiert, die im Haus oder im Garten als neutraler Hintergrund diente. Bemerkenswert ist, dass Fotos zu traditionellen Anlässen wie Geburtstagen, Taufen oder Konfirmationen fehlen.

Ab 1906 beschränkte sich Käthe Buchler nicht mehr auf das Private, sondern fotografierte auch das Straßen- und Marktgeschehen in Braunschweig. Ihre ersten farbigen Aufnahmen entstanden 1910. Sie benutzte dazu das Autochromverfahren, das von den Gebrüdern Lumière aus Lyon entwickelt worden war. Etwa 100 Autochromplatten sind erhalten. Die Motive dieser Aufnahmen sind überwiegend Blumenvasen, blühende Bäume und Blumen in freier Natur, die durch ihre Farbigkeit beeindrucken. Käthe Buchlers frühe Beschäftigung mit der Malerei und dem Aquarellieren spielte hier wohl eine Rolle. Am 27. Oktober 1913 wurden diese Farbbilder aus Braunschweig und Umgebung „Zum Besten des Rettungshauses" gezeigt. Schwarz-Weiß-Fotos aus dem Rettungshaus waren Käthe Buchlers erste größere Arbeit für einen öffentlichen Zweck. Das Rettungshaus war eine Einrichtung für unverheiratete Mütter und ihre Kinder, und die Projektion der Bilder sollte für finanzielle Unterstützung werben. Käthe Buchler führte sie selbst bei wohltätigen Veranstaltungen vor, so im Oktober und November 1913 im Altstadtrathaus und in der Magnigemeinde. Alle diese Fotos entstanden nicht spontan, sondern wurden „inszeniert". Die Kinder standen in festgelegten Positionen, die Bildkomposition (Goldener Schnitt, Parallelen, Diagonalen) war wichtig. Die Kinder trugen „gute" Kleidung und ihre Tätigkeiten wie Arbeiten, Sport und Musizieren sollten den Erfolg öffentlicher Erziehungsarbeit zeigen.

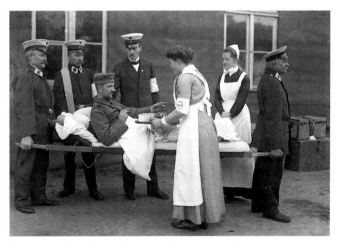

Versorgung eines Verwundeten am Bahnhof Braunschweig.

Die Auswirkungen des Ersten Weltkriegs beeinflussten ab 1914 die Arbeit Käthe Buchlers. Bis 1917 entstanden die meisten ihrer Fotos überhaupt, sie wurden ausschließlich in Braunschweig gemacht und immer wieder vorgeführt, um für Spenden zu werben.

Käthe Buchler gehörte dem Roten Kreuz, dem Braunschweiger Frauenverein und der Ortsgruppe des Allgemeinen Deutschen Frauenvereins an und wollte mit ihren Aufnahmen die Arbeit dieser Vereine dokumentieren. Zahlreiche Fotos zeigen Szenen an den Lazarettzügen im Bahnhof, wo die Verwundeten verpflegt und ärztlich versorgt wurden. Auch Käthe Buchlers Tochter Ellen ist zu sehen, wie sie den Soldaten Getränke reicht.

Käthe Buchler besuchte ebenfalls die zahlreichen Lazarette der Stadt. Braunschweig hatte rund 25 Lazarette eingerichtet und nannte sich „Lazarettstadt". Die Arbeit dort gehörte zu den zentralen Aufgaben des Roten Kreuzes. Als Mitglied hatte Käthe Buchler Zutritt und bildete die Arbeit der Rot-Kreuz-Schwestern und Ärzte ab. Verwundete und Kriegsgefangene wurden fotografiert, oft auf eigenen Wunsch, um ihren Familien zu Hause ein Lebenszeichen geben zu können. Auch bei diesen Aufnahmen ist die bewusste Bildkomposition zu erkennen, das Arrangieren zu einem „menschlichen Stillleben".[6]

Kinder bringen Abfälle zur Abfallverwertungsgesellschaft, Eiermarkt 3.

In ganz Deutschland gezeigt wurden ihre Fotos der AVG (Abfall-Verwertungs-Gesellschaft), um für diese Art Tätigkeit zu werben. Nicht nur Erwachsene, auch rund 500 Kinder wurden angehalten, Rohstoffe zur Wiederverwertung zu sammeln, und ganze Berge von alten Büchsen, Schuhen, Papier, Glasflaschen wurden zum Hof der AVG am Eiermarkt gebracht. Die fleißigsten Kinder erhielten als Prämie ein Kaninchen.

Verladerin am Bahnhof Braunschweig.

In den ersten Kriegsjahren erfolgte der Arbeitseinsatz von Frauen auf freiwilliger Basis und war begrenzt auf die allgemeine Krankenpflege, Fürsorge- und Versorgungsarbeiten. Zunehmend mussten die Frauen dann die Lücken füllen, die sich durch die kriegsbedingte Abwesenheit der Männer gebildet hatten. So entstand eine Serie von Bildern, die Frauen in Männerberufen zeigen. Sie verrichteten vor allem ungelernte Arbeit als Schaffnerin, Straßenbahnfahrerin, Milchkutscherin, beim Lastentragen, bei der Straßenreinigung, der Zugabfertigung und der Postzustellung. Käthe Buchler fotografierte sie immer mit den Gegenständen ihrer Arbeit oder bei der Ausübung einzelner Tätigkeiten. Die Haltungen der Frauen waren nicht spontan und natürlich, sondern wurden bewusst gewählt, „gestellt".

Alle im Krieg aufgenommenen Bilder Käthe Buchlers zeigen nicht die Front oder eine rein soldatische Umgebung. Sie dokumentieren vielmehr das karitative und soziale Engagement der Bürgerschaft Braunschweigs, einer Stadt, die nicht an der Front lag. Käthe Buchler gehörte selbst zu dieser Schicht, und ihre Fotos bezeugen, wie dieses Bürgertum sich selbst sehen wollte und fotografieren ließ.

Nach dem Krieg entstanden zahlreiche Architekturaufnahmen, hauptsächlich aber beschäftigte sie sich wieder mit ihrem familiären Umfeld. Noch sehr jung, mit 54 Jahren, verstarb sie am 14. September 1930 überraschend an einem Herzinfarkt. Sie war in der Badeanstalt ausgeglitten, hatte sich einen doppelten Knöchelbruch zugezogen und wurde in der Privatklinik von Dr. Hauswaldt behandelt. Sie wollte unbedingt an der an diesem Sonntag stattfindenden Wahl teilnehmen und gegen die Nationalsozialisten stimmen. Trotz ihrer Krankheit ließ sie sich mit dem Auto in das Wahllokal, die Schule am Prinzenweg, bringen. „Die kranke Frau saß auf einem Stuhl und war gerade im Begriff, den Wahlumschlag zu überreichen, als sie vom Herzschlag betroffen ist".[7]

Ihr Nachlass war lange auf dem Speicher der Villa am Löwenwall in Holzkästen in einem Schrank aufbewahrt worden, bis er von dem Kunsthistoriker Bodo von Dewitz für eine erste Ausstellung im Städtischen Museum 1980 gesichtet, geordnet und bearbeitet wurde. Es handelt sich dabei um rund 2.000 unterschiedliche Aufnahmen, darunter 1.020 Bromsilbergelatinenegative auf Glas und Film, 250 Autochrome-Glasplatten, 500 Kontaktabzüge im Format 9x12 cm und 330 schwarzweiße Diapositive auf Glas. 2003 übergaben ihre Schwiegertochter Inge Buchler und deren Kinder Thomas und Sabine den Nachlass dem Braunschweiger Museum für Photographie, Ausstellungen folgten 2006 und 2012.

Das Fotografieren war, wie ihre Enkelin Sabine Solf schreibt, für Käthe Buchler nicht nur „ein aus Langeweile geborener Zeitvertreib einer Dame der Gesellschaft. […] Sie hatte einen klaren Blick nicht nur für den ästhetischen, sondern vor allem für den sozialen Aspekt einer Situation".[8] (Brigitte Cherubim)

⌂ **Touristischer Hinweis**: Buchler-Villa am Löwenwall 19. Ihre Grabstätte befindet sich auf dem Hauptfriedhof, Abteilung 4.

❖ **Quellen- und Literaturangaben**: **1, 6** Bodo von Dewitz, Photographien aus Braunschweig 1901-1918 von Käthe Buchler, geb. von Rhamm, Arbeitsberichte aus dem Städtischen Museum 37, Braunschweig 1980, S. 3, 150; **2, 3, 5**, Andreas Berger, Reißaus vor Tantes Kamera. Nachlass der Foto-Pionierin Käthe Buchler geht an Braunschweigs Foto-Museum. In: BZ vom 19.11.2003; **4, 7, 8** [Katalog] Käthe Buchler. Fotografien zwischen Idyll und Heimatfront, Braunschweig 2012, S. 191, 178, 192.

Fotos: 1-4 Museum für Photographie, Bestände im Stadtarchiv Braunschweig (Signatur G IX 105).

Axel von dem Bussche-Streithorst
(20.04.1919 – 26.01.1993)
Major, Diplomat, Schulleiter, Widerstandskämpfer

„Weil er es nicht mehr hören kann, darf man es ja aussprechen, daß er ein Held war. Wenn wir denn als Helden den definieren dürfen, der unter Hintansetzung seiner Person bis hin zur Opferung seines Lebens Menschen um des Guten in der Welt willen zu retten gewillt ist. Ein Held, anderen Widerstandskämpfern gegen Hitler und die Seinen in Gesinnung, Geist und Empfindung aufrichtig und in Freundschaft verbunden – und doch von ihnen insofern abgesetzt, als sie sich bei ihrem Tun immer noch die Chance des persönlichen Gelingens, eines möglichen Überlebens ausrechnen durften (die den meisten von ihnen nicht gewährt wurde). Er aber wußte, daß die Tötung des anderen den eigenen Tod zur unabdingbaren Voraussetzung und Folge haben werde."[1] So würdigte Peter Wapnewski, Universitätsprofessor und langjähriger Rektor des Wissenschaftskollegs Berlin, Axel von dem Bussche.

Die alteingesessene niedersächsische, welfisch gesinnte Adelsfamilie von dem Bussche bewirtschaftete seit sieben Generationen das Fideikomissgut Streithorst bei Thale. Axel Freiherr von dem Bussche wurde 1919 in Braunschweig geboren, an dem Tag im April, der später eine Weile „Führers Geburtstag" hieß, in der Stadt, die Hitler zum braunschweigischen und damit zum deutschen Staatsbürger machte. Der Vater Georg Freiherr von dem Bussche war weit in der Welt herumgekommen, und so passt es gut, dass er die dänische Gutsbesitzertochter Jenny Lassen heiratete. Das Ehepaar lebte mit den drei Kindern, zwei Söhnen und einer Tochter, auf dem Gut am Harzrand. In Thale besuchte Axel zunächst die Volksschule. Nach der Trennung der Eltern beendete er seine Volksschulzeit in München und war anschließend im Internat im oberbayerischen Neubeuern untergebracht, wo er 1937 die Reifeprüfung bestand. Als dreizehnjähriger Internatsschüler trat er in die Hitlerjugend ein, beantragte dann aber mit 16 Jahren, seine Mitgliedschaft ruhen zu lassen wegen der Vorbereitungen auf das Abitur, was nicht der Wahrheit entsprach – es war ihm zu langweilig geworden. Die Ferien verbrachte er meistens in Dänemark bei der Familie seiner Mutter. Im Erwachsenenalter unterhielt er intensiven Kontakt zu seinem Cousin Frants Lassen, dessen älterer Bruder Anders in Diensten der britischen Armee 1945 im Kampf gegen Deutschland gefallen ist.

Vom Anfang April bis Ende Oktober 1937 kam Axel v. d. Bussche seiner Arbeitsdienstpflicht in Rosenheim nach und trat anschließend in die erste Kompanie des Infanterie-Regiments Nr. 9 in Potsdam ein, das in der Tradition des früheren Garderegiments zu Fuß und der „Langen Kerls" stand, durchaus passend für einen 1,96 Meter groß gewachsenen jungen Mann. Seine erste Meldung machte der damals gerade 18-jährige bei dem Regimentsadjutanten Hauptmann Wolf Graf Baudissin. Im I.R. 9 war Oberfähnrich Heinrich von Weizsäcker Axel v. d. Busches Vorgesetzter. Aus dem dienstlichen Verhältnis entwickelte sich bald eine gute Freundschaft, die jäh am 2.9.1939 im gerade begonnenen Polenfeldzug endete, als Heinrich von Weizsäcker auf Sichtweite von seinem Freund entfernt durch einen Schuss in den Hals starb. Seit der Zeit schlossen sich der jüngere Bruder Richard, der spätere Bundespräsident, und Axel von dem Bussche enger zusammen und blieben zeitlebens befreundet.

Marion Gräfin Dönhoff hat ihn aus jenen Tagen so in Erinnerung: „Bussche war ein beeindruckender junger Mensch: sehr groß, sehr blond, mit sehr hellen, blauen Augen, eigenwillig, energisch, selbstsicher – nicht im Sinne von Selbstgewißheit oder Arroganz, sondern einfach gelassen, in sich ruhend. Wer ihn gut kannte, wußte freilich, daß dieser Eindruck nur einen Teil seines Wesens wiedergab. Im Grunde war er von spannungsgeladener Sensibilität."[2]

Auf die Kämpfe in Polen folgte der Frankreichfeldzug, an dem von dem Bussche ebenfalls teilnahm. Er wurde mehrfach verwundet, galt als außerordentlich tüchtig und umsichtig, insbesondere bei Spähtrupps, und wurde bereits 1941 zum Oberleutnant befördert. Ein Lungenschuss im Frühjahr 1942 bedeutete für ihn einen mehrmonatigen Lazarettaufenthalt, zudem galt er nicht mehr als fronttauglich und wurde deshalb im Herbst 1942 als Regimentsadjutant in der Ukra-

ine eingesetzt. Dort in der Nähe der Kreishauptstadt Dubno wurde er Augenzeuge einer von der SS durchgeführten Massenerschießung von etwa 3.000 jüdischen Männern, Frauen und Kindern. Er reagierte mit Fassungslosigkeit, wollte die SS-Leute festnehmen lassen, aber sein Kommandant untersagte es, weil es unweigerlich die Liquidierung der Einheit bedeutet hätte. „Massenmord, organisierter Massenmord auf Befehl des Staatschefs mit deutschen Organen. Man wußte, hier ist etwas passiert, da fehlen jede Kategorien zu. Und ich habe dann Schulenburg und Stauffenberg getroffen",[3] sagte von dem Bussche 1983 in einem Interview. Für ihn war deutlich geworden, dass der auf den Führer geleistete Eid keinerlei Geltung mehr haben konnte, denn Hitler hatte ihn millionenfach gebrochen. Jetzt erhielt der Notwehrparagraf, den von dem Bussche als Rekrut eingebläut bekommen hatte, eine neue Bedeutung: „Notwehr ist dasjenige Maß an Verteidigung, was hinreichend ist, um einen gegenwärtigen und rechtswidrigen Angriff von sich oder einem anderen abzuwehren",[4] und so erklärte er sich in Absprache und Vorbereitung mit Stauffenberg zu einem Selbstmordattentat auf Hitler bereit. Geplant war Folgendes: Ende 1943 sollten Hitler in der Wolfsschanze im Beisein Himmlers und Görings neue Ausrüstungsgegenstände und Uniformen vorgestellt werden. Als vorführender Offizier war von dem Bussche vorgesehen, der eine Sprengladung am Körper tragen sollte. Der Zünder sollte nach ca. vier Sekunden die Explosion auslösen, vorher wollte sich der kräftige junge Mann auf Hitler stürzen und ihn festhalten. Am Abend vor der geplanten Vorführung kam ein Anruf aus Berlin und unterrichtete von dem Bussche, dass bei schweren alliierten Bombenangriffen die Waggons mit dem Material und den Uniformen vernichtet worden seien. Also verließ er das Führerhauptquartier und kehrte zu seiner Einheit in der UdSSR zurück, den Sprengstoff, der schwirig zu beschaffen gewesen war, führte er bei sich.
Wenige Monate später, Anfang 1944, wurde er so schwer verwundet, dass ihm ein Bein amputiert werden musste, sodass er als Attentäter nicht mehr zur Verfügung stand. Deshalb entschloss sich Stauffenberg selbst zu der Tat. In der Nacht vom 20. Juli aß Bussche einen Brief von Stauffenberg und verräterische Teile seines Notizbuches auf. Natürlich fiel auch Verdacht auf ihn, und er wurde von der SS befragt, aber seine Verwundung und seine Unbeweglichkeit aufgrund der Amputation waren sein bestes Alibi. Dass der Sprengstoff die ganze Zeit unter seinem Krankenbett gelegen hatte, wusste ja nie-

mand. Auf die Frage, was denn die Wurzeln seines Widerstandes gewesen seien, antwortete er nach dem Krieg: „Drei Elemente verschafften mir einen Vorsprung gegenüber anderen und sind untrennbar mit dem verbunden, wozu ich mich 1943 entschloss. Erstens meine dänische Mutter und ihre Familie, die mich während des Dritten Reiches lehrten, die Welt auch durch skandinavische Augen zu sehen. Zweitens mein Regiment, das I.R. 9, von dessen Offizieren im Dritten Reich mehr erschossen, aufgehängt oder umgebracht wurden als von Offizieren irgend eines anderen Regiments. Und drittens das existentielle Schlüsselerlebnis, Zeuge eines Massenmordes zu werden."[5]

Nach Kriegsende wurde das väterliche Gut bei Thale von den Sowjets enteignet; der Vater und seine zweite Frau konnten sich durch die Flucht aus dem Fenster der Verhaftung entziehen.

Zum Wintersemester 1945/46 schrieben sich die Freunde Richard von Weizsäcker und Axel v. d. Bussche in Göttingen zum Jurastudium ein. Wegen der Wohnraumknappheit fanden sie zunächst Unterschlupf bei Richards älterem Bruder Carl. In seiner Eigenschaft als erster Vorsitzender des Allgemeinen Studentischen Ausschusses hielt stud. jur. A. v. d. Bussche 1947 einen Vortrag unter dem Titel „Eid und Schuld", in dem es um die Vorgeschichte des 20. Juli ging, aber auch um die Fragen nach dem „Tyrannenmord", den er für sich ablehnte und stattdessen von Notwehr sprach. Von dem Bussche formulierte es so: „Erlauben Sie mir an dieser Stelle etwas zur Eid- und Schuldfrage zu sagen. Der Treueid ist eine aus dem Germanischen ins Christliche übernommene Bindung zwischen Führendem und Gefolgsmann. Er ist gewissermaßen ein Vertrag zwischen zwei Freien auf Gott. Er kann nach alter Auffassung sowohl vom Gefolgsmann als auch vom Führer gebrochen werden, wenn das göttliche Gesetz verletzt wird. Darüber hinaus ist zu bemerken, daß es alte Auslegungen gibt, nach denen der Gefolgsmann die Pflicht hat, sich aufzulehnen, wenn der Führer den Eid gebrochen hat. Ich bin der Meinung, daß der Eid in der Tat nicht einmal, sondern tausendmal vom Führer des Dritten Reiches gebrochen worden ist."[6] Das Widerstandsrecht, das von dem Bussche für sich in Anspruch nahm, findet sich als Zusatz zum Absatz 4 des Artikels 20 in unserem Grundgesetz.

Im Anschluss an sein Studium wurde v. d. Bussche für sechs Monate Programmassistent beim German Service der BBC, nach der Währungsreform arbeitete er für 300 DM als Lektor beim Suhrkamp Verlag, aber nicht lange, denn der erste Sicherheitsberater Adenauers, Gerhard Graf von Schwerin, holte ihn 1950 in die „Zentrale für Heimatdienst", wo er für Fragen der inneren Struktur eines künftigen deutschen militärischen Kontingents und Pressefragen zuständig war. Mit einem neuen Leiter erhielt diese Dienststelle einen neuen Namen: „Amt Blank" – die Vorläuferinstitution des heutigen Verteidigungsministeriums. Da ein Militär der alten Prägung zunehmend Einfluss im Amt Blank gewann und das Reformziel des Soldaten als „Bürger in Uniform" zu torpedieren suchte, kündigte von dem Bussche 1952 und wechselte ins Commonwealth- und USA-Referat des Presse- und Informationsamts der Bundesregierung über.

Inzwischen hatte er 1950 geheiratet: Lady Camilla Acheson, geschiedene Freifrau von Stauffenberg. Das Ehepaar bekam 1951 eine Tochter, Nicola, vier Jahre danach wurde die zweite Tochter Jane-Olivia geboren. Da lebte die Familie aber schon in Washington, D.C., wo er von 1954 bis 1958 im Rang eines Legationsrates als Pressereferent der Deutschen Botschaft tätig war.

Im Jahr 1959 wurde er zum Leiter der Internatsschulen in Schloss Salem berufen, eine Arbeit, die ihn sehr befriedigte. Allerdings belasteten die baulichen Bedingungen mit den endlosen Fluren und vielen Treppen den beinamputierten Mann sehr, denn er litt häufig unter Phantomschmerzen. Obwohl er seine Arbeit in Salem liebte und sich sehr engagierte, musste er nach einem Herzanfall von seiner Wirkungsstätte Abschied nehmen, was seine Schüler, denen er ein lebendiges Vorbild war, zutiefst bedauerten. Hartmut von Hentig, der mit ihm befreundet war, beschrieb ihn so: „Er sah, verstand und nahm ernst, was dieses Kind und jenen Jugendlichen gerade plagte oder freute – ohne jede Anbiederung. Dieser man of principle hatte einen Blick für alles Menschliche."[7]

Auf die Salemer Zeit folgten zwei Jahre Studien an der Universität Basel über Fragen der Aus- und Fortbildung in der industriellen Gesellschaft. Ausgestattet mit diesem Kenntniszuwachs trat er 1964 die Stelle als erster Geschäftsführer des Deutschen Entwicklungsdienstes in Bonn an, die er bis 1966 innehatte. Anschließend zog es ihn in die Schweiz, einerseits weil er sich mit seiner Frau in der Nähe von Genf in Begnins niederließ und andererseits weil er – angeregt durch seinen Freund Richard von Weizsäcker, der im Präsidium des Deutschen Evangelischen Kirchentages gewirkt hatte – beim Weltkirchenrat in Genf eine beratende Tätigkeit aufnahm, eine Arbeit, die dem gläubigen und zugleich kritischen Christen gut entsprochen haben mag. Vielleicht hielt es ihn, der so häufig seine Betätigungsfelder wechselte, deshalb dort fünf Jahre. So leistete er Vorarbeit für Konferenzen gegen Rassismus und zu gesellschaftlichen und menschlichen Problemen, die sich aus der rasanten wissenschaftlichen und technologischen Entwicklung ergaben. Im Jahr 1972 wirkte er bei der ersten UN-Umweltkonferenz mit, obwohl er schon seit 1971 bis 1974 beratend für den Präsidenten der Weltbank, McNamara, arbeitete. Es ist davon auszugehen, dass es viele Berührungspunkte und Verknüpfungen zwischen seinen verschiedenen Arbeitsgebieten gab.

Nach 1974 hielt sich von dem Bussche häufig in Maryland und Washington D.C. auf, nahm an internationalen Konferenzen teil, war Fellow am Wissenschaftskolleg in Berlin, Visiting Fellow am St. Anthony's College in London und begleitete als Freund und Berater Bundespräsident Richard von Weizsäcker bei mehreren offiziellen Staatsbesuchen.

Der Tod seiner Frau Camilla im Jahr 1988 traf Axel von dem Bussche zutiefst, denn er hatte immer geglaubt, dass sie ihn überleben werde. Er verließ das Haus in der Schweiz und zog wieder nach Deutschland zurück, nach Bad Godesberg. „In den letzten Wochen seines Lebens zog es ihn noch einmal unwiderstehlich nach Thale und Quedlinburg. Dort war ihm, der sein Leben gegen Hitler in die Schanze geschlagen hatte, im Namen des Antifaschismus sein Elternhaus geplündert und entzogen worden. Jetzt, im Spätherbst 1992, waren dort Brandsätze gegen Asylbewerber geflogen. Axel machte sich auf, um mit Jugendlichen über unsere Herkunft und Zukunft zu sprechen. Er diskutierte mit ihnen in der Jugendbegegnungsstätte in Quedlinburg. Kein neuer Ungeist sollte heranwachsen, zu allerletzt aus seiner eigenen engsten Heimat. Es war die letzte Unternehmung dieser herausragenden Persönlichkeit in der Zeitgeschichte seiner Generation."[8]

(Regina Blume)

◈ **Quellen- und Literaturverzeichnis**: Gevinon v. Medem (Hg.), Axel von dem Bussche, Mainz 1994. Darin: **1** P. Wapnewski, Fellow des Wissenschaftskolleg Berlin, S. 123; **2** M. Gräfin Dönhoff, Axel von dem Bussche im Widerstand, S. 32; **3, 4** J. Engert, „Er wollte Hitler töten". Ein Portrait des Axel von dem Bussche, S. 151,148; **5** C. Jacobi, „Unsere Schuld ist es überlebt zu haben", S. 160; **6** A. v. d. Bussche, Eid u. Schuld, S. 138; **7** H. v. Hentig, Würdigung, S. 262; **8** Richard v. Weizsäcker, Einleitung. S. 9 f.
Foto: Vorsatzblatt des o.a. ersten Buches.

Anna Dräger-Mühlenpfordt
(09.10.1887 – 30.01.1984)
Malerin und Graphikerin

„Sie begann ein neues und zweites Leben als Malerin vor etwa 15 Jahren derart produktiv, daß man heute bereits in Versuchung geraten kann, von ihren Arbeiten als Lebenswerk zu sprechen", schreibt am 20.04.1953 **Kurt Seeleke** ↑[1], ein Freund der Familie, anlässlich einer Ausstellung im Städtischen Museum in der „Braunschweiger Zeitung". Aber es werden noch fast 30 Jahre vergehen, bis sie im großen Atelier in ihrem Haus am Wilhelmitorwall 29 nicht mehr an die Staffelei geht.

Anna Dräger wird in Lübeck als Tochter des erfolgreichen Technikers und phantasiereichen Erfinders Heinrich Dräger, dem Gründer der Lübecker Drägerwerke (Medizin- und Sicherheitstechnik), und seiner Frau Antonie Petersen geboren. Zusammen mit ihrem Stiefbruder Bernhard wächst sie sorglos in einem weltoffenen hanseatischen Patrizierhaus auf. Sie besucht die Ernestinenschule, eine zehnklassige höhere Mädchenschule, und anschließend von 1904 bis 1906 die Lübecker Kunstschule von Prof. Dr. Freiherr von Lüttgendorf. Ihr Ziel ist es, Kunst zu studieren. Mit Unterstützung ihres Bruders Bernhard setzt sie diesen Wunsch bei den Eltern durch und geht für ein Jahr nach Berlin an die private Kunstschule des Vereins Berliner Künstlerinnen. Ihre Lehrer sind Franz Baluschek und Fritz Rhein.

Ihr Vater nimmt sie gerne und oft mit auf seine Geschäftsreisen. 1904 bereisen sie Oberschlesien, Wien, Prag und Dresden, 1907 England, Schweden und Dänemark. Anna hat immer ihr Skizzenbuch dabei, um Reiseeindrücke zeichnerisch festzuhalten. Mit Bernhard unternimmt sie so oft wie möglich Segeltouren auf der familieneigenen Yacht auf der Ostsee. Wenn sie einen Hafen anlaufen, versäumen sie nicht, Museen und Galerien zu besuchen.

1909 heiratet sie den Architekten und Lübecker Baurat **Carl Mühlenpfordt** †[1]. Als geschätzter Architekt der Familie Dräger entwirft er mehrere Werksgebäude sowie den Familiensitz, die Villa Finkenberg.
1914 erhält Mühlenpfordt einen Ruf an die TH in Braunschweig. Wegen des Ersten Weltkriegs nimmt er seine Tätigkeit erst 1918 auf. Anna folgt mit drei Kindern. Das vierte kommt 1918 in Braunschweig zur Welt. Die Familie bezieht die von Carl Theodor Ottmer 1841 erbaute Villa am Wilhelmitorwall 29. Anna hat das Haus ausgesucht, und als Carl es besichtigt, ist er, wie Tochter Anke schreibt, entsetzt angesichts des verfallenen Zustands. Umfangreiche Renovierungsarbeiten sind notwendig, bis die Villa in altem Glanz erstrahlt. Die Räume sind mit stilvollen Möbeln, z.T. aus der Empirezeit, ausgestattet, einige Kamine mit Ofenplatten aus dem 17. Jh. versehen. Hier empfangen die Mühlenpfordts in den 1920er Jahren Persönlichkeiten der Universität, des Landes und der Stadt.
Mit den vier Kindern und den Repräsentationspflichten ihres Mannes als Prorektor bzw. Rektor der TH bleibt Anna wenig Zeit zum Malen. Dennoch setzt sie 1922 für ein Jahr in Berlin im Atelier von Fritz Rhein und Kurth Wehlte ihr Kunststudium fort. Ende der 20er Jahre beginnt ihre eigentliche Schaffensphase, und 1933 kommt es in Berlin zu einer ersten Ausstellung in der Galerie Moeller zusammen mit Edvard Munch anlässlich dessen 70. Geburtstags. „In den Blumenbildern […] stellte sich eine ausgereifte künstlerische Begabung vor, die ihre Fähigkeiten bis ins Letzte beherrscht"; ihre Bilder verraten Reife und Können.[1] Ebenso überzeugen ihre Porträts. Mit wenigen Kreidestrichen bringt sie das Wesentliche aufs Papier. U.a. malt sie die Braunschweigerinnen Albine Nagel, Hanna Inhoffen und Käte Ralfs. Es folgen Ausstellungen in Köln, Hamburg, München und Bremen. Der erreichte Erfolg bestätigt und spornt sie in ihrem Schaffen an. Dann aber wird ihr Mann 1933 aus dem Universitätsdienst entlassen, weil er es als Prorektor ablehnt, Hitler zum Professor für Politische Wissenschaften zu ernennen. Auch geißelt er öffentlich die Umtriebe nationalsozialistischer Studenten. Für Anna führt das faktisch zu einem Ausstellungsverbot. Ihrem ältesten Sohn Justus, der sein Physikstudium mit der Promotion 1936 an der TH Braunschweig beendet, wird hier eine wissenschaftliche Tätigkeit verboten. Er geht in das von Gustav Hertz geleitete Laboratorium der Siemens AG nach Leipzig und arbeitet auf dem Gebiet der Isotopentrennung. 1945 werden die Mitarbeiter des Instituts von den Russen ans Schwarze

Meer verbracht, um am sowjetischen Atombombenprojekt zu arbeiten. Justus kehrt 1955 mit Hertz nach Leipzig zurück; sie gründen das Institut zur physikalischen Stofftrennung. Justus arbeitet bis 1969 in Leipzig. Ab 1970 leitet er den Bereich Kernwissenschaften der Akademie der Wissenschaften in Ost-Berlin. Er erhält den Nationalpreis der DDR und andere hohe Ehrungen.

Carl Mühlenpfordt zieht sich 1934 für immer nach Lübeck zurück. Er entwirft und baut für die Drägerwerke. Seine ortstypisch gestalteten Bauten „werden von den NS-Größen Lübecks und vom Staat erheblich gefördert" und ausgezeichnet.[2] Der Lebensmittelpunkt der Familie bleibt Braunschweig, wo Anna künstlerisch weiter arbeitet. 1938 schreibt ihr Carl: „Hoffentlich nimmt man Dir Deine Vorliebe für exotische Pflanzen nicht übel. Halt Dich bei Zeiten an deutsche! Kuhblume = den heroischen Löwenzahn, Rittersporn, Eisenhut = Stahlhelm und so. Dagegen dürfte die Marienblume zu katholisch, das Himmelsschlüsselchen zu christlich-jüdisch sein".[3] 1940 kann Anna dann doch noch einmal an einer Ausstellung des Vereins Berliner Künstlerinnen teilnehmen.

Anna erhält 1934 ein Ausstellungsverbot. Als Begründung werden von den Nazis ihre religiösen Bilder angeführt. Dabei erfährt ihre Kunst in den 1930er Jahren in der Hinwendung zum Religiösen „ihre größtmögliche Steigerung. In dem ikonenhaft gemalten Bild des Heiligen Sebastian gibt die Künstlerin dem christlichen Gedanken von der Schönheit des Leidens Ausdruck. Die leuchtenden Farben und das Charakteristische der Bewegung des schon vom irdischen Leben gelösten Jünglingleibes zeigen die von Anfang an gewollte, nun erreichte Durchgeistigung der Materie."[4]

Die letzten Kriegsjahre bringen Anna und ihrer Familie viel Leid. Im Januar 1944 stirbt ihr Mann in Lübeck. Das Haus in Braunschweig wird 1943 und im Oktober 1944 noch einmal erheblich beschädigt. Viele Gemälde verbrennen. Nach Kriegsende geht Anna sofort an den Wiederaufbau des Hauses. Der Kunstreferent der britischen Besatzungstruppen Major Rollo Charles veranlasst 1946 eine Ausstellung im Schloss Richmond. Es folgt 1953 eine große Werkschau im Städtischen Museum, die auf sehr großes Interesse stößt. Dann folgen Ausstellungen in Lübeck und 1955 schon wieder in Braunschweig bei **Otto Ralfs** ↑[1]. Nun finden in regelmäßigen Abständen Ausstellungen in zahlreichen deutschen Städten statt, 1969 auch in Ancona auf der Biennale und 1973 auf der International Art Exhibition in Nottingham,

Großbritannien. 1963 wird Anna in Reutlingen zusammen mit dem Grafiker A. Paul Weber mit der Hans-Thoma-Medaille ausgezeichnet. In der Laudatio führt Prof. Otto Klöden aus: „Zeitlosigkeit und Eindringlichkeit [sind] wesentliche Kennzeichen Ihrer Kunst. Nicht minder typisch aber scheint mir für Sie zu sein, daß der Betrachter Ihrer Bilder in ein staunendes Ergriffensein verfällt".[5] Seit den 1950er Jahren hat sie eine Technik entwickelt, die jedem ihrer Werke „eine unverwechselbare Handschrift und eine spezifische Form gibt, in die das Geschehene verwandelt wurde. Viele ihrer Landschaften, Architek-

Gondeln in Venedig.

turen und mediterranen Kultstätten sind in visionärer Monumentalität erfasst; gleichzeitig ist in ihnen das allmähliche Zerbröckeln sichtbar gemacht. [...] Melancholie, Ahnung und nicht bei Namen zu nennende Auseinandersetzung mit der Zeit und Vergänglichkeit" sind die Charakteristika ihres Kunstschaffens.[6] Enkaustik wird die seit alters her bekannte Technik genannt, die Anna weiterentwickelt und die nach Prof. Wehlte „ihresgleichen in der Malerei der Vergangenheit und der Gegenwart nicht kennt".[7] Dabei werden die Farben, mit flüssigem Wachs verschmolzen, aufgetragen und erzeugen die oben beschriebenen Stimmungen und eine kaum zu überbietende Leuchtkraft. Im Alter von 71 Jahren wendet sie sich dem Holzdruck zu und entwickelt auch hier eine eigene Technik: Sie kombiniert mehrere Druckstöcke und mehrere Farben miteinander, sodass kein Druck dem anderen gleicht. Immer ist sie neugierig und experimentierfreudig. Zeit spielt keine Rolle. „Am Ruhm hat ihr nie etwas gelegen. Das erklärt ihre zeitlebens bewahrte Gelassenheit gegenüber der Welt, ihr souveränes Warten können", bemerkt H. Mersmann in der „Braunschweiger Zeitung".[8]

Anna Dräger-Mühlenpfordt reist für ihr Leben gern. Mit Ehemann Carl hat sie bereits 1910 Südeuropa, Tunesien und Marokko erkundet. Ab 1950 nimmt sie die während der Nazizeit unterbrochene Reisetätigkeit wieder auf. Länder und Städte rund ums Mittelmeer sind ihre Ziele. Nach Hause schickt sie ausführliche Briefe, versehen mit stimmungsvollen Zeichnungen. Aus Casablanca schreibt sie 1952: „Inzwischen war ich nun schon an Land. Obgleich wir auf der Reede liegen, glückte mein Ausflug. Ein kleines Motorboot, das zufällig vorbei kam, nahm mich mit. Ich musste an einer Strickleiter am Schiffsrumpf runterklettern. Die ganze Besatzung nahm an dem Abenteuer Anteil. Als ich dann im Hafen ausgesetzt wurde und plötzlich zwischen lauter abenteuerlichen Gestalten mich befand, wurde mir doch etwas schwach zu Mute. Als ich auf dem großen Boulevard anfing zu zeichnen, war ein solcher Auflauf von phantastischen Menschen um mich herum versammelt, daß ein Polizeimann kam und den Verkehr regelte. Gott sei dank hat er mir das Zeichnen nicht verboten. Mein eines Modell, ein pluderhosiger Jüngling, blieb dann gleich als Führer bei mir."[9] Im August 1953 steht in einem „Zwischen Venedig und Piräus" überschriebenen Brief: „Jetzt sind wir inmitten der Inseln. Da liegt Kephalonia und hier, unmittelbar vor uns, Ithaka. Ich habe sie alle gezeichnet."[10] Unzählige Reiseskizzen veranschaulichen ihre Reisestationen rund ums Mittelmeer. Zwischen 1965 und 1970 fährt sie auch in die DDR. In keinem Ausstellungskatalog, der ihren Lebensweg nachzeichnet, in keinem Zeitungsartikel findet sich ein Hinweis auf dieses, sich neben Marokko, Griechenland, Italien, Südfrankreich fremd ausnehmende Reiseziel. Zur Zeit des Kalten Krieges erwähnt man wohl besser nicht, dass ihr ältester Sohn Justus dort als Kernphysiker lebt und arbeitet.

Im Haus am Wilhelmitorwall versammelt die Malerin nach Kriegsende einen ständig wachsenden Freundeskreis um sich. Ihre gewinnende Offenheit, ihre stille und humorvolle Art, ihre Unkompliziertheit im Umgang mit Menschen trägt dazu bei, dass das Haus zum geistigen und geselligen Mittelpunkt von Gleichgesinnten wird, wo man sich –

wie in den 1920er Jahren – zu Lesungen und Gesprächen trifft. Zu dem Kreis gehören u. a. der Landeskonservator **Kurt Seeleke** †[1], der Leiter des Feuilletons der „Braunschweiger Zeitung", Heinrich Mersmann, der Publizist und Galerist **Peter Lufft** †, der Leiter der Wolfenbütteler Bibliothek **Erhart Kästner** †[2], der Architekt **F. W. Kraemer** †[1] und der Maschinenbauunternehmer Heinz Lange.

Die Familie, ihre Kinder und Enkel, bilden auch nach 1945 ihren Lebensmittelpunkt. Zeitweise wohnen alle außer Justus in der Villa. Der Bund Bildender Künstler in Braunschweig widmet Anna sowie ihrem verstorbenen Mann und den Töchtern, die sich ebenfalls als Malerinnen betätigen, 1981 eine Ausstellung. Im Städtischen Museum gibt es 1985 eine große Gedenkausstellung in Zusammenarbeit mit dem Museum für Kunst und Kultur in Lübeck.

Die liebevolle Zuwendung und Pflege durch ihre Tochter Anke macht es möglich, dass Anna ihren Lebensabend bis zum Tod in vertrauter Umgebung verbringen kann. Ihr Nachlass wird dem Städtischen Museum Braunschweig übergeben, das 1997 abermals eine Ausstellung zeigt. Vieles befindet sich auch in Lübeck und in Privatbesitz. Die Villa wird 1997 – nach 80 Jahren in Familienbesitz – verkauft.

(Gudrun Hirschmann)

⌂ **Touristischer Hinweis**: Ottmersche Villa, Wilhelmitorwall 29. Das Städtische Museum besitzt 28 Ölgemälde, bis auf „Die alte Mutter" von 1943 (nebenstehend), sind es Geschenke Anke Meyer-Mühlenpfordts.

❖ **Quellen- und Literaturhinweise**: **1**, **4** Bert Bilzer, in: Anna Dräger Mühlenpfordt. Gemälde und Pinselzeichnungen, Ausstellung im St. Museum Braunschweig, 1953; **2** Heinrich Dräger. Eine Biographie, Neumünster 2011, S. 198; **3**, **7**, **9**, **10** Heinrich Mersmann, Der Weg einer Malerin, in: Eine Auswahl aus dem Schaffen von Anna Dräger Mühlenpfordt, Lübeck 1975; **5** Die Hans-Thoma-Medaille 1962/63, S. 5 f.; **6** Karl August Reiser, Deutsche Graphik von Leibl bis zur Gegenwart, Reutlingen 1964, S. 160 f.; **8** BZ 9.10.1977.
Fotos: **1**, **2** Arnd Meyer-Mühlenpfordt; **3** St. Mus. Braunschweig.

Felix Ehrlich
(16.06.1877 – 1942)
Biochemiker

Schon die Tatsache, dass ein genaues Sterbedatum nicht vorhanden ist, sollte uns stutzig machen. Noch viel mehr aber, dass über einen bedeutenden Biochemiker der ersten Hälfte des 20. Jahrhunderts, der bahnbrechende und bis heute genutzte Analyseverfahren in der Biochemie entwickelt hat, magere sieben Sätze im Internet bei Wikipedia zu lesen sind. 76 Wörter für den Lebensweg eines Menschen, eines Wissenschaftlers, der mit vielen Ehrungen ausgezeichnet wurde, bis die Nationalsozialisten ihm, der Halbjude war, den beruflichen und privaten Weg abschnitten und daraufhinarbeiteten, dass er vergessen werde. Für den deutschsprachigen Bereich ist dies beinah gelungen. Der Theologe Eberhard Bethge sagte einmal: „Gedenken macht Leben menschlich, Vergessen macht es unmenschlich." In diesem Sinne soll des Biochemikers und des Menschen Felix Ehrlich gedacht werden, und es sollen die wenigen Bruchstücke, die über sein Leben auffindbar sind, zusammengefügt werden.

Felix Ehrlich stammt aus dem Braunschweiger Land. Er wurde am 16. Juni 1877 in Harriehausen bei Bad Gandersheim geboren, wo seine Eltern ein Jahr lang mit dem kleinen Sohn lebten. Das jedenfalls kann man dem handschriftlich erhaltenen Lebenslauf Felix Ehrlichs entnehmen, der in den Archiven der Leopoldina in Halle aufbewahrt wird. Sein Vater Louis Ehrlich, der 1839 geboren wurde, war jüdischen Glaubens und übte den Beruf des Kaufmanns aus. Über die Mutter erfährt man, dass sie 1853 geboren wurde, evangelisch war, wie dann übrigens auch der Sohn Felix. Der Mädchenname der Mutter ist in der NDB mit „Lange" und dem Zusatz „ledig" angegeben. Möglicherweise heirateten die Eltern erst nach der Geburt des Kindes. Über etwaige Geschwister Felix Ehrlichs ist nichts bekannt. Dass er aber ab 1878 in seiner Familie in Berlin aufwuchs, kann einerseits anhand seines

Lebenslaufs belegt werden und andererseits durch eine Biographie über den Biochemiker Carl Neuberg.

Neuberg übersiedelte mit seiner Familie 1892 nach Berlin, wo sein Vater einen Tuch- und Buckskin-Großhandel besaß. Wie weit die Freundschaft von Carl Neuberg und Felix Ehrlich in die Jugendzeit zurückreicht, bleibt im Dunkeln, jedoch ist bekannt, dass beide das Friedrich-Werdersche-Gymnasium im Stadtteil Moabit besuchten, wo sie im März des Jahres 1896 das Abitur mit Auszeichnung bestanden. Im Jahr 1954 schrieb Carl Neuberg rückblickend: „Felix Ehrlich war einer meiner besten Freunde, wir haben am selben Tag das Abiturium und Doktor Examen gemacht und uns im gleichen Jahr habilitiert."[1]

Für Felix Ehrlichs Bildung und Ausbildung stand offensichtlich genügend Geld zur Verfügung, denn nach dem Abitur studierte er in Berlin Chemie. Dort hörte er u. a. bei Emil Fischer, der 1902 den Nobelpreis für Chemie erhielt. Zu diesem Zeitpunkt hatte Ehrlich aber schon an der philosophischen Fakultät der Friedrich-Wilhelms-Universität in Berlin über das Thema „Zur Kenntnis des m-Cyanbenzylchlorids" (1900) seine Dissertation verfasst. Von 1899 an war er Assistent, später Abteilungsvorsteher an dem mit der Landwirtschaftlichen Hochschule in Berlin verbundenen Institut für Zuckerindustrie, was sich für seine wissenschaftliche Entwicklung als von weitreichender Bedeutung erwies. Bei der Erforschung der Melasseschlempe entdeckte er die Aminosäure Isoleucin, die am Proteinaufbau beteiligt ist. Damit war ihm eine grundlegende, bis heute bedeutsame Entdeckung gelungen. Ebenso erfolgreich war er dabei, die Herkunft des Fuselöls als Gärungsprodukt von Leucin und Isoleucin aufzudecken. Die Beschreibung dieses Prozesses ist in der englischsprachigen Fachliteratur als „Ehrlich's pathway" bis heute präsent, und somit wird dort oft an einen hierzulande beinah Vergessenen erinnert.

Im Jahr 1906, noch nicht dreißig Jahre alt, habilitierte sich Ehrlich an der Universität Berlin in Chemie und ein Jahr später an der Königlich Landwirtschaftlichen Hochschule Berlin.

Im Jahr 1909 erhielt Ehrlich einen Ruf „als außerordentlicher Professor und Institutsdirektor für Landwirtschaftliche Technologie an der Universität Breslau und wurde ab 1910 im Nebenamt Dozent an der Breslauer Technischen Hochschule".[2] Bereits 1911 wurde seine Arbeit mit der Ladenburg-Medaille, einer Auszeichnung der Philosophischen Fakultät der Universität Breslau, geehrt. 1920 wurde er zum ordentlichen Professor ernannt und leitete seit 1922 das neu gegründete Institut für Biochemie und landwirtschaftliche Technologie der Universität Breslau.

Felix Ehrlichs Hauptarbeitsgebiete lagen in der organischen Chemie und der Biochemie. Selbst schrieb er dazu, bescheiden in der dritten Person, in seiner Kurzbiografie für die Leopoldina: „Er hat sich besonders mit chemischen und biochemischen Experimentalarbeiten auf dem Gebiete der Kohlenhydrate, der Eiweiße und der Gärung sowie mit pflanzen-physiologischen und technischen Untersuchungen im Hinblick auf die landwirtschaftlichen Industrien und ihre Abfallstoffe beschäftigt. Er entdeckte das Isoleucin als allgemeinen Bestandteil des Eiweißstoffs, fand seine Konstitution und Synthese, klärte die Entstehung des Fuselöls und der Bernsteinsäure bei der alkoholischen Gärung auf und wies die alkoholische Gärung der Aminosäuren als einen wichtigen Stoffwechselvorgang der Hefe und anderer Mikroorganismen nach."[3] Weitere Forschungsarbeiten und Entdeckungen werden in Ehrlichs Lebenslauf dargestellt, von denen diejenige zur Pektinanalyse hervorgehoben werden soll, denn über Pektin gab es bis dahin keinerlei Erkenntnisse, es war sozusagen chemisches Neuland. Pektine sind Pflanzenbestandteile, die, mit Zucker und Säuren gemischt, eine Gelatinemasse ergeben. 1929 veröffentlichte Ehrlich zusammen mit seinem Mitarbeiter Alfred Kosmahly einen 80 Seiten umfassenden Artikel „Über die Chemie des Pektins der Obstfrüchte". Dass seine Forschungsergebnisse Gewicht besaßen und breite Anerkennung fanden, kann man der Tatsache entnehmen, dass er 1931 bei der Hauptversammlung des Vereins Deutscher Chemiker in Wien die Emil-Fischer-Medaille verliehen bekam. Der Industriechemiker Carl Duisberg stiftete 1912 anlässlich des 60. Geburtstags von Emil Fischer diese Gedenkmünze, die als höchste Auszeichnung für Chemiker im Bereich Organische Chemie gilt, heute als Goldmedaille bezeichnet wird und mit 7.500 € dotiert ist. Sie wurde und wird alle zwei bis drei Jahre vom Verein Deutscher Chemiker (heute Gesellschaft Deutscher Chemiker) vergeben. Preisträger waren unter anderem Otto Hahn (1919), Felix Ehrlichs Schulfreund Carl Neuberg (1922), der inzwischen Leiter des Kaiser-Wilhelm-Instituts für experimentelle Therapie in Berlin geworden war, Felix Ehrlich (1931) und in jüngerer Zeit **Hans Herloff Inhoffen** †[1] (1961), Ordinarius an der TH Braunschweig. Im selben Jahr 1931 wurde er anlässlich ihres 50-jährigen Bestehens Ehrenbürger der Landwirtschaftlichen Hochschule in Berlin. Auf Vorschlag des Chemie-Professors Abderhalden wählte die Kaiserlich Deutsche Akademie der Naturforscher zu Halle, die bis heute tätige Leopoldina, ihn zum Mitglied.

Von seinen Forschungsergebnissen berichtete Ehrlich in den wichtigsten Fachzeitschriften. Daneben arbeitete er an verschiedenen Handbüchern mit, wie an dem „Handbuch der biologischen Arbeitsmethoden" (Hg. Abderhalden), an der „Enzyklopädie der technischen Chemie", am „Handbuch der Fermente" und am „Handbuch der Pflanzenanalyse".

Schon vor dem Ersten Weltkrieg gab es eine Reihe von Kontakten ins Ausland: Er nahm an den internationalen Kongressen für angewandte Chemie in London (1909), New York und Washington (1912) teil. Im Anschluss an den Kongress bereiste Ehrlich ein Vierteljahr lang die USA und Kanada, um dort die landwirtschaftlichen Industrien zu studieren und Anregungen zu sammeln. Bedingt durch den Krieg kamen die Verbindungen ins Ausland zunächst zum Erliegen. Wie viele seiner Professorenkollegen setzte auch Ehrlich seinen Namen unter die Erklärung der Hochschullehrer des Deutschen Reiches vom 23. Oktober 1914, ein Ausdruck patriotischen Pflichtgefühls.

Erst 1924 reiste Ehrlich wieder ins Ausland, zunächst auf Einladung der Sowjetregierung nach Moskau, wo er Vorträge hielt, dann referierte er auf den Breslauer Gelehrtentagen in Budapest, hielt 1930 Vorträge auf der Tagung der ostdeutschen Chemiedozenten in Prag und 1931 auf der Hauptversammlung des Vereins Deutscher Chemiker in Wien. Ein umfangreicher internationaler Sammelband „Methoden der Fermentforschung" von etwa 45 Beiträgern aus aller Welt, einer von ihnen Ehrlich, erschien im Jahr 1936.

Zu dem Zeitpunkt war Felix Ehrlich bereits zwangsemeritiert – die Nazis nahmen ihm 1935 sein Amt, seine Arbeit, seine Forschungsmöglichkeiten, seine Identifikation. Was zwischen seiner Emeritierung in Breslau und seinem Tod 1942 geschah, was er in diesen sieben Jahren erleben musste, bleibt dunkel. Seine Wohnung in der vornehmen Fürstenstraße musste er räumen. Im BBL ist zu lesen, dass er vereinsamt war und unter Depressionen litt und in der Kleinstadt Obernigk bei Breslau verstarb. – Ein exaktes Sterbedatum war vor Ort nicht zu ermitteln. (Regina Blume)

❖ **Quellen- und Literaturangaben**: **1** H. Conrads, B. Lohff, Carl Neuberg. Biochemie, Politik und Geschichte, Stuttgart 2006, S.15; **2-3** Archiv der Leopoldina, Halle/S., Lebenslauf F. Ehrlich, 1932, S. 1-3. **Foto**: Leopoldina.

Otto von Frisch
(13.12.1929 – 04.06.2008)
Zoologe, Museumsdirektor

Otto von Frisch wurde in München als Sohn des Bienenforschers und späteren Nobelpreisträgers Karl Ritter von Frisch und dessen Frau Albertine geboren. Er hatte drei ältere Schwestern. Von klein auf brachte sein Vater ihm ein Verständnis für die Natur bei und prägte ihn mit seinem zoologischen Wissen. Spielerisch lernte er die Artenvielfalt kennen, wenn sein Vater z.B. sagte: „Komm, gehn' mer viecheln". In seinem Kinderzimmer hielt Otto Terrarien mit Molchen, Eidechsen und Fröschen, die an Zahl die seines Vaters übertroffen haben sollen, der in seinen „Erinnerungen eines Biologen" von 123 in Terrarien gehaltenen Tieren spricht, die er beobachtet habe. Das Interesse an Tieren und deren Erforschung hatte also Tradition in der Familie. Mit seinen Forschungen über Bienen und der Entdeckung des Bienentanzes als Instrument der Verständigung über die nächste Nahrungsquelle wurde Karl Ritter von Frisch 1973 zusammen mit Konrad Lorenz und Nikolaas Tinbergen mit dem Nobelpreis für Physiologie und Medizin ausgezeichnet.

Die Familie von Frisch wohnte seit 1927 in München-Harlaching. Nachdem das Haus im Zweiten Weltkrieg zerstört worden war, nahm Karl von Frisch einen Ruf an die Universität Graz an. Otto wurde im Landschulheim in Schongau am Ammersee angemeldet, wo er 1949 sein Abitur ablegte. Hier traf er auf einen Lehrer, der seine Interessen an Tieren teilte und förderte, der ihn nicht für einen „Spinner" hielt, wenn er mit Fahrrad, Zelt und Fotoapparat hinaus in die Natur fuhr, um Tiere zu beobachten.

Sein Hobby und seine Begeisterung für die Tierwelt bestimmten auch seine Studienwahl. In Graz, München und Madison/Wisconsin studierte er Zoologie und Biologie. Die Doktorarbeit „Zur Brutbiologie und Jugendentwicklung des Brachvogels (Numenius arquata Linnaeus)" schloss er 1956 mit „summa cum laude" an der Hochschule in München ab. Danach stellte er als Stipendiat der Deutschen Forschungsgemeinschaft vergleichende Untersuchungen an verschiedenen Limikolen (Schnepfenvögel, Regenpfeifer) an. Im zoologischen Institut in München stand ihm dafür ein großes Freigehege zur Verfügung. Dort arbeitete er auch mit dem Verhaltensforscher Konrad Lorenz zusammen.

Von Frisch war kein „Schreibtischtäter". Seine Untersuchungen führten zu Expeditionen in die bayrischen Moore, an den Neusiedler See und immer wieder in die Crau, ein steiniges, trockenes Steppengebiet östlich der Camargue. 1959 berief ihn Prof. Friedrich Schaller, Ordinarius für Zoologie an der TH Braunschweig und Direktor des Naturhistorischen Museums (NHM), als wissenschaftlichen Sachbearbeiter an die Wirbeltierabteilung des Museums. Eigentlich wollte er nicht in einem Museum arbeiten, aber die Arbeitsplätze für Zoologen waren rar. Auch Norddeutschland war nicht sein Traumziel. Erst als er 1968 in Wendeburg sein „Traumhaus", ein altes Bauernhaus von 1810 mit einem ca. zwei Morgen großen Grundstück gefunden hatte, war für ihn klar, dass er erst einmal nicht nach Bayern zurückkehren würde.

1965 habilitierte er sich an der TH Braunschweig, lehrte dann als Privatdozent und seit 1970 als außerplanmäßiger Professor neben seiner Tätigkeit am NHM. Seit dem 19. Jahrhundert lagen das Hochschulordinariat der TH und die Direktorenstelle des NHM in einer Hand. Erst 1977 wurde das Zoologische Institut vom Museum getrennt, zu dessen Direktor Otto von Frisch 1978 ernannt wurde.

Als er 1959 seine Tätigkeit dort aufnahm, war das Museum auf die Lehre an der Technischen Hochschule ausgerichtet und auch auf die Lehrpläne der Schulen abgestimmt. Das war nicht sehr publikumswirksam. Schon Prof. Schaller setzte neue Akzente in der Museumspräsentation: „Bewusst verlassen wir in den neuen Schauräumen die strenge systematische Abfolge der Objekte, um [...] die Probleme der Lebensgemeinschaften darzustellen."[1] Und so wurden nach und nach die Ausstellungsräume und Schausammlungen nach modernen didaktischen Gesichtspunkten gestaltet. Von Frisch begann mit dem Amphibien- und Reptiliensaal, der im Dezember 1960, und dem Vogelsaal, der 1961 fertig war. Dabei legte er als Verhaltensforscher Wert auf die anschauliche Vermittlung der Zusammenhänge von Lebensraum und Tier. So wurden im 1961 eröffneten Vogelsaal fliegende und balzende Tiere in ihrem Lebensraum gezeigt.

Den letzten und größeren Saal, den Säugetiersaal, konnte von Frisch 1965 der Öffentlichkeit präsentieren. Eine deutliche Bereicherung für das Museum war schließlich der in drei Schritten vollzogene Bau des Aquariums für Reptilien und Fische. Auch an anderen Stellen im Museum präsentierte er lebende Tiere. Selbstverständlich fehlte der belebte Bienenstock nicht, an dem der Besucher die Bienentanzsprache, die sein Vater erforscht hatte, beobachten konnte und heute noch kann.

Seit von Frisch im Oktober 1978 als Museumsdirektor offiziell bestellt war, wurden beachtliche Sonderausstellungen im großen Lichtsaal gezeigt, z.B. „Das Vogelei", „Tiere in der Stadt", „Der Weißstorch", „Wüste, Salz und Karawanen". Die Publikumsresonanz war groß. Einige Sonderausstellungen gingen als Wanderausstellung durch Deutschlands Museen, die Ausstellung „Flussperlmuschel" sogar zehn Jahre.

In der Öffentlichkeitsarbeit beschritt er neue Wege. So waren im Eingangsbereich des NHM unter dem Thema „Tier des Monats" Kleinausstellungen eingerichtet worden. Die „Braunschweiger Zeitung" berichtete darüber jeden Monat neu, auch als diese Ausstellung später vom „Tipp des Monats", dann vom „Trick der Natur" abgelöst wurde. Damit war das Museum immer wieder im Gespräch, was angesichts eines schmalen Budgets wichtig war. Von Frisch wollte mit den Kleinausstellungen den Menschen, besonders den Kindern, seine Begeisterung für Tiere vermitteln. Hierzu passte das damalige Motto des Museums: Staunen, Lernen, Wissen. Intensiviert wurde die Öffentlichkeitsarbeit durch Plakatprojekte mit der Hochschule für Bildende Künste. Es waren farblich und optisch einprägsame Plakate, die an den Litfasssäulen auf das NHM und seine Ausstellungen aufmerksam machten.

Von Anfang an hat von Frisch alle Mitarbeiter im Museum in die Arbeit eingebunden. Dabei ließ er seinen Mitarbeitern viel Raum zum selbständigen Arbeiten, sodass sie von „optimalen Arbeitsbedingungen" und einem guten Arbeitsklima sprachen. In aller Bescheidenheit bekannte von Frisch in Interviews häufig: „Vieles ist von meinen Mitarbeitern initiiert worden." Erwähnenswert ist noch der bronzene Fischotter vor dem NHM, der besonders junge Besucher erfreut; gestaltet 1982 von dem Künstler Jochen Ihle aus Burgdorf.

Die zahlreichen Neuerungen schlugen sich schließlich in deutlich gestiegenen Besucherzahlen nieder. Für das Museum bedeutend war die 1991 von ihm durchgesetzte Stelle eines Museumspädagogen. So verwundert es nicht, wenn Ulrich Joger, sein Nachfolger, im Nachruf Otto von Frisch als einen der prägenden Museumsdirektoren des 20. Jahrhunderts bezeichnet.

Von Frisch schrieb unzählige populärwissenschaftliche Bücher, vor allem praktische Ratgeber für Kleintierhalter. Das beliebteste Buch war das über Hamster. Dabei schöpfte er aus seinen langjährigen Erfahrungen mit den von ihm gehaltenen Tieren auf seinem Grundstück in Wendeburg sowie seinem Feriendomizil in St. Gilgen am Wolfgangsee, einem alten Familiensitz. „Du sitzt den ganzen Tag im Garten und himmelst Deine Viecher an", bemerkte seine Frau wohl des Öfteren. Ohne sie, die seine Tierliebe teilte, wäre der „kleine Zoo" in Wendeburg allerdings nicht zu halten gewesen, auch nicht ohne die Mithilfe der Kinder Barbara und Julian.

Für sein Buch „Tausend Tricks der Tarnung" erhielt er 1974 den Deutschen Jugendbuchpreis. Über Braunschweig hinaus bekannt geworden ist Otto von Frisch durch seine Fernsehreihe „Paradies der Tiere" im ZDF in den 1970er Jahren.

Sein besonderes wissenschaftliches Interesse galt dem Brutverhalten und der Jugendentwicklung von Vögeln. In der Crau beobachtete er Schnepfenvögel und Regenpfeifer. Intensiv untersuchte er auch das Brutverhalten der ebenfalls in der Crau lebenden Häherkuckucke. Es gelang ihm, deren Kücken zu fangen und sie in der Voliere in Wendeburg aufzuziehen; er erhielt sogar ein Gelege, sodass er auch das Verhalten der in Gefangenschaft lebenden Tiere beobachten konnte. In verschiedenen wissenschaftlichen Zeitungen publizierte er bis Anfang der 1970er Jahre.

Nach seiner Pensionierung 1994 schrieb er weiter regelmäßig populärwissenschaftliche Aufsätze im „Braunschweiger Kalender", malte und dichtete. Dabei drehte es sich selbstverständlich immer um Tiere.

(Gudrun Hirschmann)

⌂ **Touristischer Hinweis**: Naturhistorisches Museum, Pockelsstr. 10.

◈ **Quellen- und Literaturangaben**: 1 250 Jahre Naturhistorisches Museum in Braunschweig, 2004, S. 184; Persönliche Gespräche der Autorin mit Julian von Frisch und Gerhard Pohl, Mitarbeiter des Naturhistorischen Museums Braunschweig.
Foto: Julian von Frisch.

Ernst Fritz Fürbringer
(27.07.1900 – 30.10.1988)
Schauspieler, Synchronsprecher

„Du bist der unkomödiantischste Schauspieler, den ich kenne",[1] soll Gustaf Gründgens, damals Oberspielleiter an den Hamburger Kammerspielen, zu Ernst Fritz Fürbringer gesagt haben, als dieser dort sein erstes Engagement hatte.

Geboren wurde Ernst Fritz Fürbringer in Braunschweig. Sein Vater war der aus Gera stammende Wundarzt und Geburtshelfer Dr. med. Bruno Fürbringer, seine Mutter Elisabeth (genannt „Elly") Ehrlich stammte aus Schweidnitz/Niederschlesien. Ernst Fritz hatte vier ältere Geschwister, die Brüder Gerhard, geb. 1884, Ernst, geb. 1885, und Werner, geb. 1888, sowie die 1891 geborene Schwester Adele. Die Familie lebte in der vornehmen Adolfstraße, zunächst in Nr. 62, dann ab 1912 in Nr. 64, wo sich jeweils auch die Praxis des Vaters befand, der seit 1908 Sanitätsrat war.

Ernst Fritz besuchte das Realgymnasium, das unter der Leitung von Karl Hildebrandt (1909-1923) 1912 zum Reform-Realgymnasium wurde. Er verließ die Schule 1917 mit einem Not-Abitur, mit dem er sich am 1. Oktober 1917 freiwillig zur Marine meldete. Sicher spielte bei dieser Entscheidung eine Rolle, dass sein älterer Bruder Werner, Oberleutnant zu See und im Ersten Weltkrieg Kommandant des Unterseebotes 2, bereits im ersten Kriegsjahr das Eiserne Kreuz verliehen bekam, wie man es in den „Br. Anzeigen" vom 28. Mai 1915 nachlesen kann. Auch die beiden anderen Brüder wurden Marineoffiziere, sodass es logisch war, dass Ernst Fritz ihnen nacheiferte. Bei Kriegsende war er Fähnrich. Dann meldete er sich zu einem der konservativ-nationalen Freikorps, die 1919 das Eindringen russischer Revolutionstruppen ins Baltikum verhindern sollten. Im September 1919 kehrte er zurück zu seinen Eltern nach Braunschweig.

Anschließend absolvierte er eine landwirtschaftliche Lehre, denn: „Nichts lag mir ferner als der Gedanke, Schauspieler zu werden, ich wurde also Bauer."[2] Zunächst war er, der ab dem 3.1.1920 in Tolsterploge gemeldet war, „zweiter Beamter" auf einem Gut in Ostpreußen, dann Gutsinspektor in Schleswig-Holstein, absolvierte anschließend noch eine zweite Lehre, diesmal als Kaufmann, und war schließlich als Stahlkaufmann in Hamburg tätig. Während dieser Zeit besuchte er regelmäßig die Hamburger Kammerspiele und begann im Selbststudium klassische Theaterpartien zu lernen. Von einer Freundin ermutigt, gab er 1924 seinem Hang zur Schauspielerei nach und sprach dem Schauspieler Carl Zistig vor, der ihn daraufhin unterrichtete. „Aus Geldmangel habe ich während meines Studiums derartig gehungert, daß mich meine Wirtin mehrmals ohnmächtig im Zimmer fand."[3]

Bereits ein Jahr später debütierte er in einer Schauspielschüler-Aufführung an den Hamburger Kammerspielen als Oberpriester in Grillparzers „Des Meeres und der Liebe Wellen", an die er daraufhin sofort von Erich Ziegel engagiert wurde. „Die Eltern durften von der neuen Karriere des Sohnes zunächst nichts wissen. Und er selbst hegte noch geraume Zeit Zweifel, ob er zum Schauspieler geeignet sei."[4]

Zu seinen Rollen an den Hamburger Kammerspielen gehörten unter anderem der Ferdinand in Schillers „Kabale und Liebe", Graf Z in Klabunds „XYZ" und Wetter vom Strahl in Kleists „Käthchen von Heilbronn". Am 7. September 1935 zog Ernst Fritz mit seiner Frau Lizzi, geborene Rademacher, die er 1932 geheiratet hatte, in das Haus Elisabethstraße 21 in München, da er bis 1942 zum Ensemble des Münchener Staatsschauspiels gehörte und auch einen Vertrag bei der Bavaria-Filmkunst hatte.

Sein Filmdebüt als Schauspieler gab er 1936 in dem Karl-Valentin-Tonfilm „Straßenmusik", unter der Regie von Hans Deppe; bereits 1933 war er in dem Dokumentarfilm „Wasser hat Balken" aufgetreten. Während der NS-Zeit sah man ihn in Komödien und Propagandaschinken, z.B. in „Venus vor Gericht" (1941), der die moderne Kunst verächtlich machte. Der ebenfalls 1941 entstandene Film „Carl Peters", in dem Ernst Fritz den Grafen Behr-Bandelin spielt, verherrlicht unreflektiert das Wirken des Kolonialisten Carl Peters, gespielt von Hans Albers. „Der Film, der die Prädikate staatspolitisch und künstlerisch wertvoll, kulturell wertvoll, volksbildend und jugendwert erhielt, gibt allerdings die historischen Zusammenhänge unvollständig, verzerrt wieder."[5] Daher ist es nicht verwunderlich, dass die Besatzungsmächte die Aufführung des Films 1945 verboten. Die Verwertungsrechte liegen nun bei der Friedrich-Murnau-Stiftung, und der Film darf heute nur im Rahmen spezieller Bildungsveranstaltungen gezeigt werden. 1942 stand Ernst Fritz Fürbringer als Sir Joseph Bruce Ismay in „Titanic" vor der Kamera. Der Film verfälscht sowohl Ursachen wie Ablauf der Katastrophe und ist vor allem ein Anti-Englandfilm. Joseph Goebbels gab ihn dennoch nicht für die deutschen Kinos frei, da er „defätistisches Wirken befürchtete", schließlich „hatte sich die Kriegslage mittlerweile so ungünstig für Deutschland entwickelt", sodass der Film zunächst nur im besetzten Ausland gezeigt wurde. „Erst 1950 kam eine gekürzte, aber ungeachtet des dadurch teilweise unsinnigen Handlungsverlaufes erfolgreiche Fassung in den westdeutschen Kinoverleih."[6]

Durch die Kunst seiner Darstellung genoss Fürbringer hohes Ansehen, sodass er 1944 auf die so genannte Gottbegnadeten-Liste der Unersetzbaren kam und deshalb während des Krieges unter besonderen Schutz gestellt wurde. Das bedeutete, Privilegien zu haben, die andere Schauspieler nicht erhielten.

Nach dem Zweiten Weltkrieg kehrte Fürbringer zunächst als Gast an das Bayerische Staatsschauspiel zurück und spielte ab 1950 auch an den Münchener Kammerspielen, an denen er von 1954 bis 1959 fest engagiert war. Ernst Fritz, der mit ziemlicher Sicherheit als konservativ, sicher sogar als deutschnational bezeichnet werden kann, aber vermutlich kein überzeugter Nationalsozialist war – „Davon gab's verhältnismäßig wenig, besonders in unserem Beruf",[7] wie der Cutter Kurt von Molo es einmal zusammenfasste –, drehte ab 1947 wieder Filme und begann 1949 auch eine Karriere als Hörspielsprecher. Zu den zahlreichen Film- und später auch Fernsehproduktionen, in denen er mitwirkte, zählen auch Filme, die sich kritisch mit der Zeit des Nationalsozialismus auseinandersetzen, wie 1955 „Es geschah am 20. Juli" mit Bernhard Wicki als Claus Schenk Graf von Stauffenberg, „Brennt Paris?" (Paris brûle-t-il?), ein mit internationalen Stars wie Leslie Caron, Alain Delon, Kirk Douglas, Yves Montand hochkarätig besetzter Film über die Befreiung von Paris im August 1944 aus dem Jahre 1966 sowie der dokumentarische Fernsehfilm „Operation Walküre" unter der Regie von Franz Peter Wirth, der am 18. und 20. Juli 1971 in der ARD erstmalig ausgestrahlt wurde.

Parallel zu seinen zahlreichen Film- und Fernsehauftritten spielte er auch weiter sehr viel Theater, so an der Kleinen Komödie München,

den Städtischen Bühnen Frankfurt am Main, der Komödie Berlin, den Bühnen in Ingolstadt und Darmstadt. Er glänzte in Boulevardstücken, wo er als „Bonvivant und Père noble [begeisterte]. [Der Braunschweiger] Fürbringer erschien stets als der Inbegriff des hanseatischen Herrn: nobel, charmant, beherrscht und präzise".[8]
Zu seinen Rollen der klassischen Literatur zählen Philipp II. in Schillers „Don Carlos", Piccolomini in Schillers „Wallenstein", Burleigh in Schillers „Maria Stuart", Jago in Shakespeares „Othello", Bleichenwang in Shakespeares „Was ihr wollt", Bolingbroke in Shakespeares „König Richard II.", Faust in Istvan Bödys Kurzfassung des Goethe-Dramas und Nathan in Lessings „Nathan der Weise". Ferner sprach Ernst Fritz Fürbringer in etwa achtzig Hörspielproduktionen.
Als Synchronsprecher lieh er bekannten Kollegen wie James Stewart, Malvyn Douglas, Rex Harrison, Henry Fonda, zeitweise auch Gregory Peck, seine Stimme, aber auch dem Elefanten Oskar in dem Zeichentrickfilm „Die Konferenz der Tiere" (1969) nach dem gleichnamigen Roman von Erich Kästner aus dem Jahre 1949. Daneben lehrte er an der Otto-Falckenberg-Schule in München, wo zum Beispiel Angela Winkler zu seinen Schauspielschülern gehörte.
Der „unkomödiantischste Schauspieler", wie ihn Gustaf Gründgens damals nannte, brillierte auch in komischen Rollen, so als Karikatur eines Schulleiters aus der Kaiserzeit in den „Lausbubengeschichten" nach Ludwig Thoma und als Sir Archibald in den Edgar-Wallace-Verfilmungen „Der Frosch mit der Maske" (1959), „Der Rote Kreis" und „Die Bande des Schreckens" (beide 1960).
Ernst Fritz Fürbringer, Vater dreier Kinder (Hannes, Sabine und Ulrike), der Segeln, Tennis und Kammermusik zu seinen Liebhabereien zählte, starb am 30. Oktober 1988 in München und wurde auf dem Waldfriedhof, Neuer Teil, Gräberfeld 421, anonym beigesetzt.

(Isabel Rohloff)

◈ **Quellen- und Literaturangaben**: **1** J. Kaiser, Kunst und Noblesse. Zum Tode des Schauspielers Ernst Fritz Fürbringer, in: Süddeutsche Zeitung, 2. 11.1988; **2**, **4** Ein nobler Herr. Ernst Fritz Fürbringer wird 85, BZ 27.7. 1985; **3** Ernst Fritz Fürbringer †, in: Neue Post, Nov. 1988; **5**, **6** http://de.wikipedia.org/wiki; **7** Lilli Palmer, Dicke Lilli – gutes Kind, Zürich 1974, S. 390; **8** C. Bernd Sucher, Theaterlexikon, München 1995, S. 195. – Ernst Klee, Das Kulturlexikon zum Dritten Reich, Frankfurt a. M. 2007. – Mit Dank an Rosemarie Vogt.
Foto: StA Braunschweig H VIII A: 1218.

Hedwig Götze-Sievers
(17.10.1858 – 30.10.1954)
Sozialreformerin

„Wenn ich mir meine Kindheit ins Gedächtnis zurückrufe, so denke ich natürlich zuerst an den äußeren Rahmen, an unser Elternhaus. Es war weder ein schönes, noch ein durch sein Alter interessantes Haus, sondern ein ziemlich nüchterner, großer Fachwerkbau an der Ecke der Schützen- und der Neuen Straße gelegen, ein richtiger Zweckbau, ein Geschäftshaus. Zur Zeit meiner Kindheit bewohnte unsere Familie die erste Etage, während in der zweiten teils unsere Mädchen, teils die Geschäftsangestellten untergebracht waren, teils auch Zimmer das Jahr hindurch leer standen und nur zu den Zeiten der Messe von Meßfremden bewohnt wurden. Unten im Hause lagen Laden, Kontor, ein großes Speisezimmer sowie über den Hof eine sehr große Küche, während vorn an der Straße Gewölbe neben Gewölbe sich befanden, die nur für die Messen bestimmt waren und dann von auswärtigen, zugereisten Kaufleuten benutzt wurden und zum Ausstellen ihrer Waren (Textilien) dienten. […]
Unser Haus war ja von alters her ein Messehaus gewesen, schon unter Großvaters Zeiten, und bot zu Zeiten der Messe im Februar und August jedes Mal einer größeren Anzahl fremder Kaufleute, die aus dem Industriegebiet, besonders aus Sachsen kamen, ein gastliches Dach. […] Unser Haus war dann wie eine Art Hotel und ganz auf diese regelmäßig wiederkehrende Metamorphose eingerichtet. Betten, Wäsche und Geschirr war schon von alters her für Messezwecke im Haus vorhanden, wurde getrennt aufbewahrt und nie mit anderen Gebrauchsgegenständen anderweitig verwendet."[1] Braunschweig war seit dem Mittelalter ein bedeutender deutscher Messeplatz. Hedwig Götze-Sievers schildert rückblickend, wie eine solche Messe früher organisiert und ausgerichtet wurde. Nicht in großzügigen Messehallen, sondern in den Straßen der Innenstadt, in den Laubengängen

der Häuser einheimischer Kaufleute präsentierten die fremden Kaufleute ihre Waren. Die dahinter liegenden weitläufigen Gebäude dienten als Unterstellplätze für Planwagen und als Hotel und Gasthaus – für Wirte eine gute und beständig fließende Nebeneinnahme.

Das ganze Jahr über aber arbeiteten im Hinterhaus die Arbeiter der Zigarrenfabrik, die Packer, die Wickelmacherinnen, die Roller, die Tabakschneider und die Tischler, die die bunt bedruckten Zigarrenkistchen herstellten. Hedwigs Vater Johann Bardenwerper war der Eigentümer der Manufaktur und des Handelshauses. Ihre Mutter Theodore Julie Bode, nach Aussage Hedwigs eine große, schlanke, immer kränkliche Frau, Tochter eines Domänenpächters, brachte in größeren Abständen vier Kinder zur Welt und starb 1872 mit 42 Jahren. Hedwigs Geschwister waren altersmäßig so weit von ihr entfernt, dass sie als Spielkameraden kaum infrage kamen. So sah sie sich im Betrieb um und studierte die Arbeit. Menschen, mit denen sie freundschaftlichen Umgang pflegte, waren der Hausknecht Heinrich, ein Tischler, der Zigarrenkisten aus Zedernholz fertigte, und das „taube Jettchen", das die Zigarrenkisten mit bunten Bildchen beklebte.

Die Mutter erzog sie streng, und als sie dies krankheitsbedingt nicht mehr konnte, gab sie die 13-jährige Hedwig nach Celle zur Patentante Alwine und deren Mann Christian Hostmann, einem vermögenden Privatgelehrten, der sich mit Archäologie beschäftigte. Sie waren gesellige und gebildete Leute mit einem großen Freundeskreis, sodass Hedwig aus der Enge der häuslichen Verhältnisse herauskam. Sie besuchte die höhere Töchterschule und hatte nun auch Freundinnen. Nach dem Tode der Mutter holte sie der Vater aber wieder zurück; sie war wieder allein und tief unglücklich. Eine Privatschule, die sie noch ein Jahr lang besuchte, interessierte sie nicht mehr.

Am MK lernte sie 1875 den Lehrer Dr. Otto Sievers kennen und lieben. Der Vater stimmte der frühen Heirat zu, als er erfuhr, dass Sievers eine blendende Karriere vorausgesagt wurde. Kurz vor ihrem 18. Geburtstag durfte sie also heiraten, wurde Hausfrau und Mutter dreier Söhne, Richard (1877-1935), Walter (1880-1929) und Paul (1882-1941), und wohnte zur Miete bei der Malerin Caroline Pockels in der Okerstraße. Otto Sievers wurde stellvertretender Direktor des Neuen Gymnasiums (WG) und hielt an der Technischen Hochschule Vorlesungen zur Literatur. Als er 1889 Direktor der Großen Schule in Wolfenbüttel wurde, zogen sie nach dorthin um. Vier Monate später starb er an einer Vergiftung durch verdorbenen Schinken.

Da sie von der schmalen Witwenpension nicht leben konnte, ließ sie von einem Verwandten das Haus Schleinitzstraße 10 kaufen und eröffnete dort eine Pension, die sich bald zu einem Erfolgsmodell entwickelte und die Gastgeberin voll beanspruchte. 1890 nahm sie auf Empfehlung des Direktors des MK, Wilhelm Albrecht, den Lehrer Wilhelm Götze auf, der ihr gleichzeitig bei der Erziehung der Söhne behilflich sein sollte. Als sie ihn acht Jahre später heiratete, drängte er darauf, die Pension aufzugeben. Die folgenden Jahre waren für sie, besonders als der jüngste Sohn nach dem Abitur das Haus verlassen hatte, Zeiten geistiger Unterforderung, denn ihr Ehemann behielt seine Junggesellengewohnheiten bei, die neben dem Beruf vor allem in Tennis und Schachspiel bestanden. Was ihn darüber hinaus noch bewegte, war die Philosophie Nietzsches. Da Hedwig es für aussichtslos erachtete, im Tennis und Schach erfolgreich werden zu können, versuchte sie, sich in philosophische Fragen einzulesen.

Sie wohnten zwar der TH gegenüber, aber Frauen hatten zu den Hörsälen keinen Zutritt. Also verabredete sie sich mit einigen gleichgesinnten Frauen und gewann den jungen TH-Dozenten von Brockdorff für eine Vorlesungsreihe zu philosophischen Fragen. Der zuständige Minister gab ihrem Ersuchen statt. Die Folge war, dass derartige Vorlesungen zur Regel wurden. Diese Initiative war ihr Einstieg in die Frauenbewegung. Der nächste Schritt entsprang dem Treffen mit einem Oberregierungsrat, der für das Fürsorge- und Wohlfahrtswesen des Herzogtums zuständig war und dem Alkoholismus in der Arbeiterschaft den Kampf angesagt hatte. Sie schloss sich dem „Deutschen Verein gegen den Missbrauch geistiger Getränke" an und traf bei einer Tagung in Bielefeld eine Frau, die eine Volks-Kaffeehalle aufgebaut hatte, um dem Laster Alkohol zu begegnen.

Der Arbeiter Hans Wüstemann berichtete rückblickend: „In der Weberstraße wohnten Fabrikarbeiter, 12 Parteien in einem Fachwerkhaus, Klosett im Hof. Wenn es am Freitag Lohn gab, warteten am Fabriktor die Frauen und nahmen den Männern die Lohntüten ab, aber was die Arbeiter die Woche über versoffen und in der Kneipe hatten anschreiben lassen, musste erstmal bezahlt werden. Nach Hause kamen sie dann wieder besoffen und schlugen ihre Frauen."[2]

Hedwig Götze-Sievers veranstaltete in Braunschweig „Brockensammlungen", gemeint war der Verkauf gespendeter Kleidung und Hausrat. Aus dem Erlös entstand 1906 die erste Volks-Kaffeehalle in der Nähe des Hauptbahnhofs. Für fünf Pfennige erhielten die Besucher Kaffee, Kakao, Milch oder Tee und für 10 bzw. 20 Pfennige ein warmes Mittagessen ohne bzw. mit Fleisch. Weitere Volks-Kaffeehallen mit gleichem Programm entstanden durch ihre Initiative 1907 und 1909. Sie trugen sich bald selbst. Ihr Erfolg bewegte den Stadtmagistrat, ihr die Reorganisation der Volksküche anzutragen. Auch diese Aufgabe übernahm sie – gegen den Willen ihres Gatten, der der Meinung war, sie habe nun genug soziales Engagement bewiesen.

Sie setzte die Renovierung und Erneuerung des Inventars der Volksküche durch und beanspruchte die völlige Unabhängigkeit von administrativen Einreden. „Die Volksküche blühte über Erwarten auf und lieferte [...] gute Jahreserträge ab."[3] Um diese nutzbringend einzusetzen, rief sie eine Kinder-Speiseanstalt ins Leben, für deren Benutzung in den Schulen Essensmarken gegen ein geringes Entgelt oder kostenlos ausgegeben wurden. Aus dieser Initiative entwickelte sich während des Krieges die städtische Schulspeisung. Speiseanstalten halfen den Arbeiterfrauen bedingt, das Problem des Alkoholismus der Männer ließ sich mit Kaffeestuben aber kaum bekämpfen.

Die Folge ihrer rührigen Tätigkeit und der Beschreitung neuer Wege im Sozialwesen war, dass sie ständig zu Vorträgen eingeladen wurde und in Deutschland herumreiste. „Der Grund, weshalb ich so häufig zu Vorträgen aufgefordert wurde, war hauptsächlich der, dass es ein neuer Gedanke war, auf dem sich unsere Arbeit in Braunschweig aufbaute. Indem die eine Wohlfahrtseinrichtung die andere aufrechterhielt, wurde sie von wohltätigen Spenden oder öffentlichen Mitteln unabhängig betrieben."[4]

Als der Industrielle **Max Jüdel** †1910 starb und sein gesamtes Vermögen der Stadt für gemeinnützige Zwecke vermachte, beklagte sich Frau Götze-Sievers beim Oberbürgermeister, dass die Verwaltung wieder einmal den Männern übertragen werden sollte. Ihr Protest hatte Erfolg, sodass ihre Frauengruppe maßgeblich in der Jüdelstiftung arbeiten und sie selbst die Fürsorgeabteilung der Stiftung leiten konnte. Diese Aufgabe behielt sie bis 1933.

Ihre Frauengruppe war Teil des „Bundes Deutscher Frauenvereine", sie selbst war Verbandsvorsitzende im Herzogtum Braunschweig und Mitglied des erweiterten Bundesvorstandes, den die Frauenrechtlerin Gertrud Bäumer leitete. Bei Kriegsbeginn 1914 lagen deren Pläne für den „Nationalen Frauendienst" in der Heimat vollständig vor. Götze-Sievers leitete zusammen mit der Bankiersfrau Berta Magnus, der das Kassenwesen unterstand, die Aktivitäten in der Stadt.

„In einer öffentlichen Versammlung, zu der auch die Behörden zugegen waren, rief ich Frauen aller politischen Richtungen zur Mitarbeit auf, und in der Tat schloß sich niemand aus, selbst die Sozialdemokratinnen, die sonst mit ‚bürgerlichen Frauen' nichts zu tun haben wollten, erklärten sich zur Mitarbeit bereit. […] Wir erhielten seitens der Stadt die sehr geeigneten, großen Räume der Kunstgewerbeschule am Löwenwall für unser Büro zugewiesen und gingen mit frischen Kräften sogleich ans Werk. Die Stadt wurde in 38 Bezirke eingeteilt, und in jedem Bezirk stand eine Frau an der Spitze, die wiederum eine Anzahl von Helferinnen neben sich hatte, und so gemeinsam betreute man jede einzelne Kriegerfrau oder Kriegerfamilie. Die durch uns geleistete materielle Hilfe geschah je nach Bedürftigkeit zusätzlich neben der gesetzlich zustehenden Kriegsunterstützung und bestand in der Hauptsache aus Gutscheinen auf Lebensmittel, Feuerung und ähnliches. Finanziert wurde sie durch die Stadt, die uns großes, ehrenvolles Vertrauen schenkte."[5] Hinzu kam die Organisation von Heimarbeit, um bedürftigen Frauen ein zusätzliches Einkommen zu verschaffen. Die Stoffballen und fertigen Soldatenhemden ließ sie im Alten Ministerium am Bohlweg lagern. Die Produkte waren so gut, dass die Militärbehörde den Braunschweiger Frauendienst als Vorbild rühmte. Aus den Überschüssen konnte Hedwig Götze-Sievers 1917 noch in der Helmstedter Straße ein Grundstück kaufen und ein Heim für Kriegswaisen erbauen lassen. Sie war durch ihre Tätigkeit als Pensionswirtin ein Organisations- und Finanzgenie geworden.

Das Kriegsende kommentierte sie mit einem einzigen Satz: „Der November 1918 brachte uns dann das Kriegsende mit der schmählichen Revolution und damit hörte auch unsere Arbeit im Nationalen Frauendienst ziemlich plötzlich auf. Unsere schöne Gemeinschaft zerstreute sich wieder und wurde Erinnerung."[6] Aus dem Nationalen Frauendienst entstand nach Kriegsende das Städtische Wohlfahrtsamt. Die zur Persönlichkeit gewordene Hedwig Götze-Sievers war von 1919 bis 1933 Stadtverordnete für die nationalliberale DVP.

Nach dem Tode ihres Mannes 1923 lud ihr Sohn Paul sie nach Chile ein. Offenbar hatte sie aber die Absicht auszuwandern, denn im Dankesbrief ihres Parteivorsitzenden Rudolf Kaefer heißt es: „Wie Sie heute morgen mir mitteilten, haben Sie Ihr Stadtverordnetenmandat niedergelegt, um Braunschweig zu verlassen. […] Ich spreche Ihnen im Namen der Partei das Bedauern aus, daß persönliche und Familiengründe Sie gezwungen haben, Ihre segenbringende Tätigkeit aufzugeben."[7]

Nach einem Jahr kehrte sie aber zurück in ihre alte Wohnung, wo sie nun mit ihrem Enkel Joachim-Friedrich wohnte, der in Braunschweig Chemie zu studieren begonnen hatte. Sie selbst nahm ihre Tätigkeit in den verschiedenen Sozialhilfeeinrichtungen wieder auf und ließ sich erneut in die Stadtverordnetenversammlung wählen. Als der Enkel sein Studium beendet hatte, ließ sie sich in ihrem Kinderheim, weil dort ein paar Räume leer standen, eine kleine Wohnung einrichten.

Die Nazis beschlagnahmten 1933 das Vermögen des Frauendienstes, nutzten das Kinderheim für eigene Zwecke und kündigten ihr die Wohnung. Die folgenden Jahre lebte sie in bescheidenen Verhältnissen in einer kleinen Wohnung in der Blücherstraße, untätig und kaltgestellt. Die Kriegszeit überlebte sie evakuiert in Schlesien.

Die Enkelkinder lebten mit ihren Familien in Südamerika: Richards Kinder, weil ihr Vater eine Jüdin geheiratet hatte und emigrieren musste, Pauls Kinder, weil Paul bei der Deutschen Bank in Chile beschäftigt war und dort eine Familie gegründet hatte. Zu ihnen durfte ab 1941 nicht einmal mehr brieflicher Kontakt bestehen. Nach Deutschland kam nach dem Kriege lediglich Richards Ältester, der Chemiker Prof. Dr. Joachim-Friedrich Sievers (1907–1977) zurück, als er einen Ruf nach Bonn erhielt. Er arbeitete dort als leitender Direktor im Bundesgesundheitsamt, Abt. Trinkwasser.

Hedwig Götze-Sievers wurde nach Kriegsende aus Schlesien vertrieben und kehrte ausgeplündert zurück. Der Rat der Stadt stellte ihr, die so viel für die Menschen dieser Stadt geleistet hatte, ihre alte Wohnung in der Blücherstraße zur Verfügung. „Und doch", so hatte sie 1942 geschrieben, „wenn ich jetzt auf mein langes Leben zurückblicke, wo es gewissermaßen ausgebreitet vor mir liegt, so kann ich nichts anderes als tiefe Dankbarkeit empfinden für den Reichtum an Erleben, mit dem es ausgestattet war."[8] (Reinhard Bein)

⌂ **Touristischer Hinweis:** Friedhof Wolfenbüttel, Lindener Str., Abt. 4.
◈ **Quellen- und Literaturangaben**: 1, 3, 4, 5, 6, 8 Manfred R. W. Garzmann (Hg.), H. Götze-Sievers (1858-1954), Br. 1991; S. 11, 15, 72, 77, 80, 96; 2 H. Wüstemann 1980, Archiv Bein; 7 Brief 16.6.1923 bei M.-E. Sievers.
Fotos: Maria-Elisabeth Sievers – mit herzlichem Dank für ihre Hilfe.

Adolf Grimme
(31.12.1889 – 27.08.1963)
Pädagoge, Kultusminister

„Dann kriegt man den zweiten und dann kann man einfach sagen: Ok, die finden das anscheinend wirklich gut. [...] Die finden das einfach gut von der Qualität, auch dass wir uns getraut haben, das Thema aufzugreifen, dass Schotty da bei Neonazis sauber machen muss, und uns diesem Thema mit Humor nähern. Das fanden die dann auszeichnungswürdig. Insofern ist der zweite fast noch toller",[1] sagte der Schauspieler Bjarne Mädel, als er und sein Team am 12. April 2013 zum zweiten Mal in Folge den Grimme-Preis für die Sendereihe „Der Tatortreiniger" bekamen. In der 2013 prämierten Folge „Schottys Kampf" muss der von Mädel gespielte Tatortreiniger Heiko „Schotty" Schotte in einem Neonazi-Vereinsheim einen Raum putzen, in dem es nur so von Nazi-Devotionalien wimmelt. „Schotty", dem dieser Auftrag extrem gegen den Strich geht, greift zu einem Trick und lässt die komplette Einrichtung nicht nur fachgerecht entsorgen, sondern den Raum auch gleich noch frisch streichen, und zwar in Schweinchenrosa.

Der Adolf-Grimme-Preis ist der bedeutendste deutsche Fernsehpreis, der 1961 zunächst vom Deutschen Volkshochschul-Verband für herausragende Sendungen der deutschen Fernsehanstalten verliehen wurde. Seit 1977 ist das 1973 gegründete Adolf-Grimme-Institut zuständig. Die Teilnehmer am Wettbewerb werden von den Sendeanstalten, Produktionsfirmen und Zuschauern vorgeschlagen. Ausgezeichnet werden Fernsehsendungen, die „die spezifischen Möglichkeiten des Mediums Fernsehen auf hervorragende Weise nutzen und nach Form und Inhalt Vorbild für die Fernsehpraxis sein können".[2]

Adolf Berthold Ludwig Grimme, nach dem dieser Preis bekanntlich benannt ist, wurde am 31. Dezember 1889 als Sohn des Eisenbahners Adolf Grimme und seiner Frau Louise Sander in Goslar geboren. Seine „Vorfahren väterlicherseits", so schreibt Adolf Grimme in seinem Lebenslauf 1945, stammten „aus Schaumburg-Lippe, mütterlicherseits aus dem Wesergebiet zwischen Elze, Bodenwerder und Hameln".[3] Da sein Vater häufig versetzt wurde, zog die Familie, zu der noch Adolfs Schwester Emma gehörte, häufig um. So besuchte Adolf Grimme die Volksschule in Weferlingen, nordöstlich von Helmstedt, ab 1900 das Gymnasium in Sangerhausen am südlichen Harzrand und schließlich das Andreanum in Hildesheim, wo er 1908 sein Abitur ablegte; zwei Jahre zuvor war sein Vater im Alter von nur 52 Jahren gestorben. Unterstützt durch die Mutter, die nur eine kleine Witwenpension bezog, schrieb sich Grimme für Philosophie und Germanistik, Französisch und Religion zunächst in Halle ein, dann studierte er in München und ging schließlich nach Göttingen, wo ihn der Begründer der Phänomenologie Edmund Husserl besonders beeindruckte und zu Grimmes späterer Untersuchung des Johannes-Evangeliums beitrug, in der er Glauben und Wissen miteinander in Einklang zu bringen versuchte.

Nach seinem Staatsexamen für das Höhere Lehramt, das er 1914 in Göttingen ablegte, war er bis 1916 im Vorbereitungsdienst, zunächst am Königlichen Gymnasium in Göttingen, dann am Realgymnasium in Leer (Ostfriesland), wo er anschließend auch als Assessor tätig war. Am 18. Juli 1918 wurde Grimme zum Militär einberufen, erkrankte aber noch während seiner Rekrutenausbildung in Straßburg und wurde nach einer mehrwöchigen Behandlung im Lazarett als „dienstunbrauchbar" entlassen.

Er kehrte nach Leer zurück, wo er 1916 die Malerin Mascha Brachvogel, Tochter des Oberlandesgerichtsrats Otto Brachvogel, geheiratet hatte. Grimmes Mutter, die während seines Studiums mit ihm in Halle und Göttingen gewohnt hatte, zog, als er zum Militär eingezogen wurde, nach Hildesheim in die Lippoldstraße. Im Herbst 1919 ging Grimme nach Hannover, wo er bis Ostern 1923 Studienrat an der Oberrealschule am Clevertor war.

Über seinen Unterricht haben ehemalige Schüler geschrieben: „Niemals zwang er uns, ihm blindlings zu folgen, aber immer führte er uns an die Schwelle unseres eigenen Denkens." – „Sie haben uns gelehrt, echte Toleranz zu üben, im Mitmenschen den Bruder zu erkennen und zu achten, das Gute um des guten Willens zu tun, das Böse durch das Wirken des Guten zu überwinden." – „Adolf Grimme strahlte auf uns alle einen Geist aus, der uns in seinen Bann zog und uns zwang, ihm zu folgen. Ein schlechtes Benehmen unsererseits, ein Bestrafen oder Widerspruch gab es in seinen Stunden nicht. Es galt als ehrenrührig unter uns, bei Grimme schlecht abzuschneiden."⁴ Während seiner Zeit in Leer begann Grimme, sich auch politisch zu engagieren: Er trat in die Deutsche Demokratische Partei ein, hielt für sie, zum Beispiel am 7. Januar 1919 in Osnabrück, Wahlreden, wurde in Leer auch ihr Vorsitzender. Da Grimme bei der DDP das Soziale vermisste, trat er kurze Zeit später wieder zurück und aus. Nachdem er sich mit den verschiedensten politischen Parteien und ihren Programmen beschäftigt hatte, wurde er Mitglied der SPD und schloss sich den „Entschiedenen Schulreformern" an, die sich 1919 konstituiert hatten, „um an der längst notwendigen Erneuerung des deutschen Erziehungs- und Bildungswesens mitzuarbeiten".⁵

Grimme widmete sich mit „großer Leidenschaft" den „neuen Konzeptionen und Planungen"; dabei ging es ihm um eine „lebensnahe Schule, in der es keine Privilegien und Standesvorrechte, keinen gedankenlosen Drill und keine Nichtbeachtung individueller Fähigkeiten geben sollte. Die organische Gemeinschafts- und Einheitsschule war für Grimme die Voraussetzung für die notwendige Verbreiterung der Bildungsbasis in der modernen Gesellschaft, die Freiheit im geistigen und Gerechtigkeit im wirtschaftlichen Raum für alle Menschen gewährleisten sollte".⁶

Zum 1. April 1923 wurde er an das Provinzialschulkollegium Hannover versetzt, wo ihm, ähnlich wie bei einem Dezernenten, zwölf Gymnasien unterstellt waren; und bereits zwei Jahre später, am 1. Juli 1925, wurde Grimme zum Oberschulrat in Magdeburg ernannt. Dort traf er auf einen großen Kreis „Entschiedener Schulreformer", die sich an der Magdeburger Berthold-Otto-Schule zusammengefunden hatten, einer höheren koedukativen Reformschule nach dem Vorbild der Hauslehrerschule von Berthold Otto, die er 1906 in Berlin-Lichterfelde gegründet hatte. Die Magdeburger Berthold-Otto-Schule am Sedanring wurde von Richard Hanewald, der von der Jugendbewegung und den liberalen Ideen **Wilhelm Raabes** ↑¹ geprägt war, und seiner Frau Klara, geborene Sträter, geleitet, die 1914/15 an der Berthold-Otto-Schule in Berlin-Lichterfelde unterrichtet hatte. Kennzeichnend für die Berthold-Otto-Schule in Magdeburg war eine weitgehende Lehrplanfreiheit, Koedukation und altersübergreifender Unterricht; an all dem war Adolf Grimme maßgeblich beteiligt, da er Hanewald in seiner Funktion als Oberschulrat „das Recht freier Unterrichtsgestaltung, ohne an amtliche Vorschriften und Lehrpläne gebunden zu sein",[7] gab. Am 11. Juli 1928 wurde Grimme zum Ministerialrat im Preußischen Ministerium für Wissenschaft, Kunst und Volksbildung berufen, wo er „starken Anteil an der Errichtung der Prüfungen für junge Menschen nehmen [konnte], die ohne regelrechte Reifeprüfung durch ein Kolloquium den Nachweis ihrer Hochschulreife erbringen wollten".[8] Knapp ein Jahr später, am 1. April 1929, wurde er Vizepräsident des Provinzialschulkollegiums von Berlin und der Mark Brandenburg und wiederum kein Jahr später, am 30. Januar 1930, berief ihn Ministerpräsident Braun (SPD) zum Preußischen Minister für Wissenschaft, Kunst und Volksbildung. Dem Preußischen Kultusminister Grimme, der sich während seiner Amtszeit für die „Bildungsbestrebungen der proletarischen Massen" und die „Förderung des internationalen Schüler- und Gelehrtenaustausches"[9] einsetzte, gelang es trotz großer finanzieller Schwierigkeiten, die Schließung aller Lehrerakademien zu verhindern, musste aber der Entlassung der noch nicht fest angestellten Lehrer und Studienassessoren zustimmen, ein Akt, der seinem Reformbestreben zuwiderlief.

Am 20. Juli 1932 wurde die Regierung Braun von Reichskanzler von Papen abgesetzt, da sie ohne Mehrheit regiert hatte. Bis 1935 erhielt Grimme, dem am 6. März 1933 der Pass entzogen worden war, gemäß Berufsbeamtengesetz § 4 lediglich drei Viertel seiner Pension, da er ja zu den Feinden des Nationalsozialismus zählte. „Von 1933 an habe ich, anfänglich von der Gestapo belästigt, nachher nur noch beobachtet, bis zu meiner Verhaftung im Herbst 1942 meinen wissenschaftlichen Neigungen gelebt und illegal gearbeitet."[10]

In Grimmes Haus in Kleinmachnow bei Berlin, das er sich während seiner Ministerzeit gekauft hatte, traf er sich mit Gleichgesinnten zu Gesprächen, bei denen auch Pläne geschmiedet wurden, wie „das deutsche Volk vor der drohenden Katastrophe zu bewahren sei".[11] Am 11. Oktober 1942 wurde Grimme im „Zuge der Ermittlungen der Gestapo gegen die Widerstandsgruppe ‚Rote Kapelle'"[12] verhaftet, da die Gestapo bei einer Hausdurchsuchung ein Flugblatt der Gruppe gefunden hatte. Bis „zum Prozeß am 1.-2. Februar 1943 blieb er im ‚Hausgefängnis' der Prinz-Albrecht-Straße".[13] Einen Tag später wurde Grimme wegen „Nichtanzeige eines Vorhabens des Hochverrats" zu drei Jahren Zuchthaus in Verbindung mit dem Verlust der bürgerlichen Ehrenrechte verurteilt.

Nachdem er die ersten acht Monate in Spandau in Einzelhaft verbracht hatte, saß er im Zuchthaus Luckau/Lausitz ein und wurde, kurz vor dem Einmarsch der Alliierten, nach Hamburg-Fuhlsbüttel verlegt. Wenige Tage nach der Einnahme Hamburgs durch die Briten bemühte sich Peter Zylmann, Schulreformer und Schwiegervater von Grimmes Tochter Lieselotte, die Lehrerin geworden war, erfolgreich um die Freilassung Grimmes, der auf 51 kg abgemagert war und sich bei diversen Freunden in Hamburg langsam erholen durfte.

Zum 1. August 1945 wurde Adolf Grimme Leiter der zunächst provisorischen Zentralstelle für Wissenschaft, Kunst und Volksbildung, deren Aufgabe es war, das Schulwesen gesetzlich zu regeln, ein hinreichendes Leistungsniveau zu sichern und kommunale Verwaltungen im Schulsektor zu beraten; am 27. November 1946 wurde er Niedersächsischer Kultusminister unter dem Ministerpräsidenten Hinrich Wilhelm Kopf.

Grimme, zu dessen Kabinettskollegen **Hans-Christoph Seebohm** ↑ gehörte, kümmerte sich um die Wiedereröffnung der Schulen in der Britischen Zone, versuchte sie mit Lehrmaterialien, Möbeln, Glühlampen, Holzscheiten auszustatten, sorgte für die Grundlagen der landesweiten Schulspeisung und der Einstellung von Lehrkräften; auch eine neue Lehrerbildung und die Grundlagen der Erwachsenenbildung zu schaffen, gehörte zu seinen Tätigkeiten. Er versuchte, die niedersächsische Schule zu reformieren und eine demokratische Kultur neu zu beleben. Dabei standen für ihn „die Befreiung des Menschen aus dem Knechtsdasein der Unwürdigkeiten und der äußeren Gewalten und die Erziehung zur selbstverantwortlichen Persönlichkeit im Vordergrund".[14] So gründete Kultusminister Grimme die Pädagogischen Hochschulen Niedersachsens, führte die Begabtenprüfung ein, errichtete die ersten Lehrerfortbildungsheime, erließ Richtlinien zur Schülermitverantwortung u.v.m. Seine Schulreform jedoch konnte er nicht durchsetzen. – „Das Bedürfnis nach Kalorien und Vitaminen, nach Textilien und Leder war damals und auf Jahre hinaus wirksamer als die Sorge um Mensch und Kultur".[15]

Seine Ehe mit Mascha, geborene Brachvogel wurde 1946 geschieden. Mit ihr hatte er außer Lieselotte noch zwei Kinder, den Sohn Peter, der nach 1945 in Berlin bei Telefunken arbeitete, und Eckard, der mit vierzehn Jahren im Juli 1931 vor dem Berliner Elternhaus von einem Lastwagen überfahren worden war. Ein Jahr später heiratete Grimme die Ex-Frau des ersten Niedersächsischen Ministerpräsidenten Kopf, Josefine, geborene Freiin von Behr, die ihm, anders als seine erste Frau Mascha, persönlich wie geistig eine Partnerin war.

Im Dezember 1948 trat Adolf Grimme von seinem Ministerposten zurück und wurde Generaldirektor des Nordwestdeutschen Rundfunks (NWDR) in Hamburg, in dem er ein finanziell gut ausgestattetes Instrument der Volksbildung und der Lebenshilfe sah. Sein Rat: „Freude schenken!" Unter seiner Federführung schloss der NWDR 1953 mit anderen Rundfunkanstalten einen Vertrag zu einem Gemeinschaftsprogramm; das war der erste Schritt auf dem Weg zu einem deutschen Fernsehen, aus dem die ARD hervorging, in der Grimme sich für einen Finanzausgleich zwischen den finanziell höchst unterschiedlich ausgestatteten Anstalten einsetzte.

Mit der Auflösung des von der britischen Militärregierung gegründeten NWDR und der Errichtung von WDR und NDR zum 1. Januar 1956 schied Adolf Grimme aus dem Berufsleben aus und zog mit seiner Frau Josefine nach Degerndorf bei Brannenburg am Inn, wo er am 27. August 1963 einem Krebsleiden erlag. Angesichts seines lebenslangen Engagements für Kultur und Bildung, seiner Erfahrungen in und durch die Nazizeit hätte sich Adolf Grimme sicherlich darüber gefreut, dass die von ihm maßgeblich mit gegründete ARD die mit dem Grimme-Preis gekrönte „Tatortreiniger"-Folge „Schottys Kampf" ausgerechnet am 20. April 2013 wiederholt hat. (Isabel Rohloff)

⌂ **Touristischer Hinweis**: Ausstellung „Topographie des Terrors" auf dem Prinz-Albrecht-Gelände, Berlin.

❖ **Quellen- und Literaturangaben**: **1** http://m.youtube.com/ results?=q =bjarne%20m%C3%A4del%20interview&sm=1; **2** Encarta 2009. **3-11, 14-15** Julius Seiters, Adolf Grimme – ein niedersächsischer Bildungspolitiker, (Hg.) Niedersächsische Landeszentrale für politische Bildung, Hannover, 1990; **12, 13** Reinhard Rürup (Hg), Topographie des Terrors. Gestapo, SS und Reichssicherheitshauptamt auf dem „Prinz-Albrecht-Gelände". Eine Dokumentation, Berlin 1987, S. 163. – Reichshandbuch der Deutschen Gesellschaft, Berlin 1930, S. 592 (auch Foto).
Fotos: **1** Reichshandbuch (s.o.), **2** Nieders. Lehrerbildungsinstitut Hann.

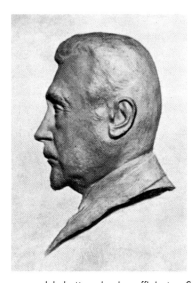

Alfred Grotjahn
(25.11.1869 – 04.09.1931)
Arzt, Hochschullehrer, Begründer der Sozialen Hygiene in Deutschland

„Schon aus früher Kindheitserinnerung ist mir die ablehnende Stellung bewußt, die ich meinem Vater gegenüber bei aller Achtung vor dessen idealem Berufseifer einnahm. Ich hatte mir ein raffiniertes System ausgebildet, ihm so wenig wie möglich zu begegnen. Das unvermeidliche Zusammensein bei den Mahlzeiten verging in steter Anspannung, ihn nicht zu reizen und den eigenen Widerspruchsgeist, den er fortwährend herausforderte, zurückzuhalten. Da das nicht immer gelang, ergab sich eine Kette von Szenen, unter denen wir beide litten und die wir doch nicht vermeiden konnten. Ich bin mir bewußt, ihn schon als Knabe durch Redekämpfe hart verwundet zu haben. Als mildernden Umstand für diese Schroffheit, die fast ein Wesenszug zu werden drohte, kann ich nur anführen, daß sie das einzige Mittel war, mich gegenüber den beiden nervenkranken Eltern zu behaupten. Beide mußten vorübergehend Aufenthalt in der Wahrendorffschen Anstalt in Hilten bei Hannover nehmen, der Vater im Jahre 1887 zu einer im wesentlichen gelungenen Entziehungskur, die Stiefmutter in mehreren Stadien ihrer manisch-depressiven Zustände."[1]

Alfred Grotjahn wurde 1869 in Schladen als Sohn des Arztes Robert Grotjahn (1841-1908) und seiner Frau Emma Frey, die er beim Studium in Zürich kennengelernt hatte, geboren. Die Mutter starb 1875 an Sarkom, und der Vater heiratete nach Ablauf des Witwenjahres deren jüngere Schwester Jenny. Der von seinen Patienten geliebte Vater, ein hochgradig nervöser Mensch, der sich durch heftige Trigeminusschmerzen an Drogen gewöhnt hatte, verbrachte die Freizeit mit auf dem Teppich verstreuten Büchern und Zeitschriften und schlief in einer durch den ganzen Raum gespannten Hängematte.

Alfred Grotjahn nennt sich in seiner Autobiografie ein „psychopathisches Kind", dessen Neurose sich in Bettnässen äußerte. Seine Eltern betrachteten dies als Laster, „das mit Prügeln, Einschließen im Kohlenkeller, demütigendem Auswaschen der Wäsche im Hofe vor dem Dienstpersonal und einer fürchterlichen Prozedur, […] nämlich Übergießen des nackten Körpers mit Eimern kalten Brunnenwassers, energisch bekämpft werden mußte. […] Dabei hatte mein Vater sichtlich das Bestreben, die landesübliche Prügelpädagogik zu humanisieren. Er schlug nie mit einem Stock, sondern nur mit der Hand, aber mit solch nervöser Hast, Ausdauer und Kraft, daß ich die Empfindungen des passiven Teiles noch heute nachfühlen kann. Schrecklicher noch als diese Prozeduren waren allerdings für mich die Abbitteszenen, welche die Sitte jener Zeit noch am Abend eines durch Prügel geweihten Tages forderte."[2] Anlässe zum Prügeln bot der Junge genug, da er als körperlich schwächliches Kind gegenüber den Altersgenossen durch allerlei wagemutige Streiche Anerkennung suchte.

In der Privatschule des Ortes saß er allein, weil sein Zappelphilipp-Syndrom alle anderen Kinder störte. Die Leistungen waren miserabel, aber sein Lesehunger machte dies wett. Mit dem 10. Lebensjahr schickten ihn die Eltern nach Liebenburg zu Pastor Wendebourg in dessen Internatsschule, von wo aus er zur Großen Schule nach Wolfenbüttel wechselte und wieder in einer Pension lebte. Er beschreibt sich als schwachen Schüler, dem es nur durch „eisernen Fleiß" gelang, den stumpfsinnigen Paukunterricht erfolgreich zu überstehen. Lediglich die von den Geisteswissenschaftlern belächelten Naturwissenschaftler der Schule, Julius Elster und **Hans Geitel** ↑[1], finden in Grotjahns Erinnerungen Gnade. Er nennt sie „Lichtgestalten".

In der Oberstufe ließen Fleiß und Wille nach, sodass er zweimal sitzen blieb, ehe er mit dem 20. Lebensjahr 1890 das Abitur schaffte. Und er resümierte: „Geblieben ist aus der ganzen Mühe und Plage der Haß gegen alles, was Gymnasium und Gymnasiallehrer heißt. […] Und ich habe die feste Überzeugung, daß ich das geistige Eigentum, das ich wirklich besitze, nicht dem Unterricht, sondern schulfremdem Einfluß und eigener, von der Schule unabhängiger Arbeit und vor allem dem Bücherlesen verdanke."[3]

Das Bücherlesen verband ihn mit dem Gastwirtssohn **Albert Südekum** ↑[2], der mit ihm die Schulbank drückte und mit dem ihn eine lebenslange Freundschaft verband. Ein Nebenzimmer im renommierten Gasthof „Zum Löwen", den Südekums Eltern führten, diente ihnen als

Studier- und Lesezimmer. Es war vollgestopft mit Büchern, die Südekum in Braunschweig von seinem Taschengeld bei Auktionen oder in Antiquariaten erstanden hatte. An Südekums Seite entwickelte sich Grotjahn zum „Freigeist". Bei einer Wahlversammlung im Jahre 1890 hörte er dem Kandidaten des Freisinns Eugen Richter zu und fand dessen Ausfälle gegen den SPD-Kandidaten Wilhelm Blos so peinlich, dass er einige Tage später heimlich dessen Wahlversammlung besuchte. „Der starke Eindruck, den ich aus dem Besuche jener Versammlung mit nach Hause nahm, fand insofern einen vorbereiteten Boden, als Südekum und ich durch Lektüre bereits stufenweise uns zu Freigeistern und schließlich auch zu Sozialisten eigenwilliger Prägung entwickelt hatten."[4] Besonders die sozialkritischen Romane von Emile Zola hatten die beiden jungen Menschen tief beeindruckt. Sie waren „eine kulturelle Notwendigkeit und ein Bedürfnis der Zeit, das zum Erwachen des sozialen Mitgefühls auch innerhalb der oberen und mittleren Schichten führte."[5]

Da Grotjahn bereits in den Schulferien bei seinem Vater praktiziert hatte, studierte er trotz einiger Neigung zur Nationalökonomie in Greifswald, Leipzig, Kiel und Berlin Medizin. Das ermöglichte ihm, einige Zeit bei seiner Tante in Berlin, einer Cousine Theodor Fontanes, zu verbringen. Fünf Jahre später 1894 richtete er im gleichen Hause unter der „Protektion" dieser Tante seine Praxis ein. „Beide haben mir bis zu ihrem Tode ihre Zuneigung bewahrt und sind die einzigen Verwandten gewesen, die trotz gegenteiliger Anschauungen niemals Anstoß an meinem gesellschaftlich damals absolut unmöglichen sozialistischen Bekenntnis genommen haben."[6]

Im zweiten Jahr seiner Niederlassung als praktischer Arzt im Problembezirk Kreuzberg heiratete er Charlotte Hartz, eine Berliner Bürgertochter, die mit ihm die Neigung teilte, abgeschirmt vom Trubel der Großstadt zu leben. Der Ehe entsprossen drei Kinder. „Trotz eines nicht unbedenklichen Ahnenerbes wuchsen sie in körperlicher und geistiger Gesundheit auf."[7] Weil die Praxis anfangs nicht auskömmlich arbeitete, nahm er nebenher eine Stellung als Assistenzarzt an und hatte noch Zeit, ein erstes Buch zu schreiben: „Der Alkoholismus nach Wesen, Wirkung und Verbreitung", das 1898 verlegt wurde. In ihm versuchte er ganz besonders die sozialen Faktoren, die zum Alkoholismus führen, herauszuarbeiten.

Seine Mitgliedschaft in der SPD gründete auf emotionale Motive. Als die Klassenkämpfer entgegen seinen Erwartungen 1901 die Oberhand behielten, trat er aus. Zur gleichen Zeit belegte er an der Universität bei Gustav Schmoller Seminare in Nationalökonomie. Sein Ziel: Medizin und Hygiene mit der Volkswirtschaft und Statistik zu verbinden. „Bei Schmoller lernte man, sich wie in den Naturwissenschaften an die Tatsachen und die Abläufe zu halten, an Stelle des Prinzips die Erfahrungen zu befragen und die Spekulation durch die Detailforschung zu ersetzen."[8] Nach diesem Grundsatz begann er seine sozialhygienischen Untersuchungen, die ihm Beifall, aber auch heftige Anfeindungen einbrachten. So erklärte er z.B. die Errichtung von Lungenheilstätten, die Sozialpolitiker verlangten, für weitgehend nutzlos. Die Tuberkulose sei nur durch die Hebung der Volksgesundheit und die Verbesserung der Wohnverhältnisse zu besiegen.

Seine zahlreichen Veröffentlichungen zur Hygieneforschung, die Vorstandstätigkeit im Verein für soziale Medizin, Hygiene und Medizinalstatistik und sein Werk „Soziale Pathologie" brachten ihm 1912 die Privatdozentur, 1913 als Erstem in Deutschland den Professorentitel im Fach Soziale Hygiene ein. Möglich war dies laut §68 der Universitätsstatuten ohne Habilitation aufgrund seiner bisherigen Arbeiten. Den dünkelhaften Fakultätskollegen aber gefiel diese Erhebung gar nicht. Sein Sohn Martin erzählte, „daß man bei den Sitzungen der Fakultät für seinen Vater keinen Stuhl hinstellte, worauf er es sich zur Gewohnheit machte, als erster zu den Sitzungen zu erscheinen und dann vergnüglich das Erstaunen desjenigen zu beobachten, der keinen Platz fand."[9] 1915 gab Grotjahn seine Praxis auf, übersiedelte in den Grunewald und übernahm die Leitung der Abteilung Sozialhygiene am Städtischen Medizinalamt in Berlin.

Er plädierte in seinem Buch „Soziale Pathologie" dafür, die Gesundheitsprävention in den Vordergrund staatlicher Gesundheitsfürsorge zu stellen und leitete daraus die Frage ab: „Wie können wir pathologische Zustände durch soziale Maßnahmen in ihrem Verlaufe beeinflussen oder verhüten?"[10] Damit meinte er Krankheiten der „Unkultur und Armut", für ihn vorwiegend Tuberkulose, Typhus, Syphilis und Alkoholismus. Einerseits verlangte er vom Staat die Hebung der sozialen Standards und die Volkserziehung zu gesunder Lebensführung, um sozial bedingte Krankheiten („Entartungen") einzudämmen, andererseits bei der Fortpflanzung bei Vorliegen dieser Krankheiten die Abtreibung. In den 1920er Jahren ergänzte er diese Forderung um die Zwangssterilisation. Anderseits sollten die Gesunden Kinder bekommen und sich nicht enthalten oder abtreiben.

Man sollte die uns inhuman anmutenden Vorschläge zur Fortpflanzungskontrolle, denn etwas anderes waren sie ja nicht, aus der Zeit heraus verstehen, denn mehr Wissen für eine individuelle Erbprognose als das durch die Stammbaumforschung gewonnene besaßen die Wissenschaftler, Politiker und Ärzte damals nicht. International fand sein Buch nur in der Sowjetunion Beachtung. Es wurde 1925 übersetzt, und der Autor erhielt als Honorar 660 RM (ca. 7.000 €).

Weil die Mehrheitssozialisten sich innerhalb der SPD 1919 durchgesetzt hatten, trat Grotjahn der Partei wieder bei und wurde 1921 in den Reichstag gewählt. Das Reichswohlfahrtsgesetz und das Gesetz zur Bekämpfung der Geschlechtskrankheiten wurden maßgeblich von ihm beeinflusst. Durch die Wiedervereinigung von MSPD und USPD 1922 gewannen die Linken aber wieder Einfluss auf die Parteilinie. Seine gesundheitspolitischen und eugenischen Positionen, mit denen er im Reichstag heftige Debatten ausgelöst hatte, hielten die Genossen für bedenklich, sodass sie ihn 1924 drängten, auf eine Wiederwahl zu verzichten. Er gehorchte. Das fiel ihm relativ leicht, denn er war eigentlich kein Parteipolitiker und spürte, dass sein Lehrauftrag durch die politische Arbeit litt. Nur im Vorstand der Arbeitsgemeinschaft sozialistischer Alkoholgegner blieb er.

Seit 1920 war er ordentlicher Professor für Sozialhygiene an der Universität Berlin, für die Amtszeit 1927/28 Dekan der Charité. Er widmete sich nach dem Ausscheiden aus dem Reichstag wieder vorwiegend der wissenschaftlichen Forschung und trat 1926 mit dem Werk „Die Hygiene der menschlichen Fortpflanzung" an die Öffentlichkeit. Darin führte er die Gedankengänge seiner „Sozialen Pathologie" fort. Um die „Bevölkerungsqualität" zu verbessern, propagierte er die Zwangssterilisation von Schwachsinnigen, Epileptikern und Alkoholikern. Auf bereits bestehende Gesetze in einigen Staaten der USA hinweisend, erklärte er, „daß die dauernde Unfruchtbarmachung solcher Individuen, von denen wir bestimmt annehmen können, daß ihre Nachkommen vom eugenischen Standpunkte aus unerwünscht und minderwertig sein werden, sich auch bei uns einbürgern wird."[11]

Die Nazis beriefen sich mit ihrer Rassenpolitik auf ihn, übersahen jedoch wissentlich, dass seine Vorstellungen von Eugenik der Volksgesundheit und nicht der rassischen Auslese galten. Man tat ihm Unrecht, wenn er in der Bundesrepublik verschiedentlich als Rassehygieniker bezeichnet wurde. Er lehnte die „Arierschwärmer" ab und erklärte, seine Eugenik sei nicht rassegebunden.

Christoph Kaspari resümiert in seiner Dissertation 1989: „Grotjahn stellt das Interesse des Staates an einer Verhinderung der Entartung sehr in den Vordergrund. Unsere heutige Auffassung von Eugenik hingegen berücksichtigt das individuelle Interesse. […] Mit dieser Wandlung einhergegangen ist der sprachliche Übergang von der Eugenik zur modernen Humangenetik. Was nun als „lebensunwert" zu bezeichnen ist, ist selbstverständlich äußerst problematisch, und so ist jedem überlassen, zu einem solchen vermeintlich „lebensunwerten" Kind ja zu sagen. Dies erwächst aus einem liberalen Staatsverständnis, das das individuelle Selbstbestimmungsrecht hervorhebt.

Eben dies tat Grotjahn nicht; er war weder kommunistisch noch faschistisch gesinnt, sicher dachte er aber antiliberal."[12]

1932 sollte von ihm ein Buch „Wunschziele der Volksernährung im Lichte der individuellen und sozialen Hygiene" erscheinen. Darin hätte er seine Lebensmaxime untergebracht: Verzicht auf Alkohol, Nikotin, Kaffee und Fleisch, die staatliche Förderung des Wohnens im Eigenheim mit Garten. So „würde der größte Teil aller Fragen der Hygiene sich von selbst lösen und ein großer der sozialen Fragen überhaupt dazu."[13] Zu diesem Buch kam es nicht mehr.

Alfred Grotjahn starb 1931 an einem Gallenabszess, einer Folge des ihn über viele Jahre plagenden, aber ignorierten Gallensteinleidens. Die Nazis lösten 1933 das sozialhygienische Seminar der Universität auf. Grotjahns jüdische Mitarbeiter Georg Wolff und Franz Goldmann emigrierten in die USA.

Zwangssterilisierungen gab es in Deutschland erst seit 1933, zuvor in 24 Staaten der USA. Skandinavische Länder folgten in den 1930er Jahren. Und es dauerte zum Teil bis in die 1970 Jahre, ehe sie von diesen menschenfeindlichen Gesetzen abrückten, im liberalen Schweden z.B. erst 1976. (Reinhard Bein)

⌂ **Touristischer Hinweis**: Geburtshaus mit der Grotjahn-Eiche im Garten in Schladen, Hildesheimer Straße 1a. Grab von Robert und Jenny Grotjahn: Ev. Friedhof Schladen, Wolfenbütteler Str., links der Kapelle.

◈ **Quellen- und Literaturhinweise**: **1**-**8** A. Grotjahn, Erlebtes und Erstrebtes. Erinnerungen eines sozialistischen Arztes, Berlin 1932, S. 4 f., 15, 35, 43, 45, 49, 88, 112; **9**, **12**, **13** Christoph Kaspari, Alfred Grotjahn (1869-1931). Leben und Werk, Bonn 1989 (Dissertation), S. 340, 254, 310 f.; **10** A. Grotjahn, Soziale Pathologie, Berlin 1912, S. 21; **11** A. Grotjahn, Die Hygiene der menschlichen Fortpflanzung, Berlin/ Wien 1926, S. 76. **Abbildung**: Vgl. 1-8, Vorsatzblatt im Buch.

Heinrich Heidersberger
(19.06.1906 – 17.07.2006)
Architekturfotograf, Lichtbildner

Der „Lichtbildner"[1] Heinrich Heidersberger, bekannt vor allem als Architekturfotograf und Chronist der jungen Stadt Wolfsburg, kam erst auf Umwegen zur Fotografie. Noch der 25-jährige Autodidakt entwickelte und vergrößerte seine Aufnahmen, auf dem Klodeckel sitzend, im heimatlichen Badezimmer. Die fertigen Abzüge klebte er anschließend zum Trocknen an die Fensterscheibe – hochglänzend segelten sie dann einige Stunden später zu Boden.

Als Sohn des Offiziers Maximilian Heidersberger und seiner Frau Marianne, geb. Nicoladoni, wurde Heinrich Heidersberger am 19. Juni 1906 in Ingolstadt geboren. Nach dem frühen Tod des Vaters (1911) zog die Mutter mit den Söhnen Heinrich und dem zwei Jahre jüngeren Friedrich in ihren Geburtsort Linz zurück. In der Stadt an der Donau wuchs Heidersberger auf und legte hier nach dem Besuch des Realgymnasiums das Abitur ab. Mentalität und Sprachfärbung des Erwachsenen waren spürbar dem Oberösterreichischen verhaftet. Geprägt haben den Jugendlichen mehrere Sommer, die er als so genanntes „Wiener Kind" in Dänemark verbrachte. Es handelte sich um eine Hilfsaktion zugunsten unterernährter Kinder aus Österreich, an der trotz seiner deutschen Nationalität als Halbwaise auch Heidersberger teilnehmen durfte. Hier erlernte er die dänische Sprache und erhielt von einem Freund des Pflegevaters vielfältige Anregungen, naturwissenschaftlich zu experimentieren und zu tüfteln.

Ein nach der Schulzeit in Graz begonnenes Architekturstudium, von dem er sich eine Verbindung von technischen und kreativen Tätigkeiten versprochen hatte, brach er nach kurzer Zeit ab. Die Erfahrung, dass ihn primär der Kunstunterricht interessierte, führte zu dem Entschluss, mit Förderung durch den Pflegevater nach Paris überzusiedeln und sich der Malerei zu widmen.

Es war die Zeit des späten Kubismus und der ersten Surrealisten. Ab 1928 mietete sich Heidersberger in der französischen Hauptstadt ein kleines Atelier und besuchte die private Kunstschule Fernand Légers. Da in dem Institut die Klassen groß waren und der Meister kaum anzutreffen, hat Heidersberger nach seinen eigenen Worten in dieser Zeit „als Maler alles Mögliche probiert".[2] Seine Bilder verkaufte er zum Teil auf dem Montmartre, entwarf daneben aber auch Tapeten. Trotz der finanziellen Hilfestellung wohnte er unter bescheidensten Verhältnissen: Die Dielen waren von Ratten angenagt, in einem bitterkalten Winter gefror sogar das Wasser im Waschkrug. Er lebte mit einer englischen Krankenschwester zusammen, von der er Kenntnisse in deren Muttersprache erwarb, die ihm in der Nachkriegszeit von Nutzen sein sollten. Während seines Parisaufenthaltes begegnete Heidersberger auch zahlreichen Künstlern und Literaten. Von dem Dichter Ernest Hemingway zum Beispiel lieh er sich einmal in einer Notsituation 700 Francs, die dieser nie von ihm zurückverlangte. Auch mit Piet Mondrian war er gut bekannt, beeinflusst wurde er jedoch insbesondere durch die metaphysische Malerei Giorgio de Chiricos.

Um seine Bilder zu dokumentieren, erwarb Heidersberger auf dem Flohmarkt eine einfache Laufbodenkamera. Das belichtete Material gab er zunächst zu einem Händler, bis dieser eines Tages die Platten verdarb. Von nun an sollte Heidersberger seine Bilder selbst entwickeln. Und er begann, sich mit den fotografischen und technischen Möglichkeiten dieses Mediums auseinanderzusetzen: Er besuchte Fotoausstellungen, beschäftigte sich mit der Geschichte der Fotografie und bekannten Fotografen, hier insbesondere mit den Arbeiten des Amerikaners Man Ray. Noch fotografierte er mit den Augen eines Malers und verstand sich nicht als Fotograf. Bald darauf jedoch konnte er bereits durch die Anfertigung von Aufnahmen für andere Künstler seinen Lebensunterhalt bestreiten.

Als das Leben in Paris infolge der Wirtschaftskrise schwieriger wurde, ging Heidersberger Anfang der 1930er Jahre zurück nach Linz. Dort wurde er Mitbegründer des literarischen Kabaretts „Thermopylen", bei dessen Veranstaltungen auch Brecht-Lieder vorgetragen wurden. Es folgten mehrere unruhige Jahre, die Heidersberger überwiegend in Den Haag, teilweise auch bei seinem Pflegevater in Kopenhagen verbrachte. Nach wie vor war die Fotografie für ihn eher ein engagiert betriebenes Hobby als ein Beruf.

1935 heiratete er seine erste Ehefrau Cornelie Botter; bis 1941 wurden dem Paar drei Söhne geboren. Schon zum Zeitpunkt der Heirat stellte sich ihm die Frage, ob er in Dänemark bleiben, das heißt emigrieren wollte, oder aber zurückkehren in das nationalsozialistische Deutschland. Da ihm bei einem längeren Auslandsaufenthalt der Verlust seiner Staatsbürgerschaft drohte, entschloss sich Heidersberger dazu, nach Berlin zu gehen.

In der Reichshauptstadt war er anfangs als freier Fotograf für Zeitschriften, Agenturen und Fotobände tätig. Bei fotografischen Arbeiten in der Oranienburger Werkssiedlung Leegebruch (nur sieben Kilometer vom 1936 eingerichteten KZ Sachsenhausen entfernt) kam Heidersberger 1937 mit Herbert Rimpl, dem Planer der Siedlung, in Kontakt. Professor Rimpl war ein früherer Assistent Albert Speers und hatte Planung und Bauleitung der rüstungstechnisch bedeutsamen Heinkel-Werke in Oranienburg übernommen. Rimpl erteilte dem Autodidakten den ersten großen Auftrag: die Dokumentation der Fabrikbauten sowie der zugehörigen Werkssiedlung Leegebruch. Schon diese Auftragsarbeit zeigt charakteristische Eigenschaften von Heidersbergers Fotografien: der durch Infrarotaufnahmen bis ins Schwarze abgedunkelte Himmel und die schwer zu erfassende Tiefenstaffelung seiner Motive.

Bei Kriegsbeginn wurde Heidersberger als Werksfotograf bei den Stahlwerken Braunschweig eingesetzt, einem Rüstungsbetrieb der Reichswerke Hermann Göring. Ab 1941 wurden in Braunschweig Bomben in Massenfertigung hergestellt. Auch KZ-Häftlinge wurden im Werk eingesetzt sowie Zwangsarbeiter verschiedener Nationalitäten. Mit einem von ihnen, einem Franzosen, schloss Heidersberger eine Freundschaft, die über Jahrzehnte Bestand hatte. Bis 1945 war er als Industriefotograf in dem Rüstungsbetrieb tätig. Hier lernte er auch Charlotte Berger kennen, die sehr viel später seine dritte Ehefrau werden sollte. Darüber hinaus leitete er bis kurz vor Kriegsende die Bildstelle der Reichswerke. Wie Rolf Sachsse meint, konnte sich Heidersberger zumindest dem Hitlergruß leicht entziehen, da er in der Regel eine Kamera in der Hand hatte.

Nach dem Krieg hielt sich Heidersberger mit Gelegenheitsarbeiten über Wasser: Er lichtete in seinem kleinen „Studio 5" am Braunschweiger Hutfiltern britische Soldaten ab, porträtierte das Truppentheater und fotografierte bei anderen kulturellen Veranstaltungen. Daneben arbeitete er als Übersetzer für einen Zusammenschluss britischer Ingenieure. Die erste Ausstellung Heidersbergers in Braunschweig fand 1946 im Haus Salve Hospes statt. 1949 entstand die vom Magazin „Stern" gedruckte Aktserie „Kleid aus Licht", die „für Aufregung im deutschen Blätterwald sorgte"³. Heidersberger, der das Experiment liebte, hatte dafür Platten in den Scheinwerfer eingebaut, die nur Lichtpunkte oder -streifen durchließen und dem Modell die schönsten gemusterten Kleider auf die nackte Haut malten. Bis weit in die 1950er Jahre hinein war er wieder als Bildjournalist tätig, unter anderem für „Merian" und den „Stern". 1952 lernte er seine wesentlich jüngere zweite Frau Renate kennen. Im Gewerkschaftshaus in der Braunschweiger Wilhelmstraße richtete er sich ein Atelier ein. Elf Jahre nach Kriegsende brachte er einen erstaunlichen Fotoband über Braunschweig heraus, der **Peter Lufft** ↑ zufolge „alle Zerstörung und den ruinösen Zustand vergessen macht."⁴

Bereits während des Krieges hatte sich Heidersberger den Ruf eines ausgezeichneten Architekturfotografen erworben. In der Zeit des Wiederaufbaus beauftragten ihn daher namhafte Architekten der Region um **Friedrich W. Kraemer** ↑¹ („Braunschweiger Schule") damit, Modelle, Bauphasen und fertige Objekte in und um Braunschweig abzubilden. So fotografierte er unter anderem das von **Oesterlen** ↑¹ 1956 geplante Hochhaus der Braunschweiger Baufakultät sowie dessen modernisierten Landtag in Hannover. Heinrich Heidersberger gehörte „zu den deutschen Architekturfotografen, die das deutsche Wirtschaftswunder aus seiner gebauten Form in ihre Bilder zu übersetzen wussten."⁵

Nachdem er schon 1946 die beginnende Serienfertigung des Käfers dokumentiert hatte, begleitete er vom Ende der 1950er Jahre an intensiv die Entwicklung der jungen Stadt Wolfsburg. Heidersberger: „Die Stadt wuchs rasant, und da war immer irgendetwas, was zu fotografieren war."⁶ Unter anderem lichtete er dort auch die Bauten des bekannten finnischen Architekten Alvar Aalto ab. In seinem ambitionierten Bildband „Wolfsburg – Bilder einer jungen Stadt" zum 25-jährigen Gründungsjubiläum porträtierte er „die junge pulsierende Stadt mit einer neuen Architektur, mit vorwärtsstrebender, erfolgreicher Industrie, mit vielen jungen Menschen in Bewegung, beim Freizeitvergnügen nach Feierabend."⁷ Bereits 1961 war Heidersberger nach Wolfsburg gezogen, wo er in dem alten Schloss sein Atelier mit Werkstatt und Labor einrichtete. Eines seiner bekanntesten Bilder aus dem Jahr 1971, eine „Ikone der modernen Architekturfotografie"⁸, zeigt das VW-Kraftwerk: „Dort wird [...] die gestochen scharfe Industrielandschaft von geheimnisvoll verschwommenen Dampfwolken durchzogen. Aufgeklärte Klarheit wird mit traumartiger Unschärfe kombiniert. Diese Zweideutigkeit hat etwas Surreales."⁹

Parallel zur Architekturfotografie war Heidersberger auch als Werbe- und Industriefotograf tätig. So arbeitete er für die Brunsviga in Braunschweig, für Jenaer Glas in Mainz, Krupp in Essen sowie die Volkswagen AG: „In sachlich-kühlen Bildern lichtete er die Produkte ab und betonte so ihre industrielle Fertigung."¹⁰

Seine wichtigsten Bilder sind in Schwarzweiß gehalten, seine Arbeiten nicht auf eine umschriebene Thematik beschränkt. Im Spannungsfeld von traditioneller Auftragsfotografie mit handwerklicher Perfektion und einem künstlerischen Anspruch nimmt es eine Zwischenstellung ein. Zu seiner ästhetischen Handschrift gehören in der Architekturfotografie „die steilen Perspektiven mit den rasanten Fluchten und im Kontrast dazu [...] die bildparallelen Fassadenflächen mit ihren scharfen, rechtwinkligen Kompositionen."¹¹ Dabei zeichnete sich Heidersbergers Arbeitsweise durch seine eher bescheidene Ausstattung aus: Stets war er „mit kleinem Gepäck" unterwegs, hat „mit dem Wohnwagen vor einem Haus drei oder mehr Tage lang auf das richtige Licht gewartet und dann auch nicht mehr als seine Kamera und zwei Lampen gebraucht."¹²

Als Heidersberger das Foyer der 1955 eröffneten Ingenieurschule Wolfenbüttel mit Darstellungen der dort unterrichteten Fächer schmücken sollte, wählte er als symbolische Darstellung der Hochfrequenztechnik Schwingungsfiguren. Um diese systematisch zu erproben, baute er eine komplizierte, raumgreifende Apparatur („Rhythmograph"), die es erlaubte, die Schwingungen mittels einer punktförmigen Lichtquelle auf fotografischem Material exakt wiederholbar aufzuzeichnen. Es entstanden auf diese Weise filigrane, dreidimensional wirkende Lichtmalereien, die Heidersberger „Rhythmogramme" nannte. Ihre geschwungenen Linien erinnern einerseits an das Möbeldesign der 1950er Jahre, andererseits weisen sie bereits auf die Op(tical)-Art voraus, die damals noch in den Anfängen stand. Im künstlerischen Schaffen Heidersbergers steht der Rhythmograph für die Synthese aus kreativen und naturwissenschaftlichen Neigungen. Von 1956 bis 1968 diente ein Rhythmogramm als Sendezeichen des Südwestfunks Baden-Baden.

Heinrich Heidersberger starb am 14. Juli 2006 in Wolfsburg, wenige Wochen nach seinem 100. Geburtstag. Ein Nachruf würdigte den Verstorbenen als „einen neugierigen, charmanten Tüftler". Er sei „grantelig [gewesen], aber aufrichtig. Bis zuletzt auch aufgeschlossen, [...] zielstrebig, beharrlich und charmant – besonders wenn es um Frauen gegangen ist."[13] In drei Ehen wurden ihm sechs Kinder geboren, einen weiteren Sohn hat er nie kennengelernt. Noch der Siebzigjährige war davon überzeugt, dass es für eine retrospektive Werkschau zu früh sei. Die letzten 25 Jahre seines Lebens war er damit befasst, sein gewaltiges, breit gestreutes Werk zu erfassen und zu ordnen. Seit seinem Tod wird diese Aufgabe von dem 2002 gegründeten Institut Heidersberger im Wolfsburger Schloss weitergeführt.

(Susanne Weihmann)

⌂ **Touristischer Hinweis**: Das Wolfenbütteler Wandbild von 1955 ist im Eingangsbereich der Ostfalia-Hochschule Salzdahlumer Straße 46/48 zu besichtigen. Heidersbergers Grabstätte auf dem Wolfsburger Waldfriedhof befindet sich in Quartier IV, Feld 10.

◈ **Quellen- und Literaturangaben**: **1**, **10** www.heidersberger.de – 5.1.15; **2** Rolf Sachsse, Heinrich Heidersberger, in: Heinrich Heidersberger, Das photographische Werk im Querschnitt. Hg. Kunstverein Wolfsburg e.V., Wolfsburg 1986; **3**, **5**, **7**, **8** Anna Lamprecht, Heinrich Heidersberger – ein Kosmopolit in Wolfsburg, in: Christoph Stölzl (Hg.), Die Wolfsburg-Saga, Stuttgart 2008, S. 214-217; **4** Jutta Brüdern, Peter Lufft, Profile aus Braunschweig, Salzgitter 1996; **6** Heinrich Heidersberger, zitiert n. Rolf Sachsse, Stationen eines Lebens. Der Kosmopolit Heinrich Heidersberger, www.kulturserver.de – 17.11.14; **9**, **11** Markus Brüderlin, Heinrich Heidersberger – Ein echter Moderner, in: Heinrich Heidersberger, Wolfsburg – Bilder einer jungen Stadt, 2. unv. Aufl. Berlin 2013, S. 4 f.; **12** Rolf Sachsse, Stationen; **13** BZ 17.7.2006.
Fotos: 1 Karen Seggelke, Atelierhaus, 25889 Uelvesbüll; **2** Ein deutsches Flugzeugwerk. Die Heinkel-Werke in Oranienburg, Berlin 1940 (Gebäude nicht erhalten), in: H. Weihsmann, Bauen unterm Hakenkreuz, Wien 1998.

Carl Heimbs
**(04.06.1878 – 09.03.1972)
Kaufmann, Kaffeehändler**

1932 benötigte der staatenlose Adolf Hitler die deutsche Staatsangehörigkeit, um für die Reichspräsidentenwahl kandidieren zu können. Da eine Einbürgerung 1924 am Widerstand Bayerns gescheitert war, brauchte Hitler ein Staatsamt, um doch noch Deutscher werden zu können. Das war nur im Freistaat Braunschweig möglich, wo seit 1930 eine Regierung aus NSDAP und einem Bürgerblock (BEL) amtierte. Nachdem der Vorschlag des Br. Ministers Klagges (NSDAP), Hitler eine Professur an der TH Braunschweig zu geben, durch die BEL zu Fall gebracht war, suchte die Koalition nach einer einvernehmlichen Lösung. Der Landtagspräsident Ernst Zörner (NSDAP), von Hause aus Kaffeehändler, brachte seinen Schwager Carl Heimbs ins Gespräch, der im Vorstand der DVP saß und Einfluss in der Industrie- und Handelskammer hatte. Zörner und Heimbs trafen am 21.2.1932 im Hotel Parkhof in Braunschweig mit Hitlers Rechtsberater Hans Frank (nachmals Reichsminister) zusammen, um einen Weg aus der Krise zu suchen.

Zunächst sondierte Frank die Einstellung von Heimbs zur Frage der Einbürgerung. Dieser sagte nach seiner Erinnerung 1961: „Für mich wäre dies eine vollständig klare Angelegenheit. Ich wäre erstaunt zu hören, dass Hitler nicht Bürger des Deutschen Reiches sei, denn ein Mann, der vier Jahre in der deutschen Armee gekämpft habe, der solle doch ohne weiteres das Recht auf Einbürgerung haben. Das wäre meine persönliche Ansicht und ich glaubte auch, dass das auch die Ansicht der DVP sei. Ich wurde dann gebeten, die Sache dem Vorstande weiterzugeben, was ich auch versprach und [...] am folgenden Tag gemacht habe."[1] Nach der Einschätzung von Ernst August Roloff handelte es sich bei der „Sache" aber nicht um Hitlers Kriegsteilnahme, sondern darum, dass Frank versichert habe, Hitler würde sich um Aufträge für die notleidende braunschweigische Industrie bemühen.[2] Am Tag darauf kontaktierte Heimbs seinen Parteifreund Wessel. Dieser schlug vor, Hitler eine Stelle als Regierungsrat bei der Braunschweigischen Gesandtschaft in Berlin zu verschaffen. Damit waren die Mitglieder der BEL-Landtagsfraktion einverstanden, und nach erfolgreicher Abstimmung im Landtag konnte der Gesandte **Friedrich Boden** †[1] Hitler in Berlin den Beamteneid abnehmen.

Carl Heimbs wurde 1878 als Sohn eines Försters im hannoverschen Leese an der Weser geboren. Sein Vater war Beamter von „hervorragender Korrektheit und Tüchtigkeit" und dem König von Hannover treu ergeben. Darüber berichtete sein Sohn dem Braunschweiger OB **Otto Bennemann** †[1]: „Als Leibjäger am Königlichen Hof in den Jahren 1852/55 hat man ähnlich von meinem Vater gedacht, jedenfalls die Königliche Familie. Als mein Vater abends Dienst hatte, kam der Großherzog von Altenburg, und wie er meinen Vater sah, sagte er: ‚Du Schwein!' Mein Vater nahm stramme Haltung an und sagte: ‚Ich sage dasselbe.' Wutentbrannt ging der Großherzog zum König und teilte ihm dieses mit. Der König sagte nur: „Laßt mir meinen Calenberger in Ruhe!" [Calenberg – ein Landesteil des Königreichs Hannovers.] – Dieses ist keine Anekdote, sondern durch Brief untermauert."[3]

Nach dem Besuch des Gymnasiums in Minden/Westfalen lernte Carl bei der Kaffeerösterei Ernst Grote in Hannover Kaufmann. Nach den Lehrjahren arbeitete er als Vertreter für Bremer Großhändler (u.a. Roselius). Die meisten Kaffeehandlungen jener Zeit waren kleine Ladenbetriebe, die, für die Kunden sicht- und riechbar, den Roh- zu Röstkaffee verwandelten. Sie brauchten Vertreter wie Heimbs. Knapp zehn Jahre arbeitete er in dieser Position, ehe er sich selbständig machte und 1905 in Braunschweig niederließ. In den Ersten Weltkrieg zog er 1914 freiwillig und kehrte 1916 als schwer Verwundeter zurück.

Durch seine Vertretertätigkeit hatte er nicht nur geschäftliche Beziehungen zur Kaffee-Rösterei Ernst Zörner. 1906 hatte er Helene, die Tochter des Inhabers, geheiratet. 1917, nachdem der Chef des Hauses durch einen Schlaganfall verstorben war, trat Heimbs als Teilhaber in die Firma ein, die Ernst Zörner jun., dem oben erwähnten Landtagspräsidenten, gehörte. Dieser fiel 1933 bei Klagges in Ungnade, als er sich in Berlin über die Brutalitäten der hiesigen SS-Hilfspolizei beschwerte. Hitler, der sich Zörner seit Langem verbunden fühlte, verschaffte ihm daraufhin das Amt des Oberbürgermeisters von Dresden. Im Kriege war er ab 1940 Gouverneur des Distrikts Lublin. 1944 verliert sich seine Spur. Seine Firma aber existierte noch eine Reihe von Jahren nach dem Zweiten Weltkrieg als „Ernst Zörner & Co.".

Heimbs blieb nur bis 1920 bei Zörner und ging dann als Teilhaber mit 150.000 Mark Einlage zum traditionsreichen Braunschweiger „Spezialgeschäft in Kaffee und Thee" von Ferdinand Eichhorn (1853-1934), das ab 1887 am Steinweg mit dem Rösten von Kaffee begonnen hatte. Die Geschäftspolitik Eichhorns, die Kunden ausschließlich mit erstklassiger Ware zu beliefern, machte „Eichhorn-Kaffee" zum Gütesiegel. Carl Heimbs handelte nach dem gleichen Grundsatz, bewegte jedoch Eichhorn, der in die Jahre gekommen war, die Firma zu modernisieren. Die Vertreter fuhren bald mit dem Auto auf Kundentour ins Umland von Hannover und Braunschweig. Mit der Ausweitung der Geschäftstätigkeit wuchs auch die Technisierung der Produktion.

Ende der 1920er Jahre war bereits der gesamte mitteldeutsche Raum erschlossen. So entstanden in Hildesheim, Paderborn, Nordhausen und Hannover Filialen. 1926 wurde aus dem „Eichhorn-Kaffee" der „Eichhorn-Heimbs-Kaffee". 1933 hieß die Firma „Eichhorn & Heimbs" und ihr Produkt „Heimbs-Kaffee". 1934 starb Ferdinand Eichhorn, und da er keine Erben hatte, gingen Firma und Stammsitz am Steinweg 34-36 an die Familie Heimbs über, die von 1935 ab „Heimbs & Sohn" hieß, denn der Firmenchef hatte seinen einzigen Sohn Ernst (1907-1968) als Teilhaber eingesetzt.

1935 wurde Carl Heimbs aus der NSDAP ausgeschlossen, ein ungewöhnlicher Vorgang, wenn man bedenkt, dass der Partei jedes zahlende Mitglied willkommen war. Was war geschehen? Seine Frau ließ bei der gefragtesten Braunschweiger Modeschneiderin, der Jüdin Emmy Vosen, die ihr Atelier am Kohlmarkt 5 betrieb, schneidern. Zahlreiche andere betuchte Braunschweigerinnen taten es auch. Als dies 1935 der Parteileitung zu Gehör kam, ließ sie das letzte Geschäftsbuch beschlagnahmen und eine Liste der Kunden anfertigen. Diese Liste, zuvor von Mitgliedern der lokalen NS-Prominenz gereinigt, wurde vervielfältigt und in Behörden und Betrieben ausgehängt, versehen mit dem Vermerk: „Es liegt an jedem anständigen Deutschen, die Namen dieser Judenknechte und Volksverräter in seinem Gedächtnis zu haben, um diesen Volksverrätern bei jeder sich bietenden Gelegenheit die ganze Verachtung ins Gesicht schleudern zu können." An vierter Stelle der Liste stand: „Heimbs – Kaffeegroßhandlung – Am Fallersleber Tore – 118 [RM] – 24.3.33 [Parteigenosse]."[4]

Heimbs war einer der so genannten „Märzgefallenen". So bezeichneten die Nazis diejenigen, die aus opportunistischen Gründen nach der Reichstagswahl am 5.3.1933, nachdem die beiden Regierungsparteien DNVP und NSDAP die absolute Mehrheit erreicht hatten, in die Nazipartei eingetreten waren. Unter den durch die Liste Gebrandmarkten befanden sich viele Geschäftsleute und Fabrikdirektoren. Sie wurden umgehend aus der NSDAP ausgeschlossen. Diejenigen, die dagegen Widerspruch einlegten, erfuhren: „Die Beschwerde des Pg. [Name] gegen den Beschluß des Gaugerichts Südhannover-Braunschweig vom 24. September 1935 wird zurückgewiesen. Der Angeschuldigte […] wird aus der NSDAP ausgeschlossen."[5]

Nicht genug damit, der Ausschluss hatte für die Betroffenen auch wirtschaftliche Konsequenzen, denn die Nazis waren rachsüchtig: Heimbs z.B. durfte keinen Rohkaffee aus Brasilien mehr beziehen, seinem Hauptlieferanten. Aber das war zunächst nur ein Nadelstich, denn Heimbs konnte noch auf andere Erzeugerländer ausweichen. In den ersten Jahren der braunen Herrschaft wuchs die Firma, denn der Kaffeeverbrauch in Deutschland stieg, u.a. durch die Freizeitaktivitäten der Massenorganisation „Kraft durch Freude".

Mit Kriegsbeginn 1939 kamen schlechte Zeiten für Heimbs. In der Jubiläumsschrift „Vom guten Kaffee" liest man: „Als am 1. September 1939 der Rundfunk den Einmarsch in Polen meldete, lag auch schon die Beschlagnahmeverfügung über die gesamten Lagerbestände auf dem Tisch des Hauses. 10.000 Sack Kaffee à 60 kg wurden im Packhof kurzerhand kassiert! Und binnen vier Wochen waren von den rund 150 Belegschaftsmitgliedern die meisten eingezogen oder dienstverpflichtet. Die übrig gebliebenen 30 Personen zu beschäftigen, bereitete Kopfzerbrechen genug. Zwar versuchte die Firma als Ausgleich für den fehlenden Kaffee den Handel mit den verschiedensten Waren aufzunehmen, aber dafür eine Belieferung frühere Bezugszahlen zugrunde gelegt wurden, boten sich nur beschränkte Ausweichmöglichkeiten. Überdies stand der Name Heimbs bei den braunen Machthabern nicht gerade hoch im Kurs, was sich entsprechend auf das Geschäft auswirkte. Bezeichnend war es beispielsweise, daß ‚Heimbs & Sohn' im Gegensatz zu zahlreichen kleineren Firmen bis kurz vor Kriegsschluß keinen Kaffee-Ersatz herstellen durfte, obwohl Kaffee-Ersatz schon während vieler Friedensjahre zu ihren ständigen Erzeugnissen zählte."[6]

Beim Hauptangriff der alliierten Bomber auf Br. gingen Heimbs Häuser in der Steinstraße in Flammen auf, sodass er nach Kriegsende völlig neu anfangen musste. Der Ausschluss aus der Nazipartei erwies sich 1945 als Glücksfall: Heimbs galt damit als unbelastet und

konnte sofort in Verbänden und Parteien Karriere machen. Er wurde Vizepräsident der IHK und Vorsitzender des Braunschweiger Einzelhandelsverbandes. In späteren Publikationen über ihn wurden Hinweise auf seine Zugehörigkeit zur Nazi-Partei bewusst oder aus Unkenntnis ausgelassen. Im BBL heißt es z.B.: „Parteipolitisch war H. vor 1933 bei der DVP, nach 1945 bei der Dt. Partei engagiert, für die er 1952-1955 im Rat der Stadt saß. Später unterstützte er die CDU."[7]
Die Deutsche Partei galt als die Welfen-Partei, und der im Hannoverschen geborene Heimbs war ein glühender Verehrer der 1866 von Preußen entmachteten Welfen. Als Herzogin **Victoria Luise** †[1] 1956 die Marienburg in Unfrieden mit ihrer Familie verlassen musste, fand sie in Heimbs einen Gönner, der sie auf seine Kosten in Braunschweig wohnen ließ.
Die Deutsche Partei verließ er 1961, als sie trotz ihres Zusammengehens mit dem Gesamtdeutschen Block bei den Bundestagswahlen nur noch 2,8 % der Stimmen erhielt. Dass Heimbs nun der CDU beitrat, war für den Wertkonservativen ein logischer Schritt.
Nach den Anfangsproblemen mit der Devisenzwangsbewirtschaftung begann der Aufstieg der Firma nach der Währungsreform zum landesweit agierenden Unternehmen, das sich mit dem Neubau am Rebenring 1950 frühzeitig einen hochmodernen Produktionsstandort schuf. Dort führte der Chef souverän sein Familienunternehmen: „In seinem Betriebe ist er ganz und gar der regierende Chef in patriarchalischem Sinne, das Oberhaupt eines autonomen Staates im Kleinen, wenn man so will. Er ist es auf die natürlichste Weise, und er nimmt die Aufgabe, die sich ihm damit stellt, wichtig und sehr ernst."[8]
Was ihn lange Zeit beschäftigte, war das Problem, dass der Kaffee beim Rösten durch das Auftreffen auf das heiße Metall und durch unsaubere Umluft geschmacklich verändert wurde. Schon hin und wieder hatte er sich mit dem TH-Professor Walther Kangro beraten, der in der NS-Zeit mit Versuchen zur Gewinnung von Eisen durch Chlorierung gescheitert war. Heimbs trat an ihn mit der Idee heran, man müsste die Bohnen rösten, ohne dass sie den Boden der heißen Röstpfanne berühren, quasi in der Luft schweben. Kangro verstand und entwickelte das „Aerotherm-Röstverfahren". „Wurde bisher der Kaffee maschinell bewegt, so hält jetzt ein physikalisches Verfahren den Kaffee im vollen Schwebezustand in einem nach unten offenen Raum. Reine Heißluft, die indirekt erhitzt wird und dadurch niemals mit schädlichen Bestandteilen des Heizmittels in Berührung kommen

kann, röstet den Kaffee. Jede einzelne Kaffeebohne ist gleichmäßig von der Heißluft umspült."[9] Dieses Verfahren überzeugte Hoteliers, Restaurantbesitzer und Verbraucher über Jahrzehnte und ließ die Firma wachsen und gedeihen.

Carl Heimbs wurde Ratsherr und Ehrenbürger von Braunschweig, Träger des Großen Verdienstkreuzes des Verdienstordens der Bundesrepublik Deutschland, des Großen Verdienstkreuzes des Niedersächsischen Verdienstordens und Ehrensenator der Technischen Hochschule Braunschweig. Er starb 1972 in Braunschweig, seine Ehefrau Helene war bereits 1944 verstorben.

In seiner Trauerrede sagte Probst Stange u.a.: „Die erste Linie [seiner Persönlichkeit] geht zurück in sein Elternhaus, in dem nach dem frühen Tod des Vaters die Mutter ihren sechs Kindern in dem auf Pflichtbewußtsein, Fleiß und Sparsamkeit ausgerichteten gemeinsamen Leben neben anderen inneren Kräften einen Hauptwert ins Herz zu prägen wußte: Die Bescheidenheit! Carl Heimbs hat sie nie verloren – auch nicht, als er auf dem Zenit seines Lebens stand und Anerkennung und Ehrungen erfuhr. Dieser Wesenszug machte ihn zu einem überaus liebenswürdigen Menschen, trug ihm viele Freundschaften ein und sicherte ihm auch die Achtung von politischen Gegnern."[10] (Reinhard Bein)

⌂ **Touristischer Hinweis**: Die Grabstätte Heimbs befindet sich auf dem Hauptfriedhof, Abt. 57. Das Gebäude der Firma, die heute zur Dallmayr-Gruppe gehört, liegt am Rebenring, gegenüber dem Hochschul-Neubau.

◈ **Quellen- und Literaturangaben**: **1** Ulrich Menzel, Professor oder Regierungsrat? Hitlers Einbürgerung in Braunschweig 1932, wikipedia 2014; **2** Ernst August Roloff, Bürgertum und Nationalsozialismus 1930-1933, Hannover 1961, S. 92; **3**, **10** Stadtarchiv Braunschweig G IX 78: 638, Brief vom Juni 1968, Leichenrede von Probst Stange vom 14.3.1972; **4**, **5** Hans-Werner Rössing-Schmalbach, Konserviertes. Erinnerungen – Erlebtes – Vergangenes, Duderstadt 1990, S. 186 f.; **6, 8, 9** Günter Stammnitz, Vom guten Kaffee, Hannover/Berlin 1954, S. 21 f., 63, 41; **7** Horst-Rüdiger Jarck, Günter Scheel (Hg.), Braunschweigisches Biographisches Lexikon, Hannover 1996, S. 254 f.
Foto: Stadtarchiv Braunschweig.

Justus Herrenberger
(27.05.1920 – 18.10.2014)
Hochschullehrer, Architekt

Den Begründern der Braunschweiger Schule, **Friedrich Wilhelm Kraemer** †[1], **Dieter Oesterlen** †[1] und **Walter Henn** †[1], war er verpflichtet. Aber sie bauten nur dort in diesem Stil, wo historisch bedeutsame Bauruinen als Hinterlassenschaft des 2. Weltkriegs eine Verbindung von erhaltener Substanz und moderner Ergänzung nahelegten. Ansonsten waren sie nach dem Kriege auf Neues Bauen festgelegt. So auch Herrenberger. Er ging später aber noch über die Prinzipien der Braunschweiger Schule hinaus, indem er, den Wünschen seiner Bauherren folgend, kriegszerstörte Gebäude wie die Alte Waage oder den Michaelishof in Braunschweig mit historischer Fassade, aber funktionsgerechter Innenraumgestaltung neu errichtete. Er und andere deutsche Architekten versuchten, die zum Teil seelenlos modernisierten Innenstädte mit verloren gegangenen architektonischen Schmuckstücken aufzuwerten, und steckten dafür mancherlei Schelte ein. Herrenberger nahm derartige Kritik, meist von phantasielosen Fachkollegen geäußert, gutmütig hin. Die Wiedererrichtung der Alten Waage, die Stadtbaurat Wiese anregte und der Stadtkämmerer Bräcklein durchsetzte, bezeichnete er schmunzelnd als „phantastische Leistung der Zimmerleute".[1]

Was Herrenberger u. a. auszeichnete, war die Achtung vor den Leistungen der Baumeister und -handwerker vergangener Jahrhunderte. Als Lehrer für Baukonstruktion an der Technischen Universität Braunschweig interessierte ihn alles, was mit historischen und aktuellen Methoden des Bauens zu tun hatte, z.B. die verwendeten Materialien und ihre Zusammensetzung, die Verbindung von Hölzern usw. Er lernte bei der Begutachtung von Weltkriegsruinen die Geheimnisse der alten Meister kennen und für seine Zwecke nutzbar zu machen. Diese Hochachtung spürt der Betrachter an seinen Nach-Bauten.

Justus Herrenberger wurde 1920 im bayerischen Neu-Ulm geboren. Sein Vater war Baurat in Fürth. Justus begann an der privaten Heckmann-Schule seine Ausbildung, an jener Schule, die auch Henry Alfred Kissinger besuchte, allerdings war der drei Jahre jünger.

Nach der Trennung der Eltern zog die Mutter zu ihrem zweiten Ehemann nach Blankenburg am Harz, wo Justus 1938 das Abitur bestand. Gern erzählte er, er sei dort 1936 „wegen seines losen Mundwerks" aus der HJ ausgestoßen worden. Ehe er zum Arbeitsdienst und zur Armee eingezogen wurde, machte er 1938 ein Praktikum auf dem Bau. Dort lernte er gut braunschweigisch zu sprechen: „Mit dem feinsten klaren ‚Aa' erzählte er [2010 der Journalistin Ann Claire Richter] die Anekdote, wie er […] vom Meister nach seinem Namen gefragt wurde: ‚Justus haaste? So haast man nicht! Hier haaste Justav!'".[2]

An der TH in Braunschweig studierte er nach dem Militärdienst zunächst bis zum Vorexamen 1940. 1993 berichtete er über seine erste Begegnung mit der Alten Waage: „Wir Architekturstudenten hatten Freihandzeichnen bei Prof. Daniel Thulesius auf dem Wollmarkt. Der stud. arch. im 1. Semester Justus Herrenberger stellte sich vor der Alten Waage auf und fing an, schräg von unten den Blick über die Alte Waage auf den Andreaskirchturm zu zeichnen. Thulesius: ‚Junger Mann, was machen Sie da? So geht das nicht!' Er stellte mich vor den Giebel der Liberei. ‚So, nun zeichnen Sie freihändig und ohne Perspektive die Ansicht dieses Backsteingiebels, die Proportionen müssen stimmen'".[3] Perspektivisch zu zeichnen hatte ihn sein Vater gelehrt.

Von 1940 bis 1945 leistete Herrenberger Kriegsdienst. Er kam glimpflich davon, aber Alpträume verfolgten ihn bis ins hohe Alter: „Diese schreckliche Schlacht vor Moskau im Winter 41/42. […] An Traumstoff mangelt es mir nicht', meint er trocken. Immer wieder ähnliche Bilder […] ‚Ich bin auf der Flucht; meine Frau bittet mich, etwas zu holen, und ich habe Angst, dass ich sie schließlich nicht wiederfinde.'"[4]

Bevor er wieder studieren konnte, arbeitete er als Zimmermann. 1946 setzte er sein Studium fort, bei Kraemer und Thulesius. 1953 lehrte er an der TH „Grundlehre" und 1954, im Jahr seiner Promotion (Dissertations-Thema: „Der architektonische Raum"), an der Werkkunstschule „Innenarchitektur". Er entwarf z.B. das Reisebüro **Kahn** ↑ am Steinweg und die Eisdiele Cortina in der Schlosspassage. Der Lehrauftrag „Einführung in die Baukonstruktion" an der TH wurde dann 1959 für ihn zum Sprungbrett für die feste Anstellung als Professor.

Schon durch seinen Vater hatte er sich für dieses Teilgebiet der Architektur zu interessieren begonnen. Es wurde ihm zur Leidenschaft. „Jeder, der in den sechziger, siebziger und frühen achtziger Jahren an der TU Architektur studiert hatte, lernte bei ‚Justus' alles über die Grundlagen der Baukonstruktion: Steinformate, Sperrschichten, und die legendären ‚Juckepunkte' – also die Stellen, an denen es reinregnen könnte. Wenn man irgendetwas aus dem Studium in der Büropraxis unmittelbar verwerten konnte, war es ‚Bauko I' bei Herrenberger."[5]

Er war ein begeisterter und begeisterungsfähiger Lehrer. 1980, zu seinem 70. Geburtstag, schrieb sein Kollege Prof. Heinz Röcke für die BZ: „Damals begegnete man ihm auf der Straße zum Auditorium Maximum, oft einen Wäschekorb voll Anschauungsmaterial tragend, unverdrossen in den zu jener Zeit räumlich beschränkten Verhältnissen arbeitend. Herrenberger passte in die hoffnungsfrohen sechziger Jahre." Und zum gleichen Anlass zehn Jahre später: „Verschiedene Eigenheiten zeichneten Herrenbergers Stil als Lehrer aus. Zum einen neben seinem trefflichen Wissen über Konstruktion und Gestaltung sein Humor und die Lebendigkeit, mit der er auch trockenen Stoff praxisnah vermittelte, wobei er sich nicht scheute, eigene Fehler didaktisch in den Unterricht einzubringen. Und – ein Kuriosum – Herrenberger zeichnete mit beiden Händen souverän, sodass bisweilen simultan zwei Konstruktions-Zeichnungen an der Tafel entstanden, was seine Studenten schon ins Schwitzen bringen konnte."[6] Er betrachtete Baukonstruktion nie als Selbstzweck. Nach seiner Auffassung ist Konstruktionslehre die Gestaltungsgrundlage für das Entwerfen. Seine Neigung zum Handwerk stand dabei Pate.

Beton, Glas, flache Dächer – als Architekt des Neuen Bauens hinterließ Herrenberger kaum Aufregendes. Und anders als seinem Kollegen Meinhard von Gerkan war es ihm nicht beschieden, außerhalb der niedersächsischen Provinz arbeiten zu dürfen. Bemerkenswertes schuf er dort, wo er Altes und Neues verbinden konnte oder Vernichtetes neu schaffen durfte, um der berühmten alten Stadt, dem im Kriege erniedrigten Braunschweig, etwas von seinem früheren Glanz zurückzugeben. Die teilzerstörte Stadtbücherei ergänzte er eindrucksvoll. Die zum Sitz eines SS-Oberabschnitts verkommene Villa Löbbecke, eine Ruine, baute er geschickt zum Gästehaus der TH/TU aus – sein Lieblingsprojekt. Die verwahrloste Villa Bülow wurde durch sein Geschick als Innenarchitekt zum bewunderten Schulbuchinstitut.

Die Burg Dankwarderode, eine Neuschöpfung des von Herrenberger bewunderten Stadtbaumeisters **Ludwig Winter** ↑, ist eine Respekt gebietende Kopie einer Kopie. Sein spektakulärstes Werk aber ist die Wiedergeburt des schönsten mittelalterlichen Fachwerkgebäudes der Stadt, der Alten Waage, die die Nazis zum Haus der HJ umgestalten ließen und die der Bombenkrieg tilgte. Nur die Grundmauern ließen sich später noch ergraben. Hier konnte Herrenberger sein überragendes Verständnis von Baukonstruktion besonders gut einbringen und zwischen 1990 und 1994 für die Stadt die Alte Waage als Sitz der Volkshochschule neu erstehen lassen. Freilich wird sie nur von St. Andreas und der Liberei begleitet, denn die alten Fachwerkhäuser, die sie einst umstanden, sodass der Wollmarkt Maler magisch anzog, gibt es nicht mehr. Herrenberger: „Um den Platz entstanden mehrgeschossige Wohnbauten, deren künstlerische Anspruchslosigkeit kaum zu unterbieten ist."[7] Das wird sich kaum ändern lassen.

1948 hatte er seine Kollegin Helga Wippermann, die gleichzeitig mit ihm Assistentin bei Thulesius und Kraemer gewesen war, geheiratet und mit ihr das Architekturbüro Herrenberger gegründet, in das später die Architekten Miehe und Paris eintraten. Helga erlitt 1996 einen Schlaganfall und wurde von ihrem Mann bis zu ihrem Tode 2003 gepflegt. Er selbst starb 2014 in Groß Glienicke bei Potsdam.

Bei einem Besuch beim Architekten notierte Harald Duin von der BZ 2009: „Herrenberger erinnert sich genüsslich daran, dass Friedrich Wilhelm Kraemer kurz nach 1945 anstelle der Alten Waage einen scheußlichen Betonbau mit Flachdach errichten wollte. Und auf dem Areal des abgerissenen Schlosses, schüttelt sich Herrenberger, habe Kraemer für die Nord/LB ein 20-stöckiges Hochhaus unter Verwendung einiger Schlossteile geplant. Da ist ihm der heutige Zustand lieber."[8] (Reinhard Bein)

⌂ **Touristischer Hinweis:** Alte Waage Wollmarkt, Burg Dankwarderode Burgplatz, Villa Löbbecke Inselwall, Villa Bülow Celler Straße, Gemeindehaus St. Katharinen Hagenmarkt, Anbau Mühlenkirche Veltenhof, Michaelishof Güldenstraße 8-9; Anbau Rathaus Wolfenbüttel.

◈ **Quellen- und Literaturangaben**: **1** BZ 24.10.2014; **2**, **4** BZ 23.6.2010; **3**, **7** Volkshochschule Braunschweig (Hg.), Festschrift Alte Waage zur Eröffnung am 16./17.4.1994, Br. 1994; **5** Zum 90. Geburtstag von Justus Herrenberger. Ausstellung in Braunschweig, 2010; **6** BZ 25.5.1980 und 25.5. 1990; **8** BZ 26.6.2009. **Foto:** Marcus Herrenberger.

Bruno Heusinger
(02.03.1900 – 03.08.1987)
Gerichtspräsident

Mit 17 Jahren als Kriegsfreiwilliger an der Westfront lebensgefährlich verletzt, erlebte Bruno Heusinger nach einem Jurastudium in der Weimarer Republik einen schnellen beruflichen Aufstieg bis hin zum Braunschweiger Oberlandesgerichtspräsidenten 1933/34. Während des Dritten Reiches war er weder Widerstandskämpfer noch Mitläufer oder gar Mittäter. Vielmehr gehörte er „zu jenen, die meinten, mitmachen zu sollen, um Schlimmeres zu verhindern. In seiner Persönlichkeit finden wir viele Facetten jener Komplexität, die Nationalsozialismus als Massenphänomen erst erklärbar macht"[1]. Nach dem Zweiten Weltkrieg wurde er erneut Präsident des Oberlandesgerichts (OLG), von 1960 bis 1968 bekleidete er das höchste Richteramt der Bundesrepublik.

Geboren wurde Bruno Louis Viktor Heusinger am 2.3.1900 in Holzminden als zweiter Sohn des Altphilologen Ludwig Heusinger und seiner Frau Charlotte, geb. von Alten. 1911 zog die Familie nach Helmstedt, wo der Vater die Leitung des Gymnasiums übernahm. Zwei Jahre später verlor der Dreizehnjährige seine Mutter. Mit 17 legte Bruno Heusinger in Helmstedt das Abitur ab und meldete sich anschließend freiwillig zum Kriegsdienst. Die Erlebnisse dieser Zeit haben ihn geprägt. Noch als Gerichtsassessor schrieb er 1928 in einem Aufsatz: „...daß der Gedanke der Notgemeinschaft Gemeingut des Volksempfindens ist und [...] daß Volk und Staat ohne Opfer des Einzelnen nicht bestehen können."[2]

Nach Kriegsende studierte er in Göttingen zunächst Geschichte und Germanistik. 1922 promovierte er mit dem geschichtlichen Thema „Servitium regis – Untersuchungen über die wirtschaftlichen Verhältnisse des deutschen Königtums 950-1250" zum Dr. phil. Nachdem er sich bereits während seines Studiums eingehend mit Rechtsgeschichte beschäftigt hatte, wechselte er zum Fach Jura und legte hier 1924 ein hervorragendes Erstes Staatsexamen ab. Im August desselben Jahres begann er sein Referendariat am Helmstedter Amtsgericht. Nach dem Tod des Vaters zwei Monate später wechselte Bruno Heusinger Ende des Jahres nach Holzminden, wo er bei einem Onkel Unterkunft fand.

Beurteilungen des Referendars bescheinigen ihm dem Tenor nach durchweg eine „vorzügliche Auffassungsgabe, vorzügliche Rechtskenntnisse, unermüdlichen Fleiß, Gründlichkeit, Selbständigkeit, Bescheidenheit, praktisches Verständnis."[3] Es überrascht daher nicht, dass Heusinger im April 1927 sein Zweites Staatsexamen als Jahrgangsbester ablegte. Noch im selben Monat wurde er zum Gerichtsassessor im Braunschweigischen Justizdienst ernannt und bereits zwei Jahre darauf, am 1. Juli 1929, zum Landgerichtsrat. Wieder ein Jahr später wurde Heusinger nach kurzer Erprobungszeit am Oberlandesgericht als erst Dreißigjähriger am 1. Oktober 1930 zum Oberlandesgerichtsrat ernannt.

Im Land Braunschweig hatten sich unmittelbar zuvor die politischen Verhältnisse dramatisch verändert: Obwohl die SPD bei der Landtagswahl vom 14. September stärkste Fraktion geworden war, stellte die NSDAP trotz ihrer nur 22 % der Wählerstimmen gemeinsam mit der bürgerlichen Einheitsliste die Regierung. Von den beiden Ministern an der Spitze stellte jeweils einen die NSDAP. Zu einem ersten Konflikt zwischen dem jungen Oberlandesgerichtsrat und der neuen Braunschweiger Regierung kam es im April 1932, als ein jüdischer Richter bei einer Beförderungsentscheidung benachteiligt wurde. Bruno Heusinger ließ sich daraufhin von der ihm bis dahin obliegenden Aufgabe, Richterpersonalien zu bearbeiten, entbinden.

Am 27. April 1933 aber sollte in Braunschweig eine Versammlung des NS-Juristenbundes stattfinden, an der auch Nicht-Parteimitglieder teilnahmen. Viele von ihnen bewegte folgende Frage: „Wo kann der einzelne den Belangen des Rechts am besten dienen – in der Partei gegen die Extremisten oder außerhalb der Partei gegen fast alle?"[4] Überlegungen, die heute geradezu akademisch anmuten – sahen sich doch die demokratischen Kräfte des linken Spektrums bereits seit Wochen brutalen Gewaltmaßnahmen ausgesetzt: Nachdem der nationalsozialistische Innenminister Dietrich Klagges SPD und KPD jede weitere politische Tätigkeit untersagt hatte, besetzte die SS

Anfang März das Volksfreund-Gebäude mit den Büros von SPD und Gewerkschaften sowie der Tageszeitung „Volksfreund". In den folgenden Wochen diente das Gebäude der SS als Haftlokal, in das man alle Inhaber von Landtagsmandaten und Stadtverordnete der SPD verschleppte und dort systematisch misshandelte, um auf diese Weise den Mandatsverzicht zu erzwingen. Unter den Misshandelten befanden sich auch Oberbürgermeister Böhme und der ehemalige Ministerpräsident **Dr. Heinrich Jasper** †[1], der etliche Zähne verlor und unter vorgehaltener Pistole gezwungen wurde, sein eigenes Blut aufzuwischen. Einige der so Gequälten starben an den ihnen zugefügten gravierenden Verletzungen. Die Ende März 1933 ebenfalls besetzte AOK diente seitdem als Folterquartier der SA, in das bei mehreren Verhaftungswellen Angehörige der Arbeiterbewegung verschleppt wurden. Etliche Opfer begingen Suizid.

In einer Situation, in der eine „rüde Missachtung jedweder Rechtsstaatlichkeit"[5] herrschte, sprach sich Bruno Heusinger in der genannten Versammlung für einen möglichst geschlossenen Beitritt zur NSDAP aus, um auf diese Weise eine Unterwanderung der Richterschaft durch unqualifizierte Nationalsozialisten zu verhindern. Offenbar hoffte er, mit dieser Vorgehensweise jene Mitarbeiter besser schützen zu können, die als Juden oder ihrer politischen Einstellung wegen gefährdet waren. Auch Heusinger selbst erklärte an diesem Tag seinen Eintritt in die NSDAP, sollte jedoch – wie noch zu zeigen sein wird – weder bei dieser Gelegenheit noch in den folgenden Jahren tatsächlich aufgenommen werden.

Wenige Tage später wurde Dietrich Klagges zum Braunschweigischen Ministerpräsidenten ernannt, während der Jurist und SS-Führer Friedrich Alpers Justizminister wurde. Ob Heusingers Engagement für den jüdischen Richterkollegen in Vergessenheit geraten war oder aber der beabsichtigte Beitritt zur NSDAP schwerer wog – noch im Mai 1933 beauftragten die neuen Machthaber ihn mit der Wahrnehmung der Geschäfte eines vortragenden Beamten im Justiz- und Finanzministerium. Darüber hinaus trugen sie dem außergewöhnlich jungen Mann von hervorragendem menschlichem und juristischem Ruf das Amt des Oberlandesgerichtspräsidenten an. Da es an geeigneten nationalsozialistischen Juristen mangelte, meinte man, aus Heusingers „soldatischer Bewährung" im Ersten Weltkrieg eine entsprechende Frontkämpferhaltung ableiten zu können als teilweisen Ersatz für die fehlende parteipolitische Karriere.

Da Heusinger „leidenschaftlich an seinem Richterberuf [hing]"[6] und ihn jedem Verwaltungsamt vorzog, sträubte er sich zunächst gegen die Übernahme dieser hohen Position, ließ sich aber am Ende dazu überreden. Zugeraten hatte ihm insbesondere der ihm nahestehende „halbjüdische" Oberlandesgerichtsrat **Wilhelm Mansfeld** ↑, auch wenn dieser gleichzeitig nicht verhehlte, dass das neue Amt Heusinger zur „Dornenkrone"[7] werden würde. Die Berufung zum OLG-Präsidenten erfolgte am 1. Juni 1933.

Vier Wochen später kam es zu einem weiteren Gewaltexzess, als die versehentliche Tötung des SS-Mannes Gerhard Landmann (offenbar durch Gesinnungsgenossen) der KPD angelastet wurde. Am 4. Juli 1933 wurden in einer Strafaktion zehn Kommunisten in das ehemalige Gewerkschafts-Erholungsheim Pappelhof bei Rieseberg verschleppt, gefoltert und ermordet. Der zuständige Ermittlungsrichter, der von der Staatsanwaltschaft daran gehindert worden war, die Untersuchungen aufzunehmen, wandte sich in seiner Empörung an Heusinger, der sogleich Einspruch bei Justizminister Alpers einlegte. Die Intervention des OLG-Präsidenten blieb jedoch vergeblich. Das spätere Schwurgerichtsurteil gegen Dietrich Klagges (1950) würdigte Heusingers Amtsführung am OLG mit folgenden Worten: „Dr. Heusinger hielt es […] für seine Pflicht, schon bald nach seiner […] Amtsübernahme einzuschreiten, soweit es in seiner Macht stand. Er wandte sich mehrfach an Justizminister Alpers und hielt ihm das Rechtswidrige der in den hilfspolizeilichen Haftlokalen bestehenden Zustände vor."[8]

Die Degradierung nichtarischer Richter nach dem Gesetz zur Wiederherstellung des Berufsbeamtentums jedoch nahm Bruno Heusinger ohne erkennbaren Widerspruch hin – vermutlich weil die Betroffenen weiterhin ihre erworbene Amtsbezeichnung führten und auch ihr bisheriges Diensteinkommen bezogen. Auf der anderen Seite bewirkte es der Einspruch Heusingers, dass der Sohn des Oberlandesgerichtsrats Mansfeld, dem in Preußen die Beendigung seiner Referendarsausbildung untersagt worden war, seine Ausbildung fortsetzen konnte.

Anlässlich einer weiteren Großveranstaltung des NS-Juristenbundes 1934 sah sich Heusinger als dessen stellvertretender Obmann dazu aufgefordert, gemeinsam mit der Versammlung folgenden Eid zu leisten: „Ich schwöre Adolf Hitler unverbrüchliche Treue, ihm und den von ihm bestellten Führern unbedingten Gehorsam."[9] Heusingers Weigerung, die Versammlung unter diesen Voraussetzungen zu besuchen, begründete er einem Ministerialbeamten gegenüber damit, „daß er sich als Richter nicht in der Lage fühlte, an der Vereidigung teilzunehmen und den Eid zu leisten. Er habe als Richter den Eid auf Wahrung des Gesetzes geleistet. [Er sei] als Richter nur den Gesetzen unterworfen."[10] Während Freunde noch seine Verhaftung befürchteten, erklärte sich Heusinger am Vorabend der Veranstaltung überraschend doch noch zu einer Teilnahme und der damit verbundenen Eidesleistung bereit. In der NSDAP war man aber über das zögerliche Verhalten des OLG-Präsidenten erbost und zeigte sich an der Angelegenheit nicht länger interessiert.

Für die Partei war nun eine Grenze überschritten: Ende April 1934 wurde Heusinger mitgeteilt, dass die ein Jahr zuvor beantragte Aufnahme in die NSDAP endgültig abgelehnt sei. Um seine Stellung nicht noch weiter zu gefährden, wurde er daraufhin – mit einem Beitrag von 2,- RM monatlich – förderndes Mitglied der SS. Doch auch für Justizminister Alpers war inzwischen das Maß voll, er wollte sich von seinem OLG-Präsidenten trennen. Da dieser sich jedoch nicht zu einer Versetzung bereitfand, entzog ihm Alpers im Herbst 1934 zunächst alle nicht auf dem Gesetz beruhenden Aufgaben, so auch die Leitung der Referendarsausbildung.

Zum 1. Januar 1935 wurde Heusinger als OLG-Präsident abgesetzt und zum Senatsvorsitzenden herabgestuft, wenn auch unter Beibehaltung seiner bisherigen Bezüge. In seinem neuen Amt führte er einen Zivilsenat und versuchte hier offenbar, „erschöpft von den heftigen Kämpfen während seiner Präsidentschaft, sich zu arrangieren."[11] Versuchen einer parteipolitischen Einflussnahme in zentrale Bereiche der Rechtsprechung jedoch widersetzte er sich nach wie vor nach Kräften. So konnte er zum Beispiel als Vorsitzender des Ferien-Strafsenats einmal verhindern, dass ein Angeklagter nach erfolgtem Freispruch von der SA verhaftet wurde.

Zu Beginn des Zweiten Weltkriegs wurde Heusinger zur Wehrmacht eingezogen. Bis 1945 blieb er an der Front, zuletzt als Major der Reserve. Da sich der von der Britischen Militärregierung inzwischen zum OLG-Präsidenten ernannte Wilhelm Mansfeld für ihn einsetzte, konnte Heusinger schon Anfang November 1945 an das Oberlandesgericht Braunschweig zurückkehren. Im Entnazifizierungsverfahren wurde er ein Jahr später in die Kategorie V (Entlastete) eingestuft. In seinem Bescheid heißt es: „Dr. Heusinger ist politisch ohne Bedenken, seine Weiterbeschäftigung beim OLG wird einstimmig empfohlen."[12]

Nachdem der „leidenschaftliche Richter" Bruno Heusinger noch 1947 die ihm angetragene Ernennung zum Landgerichtspräsidenten abgelehnt hatte, konnte er sich im Jahr darauf dem Ruf, am OLG Wilhelm Mansfelds Nachfolge anzutreten, nicht entziehen: Am 1. August 1948 wurde er nach 15 Jahren erneut, diesmal jedoch unter völlig anderen Bedingungen, Präsident des Oberlandesgerichts.

Wie Heusingers Biograph Manfred Flotho urteilt, war „auch der weitere Aufstieg dieses bedeutenden […] Mannes unaufhaltsam"[13]: Am 1. Mai 1955 ging Heusinger als Oberlandesgerichtspräsident nach Celle, zwei Jahre später wurde er darüber hinaus zum Präsidenten des Niedersächsischen Staatsgerichtshofs ernannt. Als Höhepunkt dieses ungewöhnlichen beruflichen Weges, während dessen 40-jähriger Dauer er drei Staatsformen miterlebte, wurde Heusinger am 1. April 1960 Präsident des Bundesgerichtshofs in Karlsruhe. Sein Amt als ranghöchster Richter der Bundesrepublik, das er bis zum Eintritt in den Ruhestand am 31. März 1968 ausübte, stellte er unter den Leitsatz: „Richter sollen bescheiden sein."[14]

Bruno Heusinger starb am 3. August 1987 in Celle.

(Susanne Weihmann)

❖ Quellen und Literaturangaben:

1-5, **7-13** Manfred Flotho, Bruno Heusinger – Ein Präsident im Konflikt zwischen Solidarität und Gewissen, in: Rudolf Wassermann (Hg.), Justiz im Wandel der Zeit, Braunschweig 1989, S. 349-369; **6**, **14** Braunschweiger Zeitung v. 6.8.1987.– www.bundesgerichts-hof.de/DE/BGH...- 20.11.2014.
Foto: wie Fußnote 1.

Kurd E. Heyne
(03.10.1906 – 07.05.1961)
Schauspieler, Regisseur,
Kabarettist, Autor

„Ein himmlischer Abend! Wann hat man so gelacht? Wann aber lacht hier der Mensch in so schrecklichem Grad? Manchmal darum, weil sie es schlechter machen als Beruflinge. Manchmal, weil sie es noch besser machen als komische Beruflinge. Jede Komik ruht auf einem Gegensatz: hier auf dem Unterschied zwischen dem oberen Ernst und dem unteren Ulk. Auf dem Unterschied zwischen dem Können der Gestempelten und dem überragenden Können der Privatleute. [...] Studierte Rüpel, willentliche und könnerische Rüpel. Da steckt der Kern. [...] Man brüllt! Hier wird der Ulk zum Ventil für die Goethe-Feier, zugleich ein Spaß auf die Operette und schließlich auf die gesamte Theaterei. Ihr sollt gesegnet sein!"[1] Mit diesen Worten rezensierte Alfred Kerr die Berliner Erstaufführung des Kabarettprogramms mit dem schönen Titel „Hier irrt Goethe!", das die Münchener Studentenkabarettruppe „Die vier Nachrichter" am 8. April 1932 im Berliner Renaissance-Theater aufführte. Einer der vier Nachrichter war Kurd E. Heyne, der am 3. Oktober 1906 in Braunschweig geboren wurde.

Sein 1868 geborener Vater Erich, der vereidigter Bücherrevisor und vereidigter Probezieher für Rohzucker war, stammte aus Eichenbarleben westlich von Madgeburg, die gleichaltrige Mutter Helene Böcker war die Tochter des Polizeidieners Johann Ernst Friedrich, der zunächst Sack 13, später, als er zum Polizeiwachtmeister aufgestiegen war, Am Petrithore 1 wohnte. Erich und Helene Heyne wohnten zunächst in der Sophienstraße 31, dann an der Wilhelmitorpromenade 34 (heute Wilhelmitorwall), kurz in der Celler Straße 3 und ab dem 4. April 1905 am Wilhelmitorwall 35, wo der Sohn Kurd Erich geboren wurde; am 10. Oktober 1916 zog die Familie in das Haus Hohetorwall 13F. Kurd E. Heyne legte 1924 sein Abitur am Braunschweiger Reform-Realgymnasium ab, das sich damals in der Breiten Straße 3 befand und auch von **Norbert Schultze** ↑[1] und **Ernst Fritz Fürbringer** ↑ besucht wurde. Anschließend studierte Kurd Philologie, Musik und Theaterwissenschaften, zunächst in Göttingen und Berlin, ab 1927 dann bei dem renommierten Theaterwissenschaftler Professor Artur Kutscher in München, zu dessen Schülern auch Bertolt Brecht und Erwin Piscator gehörten. Gemeinsam mit seinen Kommilitonen Helmut Käutner (Philologie) und Bobby Todd (Zahnmedizin) trat Kurd E. Heyne ab 1928 in selbstverfassten Revue- und Kabarettprogrammen auf, am Klavier begleitet von Werner Kleine. Dieses Studentenkabarett nannte sich „Die vier Nachrichter" in Anlehnung an das bereits sehr erfolgreiche politisch-literarische Münchener Kabarettensemble „Die Elf Scharfrichter", zu denen als Autor und Regisseur zeitweilig auch Otto Falckenberg gehört hat. Im Februar 1930 hatten die „Vier Nachrichter" das Glück und die Ehre, das traditionell von Studenten verfasste Faschingsstück der Münchener Universität übernehmen zu dürfen, und trugen eine Parodie auf Ferdinand Bruckners Drama „Die Verbrecher" vor, die sie „Der Erbrecher" nannten. Damit machten sie auch außerhalb des Campus von sich reden, und Joachim Ringelnatz engagierte „Die vier Nachrichter" mit ihrem Stück für vierzehn Tage an den „Simplicissimus", worauf weitere Gastspiele im „Annast" in München, im „Excelsior" in Stuttgart und bei Radio München folgten.

Die Spezialität der „Vier Nachrichter" waren „zuerst Pantomimen von unwiderstehlicher Komik, wie das Tennisturnier, wobei die Köpfe der Zuschauer nur die hin und her springenden Bälle gespannt verfolgten, [...] dann verlegten sie sich auf Schlager."[2] Diesen auf einer Exkursion nach Oberammergau entstandenen Schlager konnte man bald überall in München hören:

<„Die ganze Welt ist eine Einbahnstraße,
die führt nach einem ganzen kleinen Nest,
das lebt in einem ganz besondern Maße
seit sechzehnvierunddreißig von der Pest.
Judas mit dem roten Bart,
Magdalena blondbehaart,
es kräht der Hahn, der Dollar rollt:
Der liebe Gott hat's so gewollt.
Let us go to Overammergow!"[3]>

Das Gedenkjahr zum einhundertsten Todestag Johann Wolfgang von Goethes inspirierte „Die vier Nachrichter" zu ihrem bedeutendsten Stück, das sie anlässlich der Faschingsfeier des Theaterwissenschaftlichen Seminars am 24. Februar 1932 im Studentenhaus aufgeführt haben: „Die dreiaktige Operette ‚Hier irrt Goethe!' nach der vermessenen Behauptung des Philologen Düntzer, der Goethes Geständnis, Lili Schönemann sei seine stärkste Liebe gewesen, mit dem besserwisserischen Ausspruch kommentiert hatte: ‚Hier irrt Goethe!' [...] Songs, Schlager wurden geschaffen von allen zusammen. [...] So entstand des Oberstallmeisters forsches Lied 'Ufamännchens Wachparade, ein Charakterstück':

<Ich war Ulan, bei dem vierten Infanterieregiment,
Zu Fuß, zu Pferd, zur See.
Ich hab ein Jahr als Soldat bei der Ufa gedient,
Zu Fuß, zu Pferd, zur See.
Und die Sonne ging auf hinterm Hugenberg,
Denn die Ufa weiß recht gut, was sie tut.
Wenn das liebe Militär
Im Tonfilm nicht wär',
Dann verdiente ja der Tonfilm nicht so gut.
Darum heißt das Losungswort der Ufadirektion:
Augen rechts die ganze Produktion![4]>"

Diese Satire war ihr Durchbruch; statt es nur einmal zu Fasching zu spielen, gaben sie rund 350 Vorstellungen, zunächst nur in München, am 8. April 1932 traten sie im Berliner Renaissance-Theater auf. Der Kritiker Alfred Kerr schrieb eine begeisterte Kritik, aus dem für zehn Tage geplanten Gastspiel an der Spree wurden mehrere Wochen, und eine Tournee durch ganz Deutschland folgte. Dieser überraschende und überragende Erfolg hatte Konsequenzen, es kam zur Spaltung: Heyne, Käutner, Todd schrieben und spielten, begleitet von ihrem Komponisten und Pianisten Frank Norbert, dem Nachfolger Werner Kleines, klassisches Nummernkabarett. In dem gleichnamigen Theaterbetrieb waren Heyne, Käutner und Todd Direktoren, Autoren, Regisseure, Bühnenbildner, Darsteller und abgesehen von Käutner auch Komponisten kabarettistischer Stücke, in denen zehn bis fünfzehn, einmal sogar dreiundzwanzig weitere Darsteller mitwirkten. Hinter dem Namen für den vierten Nachrichter, Frank Norbert, verbargen sich verschiedene Musiker. „Es gab Gerüchte, dass sogar Wilhelm Furtwängler unter dem Namen „Frank Norbert" Musikparodien mit den Nachrichtern gespielt hätte. Tatsächlich sollen einige später renommierte Musiker sich unter dem Pseudonym verborgen haben."[5] Einer der Musiker war der Braunschweiger Norbert Schultze, der nicht nur die Musik zu „Hier irrt Goethe!", sondern auch die zu dem von Heyne, Todd und Käutner verfassten Songtext „Den blauen Jungens sagt ein Mädel niemals nein" komponiert hatte. Diesen Song sangen die „Vier Nachrichter" als Matrosen in dem Tonfilm „Kreuzer Emden" (1932) (**Karl von Müller** †[2]). 1933 brachten sie ihr Kabarettprogramm „Der Esel ist los" heraus, wieder ein großer Erfolg in ganz Deutschland. Die Programmplakate klebten sie dafür übrigens gerne unterhalb von Hitler-Portraits an.

Dennoch durften die Nachrichter auch nach 1933 noch auftreten, sie gaben sich unpolitisch, der unbekümmert-despektierliche Geist war den Nationalsozialisten trotzdem verdächtig. So konnte die Krimiparodie „Die Nervensäge" 1934 noch aufgeführt werden – die drei nichtjüdischen Nachrichter durften der NS-Bühnengenossenschaft beitreten, der „Halbjude" Bobby Todd war aus der Gruppe ausgeschieden, allerdings nur pro forma. Am 1. Oktober 1935 wurden die Nachrichter wegen „mangelnder Zuverlässigkeit und Eignung im Sinne der nationalsozialistischen Staatsführung"[6] verboten. Ihr letztes Programm „Der Apfel ist ab" konnten sie nicht mehr aufführen, allerdings wurde es 1938/39 vom „Kabarett der Komiker" in einer gekürzten Fassung auf die Bühne gebracht, die Goebbels „begeistert" haben soll.[7] 1948 folgte die Verfilmung unter der Regie von Helmut Käutner, in der zwar Bobby Todd, nicht jedoch Kurd E. Heyne mitspielte.

Weder das Aus für die Nachrichter, noch der Vermerk „jüdisch versippt", der nach seiner Hochzeit mit der am 17. Juni 1908 in Nürnberg geborenen Jüdin Edith Rosenfeld in seine Akte Eingang fand, hielten Heyne davon ab, weiter zu schreiben. 1937 wurde Kurd E. Heyne aus der Reichsschrifttumskammer ausgeschlossen. Der Ausschluss bedeutete Berufsverbot. Er, der bisher mit einer Sondergenehmigung der NSDAP seinen Beruf hatte ausüben können, setzte sich mit einem Schreiben vom 15. März 1937 dagegen zur Wehr. Ein unbekannter Absender hat in einem Brief an die Reichskulturkammer vom 26. Juli 1937 ausführlich dargelegt, warum Heynes Gesuch abschlägig zu bescheiden ist. Dabei wird nicht nur auf seine Eheschließung mit der „Volljüdin Rosenfeld" hingewiesen, sondern auch darauf, dass Heyne bisher lediglich eine Revue geschrieben habe, da „Hier irrt Goethe!", „Die Nervensäge" und „Der Esel ist los" Gemeinschaftsarbeiten seien und „Hier irrt Goethe!" nach dem Urteil der NSDAP die beste gewesen sei, die „im Übrigen [...] den künstlerischen Wert derartiger Kabarettstücke in Frage [stellt]." Weiter heißt es in dem Schreiben: „Das Amt für Kunstpflege lehnt ‚Die Vier Nachrichter' und ihre gesamte Tätigkeit, besonders in ihrer späteren Entwicklung, ab und stellt fest, dass der Inhalt der Darbietungen stellenweise geradezu eine Verhöhnung des nationalsozialistischen Geistesgutes dargestellt hat."[8]

Die laut diesem Brief an die Reichskulturkammer von Heyne selbst verfasste Revue „So leben wir" wurde trotz allem 1937 unter dem Titel „Nachrichter-Revue" und ohne die Nennung seines Namens am Leipziger Schauspielhaus aufgeführt, an dem übrigens zur gleichen Zeit Helmut Käutner als Schauspieler und Regisseur engagiert war. Nach dem Verbot durch die Nazis zog Kurd E. Heyne wieder nach Braunschweig, wo auch sein Vater lebte. In den Adressbüchern jener Zeit ist er als Theaterdirektor (1936) beziehungsweise Schriftsteller und Komponist (1938) aufgeführt. Auch seine Ehefrau Edith war bis zu ihrer Abmeldung am 23. August 1938 nach Basel, wo Kurd E. ab 1938 ein Engagement am Stadttheater hatte, unter der Adresse ihres Schwiegervaters Erich, Hohetorwall 18, gemeldet.

Bei einem Besuch ihrer Eltern in Nürnberg wurde die damals hochschwangere Edith in der Reichsprogromnacht in ihrem Elternhaus so schwer misshandelt, dass der kurz darauf in Basel geborene Sohn, vermutlich als Folge dieser Misshandlungen, nie sprechen lernte. „Sein Vater gründete in Basel von dem, was er als Schauspieler hatte ersparen können, ein Heim auf Lebenszeit für junge Menschen gleichen Schicksals."[9] Leider war nicht herauszufinden, wann Kurd E. Heyne dieses Heim gegründet hat und ob es noch existiert.

Am Basler Stadttheater, wo Heyne von 1938 bis zu seinem Tode 1961 engagiert war, spielte er nicht nur in zahlreichen Klassikerinszenierungen mit, wie beispielsweise den Klosterbruder in Lessings „Nathan", den Sosias in Kleists „Amphytrion" oder den Osrick in Shakespeares „Hamlet". Er führte Regie, zumeist bei Operetten oder Opern, übernahm Gesangspartien (Bariton) in zahlreichen Operetten- bzw. Operninszenierungen, verfasste Singspiele, Operetten, Revuen, für Bühne und Hörfunk, schrieb Filmdrehbücher, Gedichte, Chansons, auch Sketche auf Schwyzerdütsch und wurde nach dem Krieg „einer der meistgesendeten Hörspielautoren [u.a. „Wildtöter" (1958)] deutscher Sprache".[10]

Heyne, dem 1941 die deutsche Staatsbürgerschaft entzogen wurde, trat zudem als Solokabarettist auf, schrieb Sketche für das Basler „Cabaret Kaktus" und war sogar auch einmal am Basler Stadttheater, wenn auch nur aushilfsweise, Dirigent einer „Tosca"-Aufführung.[11]

Kurd Erich Heyne, dessen Ehefrau Edith vom 15. Juni 1954 bis zum 18. November des Jahres noch einmal am Hohetorwall in Braunschweig gelebt hatte, starb vierundfünfzigjährig am 7. Mai 1961 bei Luzern und nicht, wie es in einigen Quellen heißt, am 6. Mai in Basel.

Vier Jahre später, 1965, erschien die Langspielplatte „Gib her den Speer, Penelope" bei Telefunken, „auf der Kurd E. Heyne die Geschichte der Nachrichter erzählt" und für die auch „Nachrichter-Originalaufnahmen der 1930er Jahre [verwendet wurden], die mit einer Rundfunksendung mit Heyne von 1955 montiert wurden. Zuletzt wurde eine CD mit Aufnahmen der Jahre 1932 bis 1935 (2000, Bear Family) veröffentlicht."[12] (Isabel Rohloff)

⌂ **Touristischer Hinweis**: Renaissance-Theater Berlin, Hardenbergstraße/Knesebeckstraße; Stadttheater Basel, Theaterstrasse 7.

❖ **Quellen- und Literaturhinweise**: 1 Alfred Kerr, Hier irrt Goethe!, Berliner Tagblatt vom 9.4.1932; **2**, **3**, **4** Artur Kutscher, Der Theaterprofessor, München 1960, S. 197, 199; **5** http://de.wikipedia.org/wiki/ Frank_Norbert; **6** Rainer Otto, Walter Rösler, „Kabarettgeschichte", Berlin 1977, S. 143; **7**, **12** http://de.wikipedia.org/wiki/Die_Nachrichter; **8** Braunschweigisches Landesmuseum (Hrsg.), Verehrt, verfolgt, vergessen. Schauspieler als Naziopfer, Begleitschrift zur Ausstellung, 2003, S. 20, 22; **9** L. E. Reindl, Einer von den großen vier Nachrichtern, in: Braunschweiger Zeitung 18.5.1961; **10**, **11** http://tls.theaterwissenschaft.ch/wiki/Kurd_E._ Heyne.
— Klaus Budzinski (Hrsg.), Hermes Handlexikon, Das Kabarett. Zeitkritik, gesprochen, gesungen, gespielt, von der Jahrhundertwende bis heute, Düsseldorf 1985, S. 67, 181. **Fotos**: Stadttheater Basel.

Werner Hofmeister
(23.02.1902 – 21.09.1984)
Staats- und Verwaltungsrechtler,
Rechtsanwalt, Abgeordneter,
Minister, Landtagspräsident

Werner Hofmeister gehörte in den ersten Nachkriegsjahren zu den wichtigsten Politikern in Niedersachsen; er ist heute weitgehend vergessen.
Er wurde 1902 als Sohn eines Lehrers in Braunschweig geboren. Nach dem Besuch der Volksschule besuchte er das Reform-Realgymnasium in Braunschweig und machte dort 1922 das Abitur. Anschließend studierte er Rechts- und Staatswissenschaften an der Universität Göttingen. Er war Mitglied der Burschenschaft Brunsviga. Ende 1925 legte er in Göttingen das Erste Staatsexamen ab. Nach der Referendarzeit absolvierte er 1929 das Zweite Juristische Staatsexamen am Oberlandesgericht Braunschweig. Im gleichen Jahr trat er in den Braunschweiger Justizdienst ein. 1930 promovierte er in Göttingen zum Dr. jur. mit dem Thema „Der Besitzschutz des mittelbaren Besitzers".

In den Jahren der Weimarer Republik wurde er Mitglied der Deutschen Volkspartei. Innerparteilich war er ein strikter Gegner der Zusammenarbeit mit der NSDAP. Wohl deshalb wurde Hofmeister Ende September 1933 vom damaligen Braunschweigischen Justizminister Friedrich Alpers aus dem Staatsdienst entlassen. Bis zum Ende des Zweiten Weltkriegs war er als Rechtsanwalt in Braunschweig tätig. Einem Gesuch um Ernennung zum Notar wurde durch Verfügung des Reichsjustizministers 1937 nicht stattgegeben. In die NSDAP ist Hofmeister nicht eingetreten. Von Mai 1943 bis Oktober 1944 tat er Dienst im Landesschützenbataillon Fallingbostel/Hildesheim.

Am 1. Oktober 1945 wurde Hofmeister von der britischen Militärregierung als Richter am Amtsgericht Braunschweig eingesetzt. Im Juni 1946 wurde er zum Notar ernannt; das Richteramt konnte er damit nicht mehr ausüben. Bald nach Kriegsende entschloss sich Hofmeister, politisch wieder aktiv zu werden. Er wurde 1946 Mitglied der neu gegründeten CDU und noch im gleichen Jahr zum Vorsitzenden des Ortsvereins Braunschweig-Süd und zum stellvertretenden Vorsitzenden des Kreisverbandes Braunschweig-Stadt gewählt. Ende Januar 1947 wählten ihn die Mitglieder zum Vorsitzenden des Kreisverbandes; dieses Amt behielt er bis zum Jahr 1958. Bei den ersten Landtagswahlen im April 1947 zog er über die Landesliste der CDU in das niedersächsische Parlament ein, dem er zwanzig Jahre bis 1967 angehörte. Im Februar 1949 wurde Werner Hofmeister vom Niedersächsischen Landtag als Nachrücker für den schwer erkrankten bisherigen niedersächsischen CDU-Vertreter **Heinrich Rönneburg** ↑² in den Parlamentarischen Rat entsandt. Dort erlebte er die letzten dramatischen Beratungen vor der Verabschiedung des Grundgesetzes mit; er gehört also zu den Vätern der Verfassung. In dieser Zeit knüpfte er Verbindung zum „Ellwanger Kreis", der entschieden föderalistische Positionen vertrat. Innerhalb der CDU stand er Konrad Adenauer eher kritisch gegenüber, er war sehr vertraut mit Hermann Ehlers, der von 1950 bis zu seinem frühen Tod 1954 das Amt des Bundestagspräsidenten innehatte.

In der nach den Wahlen 1947 gebildeten niedersächsischen Landesregierung unter Hinrich Wilhelm Kopf übernahm Hofmeister das Amt des Justizministers, das er bis August 1950 innehatte – die CDU zog zu diesem Zeitpunkt aus Protest gegen die von der SPD betriebene Änderung des Wahlgesetzes ihre Minister zurück. In seiner Eigenschaft als Justizminister sprach er sich 1948 bei der Verabschiedung des Braunschweiger Oberlandesgerichtspräsidenten **Wilhelm Mansfeld** ↑ gegen die Auflösung des Oberlandesgerichts Braunschweig und dessen Aufgehen im OLG Celle aus. In der Amtszeit Hofmeisters erhielt **Fritz Bauer** ↑¹ zum 1.5.1949 die Stelle eines Landgerichtsdirektors in Braunschweig. Bis zum 22.5.1949 war Hofmeister im Kabinett Kopf zusätzlich noch Minister für Entnazifizierung. Im Jahr 1947 hatte die britische Militärregierung die Entnazifizierung an deutsche Behörden übergeben. Ein vom Landtag verabschiedetes Entnazifizierungsgesetz wurde von der Militärregierung nicht genehmigt, sodass eine von Hofmeister erlassene ministerielle Verordnung an seine Stelle trat: „Verordnung über das Verfahren zur Fortführung und zum Abschluß der Entnazifizierung im Lande Niedersachsen" vom 30.3.1948, ergänzt um die „Verordnung über die Rechtsgrundsätze der Entnazifizierung" vom Juli 1948. Im Niedersächsischen Landtag erklärte er 1950, er werde versuchen, die noch ausstehenden Verfahren wegen Verbrechen gegen die Menschlichkeit möglichst schnell zu beenden.

Nach dem Ausscheiden aus der Regierung widmete sich Hofmeister intensiv seiner Tätigkeit als Landtagsabgeordneter. Er war vom 6. Mai 1951 bis 5. Mai 1955 stellvertretender Vorsitzender der gemeinsamen DP/CDU-Landtagsfraktion – beide Fraktionen hatten sich zur Niedersächsischen Union zusammengeschlossen – also eine Art Oppositionsführer. Als Vorsitzender des Ausschusses für Rechts- und Verfassungsfragen, als welcher er in dieser Legislaturperiode amtierte, war er maßgeblich an der Vorbereitung der am 1. Mai 1951 in Kraft getretenen „Vorläufigen Niedersächsischen Landesverfassung" beteiligt. Er setzte sich vor allem für die so genannten Traditionsartikel 55 und 56 ein, welche die Belange der früheren Länder Hannover, Braunschweig, Oldenburg und Schaumburg-Lippe berücksichtigten. Er plädierte dafür, dass die Landesverfassung vor dem Hintergrund des geltenden Grundgesetzes auf die Formulierung von Grundrechten verzichtete und im Sinne eines „Organisationsstatuts" lediglich die Kompetenzen und Funktionen der Staatsorgane regelte. Bei der Abstimmung über die Annahme der Verfassung im Landtag am 3. April 1951 gehörte Hofmeister zu den Abgeordneten der gemeinsamen Fraktion von CDU und Deutscher Partei, die dem Verfassungswerk zustimmten. Etwa die Hälfte der CDU/ DP-Abgeordneten stimmte hingegen mit Nein. Bei der Beratung des Niedersächsischen Schulgesetzes 1953 und des Wahlrechtsänderungsgesetzes 1954 sowie bei der Ausarbeitung des Gesetzes über den Niedersächsischen Staatsgerichtshof spielte er eine wichtige Rolle. Immer wieder trat er für die Belange Braunschweigs ein, innerhalb der CDU galt er deshalb als „Braunschweiger", was ihm zuweilen Kritik aus den eigenen Reihen einbrachte. Nach der Landtagswahl 1955 kam es in Hannover zu einem Regierungswechsel: CDU, DP, BHE und FDP bildeten eine Koalitionsregierung. Ministerpräsident Hinrich Wilhelm Kopf wurde durch Heinrich Hellwege (DP) abgelöst. Die CDU nominierte als stärkste Partei den Landtagspräsidenten: Werner Hofmeister wurde mit 87 von 157 Stimmen zum Präsidenten des Niedersächsischen Landtags gewählt. Er brachte den Wiederaufbau des alten Welfenschlosses und den Umbau zum Leineschloss als Sitz des Landtags entscheidend voran. Hofmeister richtete einen unabhängigen wissenschaftlichen Beratungsdienst im Landtag ein, der allen Abgeordneten zur Verfügung stand. Die Tätigkeit Hofmeisters als Landtagspräsident dauerte bis zum November 1957. Zu diesem Zeitpunkt brach die bestehende Regierungskoalition auseinander, FDP und BHE verließen die Regierung, die SPD trat in die Regierung ein, Heinrich Hellwege blieb Ministerpräsident. Werner Hofmeister übernahm bis zum Ende der Legislaturperiode 1959 das Amt des Justizministers.

Bei den Landtagswahlen 1959 kandidierte Hofmeister als Spitzenkandidat der CDU, die mit 30,8 Prozent ihr bestes Wahlergebnis seit 1947 erzielte. Hofmeister wurde in der Presse schon als der neue Ministerpräsident gehandelt. Doch die bürgerliche Regierung kam nicht zustande. Hinrich Wilhelm Kopf bildete eine Koalition aus SPD, FDP und BHE; die CDU ging in die Opposition. Hofmeister blieb das Amt des Vizepräsidenten des Landtags, das er bis zu seinem Ausscheiden aus dem Parlament im Jahr 1967 innehatte. Daneben übernahm er den Vorsitz des Geschäftsordnungsausschusses des Landtags.

Im Jahr 1967 verließ Hofmeister die aktive Landespolitik. In den folgenden Jahren war er wieder als Anwalt und Notar (zusammen mit seinem Bruder) in Braunschweig tätig. Eine seiner Mandantinnen war Herzogin **Victoria Luise** ↑[1]. In seinen letzten Lebensjahren hat er sehr zurückgezogen gelebt; er ist auch aus der CDU ausgetreten.

Hofmeister genoss in seiner politisch aktiven Zeit hohes Ansehen. Er galt als sehr kompetent – er wurde das juristische Gewissen des niedersächsischen Parlaments genannt – geradlinig, aber auch als schwierig, manchmal eigenbrötlerisch.

Er erhielt das Große Bundesverdienstkreuz mit Stern und Schulterband sowie die Niedersächsische Landesmedaille.

Er starb 1984 in Braunschweig. Er und seine Frau spendeten in einem Testament mehrere hunderttausend Mark für SOS-Kinderdörfer. Sein umfangreicher, bis heute nicht ausgewerteter Nachlass befindet sich im Archiv der CDU in Sankt Augustin bei Bonn.

(Hans-Ulrich Ludewig)

 Touristischer Hinweis: Eine Gedenktafel an seinem früheren Haus Charlottenstr. 7 fehlt leider noch immer.

 Quellen- und Literaturhinweise: NLA Wf. 3 Nds 92/1, Nr. 21388; BBL, S. 283 f.; H. Beyer, Der Nds. Landtag in den 50er Jahren, Düsseldorf 1988; Henning Noske, BZ 30.4.2009. **Foto**: Bildarchiv Bundespresseamt.

Friedrich Huch
(19.06.1873 – 12.05.1913)
Schriftsteller

Friedrichs Vater William Huch, aus einer Kaufmannsfamilie stammend, Justizrat (Rechtsanwalt) am Braunschweiger Obergericht, heiratete in zweiter Ehe Friedrich Gerstäckers Tochter Marie, die Friedrich Huchs Mutter wurde. Ein Bruder Williams, der Braunschweiger Großkaufmann Richard Huch, war der Vater der späteren Schriftstellerin **Ricarda Huch** ↑[1]. Friedrich und Ricarda Huch waren also Cousin und Cousine.

Seine Kindheit und den größten Teil der Jugend erlebte Friedrich Huch in einem palaisartigen Haus am Hagenmarkt. Nachdem sein Vater 1888 freiwillig aus dem Leben geschieden war, zog die Mutter 1892 mit den Kindern nach Dresden. 1893, nach dem Abitur, begann Friedrich in München ein Studium philologischer Fächer, das er in Paris und dann in Erlangen fortsetzte, wo er 1900 mit einer Dissertation über ein anglistisches Thema zum Dr. phil. promoviert wurde. Nach einigen Jahren des Hauslehrer-Daseins (Hamburg; Gut Lubochin bei Bromberg; Lodz) ließ er sich 1904 als freier Schriftsteller in München nieder. Bereits 1895 war er dort mit dem Kreis um Stefan George, insbesondere mit Karl Wolfskehl und Ludwig Klages, auch mit Franziska zu Reventlow und Rainer Maria Rilke bekannt geworden, seit 1904 traten Beziehungen zu Wilhelm Furtwängler, Olaf Gulbransson, dem künftigen Archäologen Ludwig Curtius und weiteren hinzu, nicht zuletzt auch zu Thomas Mann. Huch verstarb 1913 in München, nur 39-jährig, an den Folgen einer Mittelohrentzündung. Einer der ersten Sätze in Thomas Manns Gedenkrede im Rahmen der Trauerfeier für Friedrich Huch lautet: „Seit Hermann Bangs Tode hat der moderne Roman keinen so schweren Verlust erfahren, wie durch das Abscheiden Friedrich Huchs." Und wenige Zeilen später: „Denn der Autor des ‚Peter Michel', der ‚Geschwister', des ‚Enzio' gehörte zu den Wenigen, welche den deutschen Roman zur Dichtung zu erhöhen, emporzuläutern, ihm als Kunstgattung die Ebenbürtigkeit mit dem Drama, der Lyrik zu erwirken bestrebt waren und sind." Wenn Thomas Mann hier den alten Streit um die künstlerische Ebenbürtigkeit der Prosagattung mit den beiden Gattungen der gebundenen Rede bemüht, um auf diese Weise die hohe literarische Qualität von Huchs Romanschaffen rühmen zu können, so sicherlich, um nicht rundheraus sagen zu müssen, dass für ihn Friedrich Huch einer der wenigen Romanschriftsteller seiner Epoche ist, die er als ihm gleichrangig ansieht. Von Huchs Werken nennt er dort außerdem den Roman „Mao" (1907).

In „Mao" wird uns das Leben eines Jungen aus großbürgerlicher Familie von der Geburt bis zum rätselhaft bleibenden Tod des Primaners erzählt. Thomas ist zeit seines Lebens ein Träumer, der wenig spricht, obwohl er durchaus redegewandt und, wenn er will, ein guter Schüler ist. Er lebt ein kaum aktives, eher kontemplatives Leben, ja er vermag sogar mit den ihn umgebenden Gegenständen, sich in sie hineindenkend, in einen stummen Dialog zu treten. Die Dinge seiner nächsten Umgebung, das weitläufige spätbarocke Stadthaus und der riesige dahinter liegende Garten mit den vielen Bäumen, sind die wichtigsten Freunde des Knaben, dessen Kindheit damit ohne Spielgefährten verläuft.

In Thomas' Zimmer hängt seit vielen Generationen ein verblasstes Portrait eines unbekannten Knaben. In dieses Bild versenkt Thomas sich oft stundenlang, vergisst darüber die Welt, bis ihm eines Tages blitzartig klar wird, dass der Name dieses Knaben Mao gewesen sein muss – ein Name, dessen drei Laute ja auch in seinem eigenen Namen enthalten sind. Zugleich „begreift" er im Wege seines visionären Zugangs zu den Dingen, dass Mao der „Geist" (nicht im Sinne eines Gespenstes, „Mao" ist kein Schauerroman) des elterlichen Hauses sei und dass Mao, das Haus und auch er, Thomas, auf mystische Weise miteinander eins seien.

Die endgültige Katastrophe des Romans beginnt damit, dass sein Vater sich entschließt, das prächtige, jedoch nicht mehr als wohnlich empfundene Haus zu verkaufen und mit der Familie in ein komfortables Jugendstil-Haus in einem neu entstehenden Villenviertel zu ziehen. Thomas wird von den Eltern vorgetäuscht, das alte Haus bleibe erhalten, sodass er den Umzug, nur scheinbar guten Mutes, über sich ergehen lässt. Als er aber nach einigen Tagen es mit Bangen wagt, zum ersten Male wieder den Markt zu überqueren, an dem er „sein" Haus wohlbewahrt zu erblicken hofft, findet er nur noch eine Ruine vor, deren letzte Balken in den Himmel ragen. Am selben Tag muss er feststellen, dass sein Mao-Bild in den Umzugswirren zugrunde gegangen ist. In der Nacht darauf verlässt er heimlich das neue Haus seiner Eltern. Am folgenden Morgen wird er tot in der Ruine liegend aufgefunden.

Der Roman besitzt autobiographische Züge in der inneren Ähnlichkeit von Thomas' Eltern mit denen des Autors (beider Väter sind Justizräte), besonders aber, weil in der Topographie der erzählten Stadt, wenn auch heute nur Kundigen noch erkennbar, Elemente Braunschweigs um 1880 durchschimmern. Thomas' Elternhaus „ist" das spätbarocke Palais der Familie Huch in der Nordwestecke des Hagenmarkts.[1]

Palais Hagenmarkt 13 (Federzeichnung Wilhelm Krieg).

Der große Garten dahinter, im Westen durch die nördlich der Hagenbrücke damals noch offen fließende Oker begrenzt, findet sich auf historischen Stadtplänen, und der im Roman wichtige „Turm" „ist" der Andreas-Kirchturm. Zwar anonymisiert Huch dies alles und Weiteres im Roman, nicht einmal den Namen der Stadt nennt er, dennoch gehört „Mao" in eine imaginäre Reihe von „Braunschweig-Romanen", die u.a. von Karl Philipp Moritz' „Anton Reiser", Knigges „Reise nach Braunschweig", **Raabes** ↑[1] „Meister Autor", **Ehm Welks** ↑[2] „Im Morgennebel" gebildet wird.

Die den Roman einleitende Schilderung des weitläufigen Hauses und des Gartens kann den Leser zunächst an Thomas Manns „Buddenbrooks", an das Lübecker Haus samt Garten und dem Walnussbaum denken lassen. Dennoch ist angesichts der engen Braunschweig-Bindung des Romans das Haus am Hagenmarkt keine Kontrafaktur des „Hauses in der Mengstraße", und Thomas ist auch kein „Seelenverwandter" Hanno Buddenbrooks, wie behauptet worden ist. Wäre der musikalisch hoch begabte Hanno nicht schon im Kindesalter dem Typhus erlegen, hätte er als Musiker seinen Weg machen und dadurch der Welt des Bürgertums entfliehen können, so wie Tonio Kröger zum erfolgreichen Schriftsteller wird. Der Ausweg ins Künstlertum jedoch ist dem hochsensiblen Knaben Thomas verschlossen; von künstlerischen Begabungen Thomas' ist im Roman nicht die Rede.

In „Buddenbrooks", dem Roman des „Verfalls einer Familie", beschreibt Thomas Mann den Verlauf dieser Katastrophe durchweg im Grundton einer pointenreichen Ironie und schafft damit Distanz zum erzählten Geschehen. „Mao" dagegen, die Geschichte vom Untergang eines Individuums, ist unter Verzicht auf jede Ironie erzählt. Sachlich-präzise und mit großem Ernst notiert der Erzähler die bald wahnhaften, bald klaren Gedankengänge des Knaben Thomas, so als blicke er in sein Inneres. Dieser Verzicht des Erzählers auf Abstand zum Erzählten zwingt den Leser in eine geradezu schmerzhafte Nähe zum Protagonisten.

Von sehr anderer Art ist Huchs Erfolgsroman „Pitt und Fox. Die Liebeswege der Brüder Sintrup" (1909). Pitt und Fox – so haben sie sich im Kindesalter selbst genannt –, aus wohlhabendem Hause stammend, sind zwei ungleiche Brüder, deren Lebensgeschichten, insbesondere ihre Beziehungen zum anderen Geschlecht, der Roman bis ins frühe Mannesalter der beiden erzählt. Fox verkörpert den Typus des Angebers und Schwadroneurs, der die Leistungen anderer als die seinen ausgibt, des Schuldenmachers auf Kosten seines Vaters und seines Bruders. Als verkrachter Jura-Student, zugleich Bonvivant und schließlich Falstaff, ist er auf der Flucht vor den Gläubigern, muss sich eine Zeit lang gar als Schmieren-Schauspieler durchschlagen, schwängert die Freundin seines Bruders Pitt, weigert sich dann aber, die Mutter seines Kindes zu ehelichen. Am Ende heiratet ihn die Tochter eines reichen Verlegers, in dessen Zeitschriftenredaktion er (nicht ohne das hilfreiche Zutun Pitts) inzwischen einen hochrangigen Posten innehat.

Pitt, schlank und hochgewachsen, ist zwar gleichfalls eloquent, doch ein Freund von Vernunft und Aufrichtigkeit. Viel Zeit verbringt er mit Nachdenken: über die Dinge, die Menschen, über sich selbst und seinen weiteren Lebensweg. Doch wird Pitt darüber nicht zum Grübler, vielmehr liebt er den Gedankenaustausch, auch das Darlegen seiner seelischen Befindlichkeiten. Und er ist ein Mann der schnellen, intuitiven Entschlüsse.

Als Jura-Student verliebt Pitt sich in ein junges Mädchen, Elfriede, und macht kurz entschlossen einen Antrittsbesuch bei ihr (die ihn bis dahin nicht einmal kennt) im großbürgerlichen Haus ihrer Mutter. Die Zuneigung von Tochter und Mutter gewinnt er im Fluge, sodass er die Familie in den Sommermonaten auf deren Landsitz begleiten darf. Je näher Pitt und Elfriede einander dort seelisch kommen, desto fremder erscheint sie ihm eben aufgrund dieser Nähe, bis er, darüber an sich selbst verzweifelnd, Hals über Kopf abreist und alle Verbindung zu ihr abbricht. Pitts darauf folgende Beziehung zu einer anderen Frau endet gleichfalls in der Entfremdung.

Herta, eine selbstbestimmte junge Malerin, ist es dann, die sich Pitt als den nun endlich für sie richtigen Mann auserwählt. Die beiden erleben zunächst eine Zeit höchsten, auch erotischen Glücks. Zudem nimmt Herta Pitts Zukunft aktiv in die Hand: nach einem Jahr soll er sein verbummeltes Jura-Studium endlich abschließen, ein weiteres Jahr später promoviert sein. Dies geschieht auch. Allmählich aber keimen in Pitt wiederum die alten Zweifel an der Wahrhaftigkeit seiner Liebe empor, und er erlebt nun auch Hertas Nähe als bedrückende Fremdheit. Um sich selbst zu retten, verlässt Herta ihn, ohne Abschied und für immer.

Am Ende des Romans eine überraschende Wendung: Elfriede ist nach einem Musikstudium, nach einer internationalen Karriere als Konzertpianistin (und privaten Enttäuschungen) des lauten Trubels und des Unbehaustseins überdrüssig geworden. Sie kehrt zurück in die Ruhe ihrer Heimatstadt, zu ihrer Mutter, vor allem aber zu dem, wie sie weiß, einzigen Mann, den sie liebt, den sie in ihrem Leben braucht und mit dem zusammen sie Kinder haben und alt werden möchte: zu Pitt. Pitt weist ihre unumwundene, sehr direkte Liebeserklärung zuerst zurück: Er glaubt nicht mehr, zu einer Paarbeziehung überhaupt fähig zu sein, und möchte Elfriede nicht ins Unglück stürzen. Gegen diesen Einwand ist sie gewappnet: Die Liebesverbindung mit ihr soll ihn niemals erdrücken, er wird alle Freiheit haben, deren er bedarf. So, wie er ist, wird sie ihn immer lieben können. Zögernd wagt Pitt es, ja zu sagen – und fühlt sich damit als ein vom seelischen Tode wieder zum Leben Erweckter.

„Pitt und Fox" – am Schluss des Romans schließen zwei sehr ungleiche Paare einen Bund für die Zukunft. Fox und die Verlegerstochter Elsa stellen erst kurz vor ihrer hastigen Verlobung fest, als nämlich die ökonomischen Voraussetzungen für eine Heirat gegeben sind, dass sie einander ja sogar lieben. Und sie legen auch Wert auf eine kirchliche Trauung: Gläubig sei man zwar nicht, aber das feierliche Drum und Dran sei nicht zu verachten. Der Fabrikantensohn Fox bleibt mit seiner Eheschließung in der Welt jenes Besitzbürgertums, aus dem er stammt und in der das Geld den zentralen Angelpunkt bildet. Das Bündnis von Pitt und Elfriede hingegen, bei dessen Vereinbarung gar nicht von Heirat und Ehe gesprochen wird, ist auf Werte wie Liebe, Freiheit, Empathie, Vertrauen gegründet. „Pitt und Fox", ein turbulent-amüsanter, zugleich psychologisch tieferer Roman, ist damit auch ein früher Beitrag zur Diskussion um das eheliche oder aber selbstverantwortete Zusammenleben von Mann und Frau. Den Hintergrund zu den Lebensbündnissen der zwei Protagonisten bilden die Eheformen der Randfiguren des Romans: Versorgungsehen und Heirat aus Mitleid.

Friedrich Huch darf als einer der herausragenden Vertreter der deutschen literarischen Moderne gelten. Sein „Mao" ist in seiner psychologischen Tiefe den Ideen Freuds verwandt, „Pitt und Fox" steht Schnitzlers Novellen zur Seite und verarbeitet Ibsen'sche Themen („Lebenslüge", Emanzipation der Frau) auf neue Weise. Beide Romane verdienen Neudrucke. (Herbert Blume)

Zu weiteren Werken Huchs, „Peter Michel" (1901, von Rilke enthusiastisch rezensiert), „Geschwister" (1903), „Träume" (1904), „Wandlungen" (1905), „Enzio" (1911), „Neue Träume" (1914), siehe Soergel-Hohoff und G. Seidels (teils einseitig wertendes) Nachwort zu „Pitt und Fox" (1970).

❖ **Quellen- und Literaturangaben**: 1 Hagenmarkt 13, zerstört beim Flächenbombardement Braunschweigs am 15.10.1944. –
Literatur: Marie Huch, Friedrich Huch, Die Lebenserinnerungen an die Braunschweiger Zeit, Hg. v. K. Rohmann, Braunschweig 1978; Thomas Mann, Essays, Hg. v. H. Kurzke, St. Stachorski, Bd. 1, Frankfurt/M, 1993, S. 168-171; A. Soergel, C. Hohoff, Dichtung und Dichter der Zeit, Bd. 1. Düsseldorf 1961, S. 710-715; G. Seidel, Nachwort, in: F. Huch, Pitt und Fox, Leipzig 1970, S. 379-404; U. Mennecke-Haustein, Huch, Friedrich, in: Killy, Literaturlexikon, 2. Aufl., Hg. von W. Kühlmann, Bd. 3, Berlin, New York 2009, S. 618 f. **Abbildung: 1** Rötelzeichnung von Günther Clausen.

Walter Richard Kahn
(22.04.1911 – 14.05.2009)
Reisebürokaufmann,
Märchenforscher

„Märchen sind kein Kinderkram. Sie sind Seelennahrung." Dieser Satz stammt nicht etwa von Bruno Bettelheim, dem nach Amerika emigrierten Psychoanalytiker, der sich für das Tradieren von Märchen einsetzte und ein Buch mit dem Titel „Kinder brauchen Märchen" verfasste, dessen Thesen sehr kontrovers diskutiert wurden, nein, er wurde von einem Braunschweiger geäußert. Einem Braunschweiger, der sich nicht nur mit Reisen in das Land der Feen, Hexen und Drachen beschäftigte, sondern in erster Linie mit ganz echten Reisen, welchen zum Erholen, am besten für die ganze Familie. Deshalb forderte er 1961, wie der „Spiegel" berichtete, Steuerbegünstigungen für Familienurlaube, etwa vergleichbar der Hausbauförderung für Familien. Mit diesem Vorschlag setzte er sich jedoch leider nicht durch.

Walter Kahn wurde 1911 als Sohn eines Schuhmachermeisters in Braunlage geboren, von dem er als Kind, genauso wie seine sieben Geschwister, häufig Märchen erzählt bekam. Nach dem Schulbesuch und bestandenem Abitur in Wolfenbüttel begann er mit einem Philologiestudium in Göttingen, um Lehrer zu werden. Dieses Ziel gab er jedoch wegen permanenter Heiserkeit bald auf.[1] Über einige Umwege gelangte er zur Ausbildung als Reisebürokaufmann im Braunschweiger Verkehrsverein, wo er ab 1935 als Geschäftsführer tätig war. Bereits ein Jahr später 1936 gründete er in Braunschweig ein eigenes Reisebüro mit MER-Vertretung (Mitropa Eisenbahn Reisen) und Hapag-Lloyd-Agentur. Möglicherweise verdankt sich ein Teil seines Erfolges seinem Motto: „Ich wollte den Menschen schon immer eine gute Erholung verschaffen."[2]

Im Angebot waren durchaus unterschiedliche Fahrten: günstige Hochzeitsreisen an den romantischen Rhein, Drei-Tages-Fahrten nach Paris zur Weltausstellung, aber ebenso auch Erholungsreisen für kranke Menschen, z.B. in den Harz.

1936 war ein entscheidendes Jahr für ihn, denn neben den beruflichen Anfang trat auch ein privater, er heiratete seine Schulfreundin Tilla, mit der er 2001 Eiserne Hochzeit feierte. In den Kriegsjahren wurde Walter Kahn als Infanteriesoldat eingezogen und 1940 zunächst im Frankreichfeldzug eingesetzt, anschließend kämpfte er in der Sowjetunion. Er litt wie alle unter dem Elend und den Strapazen und setzte sich in Gefechtspausen hin, nahm ein Stück Packpapier oder Ähnliches und schrieb. Er dachte sich für seine damals noch sehr kleinen Söhne Märchen aus. Diese Feldpost, die so gar nichts von dem Grauen des Krieges transportierte, war einerseits seine Verbindung zu seiner Familie und andererseits gleichzeitig eine Art Selbstschutz, um sich wenigstens für kurze Augenblicke von den Gefahren und der Angst zu befreien. Diese Märchen hat Walter Kahn viel später veröffentlicht.

Wer nach dem Krieg eine Reise in Kahns Reisebüro buchen wollte, musste das in einem Reichsbahnwaggon tun, denn die Geschäftsstelle, die Frau Kahn mit Hilfe einiger weiblicher Angestellten während der Kriegsjahre weitergeführt hatte, war ausgebombt worden.[3]

Bereits 1946 vermittelte Walter Kahn etwa 8.000 Braunschweigern Harzreisen.[4] Daran erinnert sich eine neunzigjährige Braunschweigerin: „Ob es schon 1945 oder erst 1946 war, das weiß ich nicht mehr genau. Jedenfalls war es eine der ersten Reisen von Kahn nach dem Krieg, soweit ich mich erinnere. Er fuhr damals sogar selbst mit. Die Unterkunft sah so aus, wie man sie heute keinem mehr zumuten könnte. Wir wurden in Schlafsälen zu etwa je 10 Personen untergebracht. Eine Mitreisende wollte sofort wieder umkehren. Wir trösteten sie, denn wir waren erstmal alle entsetzt, aber schließlich stellte es sich als sehr lustig heraus. Wir waren ja schlimmere Situationen gewohnt. Das Wetter war schön, wir wanderten viel und erholten uns eine Woche lang. Es tat einfach so unendlich gut, für ein paar Tage nicht in dem zerstörten, trostlosen Braunschweig zu sein."[5]

Als das Wirtschaftswunder einsetzte, vergrößerte der geschickte Reisekaufmann sein Unternehmen. Er begann, Zweigstellen z.B. in Salzgitter, Wolfenbüttel und Celle zu gründen, irgendwann waren es drei allein in Braunschweig und bald um die dreißig in der Bundesrepublik

Deutschland. Bereits 1954 folgte er der Geschäftspolitik Dr. Carl Degeners, der in Berlin 1951 das Reisebüro Touropa gegründet hatte, und rief mit Willy Scharnow in Hannover das Touristikunternehmen Scharnow-Reisen ins Leben. Kahn, einer der Pioniere der Pauschalreisen und des Massentourismus, hatte viel Gespür für die Möglichkeiten, die sich in der Reisebranche anboten.

Im „Spiegel" lesen wir über ihn: „Walter Kahn, 49, Geschäftsführer und Gesellschafter der Scharnow-Reisen GmbH KG, die im Sommer dieses Jahres [1960] 220.000 bundesdeutsche Urlauber mit 750 Sonderzügen ins Gebirge und an die See fuhr, veröffentlichte [...] eine Sammlung von Märchen, deren erstes im Winter 1942/43 in Feldpostbriefen aus Rußland für die Kahn-Söhne Helmke, Günter und Hans-Werner geschrieben wurde."[6] Schon diese Notiz zeigt deutlich, dass Walter Kahn ein vielseitiger Mensch war, dem sicher bei viel Geschäftssinn anderes ebensoviel bedeutete.

Ja, umtriebig war er und strategisch geschickt in seinem Berufsfeld, denn es gelang ihm, zusammen mit einigen Mitstreitern 1968 den Reisekonzern Touristik Union International (TUI) zu gründen und zwar aus folgenden Unternehmen: Touropa, Scharnow-Reisen, Hummel-Reisen und Dr. Tigges-Fahrten. Aber Kahn war nicht nur Gründungsmitglied, sondern auch Gesellschafter, der seine Söhne ebenfalls in die Reisebranche hineinholte. Es wäre zu einfach, wollte man Walter Kahns Erfolg nur dadurch erklären, dass jede Art von Tourismus, sei es Massentourismus, Pauschalreiseangebote, aber immer stärker auch Individualtourismus, boomte. Er wollte wissen, welche Möglichkeiten das Reisegeschäft bieten könnte und gründete deshalb 1961 den Studienkreis für Tourismus mit Sitz in Starnberg. Diese Institution sollte Grundlagenforschung für die Gebiete Urlaub und Freizeit betreiben und damit Beiträge zu einer vernünftigen und zukunftsorientierten Geschäftsplanung leisten. Außerdem war er Mitbegründer des Deutschen Reisebüroverbandes.

Dank deutscher Reiselust war es ihm möglich, 1964 eine Farm bei Tsumeb in Namibia zu erwerben, wo er sich oft aufhielt, besonders nachdem er sich 1972 ganz aus dem Tagesgeschäft der Walter Kahn KG zurückgezogen und die Leitung an seine Söhne übergeben hatte. Sie führten die Geschäfte durchaus im Sinne ihres Vaters weiter. So kaufte die Kahn-Gruppe beispielsweise 1986 das traditionsreiche, älteste bayrische Reisebüro, das 1883 in Aschaffenburg ursprünglich als Auswanderungsbüro seinen Anfang genommen hatte.

Neben dem aufstrebenden TUI-Unternehmen, das den Massentourismus bediente, wurden über Kahn Tours Individual-, Studien- und Bildungsreisen angeboten, eine Sondersparte. Durch geschickte Geschäftspolitik konnte die Walter Kahn KG bis 1993 ihre Anteile an der TUI auf 40 % erhöhen. Um einen Eindruck von der Größe des Unternehmens zu bekommen, braucht man sich nur ein paar Zahlen von 2013 vor Augen zu halten: Die TUI besaß in diesem Jahr 1.800 Reisebüros, beschäftigte 74.000 Mitarbeiter und bediente 30 Millionen Kunden.

Durch seine afrikanische Farm erschloss sich Walter Kahn ein für ihn ganz neues Betätigungsfeld. Während er damit beschäftigt war, auf dem Farmgelände befindliche prähistorische Zeichnungen der San zu untersuchen, fand seine Frau eher zufällig sehr schöne Steine. Die beiden waren begeistert und sammelten weiter, zunächst ohne Kenntnisse. Als sie schon eine kleine Sammlung beisammen hatten, wurde ein sachkundiger Neffe, zu dem Zeitpunkt noch Student, später Leiter des Mineralogisch-Petrologischen Instituts der Universität Gießen, eingeladen. Er ordnete und klassifizierte die vorhandenen Steine. Von da an begann der Reisemanager, sich systematisch mit Mineralogie zu beschäftigen und sammelte natürlich weiter. „Aus Hobby wurde Leidenschaft, aus der Leidenschaft eine Wissenschaft."[7] So beschrieb Kahn seinen Zugang zur Mineralogie.

Zwanzig bis dahin nicht bekannte und benannte Mineralien fand der Sammler selbst; eine Sorte erhielt ihm zu Ehren folgenden Namen: Warikahnit (nach Walter Richard Kahn). Er brachte – sicherlich unterstützt von seiner Frau – eine sehr wertvolle, umfangreiche Mineraliensammlung zusammen, die aus etwa 12.000 Stücken besteht und 2.500 Arten von Mineralien umfasst. Als Stiftung schenkte er sie der Technischen Universität Braunschweig und versah sie zusätzlich mit einer Kapitalspende. „Bedenkt man, daß auf der Erde heute wenig mehr als 3.000 unterschiedliche Mineralien bekannt sind, so läßt sich der Wert der Sammlung für Forschung und Lehre am Braunschweiger TU-Institut ermessen. Der materielle und ideelle Wert der Sammlung ist ohnehin unbezahlbar, zumal sich unter den Stücken auch solche befinden, die seltener als Diamanten sind."[8] An den Dank, der Kahn von allen Seiten zuteil wurde, knüpfte er aber eine Bitte: Es möge ein Kustos zur Betreuung der Stiftung eingesetzt werden „damit die Sammlung nicht eines Tages im Keller verstaubt und vergessen wird".[9]

Am 2. Dezember 1987 wurde Walter Kahn das Bundesverdienstkreuz am Bande im Braunschweiger Rathaus überreicht. Er wurde geehrt für seine Verdienste als Pionier des Pauschaltourismus und ebenso als Stifter einer der bedeutendsten mineralogischen Sammlungen in Norddeutschland.

Was ihn zeitlebens beschäftigt hat, waren immer wieder Märchen. Märchen, die er sammelte, und Märchen, die er selber schrieb wie die bereits erwähnten aus der Kriegszeit in der Sowjetunion. „Hinter dem Ende der Welt" nannte er diese Märchen, die er 1960 herausgab. Weitere seiner Märchen finden sich in „Der rote Märchenkahn" und „Der grüne Märchenkahn". Er hielt an seiner Überzeugung fest, dass Märchen weisheitsvoll und charakterbildend seien und ließ sich nicht von dem Märchen ablehnenden Zeitgeist beeindrucken, Märchen seien grausam und zu realitätsfern, so das Urteil über die tradierten Er-

Walter Kahn 2003 in seinem Arbeitszimmer mit dem „Märchenspiegel".

zählungen. Kahn dagegen schätzte die Kunst des Erzählens und die Kraft der Phantasie, die vielen „alten Geschichten" innewohnt.

Märchen waren Kahn so wichtig, dass er 1985 die Märchen-Stiftung Walter Kahn ins Leben rief und sie im Laufe der Zeit mit 1,5 Millionen Euro ausstattete. Aufgabe der Stiftung soll die Erforschung und Pflege des überlieferten europäischen Märchen- und Sagengutes sein. Dabei sollen nach den Vorstellungen des Stifters wissenschaftliche Disziplinen wie Ethnologie, Literaturwissenschaft, Pädagogik, Psychologie und Theologie zusammenarbeiten und sich gegenseitig unterstützen. Seit 1986 wird der Europäische Märchenpreis der Märchen-Stiftung Walter Kahn in Höhe von 5.000 Euro jährlich verliehen und der Lutz-Röhrich-Preis von 2.500 Euro für Nachwuchswissenschaftler. Die Vierteljahresschrift „Märchenspiegel" wird herausgegeben und Bildungsarbeit im Kontext mit Märchen und Erzählkunst gefördert. Walter Kahn hat die Geschicke seiner Stiftung bis 1999 selbst gelenkt. Seitdem er altersbedingt zurückgetreten ist, gibt es einen dreiköpfigen Vorstand, der durch ein wissenschaftliches Kuratorium unterstützt wird. Universitätsprojekte können von Stiftungsgeldern getragen werden, wie beispielsweise im Jahr 2003 die Ringvorlesung „Märchen – Märchenforschung – Märchendidaktik" an der Technischen Universität Braunschweig. Bei der Eröffnungsveranstaltung saß Walter Kahn in der ersten Reihe.

Walter Kahn lebte lange Zeit mit seiner Frau Tilla in Braunschweig, hielt sich aber auch sehr oft auf seinem Anwesen in Bad Bayersoien auf, dessen Ehrenbürger er war. Seine letzten Lebensjahre verbrachte er, schon verwitwet, in Bayersoien, wo er starb und auch beigesetzt wurde. Walter Kahn teilte seinen Mitmenschen in einer von ihm vorbereiteten sehr persönlich gehaltenen Traueranzeige selbst mit, dass er „die Schwelle überschritten" habe. Sein Engagement für Menschen wirkt durch seine Stiftungen weiter. (Regina Blume)

⌂ **Touristischer Hinweis**: Technische Universität Braunschweig Mineralogisches Institut – Mineralienkabinett und Mineraliensammlung „Walter Kahn" Campus Nord, Bienroder Weg 95.

❖ **Quellen- und Literaturangaben**: **1**, **4** BZ 24.10.1959; **2** BZ 23.5.1992; **3** BZ 21.4.2001; **5** Persönliches Interview mit Ehrengard Lindekamm, Br. 2014; **6** Der Spiegel, Ausgabe 44/1960; **7**, **8**, **9** BZ 3.12.1982. **Fotos**: **1** BZ 22.4.1986; **2** BZ 9.4.2004 – Archiv der BZ.

Katharina von Kardorff-Oheimb
(02.01.1879 – 22.03.1962)
Salondame, Politikerin, MdR, Unternehmerin, Frauenrechtlerin

„Fräulein Täschler bestellt sich einen Cherry Brandy und ist überhaupt so vornehm, dass der Kultusminister oder Hindenburg oder Frau von Kardorff oder … man kann da nicht vergleichen, denn so was furchtbar Vornehmes gibt es eben seit der Revolution nicht mehr in Deutschland."[1]

Der kurze Auszug aus dem 1931 erschienenen Erfolgsroman „Gilgi, eine von uns" der Schriftstellerin Irmgard Keun gibt einen ersten Hinweis auf die spezifische Wahrnehmung der heute kaum noch bekannten, zur Zeit der Weimarer Republik jedoch sehr populären Politikerin Katharina von Kardorff-Oheimb. Das Zitat spielt auf die mondäne Erscheinung der einstigen Salondame an, deren Einfluss weit über die Rolle einer Gastgeberin elitärer Gesprächszirkel hinausging. Die hier mit Hindenburg auf eine Stufe gestellte Frau von Kardorff war eine in vielerlei Hinsicht unkonventionelle, eigenständige und eigenwillige Person öffentlichen Interesses, sowohl ihr bewegtes Privatleben als auch ihre politischen und sozialen Aktivitäten sorgten immer wieder aufs Neue für Aufsehen, waren gleichermaßen Stein des Anstoßes wie Nachweis konsequent gelebter Unabhängigkeit. Scheinbar unvereinbare Positionen lösten sich in dieser außergewöhnlichen Persönlichkeit auf, die zugleich konservativ und modern dachte.

Geboren 1879 im rheinischen Neuss als Tochter des Seidenwaren- und Möbelfabrikanten Rudolf van Endert und seiner Frau Elisabeth, wächst „Kathinka" – der Kosename aus Kindertagen wird sie ein Leben lang begleiten und zu ihrem Markenzeichen werden – in behüteten bürgerlichen Verhältnissen auf. Der frühe Tod des Vaters veranlasst die Mutter, ein Stoffgeschäft zu eröffnen und auf diese Weise die kaufmännische Familientradition weiterzuführen. Das Unternehmen floriert und ermöglicht der Tochter einen nicht alltäglichen Bildungsgang: Sie erhält Privatunterricht, besucht zwei Jahre lang ein katholisches Mädchenpensionat im französischen Lyon und unternimmt mehrmonatige Studienreisen durch Frankreich und Italien. Diese Selbständigkeit der Jugendjahre wie auch das Vorbild der eigenverantwortlich wirtschaftenden Mutter dürften wesentlich dazu beigetragen haben, dass Kathinka nicht nur ein unerschütterliches Selbstvertrauen ausbildete, sondern auch frühzeitig die klassisch-konservative Definition der Frauenrolle in Frage stellte.

Im Alter von 19 Jahren geht sie eine Ehe mit dem vermögenden Düsseldorfer Industriellen Felix Daelen ein und bekommt mit ihm vier Kinder. Als sie sich einige Jahre später in einen anderen Mann verliebt, handelt sie mit der ihr eigenen Konsequenz und trennt sich von Daelen. Das sich anschließende, sehr kontrovers geführte Scheidungsverfahren führt letztlich zu keiner einvernehmlichen Regelung; Kathinka wird seinen Ausgang in ihren Memoiren als Katalysator ihrer Politisierung interpretieren. Alle vier Kinder werden dem Exmann zugesprochen, ihre Familie bricht die Verbindung ab, es beginnt eine Zeit materieller Entbehrungen und neuer sozialer Erfahrungen fernab der bisherigen Klassenzugehörigkeit. Den von Männern gemachten Gesetzen gibt sie die Schuld an der Auflage, ihre Kinder lediglich sechsmal im Jahr für jeweils vier Stunden sehen zu dürfen.

Wenngleich Kathinka durch die Wiederverheiratung mit dem „Trennungsanlass" Ernst Albert, einem Firmenerben, in geordnete wirtschaftliche Verhältnisse zurückkehrt, so hat sie doch die Situation gesellschaftlicher Ausgrenzung keinesfalls vergessen. Ihren neu gewonnenen Wohlstand sieht sie als Verpflichtung zu karitativem Engagement. Das fortdauernde Trauma des demütigenden Scheidungsprozesses kompensiert sie durch die Gründung eines Mutterschutzbundes, sie nimmt Kontakt zu Frauenrechtlerinnen auf und setzt sich für unehelich Geborene und Waisenkinder ein. Später, während des Ersten Weltkriegs, führt sie diese ehrenamtliche Tätigkeit fort, gründet in Berlin ein Erholungsheim für Unteroffiziere, organisiert die Unterstützung von Volksküchen und Lazaretten.

Kathinkas soziales Engagement ist jedoch nur eine Facette ihrer Persönlichkeit, nach außen dominiert die elegante Dame von Welt, die sich durch die beiden Kinder, die sie inzwischen mit ihrem zweiten Ehemann hat, nicht von glanzvollen Auftritten auf gesellschaftlichem

Parkett abhalten lässt. Nach dessen Unfalltod beim Bergsteigen im Jahr 1911 sieht sie sich gezwungen, die Leitung seiner keramischen Werke zu übernehmen, siedelt nach Berlin um und beginnt dort in ihrer Wohnung mit der Einrichtung von Gesprächskreisen, mit denen sie in den zwanziger Jahren als renommierte Salondame nationale Berühmtheit erlangen wird. 1913 heiratet Kathinka in dritter Ehe den in Goslar beheimateten Rittmeister Joachim von Oheimb und verlegt hinfort einen Großteil ihrer Aktivitäten in die alte Kaiserstadt.

Noch heute lässt sich auf Kathinkas Spuren ein Panorama ihres Wirkens rekonstruieren: Sie residiert in einer oberhalb der Stadt gelegenen repräsentativen Villa, zu der auch ein ausgedehntes Jagdrevier gehört, und empfängt in diesem großbürgerlichen Rahmen Persönlichkeiten des nationalliberalen und konservativen Spektrums zum gesellschaftspolitischen Gedankenaustausch. Natürlich nimmt die Frauenfrage einen breiten Raum ein. Katharina von Oheimb, wie sie jetzt offiziell heißt, belässt es jedoch nicht beim Theoretisieren in kleiner Runde. Im historischen Gebäude „Der Achtermann" am Rand der Goslarer Altstadt, das Hotel und Gasthof ist, ruft sie 1919 den „Nationalbund deutscher Frauen" ins Leben. Dessen Gründungsmanifest liest sich erstaunlich aktuell: Enthalten sind unter anderem die Forderung nach gleichem Lohn für gleiche Arbeit und sogar eine Art Frauenquote – mindestens ein Drittel der Stellen – für Positionen in der Kommunalverwaltung. Daneben organisiert die rührige Netzwerkerin in Goslar bis ins Jahr 1922 hinein politische Ausbildungskurse, eine Initiative, die sie mittels neu gegründeter Ortsgruppen auch auf andere Städte ausdehnt. Die Veranstaltungen, die überwiegend von Referenten des bürgerlichen Lagers bestritten werden, sollen nicht zuletzt zur Bewusstseinsbildung der Frau beitragen und diese zur gesellschaftlichen Teilhabe ermutigen.

Ein derart umfassendes Engagement bleibt auch außerhalb des provinziellen Aktionsradius nicht unbeachtet. 1919 wird Kathinka von Gustav Stresemann zur Kandidatur um ein Reichstagsmandat angeregt und zieht im folgenden Jahr als DVP-Abgeordnete für den Wahlkreis Magdeburg in das erste Parlament der Weimarer Republik ein. Stresemann, der sich von der frauenpolitisch exponierten Parteigenossin wohl eine stärkere Rekrutierung weiblicher Wählerstimmen – Frauen besaßen seit 1918 das Wahlrecht – versprochen hatte, muss indessen sehr bald erkennen, dass er es mit einer unbequemen Mitarbeiterin zu tun hat, die sich nur schwer in die Fraktionsdisziplin einbinden lässt. Katharina von Oheimb opponiert als Vertreterin des progressiven Parteiflügels gegen das programmatische Bekenntnis zur Monarchie als angemessener Staatsform, pflegt einen intensiven Gedankenaustausch über die Parteigrenzen hinweg und lässt es sich nicht nehmen, ihre Meinung ohne Abstimmung mit der Fraktionsführung auch in der linksliberalen Presse kundzutun. So viel Unabhängigkeit stößt in der überwiegend konservativ ausgerichteten DVP auf wenig Gegenliebe. Als sie 1924 nicht mehr als Reichstagskandidatin aufgestellt wird, propagiert Kathinka die Idee einer unabhängigen Frauenpartei zur Durchsetzung spezifisch weiblicher Interessen, kann sich damit jedoch bei den Politikerinnen der übrigen Parteien nicht durchsetzen.

Die endgültige Trennung von der DVP ist angesichts solcher Eskapaden nur noch eine Frage der Zeit. Als Katharina von Oheimb bei den Reichspräsidentenwahlen 1925 in bewusster Opposition zu Stresemann und dessen Favoriten Hindenburg massiv für einen befreundeten Gegenkandidaten, den Reichswehrminister Geßler, eintritt, kommt sie dem drohenden Ausschlussverfahren durch den eigenen Austritt zuvor. Einen Abschied von der Politik bedeutet diese Entscheidung jedoch keineswegs. Als weiterhin sehr bekannte öffentliche Person intensiviert sie ihre außerparlamentarische Einflussnahme und bringt in ihrem politischen Salon am Kurfürstendamm, dem zeitgenössischen Berliner Diskussionsforum schlechthin, Entscheidungsträger aus verschiedenen gesellschaftlichen Bereichen zusammen. Dass es sich hierbei allerdings um ein handverlesenes Publikum handelte, kommt in dem folgenden Auszug aus Kurt Tucholskys Spottgedicht „An Frau von Oheimb" zum Ausdruck:

„Die Republik gibt sich in deinen Räumen ein Stelldichein. O stell sie wieder weg! / Schlafwandler sind sie, die regierend träumen und die Reformen sind wie Teegebäck. / Und blickte Salomo auf diese Scheitel, er spräche: Hier ist alles eitel. / Auf hundert rechte Gäste kommt ein linker ... Kathinka –! / Kathinka, gutes Kind! Du bist so niedlich, und hältst dich für den Nagel der Saison. / Geh, hör gut zu – ich sag dirs friedlich: ne gute Stube ist noch kein Salon. / Du weißt von Politik auch nicht die Bohne. / Hörst du den Schritt der Proletarier-Bataillone? / Du kommst zu spät. Denn unsre Zeit ist flinker / als du, Kathinka."[2]

Die beißende Häme des „Weltbühne"-Autors nimmt die unverändert nationalliberale Positionierung sowie den großbürgerlichen Umgang

Kathinkas aufs Korn, lässt jedoch außer Acht, dass der emanzipatorische Anspruch der Frauenrechtlerin ebenso den weiblichen Teil des Proletariats explizit einschloss.

Auch im Privatleben bleibt diese ihrem Credo von Selbstbestimmung und Unabhängigkeit treu. Schon seit geraumer Zeit verbindet sie mit dem aufstrebenden DVP-Abgeordneten Siegfried von Kardorff mehr als gemeinsame politische Grundüberzeugungen. Nach der 1923 vollzogenen einvernehmlichen Scheidung von ihrem Goslarer Gatten legalisiert sie die Liaison, und der von Goebbels als „Kathinkus der Vierte" geschmähte von Kardorff wird ihr letzter Ehemann. In der Folgezeit engagiert sie sich umfassend für dessen politische Karriere, da sie in ihm einen Wiedergänger des von ihr glorifizierten Idealpolitikers Bismarck zu erkennen glaubt. Die gemeinsamen Bemühungen tragen von Kardorff jedoch nicht, wie von Kathinka gewünscht, ins Kanzleramt, sondern ermöglichen ihm lediglich die Reichtags-Vizepräsidentschaft.

Während der Jahre des Nationalsozialismus wird es ruhig um das Ehepaar. Da sich beide einer NSDAP-Mitgliedschaft verweigern, versiegen die zuvor genutzten Einnahmequellen aus politischer und publizistischer Tätigkeit. In Stellungnahmen vor dem alsbald verhängten Schreibverbot hatte Kathinka noch eindringlich vor der Machtergreifung durch die braunen Horden gewarnt, deren Mutterkreuz-Ideologie der Frauenbewegung den Todesstoß versetzen würde. Den letzten großen öffentlichen Auftritt inmitten ihres Berliner Salons zelebriert sie 1937 als Fanal des Protests, indem sie demonstrativ eine Reihe prominenter Juden einlädt.

Dessen ungeachtet stellt sich seit Längerem die Frage der Finanzierung des bislang aufwendigen Lebensstils. Und hier kommt nun die Unternehmerin von Kardorff-Oheimb ins Spiel, die wirtschaftlich alles andere als weitsichtig agierte. Von ihrem zweiten Ehemann Ernst Albert hatte sie drei keramische Fabriken geerbt, von denen bereits zwei infolge des Missmanagements der Eigentümerin hatten schließen müssen. Als im Jahr 1931 der Konkurs auch des dritten Werks nicht mehr abzuwenden ist, bedient sie sich des den beiden jüngsten Kindern testamentarisch zugesprochenen Erbes zur Regulierung ihrer beträchtlichen Außenstände. Die absehbare Folge sind jahrelange juristische Auseinandersetzungen sowie der definitive Bruch mit einem Teil der Familie. Ihre Tochter Elisabeth Furtwängler, Ehefrau des Dirigenten Wilhelm Furtwängler sowie Großmutter der bekannten

Schauspielerin Maria Furtwängler, wird in ihren Erinnerungen immer wieder die Distanz zum Lebensentwurf der Mutter betonen.

Kathinka kann in der Phase nach Kriegsende kurzzeitig an frühere politische Erfahrungen anknüpfen. Inzwischen mit ihrem Ehemann in der Uckermark lebend und als politisch unbelastet eingestuft, wird sie von den sowjetischen Militärbehörden als Bürgermeisterin einer Ortschaft im Kreis Templin eingesetzt. Unter dem Dach der neu gegründeten Liberaldemokratischen Partei (LDPD) will sie frauenpolitischen Positionen zum Durchbruch verhelfen, scheitert jedoch erneut an der Unvereinbarkeit von Individualität und Parteiräson. Enttäuscht zieht sie sich nach Düsseldorf zurück und koordiniert von dort aus ihre Aktivitäten. An führender Stelle unterstützt die nun in außerparlamentarischen Bewegungen Tätige Initiativen zur Erhaltung der deutschen Einheit und opponiert gegen die Wiederbewaffnung der jungen Bundesrepublik.

Mit zunehmendem Alter verstärken sich gesundheitliche Probleme und zwingen zur Einschränkung des Engagements. Das Bekenntnis zum Liberalismus überdauert hingegen als Konstante politischer Betriebsamkeit. Noch Anfang 1961 tritt Katharina von Kardorff dem Düsseldorfer Ortsverein der FDP bei, bevor der Tod im März des folgenden Jahres dem Leben dieser unorthodoxen Frauengestalt ein Ende setzt. (Manfred Urnau)

⌂ **Touristischer Hinweis**: Stadtrundgang „Auf Kathinkas Spuren in Goslar", organisiert von der Frauen-Arbeitsgemeinschaft im Landkreis Goslar.

❖ **Quellen- und Literaturangaben**: **1** Zitiert nach: Cornelia Baddack, Katharina von Kardorff-Oheimb, in: Irmgard Schwaetzer (Hrsg.), Die liberale Frauenbewegung – Lebensbilder, Berlin 2007; **2** Die Weltbühne 30.12. 1930. – Anita Blasberg, Katharina von Oheimb – Abgeordnete, „Sie nahm sich, was sie wollte", in: Die Zeit 23.1.2014.
Foto: Wikipedia.

Anna Klie
(11.03.1858 – 23.09.1913)
Schriftstellerin

Anna Klie (im Bild rechts, links Ricarda Huch; um 1875) war eine Braunschweiger Schriftstellerin, die es verdient, aufgrund ihrer Freundschaft zu Ricarda Huch, ihrer Jugendliteratur, Lyrik und Auseinandersetzung mit der Geschichte ihrer Heimatstadt gewürdigt zu werden.[1] Sie wird immer in einem Atemzug mit ihrer Freundin, der natürlich viel bekannteren, bedeutenderen und in der Literatur einen weit höheren Stellenwert einnehmenden **Ricarda Huch** ↑[1] genannt. Dies ist sicher gerechtfertigt, jedoch sollte das Werk Anna Klies von vornherein gar nicht an Ricarda Huchs Schaffen gemessen werden. Zu unterschiedlich sind die beiden Ausgangssituationen, zu gegensätzlich die Charaktere und zu verschieden lang die Lebensphasen beider Frauen, als dass man überhaupt zu Vergleichen greifen dürfte.

Ricarda Huch ist, als sie Anna Klie kennen lernt, auf der Hohetorpromenade (heute: Hohetorwall 11) zu Hause. Ihr Vater, als Überseekaufmann aus Brasilien zurückgekommen, hat sich hier niedergelassen – an der ersten Wohnadresse Braunschweigs. Zum Hause Huch gehörten natürlich ein Hauslehrer sowie Dienstboten. Letztere waren auch deshalb vonnöten, weil Ricarda Huchs Mutter oft kränkelte und der Hausherr oft auf Geschäftsreisen war. Dies wiederum führte zu einer großen Freizügigkeit im Hause Huch.

Anna Klies Vater hatte die dörfliche Enge von Cramme im Kreis Wolfenbüttel – Annas Geburtsort – verlassen, um mit seiner kinderreichen Familie im industriell aufstrebenden Braunschweig neue Arbeit zu finden, und wohnte im beginnenden Industrieviertel, am Frankfurter Tor, wo man noch bis in die siebziger Jahre des letzten Jahrhun-

derts bekannte Firmen der eisenschaffenden Industrie fand. Das Wohngebiet um diese Industriekonzentration war – und ist noch – mit drei- bis vierstöckigen Mietshäusern bebaut, die mit Ofenheizungen und Etagentoiletten in krassem Gegensatz zu den mit Stuck verzierten Wohnräumen der Hohetorpromenade standen.
Ricarda Huchs ältere Schwester Lilly war zuerst mit Anna Klie befreundet. Die fast gleichaltrigen Mädchen fanden schnell durch eine Schulbekanntschaft zueinander, und Anna, die aus dem rußgeschwärzten Bahnhofsviertel den Huchschen Familienkreis wie ein Paradies empfand, verkehrte immer häufiger auf der Hohetorpromenade. Dies löste nicht unbedingt im Kliesschen Hause Begeisterung aus, war doch Anna als das älteste der Klie-Kinder als häusliche Arbeitshilfe schwer zu entbehren und wurde die Gesellschaft der Hohetorpromenade – ohne sie freilich weiter zu kennen – vom Frankfurter Tor aus als hochnäsig und durch die Auslandskontakte von Vater Huch als exotisch empfunden. Das sollte sich im Laufe der Jahre ändern, als die um sechs Jahre jüngere Schwester Ricarda heranwuchs und mit Anna das beiderseitige Interesse an der Literatur erwachte. Bald sah man die 18-jährige Ricarda und die 24-jährige Anna um die Braunschweiger Wälle promenieren, sich eifrig über Literatur unterhaltend. Es war klar, dass Anna Klie die Gebende, Ricarda Huch die Nehmende war. Dies wiederum wurde im Hause Huch gern gesehen, gehörte die Kenntnis von Literatur doch zum Selbstverständlichen im gehobenen „Bildungsbürgertum" und fühlte man sich selbst als Angehöriger einer höheren Schicht als ausgegrenzt und bekam so durch die nun völlig von Lilly auf Ricarda übergehende Freundschaft zu Anna „Informationen von außen". Die so innig angelegte Freundschaft währte bis zu Annas Tod.[2]
Anna Klies Werdegang war durch die Bildungsbedingungen der Gesellschaft in der zweiten Hälfte des 19. Jahrhunderts bestimmt. Das hieß konkret für Anna Klie, dass sie die Städtische Höhere Mädchenschule (später: Gymnasium Kleine Burg) besuchte und anschließend die Kunstgewerbeschule (damals im Gebäude des östlichen Flügels der heutigen Gaußschule, später ausgelagert und Keimzelle der heutigen Hochschule für Bildende Künste). Die Kunstgewerbeschule beinhaltete für uns sich heute widersprechende Ausbildungen wie die praktischen Fächer, die auf die Rolle als Ehefrau, Mutter und Hausfrau vorbereiteten, wie auch Malen, Zeichnen und künstlerisches Gestalten. Es muss bei Anna diese Seite gewesen sein, die ihr beson-

ders lag, denn ihre ersten vorsichtigen Gedichtversuche, von denen sie übrigens einige Ricarda widmete, waren mit Zeichnungen versehen, die heute leider nicht mehr vorliegen. Als Urgroßneffe danach befragt, kann ich aber leider nur auf die dürftige Archivlage verweisen.

Anna trat 29-jährig selbst als Lehrerin für Zeichnen und Handarbeit in die von ihr als Schülerin besuchte Städtische Höhere Mädchenschule ein. Zehn Jahre, also von 1887 bis 1897, war sie hier Lehrerin, ehe sie diesen Beruf aufgab. Auch hier liefern die Umstände die Begründung: Im Jahr 1895 lernte Anna Klie den damaligen Oberlehrer Professor Hans-Martin Schultz (Abb.) kennen, der am Wilhelm-Gymnasium unterrichtete und, zeitlich versetzt, Dozent für Literaturgeschichte an der TH in Braunschweig war. Diese Beziehung hatte den ersten Gedichtband von Anna Klie zur Folge. Die Aufgabe ihres Berufes war der gesellschaftliche Tribut, den eine verheiratete Frau leisten musste, um sich nach der Heirat 1897 ganz ihrem Ehemann zu widmen.

Anna Klie-Schultz, wie sie sich nun nennt – später bezeichnet sie sich auch als Anna Schultz, geb. Klie – geht aber nicht in der Arbeit als Haus- und Ehefrau auf, sondern beginnt ihre fruchtbarste Schaffensperiode. Sie wird nun Jugendbuchautorin, im Jahr 1899 mit einem ersten Versuch, „Victoria Erika, eine Erzählung für die junge Mädchenwelt". Mit diesem Roman, allerdings mehr noch mit „Blondes Schneiderchen" (1904, holländisch 1907 „Blond Snijdertje") und „Schwester Idaly" (1908), wird sie zur anerkannten deutschen Jugendbuchautorin.

Positiv variiert in diesen Romanen die Rolle der Frau, indem sie in Familie und Krankenhaus als sozial engagiert gezeichnet wird. Das Erscheinen dieser beiden Bücher markiert also das Verlassen der „Backfischliteratur", die bisher junge Mädchen im Wartestand auf den zukünftigen Ehemann schilderte. Zeitgleich arbeitete Anna Klie bei verschiedenen Zeitschriften mit. Diese Tätigkeit und besonders ihre Mitarbeit an der „Gartenlaube" haben ihr später zu Unrecht die Kritik eingebracht, dass sie weiterhin an einem süßlich-kitschigen Mädchenbild arbeite. Dies ist natürlich ein Generalverdacht, der auf ihre Beiträge in dieser Zeitschrift nicht zutrifft.

Annas Ehe ist kurz, aber bis zu ihrem frühen Tod sehr glücklich gewesen. Ihr Zusammenleben mit H.-M. Schultz erschließt ihr auch **Wilhelm Raabe** ↑[1], denn ihr Mann ist Raabe-Forscher. Die gegenseitige Zuneigung der Ehepartner brachten Schüler des Wilhelm-Gymnasiums auf den Punkt, als sie ihren Lehrer, vor der Ehe zu körperlicher Fülle neigend, den „dicken Schultze" nannten, und, nachdem er unter Annas Küche kalorienbewusst verschlankt und von ihr neu und modisch im Stil der Zeit eingekleidet worden war, in den „schicken Dultze" umbenannten. Beide Ehegatten waren aus dem Braunschweiger Kulturleben nicht mehr wegzudenkende Größen.

Murtchen Hauptvogel und seine Gespielen, acht Kindergeschichten von Anna Klie, o.J. (etwa 1910), erschienen bei Levy & Müller in Stuttgart.

Dabei kam Anna Klie zupass, dass ihre Jugendromane, Erzählungen, Märchen und Geschichten entweder in Braunschweig oder im Braunschweiger Umland ihre Szenerie haben. So ist im „Verstaubten Großonkel und andere Geschichten" das nördliche Harzvorland und der Harz selbst der jeweilige Handlungsort. Auch hier spielen Kinder eine wichtige Rolle, wenn sie sich gegen Erwachsene durchsetzen: Die kleine Lotte („Auf dem Burgberg") hat die Welt der Erwachsenen, die die Mädchen in Sonntagskleider und Jungen in die unvermeidlichen Matrosenanzüge steckten, um mit ihnen „in der Sommerfrische" auf der Promenade zu flanieren, gründlich satt. Sie macht sich deshalb selbständig auf, um den Burgberg bei Bad Harzburg zu besteigen, verirrt sich aber, wird von der Dunkelheit überrascht und schließlich dramatisch gerettet: Hier findet das Aufbegehren gegen die Erwachsenen dann doch seine Grenze, wenn daraus ein Ungehorsam wird. Der erhobene pädagogische Zeigefinger wird deutlich – und es zeigt sich, dass jede Geschichte in Harmonie endet.

Anna Klies Bezug zu Braunschweig wird insbesondere deutlich in ihren in Gedichtform gebrachten Gedanken zu ihrer Heimatstadt „Aus Braunschweigs Vergangenheit". Hier finden sich oft, an die Balladenform erinnernd, Gedichte wie „Der Bettelknabe" (angeregt durch die Stechinelli-Figur am Altstadtmarkt) oder „Die Reformation in Braunschweig" oder „Leisewitz und die Armen". Diese „Braunschweig-Balladen" sind sicher ein weiterer Höhepunkt ihres Schaffens neben ihren Gedichten und ihrer Jugendliteratur.

Anna Klie ist mit ihrem Mann im Jahr 1901 in die Eulenstraße 1 umgezogen.[3] Hier entstand ihr Roman „Aus der Uhlentwete", der ungeschminkte Einblicke in die bürgerliche Welt des 19./20. Jahrhunderts gibt. Unter Umständen sind hier auch Aufzeichnungen – in räumlicher Nähe zur Spinnerstraße und ihrer Jutefabrik gemacht worden (wenn sie nicht schon in der Zeit am Frankfurter Tor erfolgten) –, die im Gedicht „Die Fabrik"[4] verarbeitet wurden und nach ihrem Tod 1913 in einer „Nachlese" ihren Niederschlag fanden:

> „Ein Riesenbau in Hofes Mitte,
gespenstisch hockt er in der Nacht,
kein Laut ringsum, als nur die Tritte
des Wächters, der die Runde macht.
Verstummt der Lärm, versprengt das Treiben,
das hier am Werktag gellt und kreischt,
still rastet hinter dunklen Scheiben,
was täglich tausend Hände heischt,
am harten Tagwerk müd gerungen,
ein schlaferstarrter Tazzelwurm,
so stockt, vom Bann der Nacht bezwungen,
der Hämmer Wucht, der Räder Sturm.
Da graut der Tag. Mit Gliederdehnen
regt sich der Drache in der Gruft –
und jauchzend schleudern die Sirenen
den Kampfruf in die Morgenluft." <

Das Gedicht wirkt durch die genaue Beobachtungsgabe und die empfindsame Personifizierung (Gespenst, Tazzelwurm, Drache) einer als unheimlich empfundenen Arbeitswelt. Hier findet sich kein flammender Aufruf gegen die Ausbeutung des Arbeiters – dies würde das Harmoniebedürfnis der Schriftstellerin Anna Klie stören. „Tausend Hände", bzw. „hartes Tagwerk" sind hier viel plastischere Umschreibungen.

Auch die Prosa ihrer Jugendbücher ist anschaulich und genau und vermittelt dem heutigen Leser Einblicke in eine längst vergangene Welt. In „Tanzstundgeschichten" beschreibt sie z.B., wie zwangvoll eine Tanzstunde für gut situierte Bürgerkinder um 1900 war: „Um 6 Uhr begann die Privattanzstunde, die unter dem Vorsitz der Frau Konsistorialrätin Baller allwöchentlich zweimal sechzehn jugendliche tanzlustige Paare zusammenführte. [Sie] hatte das Unternehmen einem ihrer zahlreichen Enkelsöhne zuliebe ins Leben gerufen. Die würdige Dame führte ein strenges Regiment. An einem bestimmten Pfeiler im Saale hatte sie ihren Platz. Da saß sie kerzengerade, reckte ihr ergrautes Haupt und ließ sich keine Ungehörigkeit entgehen. […] Auf die geputzten Mütter, Schwestern und Tanten im Umkreise wirkte der Anblick des sehr einfachen, sogar schon etwas abgetragenen schwarzen Wollkleides der Vorstandsdame wie ein stiller Vorwurf und eine Mahnung zur Einfachheit. Die Konsistorialrätin nahm ihre Pflichten sehr genau. Sie wachte darüber, dass der Tanz nicht um das kleinste Viertelstündchen über Gebühr ausgedehnt wurde. Das war ihr Recht und gehörte auch zu ihren Pflichten."[5]

Was bleibt vom Werk Anna Klies in der heutigen Zeit? Es sind sicher einige ihrer Gedichte, die trotz der Zeitgebundenheit, die aus ihnen spricht, einfach schön und gelungen sind. Leider sind sie in ihren Gedichtbänden zwischen „Gelegenheitsgedichten" versteckt. Im Internetportal ngiyaw eBooks kann man, elegant präsentiert, einige ihrer eindrucksvollsten Gedichte nachlesen, etwa „Was bleibt?" – eine Frage, die wir 100 Jahre nach ihrem Tod noch zu beantworten haben.

Was bleiben wird, sind ihre Braunschweig bezogenen Werke, dabei wird aber immer weniger wohl eine literaturkritische Betrachtung als vielmehr eine historische und heimatkundliche oder soziologische Interpretation angewandt werden müssen. Die Jungmädchengeschichten liest heute keiner mehr. (Wolfhart Klie)

◈ **Quellen- und Literaturangaben**: **1** Würdigungen bei Gerd Biegel in der BZ vom 3. 4.2010, 5.10.2012, 20.3.2014; **2** Ricarda Huch, Erinnerungen an das eigene Leben, Köln 1980; **3** Die Gedenktafel befindet sich an der vorherigen Wohnung Bertramstraße 59; **4** Die Fabrik, in: Nachlese (im persönlichen Besitz des Verfassers); **5** A. Klie, Tanzstundgeschichten, Berlin 1920 (neue Auflage), S. 27 f.

Fotos: **1**, **4** StA Br., **2** Inst. für Br. Regionalgeschichte der TU Br.; **3** St. Bibliothek Braunschweig. Viele ihrer Bücher besitzt die Stadtbibliothek, auch den Band „Gedichte".

Leo von König
(28.02.1871 – 20.04.1944)
Maler

Leo von König ist als Maler heute nahezu vergessen, selbst Kunstinteressierte wissen in der Regel mit seinem Namen wenig anzufangen. Obwohl seine Werke in bedeutenden Museen vertreten sind, hat er im kollektiven Gedächtnis des Kulturbetriebs keinen Platz. Dabei war dieser große Unbekannte zu seinen Lebzeiten nicht nur ein renommierter Künstler, sondern übte auch einen nachhaltigen Einfluss als Kunstfunktionär aus.

Leo von König wird 1871 als ältester Sohn von Hertha und Götz von König kurz vor Ende des deutsch-französischen Krieges in Braunschweig geboren. Bereits ein Jahr später zieht die Familie nach Rathenow, Mark Brandenburg, um und wechselt auch in der Folgezeit entsprechend der militärischen Verwendung des Vaters als preußischer Offizier mehrfach den Wohnsitz. Nach Zwischenstationen in Potsdam und Berlin werden die Eltern schließlich in Hamburg sesshaft, wo ihr Erstgeborener die Einwilligung zum Abbruch der schulischen Ausbildung durchsetzt, um sich 1887 zu dem Bildhauer Carl Boerner in die Lehre zu begeben. Dieses Entgegenkommen insbesondere des Vaters – ungewöhnlich für das Kastendenken seines Standes – mag dadurch begünstigt worden sein, dass Leos um ein Jahr jüngerer Bruder in die Kadettenschule eintritt und somit die in ihn gesetzten Karriereerwartungen zu erfüllen scheint. Der plötzliche Tod des zweiten Sohnes, der mit fünfzehn Jahren an den Folgen einer Blinddarmentzündung stirbt, bereitet diesen Ambitionen jedoch ein jähes Ende. Auch späterhin wird Leo von König immer wieder hervorheben, dass die Eltern seinem schon als Kind ausgebildeten Wunsch, Künstler zu werden, keinerlei Steine in den Weg gelegt hätten.

Die Lehre in Carl Boerners Atelier ist nur von kurzer Dauer. Die dort vermittelten Fertigkeiten empfindet der junge Auszubildende als unbefriedigend und wird sich bewusst, dass sein eigentlicher Interessenschwerpunkt in der Malerei liegt. Mit dem Einverständnis der Eltern geht er nach Berlin und nimmt dort, nachdem er die zweijährige Vorbereitungsklasse durchlaufen hat, ein Studium an der Königlichen Akademischen Hochschule für die bildenden Künste auf. Aus diesen Lehrjahren sind einige Tierzeichnungen und Ölbilder erhalten, von denen das früheste bekannte seine Cousine Mary Freiin Knigge aus Beienrode bei Königslutter darstellt. Das eigentliche Bildnis sowie dessen Studie weisen bereits einige Charakteristika der späteren großen Porträts auf wie etwa die reduzierte Farbigkeit und die introvertierte Aura der wiedergegebenen Person.

1894, nach dem Ende der Berliner Ausbildung, übersiedelt Leo von König nach Paris, um dort an der Académie Julian seine Studien fortzusetzen. Die umfassende Betreuung durch unterschiedliche Lehrer, die Internationalität der Kontakte sowie das Kopieren nach Vorbildern in den Museen der Metropole lassen Leo von König reifen und schärfen seinen künstlerischen Blick. Krönung der Pariser Jahre ist die Prämierung eines Frauenporträts, das auch in Deutschland von der Kritik wohlwollend aufgenommen wird. Der stolze Vater nimmt diesen Tauglichkeitsnachweis allerdings zum Anlass, seine finanzielle Unterstützung in der Erwartung einer Künstlerkarriere einzustellen, sodass sich der nach Deutschland zurückgekehrte und zum „Porträtmaler" avancierte Sohn nunmehr gezwungen sieht, Auftragsarbeiten anzunehmen.

Es folgen Studienreisen nach St. Petersburg und London, in denen die Auseinandersetzung mit der Porträtmalerei Rembrandts breiten Raum einnimmt. Kompositorische Elemente wie die spezielle Lichtführung mit ihren Hell-Dunkel-Kontrasten werden hier für die eigene Arbeit adaptiert.

Ab 1900 lässt sich Leo von König dauerhaft in Berlin nieder, seine Pariser Geliebte Mathilde Tardif, die er 1907 heiraten wird, und deren Tochter Yvonne kommen wenig später nach. In den folgenden Jahren etabliert sich der Künstler mit zunehmendem Erfolg insbesondere als Porträtmaler, wobei neben – nicht immer geschätzten – Auftragsarbeiten zur Sicherung der materiellen Existenz auch Figuren der Berliner Bohème wie der Anarchist Erich Mühsam Eingang in sein Werk finden.

Ein besonderes Kapitel im Leben Leo von Königs stellt sein kunstpolitisches Engagement im Rahmen der Berliner Secession dar, der er 1901 beitritt. Diese Künstlervereinigung um Max Liebermann und Walter Leistikow hatte sich zum Ziel gesetzt, die verordnete Ästhetik der Kaiserzeit zu unterlaufen und Strömungen, die sich im Widerspruch zur repressiven wilhelminischen Kulturpolitik befanden, zum Durchbruch zu verhelfen. Von Beginn an bildete insbesondere diese Oppositionshaltung und weniger die Orientierung an einem gemeinsamen künstlerischen Ideal den Bezugsrahmen, der die stilistisch recht unterschiedlichen Mitglieder verband, was in der Folgezeit zu einer Häufung von internen Querelen führen sollte. Leo von König beteiligt sich aktiv an den Diskussionen um die inhaltliche Positionierung der Secession und wird 1910 sogar in deren Vorstand gewählt. Im Gefolge heftiger Auseinandersetzungen tritt er noch im gleichen Jahr aus der Künstlervereinigung aus, nimmt jedoch sein Vorstandsamt nach einer Phase der Neuorientierung ab 1916 erneut wahr (vgl. **Pottner** ↑) und hat dieses fast durchgängig bis zur Auflösung der Organisation 1933 inne. Es bleibt festzuhalten, dass von König während dieser weiterhin konflikthaltigen Jahre die Geschicke der Vereinigung mit Augenmaß, Loyalität, aber auch Renitenz, wenn er die Freiheit der Kunst bedroht sah, positiv beeinflusste sowie vor allem jungen und unbekannten Künstlern eine Plattform bot, wenngleich ihn stilistisch mit ihnen häufig wenig verband.

Parallel zu den Verbandsaktivitäten entwickelt sich eine rege Reisetätigkeit mit wiederholten Studienaufenthalten in Italien. Lebenslange Freundschaften bilden sich heraus und finden ihren Widerhall in gezeichneten oder gemalten Charakterstudien wie im Fall des Kunsthistorikers und Schriftstellers Julius Meier-Graefe oder des mehrfach porträtierten Gerhart Hauptmann, den von König und Meier-Graefe 1920 vergeblich zur Kandidatur für das Amt des Reichspräsidenten zu bewegen versuchen. In das gleiche Jahr fällt die Scheidung von seiner Frau Mathilde und die Wiederverheiratung mit der jungen Anna von Hansemann, die der Künstler in der von ihm geleiteten Malschule in Berlin kennengelernt hatte. 1921 wird die gemeinsame Tochter Mechtild geboren, eineinhalb Jahre später die zweite Tochter Esther.

Zum Zeitpunkt der „Machtergreifung" durch die Nationalsozialisten steht Leo von König im Zenith seines künstlerischen Schaffens und seiner gesellschaftlichen Anerkennung. Obwohl die Anzeichen für eine ideologische Vereinnahmung unübersehbar sind, hofft der Maler zunächst auf ein Arrangement mit der NS-Kulturpolitik, geht allerdings nach ernüchternden Erfahrungen zunehmend auf Distanz. Nichtsdestotrotz lassen sich sowohl Joseph Goebbels als auch der Braunschweiger NSDAP-Oberbürgermeister Wilhelm Hesse von ihm porträtieren. Hitler selbst hingegen verleiht seiner Geringschätzung brachialen Ausdruck: Anlässlich der Vorbesichtigung der Großen Deutschen Kunstausstellung in München 1937 befiehlt er, ein Werk von Königs abzuhängen, und tritt ein Loch hinein. Zunehmend isoliert, erklärt der Maler seinen Austritt aus der Akademie der Künste, setzt sich jedoch weiterhin – verbleibende Kontakte zu Goebbels nutzend und letztlich erfolglos – für verfemte Kollegen wie Ernst Barlach ein. Ab 1943 lebt von König abwechselnd in Berlin und Tutzing am Starnberger See, wo er seit einigen Jahren eine Villa besitzt. Hierhin zieht er sich endgültig zurück, nachdem sein Berliner Haus von einer Bombe getroffen worden ist, und stirbt dort im Kreis seiner Familie 1944 an den Folgen einer Krebserkrankung.

Was von der Malerei von Königs bleibt, ist der hohe Wiedererkennungseffekt seiner Bilder: In häufig breitem Duktus aufgetragene erdige Farben lassen die Psyche des Modells aufscheinen, es dominieren zurückgenommene, melancholisch-strenge Charaktere. Vielleicht lässt sich die Tatsache, dass der Künstler heute kaum noch wahrgenommen wird, gerade mit dessen Reserviertheit gegenüber zeitgenössischen Modeströmungen erklären oder, um es mit den Worten des ehemaligen Braunschweiger Museumsdirektors Gerd Spies zu sagen: „Er war nie gefällig. Die gut verkäufliche, duftig-leichte Landschaft fehlt bei ihm. Und auch seine Porträts aufzuhängen, bedeutet für manchen eine Zumutung. Man muss sich mit den Gemalten auseinander setzen. Die packen einen."[1] (Manfred Urnau)

⌂ **Touristischer Hinweis:** Bildnis des Vaters im Städt. Museum.

◆ **Quellen- und Literaturangaben**: 1 BZ 15.12.2001, S. 3. – Alexandra Bechter, Leo von König 1871-1944, Leben und Werk, WP, Wiesbaden 1998; Christoph Schwingenstein, König, Leo Freiherr von, in: NDB, Band 12, Berlin 1980; Martin Jasper, Im farbigen Grau des Schattenreichs, in: Braunschweiger Zeitung 15.12.2001. Das Gemälde des OB Hesse befindet sich im Magazin des Städt. Museums. **Foto**: Leo von König. Festschrift zum 70. Geburtstag, Berlin 1941.

Carl Koppe
(09.01.1844 – 10.12.1910)
Physiker, Geodät, Astronom

Wissen Sie, was ein Phototheodolit ist? Hätte Thomas Mann ihn etwa in einer Erzählung verwandt, so könnte er von einer „sinnreichen Vorrichtung" gesprochen haben, die der Vermessung dient. Genauer gesagt diente er der Winkelbestimmung bei der Vermessung, besonders in bergigem Gelände. Derjenige, der den Phototheodoliten konstruierte, wissenschaftlich einsetzte und die Photogrammetrie voranbrachte, hieß Carl Koppe und lehrte 27 Jahre lang als Professor für Geodäsie an der Technischen Hochschule zu Braunschweig. Der Lehrstuhl war eigens für ihn eingerichtet worden, denn man wollte ihn, den Vermesser und Planer der Achse des Gotthardtunnels, unbedingt als akademischen Lehrer verpflichten. Was sich so nüchtern und einfach ausnimmt, birgt ein bewegtes und von vielen Wechselfällen geprägtes Leben.

Carl Friedrich Ludwig Koppe, der am 9. Januar 1844 in Soest geboren wurde, war der älteste Sohn in einer Schar von zehn Kindern. Fünf seiner Geschwister verstarben schon im Kleinkindalter. Der Vater, Gymnasialprofessor Carl Koppe, Verfasser naturwissenschaftlicher Lehrbücher, und seine Frau kümmerten sich liebevoll um ihre Kinder. Eine fröhliche Knabenzeit sei es gewesen, so liest man in den Lebenserinnerungen.[1] Als der Sohn Carl 13 Jahre alt war, starb die Mutter an Ruhr. Fortan kümmerten sich die älteste Schwester und der Vater um die jüngeren Kinder. Carl, ein guter Schüler, interessierte sich bald für Naturwissenschaften und Technik und hatte vor, eventuell ins Baufach zu gehen, sehr zur Freude des Vaters. Aber plötzlich, nach der Versetzung in Prima, entschied sich Carl um und besuchte von 1861 an die Kriegsschule in Erfurt, wo er ein Jahr später sein Patent zum Portepeefähnrich erhielt. Damit hätte seiner Karriere als Offizier nichts mehr im Weg gestanden, bis auf die Tatsache, dass er begriffen hatte, dies sei nicht die rechte Berufswahl für ihn. Wieder war es sein Vater, der ihn bei der Umorientierung unterstützte, trotz zusätzlicher Kosten. Also frischte Carl sein Schulwissen mit Privatunterricht auf und kehrte Ostern 1863 auf die Schulbank zurück. Ein Jahr später konnte er, mit dem Zeugnis der Reife versehen, an der Universität Bonn mit dem Studium beginnen. Er wechselte 1864 nach Berlin, wo er Mathematik, Physik und Chemie belegte und nun sehr eifrig studierte. Der Krieg von 1866 zwischen Preußen und Österreich riss ihn aus dem Studium heraus und ließ ihn, der in der Schlacht von Königgrätz mitgekämpft hatte, völlig traumatisiert zurückkehren. Er hatte sich schon für eine Anwerbung in ausländischem Kriegsdienst entschieden, als er den Anschlag las: „Prof. Dr. Erman, Vorlesung über wissenschaftliche Beobachtungen auf Reisen". Die Vorlesung schlug ihn so in Bann, dass er erneut seine Studien aufnahm und sich zur Entlastung des Vaters erfolgreich um eine Assistentenstelle bewarb. Seine Professoren, bei denen er auch Astronomie und Geographie hörte, bemerkten sein außerordentliches Talent und schlugen ihn der Preußischen Regierung als Mitglied einer achtköpfigen wissenschaftlichen Expedition zur Beobachtung der totalen Sonnenfinsternis in Indien 1868 vor. Diese Reise, bei der die Teilnehmer als Gäste der Königin Viktoria fürstlich versorgt wurden, sollte sich für den Studenten später als äußerst wichtig erweisen. Zunächst aber brachte sie ihm einen Malariaanfall und ein Leberleiden ein, weshalb er ab 1869 seine Studien abbrechen musste. Krank wie er war, ging er häufig an die frische Luft und beobachtete dabei einen Katasterinspektor bei Vermessungsarbeiten. Daraufhin bewarb er sich als Geometergehilfe bei der Rheinischen Bahn in Köln, fand dort Anstellung und half, die neu einzurichtenden Bahnstrecken Andernach–Niedermendig und Andernach–Mayen zu vermessen. Die Tätigkeit sagte ihm zu und so fasste er den Plan, das Feldmesserexamen zu machen. Das hieß kein Einkommen für eine Weile und wieder die Hilfe des Vaters in Anspruch nehmen. Die Verwandtschaft murrte schon, doch der verständnisvolle Vater unterstützte den Sohn auch diesmal wieder.

1871 dann bestand Koppe das Examen mit sehr gut und wurde sogleich bei der Rheinischen Bahn fest angestellt. Man vertraute ihm nun selbständige Arbeiten an wie die Vermessung einer neuen Bahnstrecke Herne-Bochum. Und obwohl er darüber froh sein konnte, wie sich die Dinge für ihn gefügt hatten, hielt es ihn nicht lange bei der Bahn. 1872 konkretisierte sich der italienisch-schweizerische Plan für einen Tunnel durch den Gotthard. Dieses Projekt faszinierte Koppe so sehr, dass er sich mit Empfehlungen seiner drei Berliner Professoren und seines Arbeitgebers ausgerüstet um eine Stelle bei den Vermessungsarbeiten am Gotthard bewarb. Von den 1.500 Bewerbern wurden nur wenige ausgewählt. „Er [Koppe] wurde mit der ebenso ehrenvollen wie schwierigen und verantwortungsreichen Aufgabe betraut, die geodätischen Vermessungen behufs Festlegung der Achse des Gotthardtunnels auszuführen."[2] Am 1.8.1872 fuhr der nun 28-Jährige rheinaufwärts seiner bedeutendsten Arbeit entgegen. Zunächst arbeitete er sich im Planungsbüro in Zürich ein und brach dann nach Airolo auf. Die Großartigkeit der Alpenlandschaft überraschte und beeindruckte ihn dermaßen tief, dass sie ihn ein Leben lang immer wieder zurückkehren ließ. Wegen des beginnenden Herbstes konnten nicht mehr viele Arbeiten im Freien verrichtet werden, doch Vorbereitungen gab es genügend. Für den Januar bis Mai 1873 erbat sich Koppe Urlaub, um in Berlin vertiefende Studien zu betreiben. Gerade zurückgekehrt, unternahm er eine Wanderung mit drei Arbeitskollegen am Sonntag direkt vor dem Beginn der Vermessungstätigkeit. Die Gruppe brach in einem Schneefeld über einer Felsspalte ein, und während sich seine drei Freunde am Rand festklammern konnten, stürzte Koppe acht Meter in die Tiefe und zog sich schwere Verletzungen zu. Für ihn folgte nun ein mehrmonatiges Krankenlager, das ihn physisch wie psychisch extrem belastete. Was ihn am meisten umtrieb, war die Frage, ob sich das Gotthardtunnelunternehmen weiterhin für ihn als Hauptverantwortlichen für die Vermessung entscheiden würde. Tatsächlich war das Konsortium einverstanden, ein Jahr auf seine Triangulationen und Berechnungen zu warten.

Obwohl er nun ein steifes Bein hatte, ging er im folgenden Frühjahr seine Arbeit mit großem Elan an. Oft waren stundenlange Bergaufstiege notwendig, auf die dann Vermessungen von sieben- bis achtstündiger Dauer folgten. Die Schwierigkeit bestand darin, dass man möglichst regungslos bei den Messungen bleiben musste, denn wenn das Gerät nicht einen ausreichend ruhigen Stand hatte, waren die Messergebnisse nicht genau und mussten wiederholt werden. Das heißt, dass auch oft Wind, plötzlich auftretender Nebel, schnell eintretende Dämmerung oder umschlagendes Wetter die Arbeit behinderten. Dann musste entweder dort vor Ort in einem kleinen Zelt übernachtet werden oder es konnte ein erneuter Aufstieg für den nächsten Tag geplant werden. Zu wichtigen Beobachtungspunkten wurden so bis zu zehn oder sogar vierzehn Expeditionen nötig, wozu es einer unerschütterlichen Ausdauer bedurfte. Bevor die Messungen erfolgen konnten, mussten auf den Bergspitzen allerdings Signalpfeiler errichtet werden, ebenfalls eine äußerst beschwerliche Arbeit.

„Im Sommer 1875 folgte dann die oberirdische Absteckung der Tunnelachse und die astronomische Kontrollbeobachtung."[3] In dieser Zeit erschien Koppes Veröffentlichung „Bestimmung der Achse des Gotthardtunnels", die 1877 als seine Doktorarbeit in Zürich bei seiner Promotion anerkannt wurde. Als Koppes Gesundheit so angeschlagen war, dass er nicht mehr die Oberleitung des Gotthardprojekts leisten konnte, nahm er Abschied vom Gotthard, was ihm nicht so schwer fiel, weil die entscheidenden Arbeiten abgeschlossen waren. So ging er nach Zürich, wo er zwei Jahre in einer mathematisch-mechanischen Werkstatt als Teilhaber arbeitete. Die schweizerisch-geodätische Kommission verpflichtete ihn 1878 zur Mitarbeit an der Erstellung von Landkarten. Beides Tätigkeiten, die sich für ihn als nützlich erweisen sollten. Im Jahr darauf nahm Koppe noch einige Kontrollen im Gotthardtunnel vor und überprüfte die unveränderte Lage der Achse. Endlich erfolgte am 29. Februar 1880 dann der Tunneldurchschlag. „Für Koppe war das Ereignis des Tunneldurchschlags natürlich von ganz besonderer Bedeutung; war doch die auf ihm ruhende Verantwortung, daß man von beiden Seiten glücklich zusammentreffen werde, eine ganz ungeheure, so daß es begreiflich ist, wie in den letzten Tagen die Spannung kaum mehr zu ertragen war."[4]

Kurz nach diesem spektakulären Erfolg erhielt Koppe einen Ruf als Professor für Geodäsie und Astronomie nach Braunschweig, den er aber zunächst ablehnte, um die noch ausstehenden Basismessungen zu Ende zu bringen. Daraufhin bot die Hochschule ihm ein Jahr Urlaub an, was Koppe gern akzeptierte. Der Wechsel von den grandiosen Schweizer Bergen ins Flachland, von der freien Natur in den Hörsaal hätte kaum krasser ausfallen können.

Das, was er 1881 an der Carolo-Wilhelmina für die Ingenieurswissenschaften vorfand, war völlig veraltet. Mit der ihm eigenen Tatkraft erneuerte er die Sammlungen, schaffte moderne Instrumente an und krempelte den Lehrplan um. Mit seinen Studenten nahm er zweimal wöchentlich praktische Vermessungsübungen in der nahe gelegenen

Asse vor, später dann im Harz; denn er legte Wert auf theoretische wie praktische Ausbildung während des Studiums, was sicherlich durch seinen eigenen Weg zu erklären ist.

Nicht nur im beruflichen Feld änderte sich sein Leben, sondern auch im privaten Bereich. Er, der eigentlich die Absicht hatte, Junggeselle zu bleiben und sich der Wissenschaft zu widmen, verliebte sich im Frühjahr 1883 auf einer Verwandtenreise in ein junges Mädchen, Anna Overhoff aus Köln-Deutz, und die beiden heirateten im Herbst desselben Jahres. Auf sein unstetes Dasein folgte nun ein glückliches Familienleben mit zwei Kindern, dem Sohn Paul (1885) und der Tochter Elsbeth (1887).

Um 1886 begann er sich intensiv mit der Photogrammetrie zu beschäftigen, die er durch seine Erfindung und Konstruktion des Phototheodoliten in ihrer Genauigkeit bei der Anwendung auf Astronomie, Geodäsie und Meteorologie vervollkommnete.

Da das Herzogtum Braunschweig nur veraltetes Kartenmaterial besaß, machte sich Koppe die Landesaufnahme zur Aufgabe. Er hielt sie aus verschiedenen Gründen für unverzichtbar, denn nicht nur Eigentumsverhältnisse wurden dokumentiert, sondern die Beschaffenheit der Bodenverhältnisse, was wichtig war für Wissenschaft, Wirtschaft, Verkehrswege und künftige Ausbaupläne. Mit Hartnäckigkeit und Überzeugungskraft setzte er sich zwei Jahrzehnte gegen allerhand Widerstände und leere Kassen durch, sodass Regierung und Landesparlament schließlich dem Projekt zustimmten. Als seine erste Karte der Landesaufnahme erschien, galt sie als wegweisend für die moderne Kartographie. Einen Ruf nach Aachen lehnte er ab, ebenso den 1890 vom Polytechnikum Zürich ausgesprochenen, allerdings verknüpfte er Letzteres mit der Bedingung, dass endlich Gelder für die Landesaufnahme genehmigt würden, was auch geschah. 1906 allerdings wurde das Vorhaben vorläufig eingestellt wegen der schlechten Finanzlage im Herzogtum. Die bis dahin veröffentlichten 26 Karten fanden hohe Anerkennung im In- und Ausland.

Von 1888 bis 1891 lenkte Koppe als Rektor die Geschicke der Hochschule, deren Studentenzahl sich während seines Rektorats nahezu verdoppelte. Außerdem richtete er mit wenigen befreundeten Professoren Volkshochschulkurse für Arbeiter an der Hochschule ein, die fast nichts kosteten, und eintrittsfreie öffentliche Vorträge für jedermann. Eine zusätzliche Betätigung wissenschaftlicher Art, für die er sich begeisterte, war die Beobachtung der sog. „leuchtenden Nachtwolken", eine Erscheinung von phosphoriszierenden Wolken in extremer Höhe von ca. 75 km, die einige Jahre nach dem Ausbruch des Vulkans Krakatau (1883) zu sehen waren. Zusätzlich war er an der Erschließung der Rübeländer Tropfsteinhöhlen beteiligt und verfasste eine ausführliche Publikation dazu. Gegen Jahresende 1891 erkrankte Koppe so schwer, dass man um sein Leben fürchtete. Schließlich vertraute sich seine Frau einem berühmten Psychiater in Halle an, wo er sieben Monate lang behandelt und als geheilt entlassen wurde. Mit Sicherheit hatte er sich zuvor permanent mit Arbeit überlastet, aber das war wohl nicht der einzige Grund. Nach Ostern 1893 nahm Koppe seine Lehrtätigkeit wieder auf und erlebte erneut eine produktive Schaffensphase.

1895 erhielt Koppe eine Einladung, die geodätischen Vorarbeiten für eine Zahnradbahn und einen Tunnel im Berner Oberland zur Jungfrau hoch zu leisten. Für ihn war es die erste Gelegenheit, den Phototheodoliten einzusetzen. Und tatsächlich konnte er mit Hilfe dieses Instruments genaueste Messungen an hohen Felswänden vornehmen, wo die bisherigen Messapparate versagten. Koppe stieg wegen der Unzuverlässigkeit des Schweizer Unternehmers aus dem Projekt aus, obwohl seine Messungen später zur Ausführung verwendet wurden. „Von der deutschen Regierung aufgefordert [...] stellte Koppe einige Jahre später seine Jungfraubahnarbeiten sowie seinen Phototheodoliten auf der Pariser Weltausstellung 1900 aus, wo sie preisgekrönt wurden."[5] Dieser Messapparat und die Photogrammetrie wurden 1896 im internationalen Wolkenjahr reichlich zu meteorologischen Beobachtungszwecken genutzt, um damit Wolkenhöhen, Zugrichtung und Geschwindigkeit von Wolken zu bestimmen.

Projekte wie der Bau des Simplontunnels und der Bagdadbahn begeisterten Koppe, am liebsten hätte er die Baustellen bereist. Allmählich ließ seine Belastbarkeit nach und deshalb entschied er sich für den Abschied von der Hochschule und Braunschweig. Er verlebte in Königstein im Taunus noch drei glückliche Jahre mit seiner Frau. Als diese jedoch schwer erkrankte, hielt er nur noch bis zu ihrer Gesundung aus, brach dann zusammen und verstarb innerhalb weniger Tage am 10. Dezember 1910. (Regina Blume)

⌂ **Touristischer Hinweis**: Koppestraße in Braunschweig.

❖ **Quellen- und Literaturangaben**: 1-5 C. Koppe. Ein Lebensbild, dargest. von Anna Koppe. Br. 1912, S. 4,18, 47, 56, 113. **Foto**: Ebenda.

Otto Korfes
(23.11.1889 – 24.08.1964)
General, Archivar

Mehrere Verlage der DDR boten Otto Korfes an, seine Biografie zu veröffentlichen. Er schrieb nicht, denn er kannte die Zensoren: „An Schwindelei beteilige ich mich nicht", erklärte er kategorisch.[1]

Nach seinem Tode bot seine Frau dem Deutschen Militärverlag der DDR die Veröffentlichung einiger Vorträge ihres Mannes aus den Jahren vor und nach 1945 an. Man antwortete: Seine Bewertung historischer Ereignisse sei bedenklich. Ihm als Bürgerlichen fehle der Klassenstandpunkt. Er beurteile falsch, etwa den 20. Juli 1944. Da habe er die hinter dem Attentat stehenden Kräfte lediglich als Befreier angesehen. „Die Verschwörer werden als Männer verherrlicht, die Hitler beseitigen, das Regime stürzen und dem deutschen Volk Frieden bringen wollten. Sie hätten geglaubt, so behauptet Dr. Korfes, ihre Tat würde wie ein Signal die Masse von Wehrmacht und Volk mit sich reißen." Tatsächlich hätte ein erfolgreiches Attentat lediglich alte Klassenstrukturen manifestiert.

Die Bundesrepublik brauchte lange, um die Verschwörung des 20. Juli 1944 als patriotische Tat zu bewerten, der DDR gelang dies nicht. Den Seitenwechsel deutscher Offiziere nach der vernichtenden Niederlage der Wehrmacht in Stalingrad (Korfes gehörte zu ihnen) lobte und feierte die DDR. Zeitgenossen in der Bundesrepublik halten ihn bis heute für Fahnenflucht und Verrat.

Erst nach 1989 konnte Korfes Tochter Sigrid eine Biografie über ihren Vater veröffentlichen. Bei Nennung seines Namens klingen bei vielen Braunschweigern die Glocken. Und tatsächlich war Generaloberst Georg Ludwig Korfes (1769-1810), der Freiheitskämpfer gegen die napoleonische Fremdherrschaft, Weggenosse des Braunschweiger Herzogs Friedrich Wilhelm und Organisator von dessen Schwarzer Freischar, der Vorfahr von Otto Korfes. Er diente der Familie als Leitbild.

Geboren wurde Otto Korfes als Sohn des evangelischen Pastors Otto Korfes (1857–1929) und seiner Ehefrau Emilie in Wenzen, Kreis Gandersheim, als sechstes Kind. Sein Vater stammte aus Veltheim/Ohe und war nach dem Theologiestudium Pfarrer in Wenzen geworden, dort wo der Dichter **Konrad Beste** ↑ sich Geschichten seiner Arztfamilie Löhnefink abholte. Wie Löhnefinks bewirtschaftete auch Pfarrer Korfes nebenher einen kleinen landwirtschaftlichen Betrieb, um seine vielköpfige Familie ernähren zu können, aus der nur eines der neun Kinder früh verstarb. Die Mutter Emilie Friedrich (1861–1932) stammte wie ihr Mann aus einer Pfarrersfamilie, war mit 14 Jahren in die Schlossschule von **Anna Vorwerk** ↑ nach Wolfenbüttel geschickt worden, hatte in der Pension von Charlotte Korfes, der Schwester ihres späteren Schwiegervaters, gelebt und dort ihren Mann kennengelernt, den sie 1884 heiratete. Von ihren Kindern wird sie als klug, gemütvoll und mitfühlend beschrieben, der Vater als klug, liebevoll und ruhig, in der Erziehung streng. Er dachte und handelte sozial, war konservativ und kaisertreu. Um den Söhnen eine gute Ausbildung zu sichern, wechselte er seine Landpfarre und zog nach Cattenstedt, von wo aus sie das Herzogliche Gymnasium in Blankenburg besuchen konnten. Die Töchter kamen wie die Mutter zu Anna Vorwerk nach Wolfenbüttel an die Schlossschule.

Die Schulbildung der Jungen führte sie in eine Sackgasse, denn die häuslichen Verhältnisse erlaubten kein Studium nach freier Wahl, sodass vier der fünf Jungen in den Staatsdienst gingen und wie der Vorfahr Offiziere wurden. Die Mädchen blieben wegen der fehlenden Mitgift ledig und wurden Lehrerinnen bzw. Krankenschwester.

Otto Korfes' Neigung galt der Dichtkunst und der Geschichte. In den letzten Schuljahren beschäftigten ihn vor allem Goethe, Hebbel, **Wilhelm Raabe** ↑[1] und Gerhart Hauptmann. Er beklagte den Materialismus seiner Zeitgenossen und erklärte: „Die ganze Welt wird eigentlich in großer Ungerechtigkeit regiert."[2]

Bei seinem Vater stieß sein Wunsch, Literatur studieren zu wollen, auf Unverständnis, sodass der lange Zeit gute Schüler in den Jahren vor dem Abitur das Interesse an der Schule verlor, in den Leistungen abfiel und erst mit einer Ehrenrunde in Prima 1909 das Abitur erreichte. Schon 1907 hatte er notiert: „Was soll man eigentlich mal werden? Ich habe keine Ahnung […]. Wenn man nur Geld hätte, dann könnte man schon etwas studieren, zum Beispiel Medizin oder Literaturgeschichte, das aber beides sehr brotlos ist."[3] In der Tat war ein Landarzt nicht besser gestellt als ein Pfarrer oder Literaturwissenschaftler. So blieb für Otto nur der Militärdienst, den er im Frühjahr 1909 beim 66. Inf.-Regiment in Magdeburg pflichtgetreu, doch ohne Leidenschaft auszuüben begann, 1910 mit guten Noten Leutnant und im Weltkrieg 1917 Hauptmann wurde. Als Bataillonskommandeur wurde er im Juli 1918 am Bein verwundet. Wütend schrieb er seiner Schwester Marie, die als Krankenschwester in Vilnius arbeitete: „Ich habe mich kolossal geärgert, dass mich doch noch so ein Schwein getroffen hat."[4] Nach dem Lazarettaufenthalt in Hanau ließ er sich in die Lazarettstadt Blankenburg verlegen. Anfang 1919 nahm er seinen Dienst in Magdeburg wieder auf, musste jedoch, da die Wunde weiterhin eiterte, erneut pausieren. Danach wurde er auf seinen Wunsch dem Dienstbereich Kriegsgeschichte in Berlin zugeordnet. „Mein Dienst spielt sich in der Kriegsgeschichtlichen Abteilung des Großen Generalstabs am Königsplatz ab und zwar täglich von 9 bis 3 Uhr nachmittags. Die einzelne Tätigkeit ist geheim, beziehungsweise für normale Menschen unverständlich. Die Bezahlung ist schlecht, sie erreicht nicht das Einkommen eines Straßenbahnschaffners."[5]

Die Revolution von 1918 betrachtete Korfes abwechselnd mit Unverständnis oder Zynismus. Über die Entwicklung in Braunschweig urteilte er Anfang März 1919 gegenüber seiner Schwester Renate in Königslutter: „**August Merges** ↑ treibt sein Unwesen weiter; er hat sich aber wenigstens ehrlich als Kommunist bekannt, das ist mir lieber als das Verhalten der Unabhängigen [USPD], die mit dem Mund Frieden reden und mit den Armen Handgranaten schmeißen."[6] Im Gegensatz zu vielen seiner Offizierskameraden stellte er sich in Hoffnung auf eine positive Entwicklung ehrlich in den Dienst der Republik.

Die Bestimmungen des Versailler Vertrages verlangten u.a. die Auflösung seiner Dienststelle in Berlin. Insgeheim jedoch wurde sie unter der Bezeichnung Reichsarchiv fortgeführt. Sie unterstand dem Reichsministerium des Innern und hatte ihren Sitz in Potsdam. Korfes wurde in der Zentralabteilung als Archivar, wenig später als Archivrat eingestellt. Ihm und anderen seiner Kollegen bot das Ministerium ein Studium an der Universität Berlin an. Korfes wählte Nationalökonomie, Jura, Geschichte und Geographie und schloss 1923 mit der Dissertation „Die Anwendbarkeit der Lehren der Bodenreform auf die Landwirtschaft" als Dr. rer. pol. ab. Daraufhin wurde er an der Abfassung des 14-bändigen Werkes „Der Weltkrieg 1914-1918" beteiligt. Die Pflege von Kameradschaften mündete bei vielen ehemaligen Soldaten in die Mitgliedschaft in paramilitärischen Organisationen. Korfes, der anfangs den demokratischen neuen Staat akzeptiert hatte, schloss sich, wohl enttäuscht von dessen Schwäche, dem „Stahlhelm" an, einer republikfeindlichen und antidemokratischen Organisation. Er wurde Werber und Propagandaredner im Bezirk Potsdam.

Nach Abschluss der Arbeit über den Weltkrieg arbeitete er an einem Ergänzungsband über die deutsche Rüstungspolitik seit 1871 und untersuchte die militärische, wirtschaftliche und finanzielle Kriegsvorbereitung kritisch, um Lehren für die Wiederaufrüstung Deutschlands in der Zukunft zu sammeln. Er war der Ansicht, wie er in einem Vortrag 1935 präzisierte, „daß ein schlecht gerüsteter Staat viel leichter den Angriff der Gegner herausfordert als ein wohlgerüsteter. Darum gilt auch heute noch der Satz, daß eine starke Kriegsrüstung die beste Friedenssicherung ist."[7]

1929 heiratete er die Tochter seines Präsidenten Hermann Mertz von Qirnheim, Gudrun (1907–2012). Mit ihr hatte er sechs Kinder.

Das Bündnis der Rechten mit den Nazis im Oktober 1931 in Bad Harzburg begrüßte er, bedauerte aber im folgenden Jahr, dass das Bündnis zur Zerstörung der Demokratie schwächelte, weil Hitler bei der Reichspräsidentenwahl 1932 gegen Hindenburg kandidierte. Hitler bezeichnete er 1932 als „Schauspieler" und „Neurastheniker"[8], am 30. Januar 1933 aber nahm er als Stahlhelmer in Berlin am Fackelzug für den neuen Reichskanzler teil. Er und seine Frau hofften auf die Wiederherstellung eines wehrhaften Nationalstaates, der aus einer Position der Stärke heraus die Demütigung von Versailles überwindet und den inneren Frieden garantiert.

1935 glaubte er sich durch den Eintritt in die Wehrmacht dem stärker werdenden ideologischen Druck auf das Reichsarchiv entziehen zu können, begrüßte die Expansionspolitik 1938-1939 als Wiederherstellung der alten Bedeutung Deutschlands und nahm als auf den Führer vereidigter Oberstleutnant und Bataillonskommandeur 1940 am Krieg gegen Frankreich teil. Den Angriff auf die Sowjetunion 1941 sah er mit Entsetzen und erkannte, dass dieser Feldzug in die Katastrophe führen müsse. Er und seine Einheit gerieten im Kessel von Stalingrad in Kriegsgefangenschaft. Später schrieb er: „Wir konnten nur den Gehorsam verweigern, wenn ein ehrenrühriges Verbrechen von uns gefordert wurde. Aber die Teilnahme an einem von der Staatsführung geforderten und vom Oberkommando befohlenen Krieg galt im militaristischen Deutschland nicht als ein Verbrechen."[9]

Am Tage der Gefangennahme, dem 31. Januar 1943, sprach der sowjetische General Tschuikow mit einigen der gefangenen deutschen Generäle, unter denen sich Korfes befand. „Tschuikow wollte vor allem wissen, warum wir nicht gleich nach der Einkesselung ausgebrochen wären. Darauf antworteten wir übereinstimmend, daß wir das selbstverständlich gewollt hätten; Hitler habe es jedoch verboten."[10] Dass der „Führer" eine ganze Armee sinnlos geopfert hatte, führte bei Korfes zum Umdenken. Weil dies geschehen war, würde er auch bedenkenlos das ganze deutsche Volk seinen Wahnideen opfern.

Am 12. Juli 1943 gründeten in die Sowjetunion emigrierte deutsche Kommunisten und Kriegsgefangene mit sowjetischer Unterstützung das Nationalkomitee „Freies Deutschland" (NFD). Die gemeinsam in Gefangenschaft lebenden Offiziere scheuten sich zunächst, mit den deutschen Kommunisten gemeinsam aufzutreten, widersprach es doch ihrem „Geist, in dem ganze Generationen deutscher Offiziere erzogen worden waren".[11] Sie lösten das Problem im September 1943 durch die Gründung des „Bundes Deutscher Offiziere", dem General Walther von Seydlitz vorstand und der mit dem NFD zusammenarbeitete. Das Ziel war der Sturz Hitlers. Mit Flugblättern und Rundfunksendungen versuchte das NFD die Soldaten zum Desertieren aufzurufen. Die Resonanz war jedoch gering. Auf Seydlitz bezogen, erklärte Hitler, er habe das „Band der Zusammengehörigkeit zwischen uns und diesem feigen Verräter zerschnitten".[12] Damit waren Korfes, die Generale von Daniels, Martin Lattmann und weitere Stabsoffiziere für die Nazis vogelfrei.

Im Hofe des Bendlerblocks in Berlin wurde am Abend des 20. Juli 1944 neben Oberst von Stauffenberg auch Gudrun Korfes' Bruder Oberst Albrecht Mertz von Quirnheim standrechtlich erschossen. In einer Einschätzung Walter Ulbrichts für den sowjetischen Geheimdienst NKWD im Mai 1945 heißt es zu Korfes: „Er haßt den Faschismus, besonders seit dem 20. Juli 1944. An diesem Tage beziehungsweise danach wurden sein Schwager und andere ihm bekannte Offiziere von Hitler umgebracht. Sein Auftreten zu Fragen der politisch-moralischen Vernichtung des Faschismus und seiner Position gegen den deutschen Imperialismus zeigen, daß er sich darum bemüht, historische Schlussfolgerungen aus den vor sich gegangenen Ereignissen zu ziehen. K. ist geeignet als verbindendes Glied zwischen bestimmten Kreisen, braucht aber politische Führung und Kontrolle."[13] Korfes blieb bis 1948 in sowjetischer Kriegsgefangenschaft.

Gudrun wurde von der Gestapo 1944 in Sippenhaft genommen, zunächst in Blankenburg eingesperrt, ab Januar 1945 im Sippenhaftlager Schierlichmühle in Schlesien. Dort traf sie die Frauen der Generäle Paulus, von Seydlitz und Lattmann. Mit dem Näherrücken der Roten Armee verschleppte die SS die Frauen nach Dachau, später nach Reutte/Tirol, wo sie am 30.4.1945 befreit wurden. Auf abenteuerlichen Wegen erreichte Gudrun Korfes am 27. September 1945 wieder Blankenburg, wo sie von ihren Kindern und Eltern erwartet wurde.

Nach der Rückkehr nach Blankenburg bekam Otto Korfes den Auftrag, die Archivalien des Reichsarchivs und des Preußischen Geheimen Staatsarchivs zusammenzuführen und zu ordnen. Nach Gründung der DDR war er als Leiter des Archivwesens unentbehrlich. Natürlich wurde er überwacht, aber die Arbeit begeisterte ihn, sodass er kooperierte, und die deutschen Kommunisten begriffen, dass sie es mit einem Patrioten zu tun hatten, der der DDR nicht feindlich gegenüberstand. So hatte er wenig Probleme, weder als Führungsfigur der Nationaldemokratischen Partei noch als Archivar und Historiker.

Als 1952 die Stalinnote zur Wiedervereinigung am Widerstand der Westmächte scheiterte, begann die DDR eine Kasernierte Volkspolizei (KVP) aufzubauen, aus der sich die NVA entwickelte. Korfes wurde von General Tschuikow aufgefordert, am Aufbau mitzuwirken. „Sie waren mir in Stalingrad ein so guter Gegner. Solche Männer wie Sie braucht die zukünftige Armee der DDR."[14] Er fand sich jedoch nur bereit (als Generalmajor) die Historische Abteilung zu leiten.

Da man ihm vertraute, erhielt er zahlreiche Aufgaben, z.B. wirkte er am Aufbau des Museums für Deutsche Geschichte in Berlin und an der Gründung des Militärmuseums in Dresden mit. Die meisten seiner Bücher und Aufsätze zu militärpolitischen Fragen durften erscheinen.

Schuldgefühle, ein gehorsames Werkzeug des deutschen Militarismus gewesen zu sein, behielt er bis an sein Lebensende. Er starb 1964 in seinem Haus in Potsdam. (Reinhard Bein)

◆ **Quellen- und Literaturverzeichnis**: **1**, **4**, **5**, **6**, **8**, **14** S. Wegner-Korfes, Weimar – Stalingrad – Berlin. Das Leben des deutschen Generals Otto Korfes, Bayreuth 1994, S. 8, 41, 43, 44, 224; **2**, **3** BA Potsdam, 90 Ko 10, Nachlass Korfes; **7** O. Korfes, Grundsätze der Wehrwirtschaftslehre, Hamburg 1936; **9** O. Korfes, Die große Zäsur, in: DDR in Wort und Bild, 2/1963, S. 16; **10** UB Göt-tingen, Nachlass Kaehler; **11** O. Korfes, Das Nationalkomitee Freies Deutschland, Berlin (Ost) 1961, S. 356; **12** M. Overesch, Das III. Reich 1939-1945, Düsseldorf 1989, S. 467; **13** Archiv NKWD SSSR Nr. 22, Bl. 17. **Foto**: Wie FN 1.

Grete Krämer-Tschäbitz
(03.02.1904 – 08.07.2000)
Bildhauerin, Keramikerin, Malerin

1994 schrieb der Feuilletonist **Peter Lufft** ↑ über ihre Arbeiten: „Es ist nicht immer die Drolligkeit der kleinen und großen Vierfüßler, die sie reizt und die sich so gut in Porzellan, Speckstein oder Terrakotta ausnimmt, es ist vielmehr das Formgefüge, das zur Abstraktion drängende Gehabe der Tiere oder ganzer Tiermassen, die Aufgeblähtheit der Kreatur, der die Künstlerin in ihren Arbeiten nachgeht. [...] Auch in den großen Plastiken, den Porträtköpfen und Büsten, den Kinderbildnissen, den Tiergruppen und Brunnengestaltungen verfährt sie ähnlich. [...] Immer wieder staunt man über die Vielfältigkeit und Vielgestaltigkeit dieser Stoffwelt. Nicht nur Fauna, auch Flora vermochte sie plastisch zu sehen und zu gestalten. [...] Unübersehbar sind ihre plastischen Einfälle und Verwirklichungen und unüberblickbar sind die Aufstellungsorte ihrer Werke an öffentlichen und privaten Plätzen in Braunschweig und in anderen Gegenden. Manches ist auch in die Museen gewandert."[1]

Margarethe Emilie Auguste wurde am 3. Februar 1904 als zweites Kind des Ingenieurs Ernst Zschäbitz und seiner Frau Elise in Braunschweig geboren. Von 1910 bis 1920 besuchte sie das Lyzeum (heute Gymnasium Kleine Burg). Schon als ABC-Schützin beeindruckte sie ihren Lehrer mit ihrem Gespür für plastische Formen: „Wir sollten einen Apfel aus Ton kneten. Und weil mir das zu langweilig war, machte ich schnell einen ganzen Korb mit Früchten."[2] Nach dem Abitur begann sie an der hiesigen Kunstgewerbeschule eine Ausbildung in der Modellierklasse, verbunden mit einer Praktikantentätigkeit in der keramischen Fabrik von Ilsenburg am Harz. Zwischen 1924 und 1926 folgte eine Tätigkeit als Porzellinerin bei Rosenthal in Selb und von 1926 bis 1929 ein Studium an der Akademie für Kunstgewerbe in Dresden. Dort war sie die einzige Frau in der Plastik-Klasse, von ihrem Professor Karl Albiker „Knetmamsell" genannt. Nach Abschluss der Ausbildung arbeitete sie erneut in keramischen Betrieben, in Neuhaldensleben in der Altmark und Lübeck (Fa. Carstens), zwischen 1931 und 1933 noch einmal in der Porzellanmanufaktur von Philipp Rosenthal in Selb an der böhmischen Grenze.

Dort wagte sie den Schritt von kunstgewerblicher Arbeit zu freikünstlerischer. Das Material dafür war Porzellanrohstoff, den sie mit den Händen formte, die Masse „hohl aufgebaut, ohne Gipsform und ohne Gußmaske – eine höchst komplizierte Arbeit, die nur bei Beherrschung des vollkommen unbildsamen Materials möglich ist. Nur bei der restlosen Beherrschung und Kenntnis der Porzellantechnik und bei allersorgfältigster Arbeit ist es möglich, ein Stück über den Trocken- und Verglüh-Prozeß in den Glattbrand zu bekommen. Und man muß mit dem Heiligen Florian sehr gut stehen, um ein solches Original aus dem ‚feurigen Ofen' zu bekommen. Ein wenig Rauch oder Gas im Ofen, eine sich etwas senkende Kapsel, eine auf die Arbeit fallende Chamotte – und das Schicksal einer monatelangen Arbeit ist besiegelt. Daher sind auch diese Arbeiten höchst selten und von unerhörtem Wert."[3]

Wüstenspringmaus, Porzellan.

Als sie ihre Porzellanfiguren 1933 in Franzensbad (ČSR) ausstellte, war sie mit dem österreichischen Maler Johann Viktor Krämer (1861–1949) verheiratet, zu ihm ins Sudetenland gezogen und hatte sich als Künstlerin selbständig gemacht. Ab 1934 arbeitete sie vorwiegend mit dem einfacher zu handhabenden Material Speckstein, aber auch mit Terrakotta. Über ihre nächste Ausstellung in Teplitz-Schönau (Teplice) berichtete die hiesige Presse: „Sie zeigt diesmal ganz neue Arbeiten, Reliefs in Terrakotta, verschiedenfarbig behandelt, deren Technik wieder den schöpferischen Drang der Künstlerin verrät, immer neuartige Wirkungen zu erzielen. Jede Ausformung ist in ihrer andersartigen polychromen Herstellung doch wieder ein Original."[4]

Die Ehe bekam ihr nicht, und nach zwei Jahren trennte sie sich von ihrem Mann: „Ich würde jeder Frau abraten, einen Künstler zu heiraten. Das sind die größten Egoisten. Und sie müssen es auch sein, wenn sie ungehemmt arbeiten wollen." Galt das für sie nicht auch? Sie heiratete nicht wieder, sondern lebte ab 1941 mit ihrer jüngeren Schwester Hilde zusammen. Über die Beziehung zu ihr sagte sie 1991 scherzhaft: „Im September feiern wir Goldene Hochzeit."[5] Die Trennung von ihrem Ehemann empfand sie als Befreiung: „Die Mittdreißiger waren meine besten Schaffensjahre. Ich konnte vollkommen ungehindert arbeiten, wann und wie lange ich wollte."[6]

Weshalb sie Ende 1938 nach Zwischenstationen in Pommern und Essen nach Braunschweig zurückkehrte, ist nicht bekannt. Möglicherweise waren es künstlerische Misserfolge. Ihr Werkverzeichnis nennt keine Verkäufe in Essen. Die erhaltenen Arbeiten aus den Jahren 1937 bis 1939 zeigen, dass sich ihr Stil in diesen Jahren dem von den Nationalsozialisten geforderten Naturalismus angenähert hatte. Sie vermied aber jedwede Heroisierung.

Im Krieg wurde sie dienstverpflichtet. Zunächst in einem Architekturbüro, dann im Ingenieurbüro von Siemens, schließlich in der Kartografie des Georg Westermann Verlages. Dort ermöglichte ihr der Verlagsleiter **Georg Mackensen** ↑ eine Halbtagsstellung, sodass sie nachmittags in ihrem eigentlichen Beruf arbeiten konnte.

Das Leben ging wenig pfleglich mit der Künstlerin um. Ihr Atelier in der Maschstraße vernichtete der Bombenkrieg, ausgelagerte Kunstwerke stahlen Diebe nach dem Einmarsch der Amerikaner, die den Einwohnern der Stadt die Plünderung der Bunker erlaubten.

Die Nachkriegszeit verlangte nicht nach Kunst. Aber durch ihre Arbeit bei Westermann durfte sie für eine Reihe von Jahren auf dem Betriebsgelände wenigstens kostenlos ein Atelier benutzen. Weil sie klein und schmächtig war, konnte sie lukrative Großaufträge nicht übernehmen, sondern musste sich mit Modellen für derartige Plastiken bescheiden, die dann von Steinmetzbetrieben oder Gießereien nach ihren Anweisungen ausgeführt wurden. Aber da sie keine großen Ansprüche an das Leben stellte, kam sie mit wenig aus. In den 1950er bis 1970er Jahren erhielt sie eine Reihe größerer Aufträge von verschiedenen öffentlichen Trägern, musste sich später aber wieder mit privaten Verkäufen von Kleinplastiken zufrieden geben.

Beeinflusst durch die Pariser Schule, wurden ihre Werke seit Mitte der 1950er Jahre formal reduziert und stärker abstrahiert.

Aber ihre Auftragsarbeiten für Kinderspielplätze und Trinkbrunnen für Schulen folgen anderen Gesetzen. Naturalismus überwiegt. Ist es noch in den 1960er Jahren die Eleganz der Form, die den Betrachter einnimmt, wie z.B. die Brunnenfigur Fischmännchen in der Schlosspassage von Braunschweig (1949), so ist es beim fischsatten Wassermann für einen Hamburger Spielplatz (1972) die detailkluge und humorvolle Verbildlichung einer Märchenfigur.

Im Alter plagte sie berufsbedingt Arthrose, sodass „für das Kraft erfordernde Stemmen, Schneiden und Schaben mit schwerem Handwerkzeug die Kräfte"[7] nicht mehr ausreichten. 1991 klagte sie, dass sie auch mit dem weicheren Speckstein nicht mehr arbeiten könnte, „weil ich die kleinen Tiefenunterschiede nicht mehr sehen kann",[8] – denn sie litt unter grünem und grauem Star. Sie starb am 8. Juli 2000 in ihrer Wohnung, Georg-Westermann-Allee 60. „Grete Krämer-Zschäbitz wird in Erinnerung bleiben – mit ihrem steten Lächeln, den wachen Augen. Vor allem aber mit ihrer Kunst, die Qualität ausstrahlt und eine Seele hat und die hier so viele Spuren hinterließ, obwohl man der mädchenhaft-zarten ‚GKZ' (so ihr Kürzel) so kräftig formende Hände gar nicht zutraute."[9] (Reinhard Bein)

⌂ **Touristischer Hinweis**: Plastiken in Braunschweig: Brunnenfigur Fisch (Bronze), Schlosspassage; 4 Evangelisten (Flachrelief-Kalkstein), St. Georg-Kirche Donnerburgweg; Fliehende Rehe im Treppenaufgang (Mosaik aus farbigem Marmor) und Kranichgruppe (Bronze), Westermann Verlag; Kruzifix (Lindenholz), Kirche in Hondelage; Brunnenfigur Hütejunge (Elmkalkstein), Schulgarten Dowesee; Schildkröte (Diabas), im Garten des Schweden-Kinderheims; Hochbunker Salzdahlumer Str. 204a (Reichsadler mit Jungadlern); Tauben (2 Glasmosaiken), Marienstift Helmstedter Straße.
Doppelbildnis mit Anny Funke-Schmidt im Städtischen Museum.

❖ **Quellen- und Literaturangaben**: **1** BZ 1.2.1994; **2**, **5**, **8** BZ 4.8.1991 (Hertzer); **3**, **4** StA Br. Zeitungsausschnitte, undatierte Texte 1933/1934 über Ausstellungen in Franzensbad und Teplitz-Schönau; **6**, **7** Maike Bruhns, Grete Krämer-Zschäbitz – Aspekte eines Lebenswerkes, Hamburg 1989, S. 6; **9** BZ 10.7.2000 (Schimpf).
Foto: **1** 1984 im Atelier in der Georg-Westermann-Allee, Rosemarie Vogt; **2-3** Maike Bruhns, vgl. FN 6.

Helmut Krausnick
(19.02.1905 – 22.01.1990)
Historiker, Institutsleiter

Die Verpflichtung der Zeitgeschichte zur Aufklärung und Wahrheitsfindung kennzeichnete das Lebenswerk des Historikers Helmut Krausnick.

Helmut Krausnick wurde 1905 in Wenden geboren, einem heutigen Ortsteil von Braunschweig. Er wuchs in Bad Harzburg auf, sein Vater praktizierte dort als Arzt, seine Mutter leitete eine Haushaltsschule für Mädchen. Er besuchte von 1914 bis 1923 das dortige Reform-Realgymnasium. Nach dem Abitur studierte er an der Universität Breslau Geschichte und Staatswissenschaften, wechselte an die Universität Heidelberg und schließlich von 1924 bis 1929 an die Universität Berlin. Dort promovierte er 1938 bei Fritz Hartung. Danach arbeitete er für die Zentralstelle für Nachkriegsgeschichte im Reichsarchiv Berlin, seit 1940 war er in der Archivkommission des Auswärtigen Amtes tätig, wo er die Akten des französischen Außenministeriums sichtete. Von September 1944 bis Kriegsende 1945 leistete er Kriegsdienst, im August 1945 wurde er aus der Kriegsgefangenschaft entlassen. Krausnick war 1932 in die NSDAP eingetreten.

Während des Krieges erschien 1942 seine Dissertation in der Hanseatischen Verlags-Anstalt in Hamburg unter dem Titel: „Holsteins Geheimpolitik in der Ära Bismarck (1886-90)", bis heute ein Standardwerk über die Außenpolitik Bismarcks in seiner Spätzeit und zugleich ein treffendes Porträt über einen der wichtigsten außenpolitischen Beamten im Kaiserreich. Im gleichen Verlag waren bereits 1940 „Neue Bismarck-Gespräche" veröffentlicht worden, die politische Gespräche des Kanzlers mit österreich-ungarischen Staatsmännern wiedergaben, die Krausnick bei seinen intensiven Archivrecherchen im Wiener Haus-, Hof- und Staatsarchiv entdeckt hatte.

Zugeständnisse an die NS-Ideologie sind in beiden Publikationen nicht zu erkennen.

Nach 1945 lebte Krausnick wieder in Bad Harzburg, war Privatlehrer für Englisch und Französisch, dann Geschäftsführer des Kulturbundes in Bad Harzburg. Er nahm in Braunschweig an den ersten deutsch-englischen Schulbuchkonferenzen teil, die von **Georg Eckert** ↑[1] initiiert wurden. Auf der Konferenz 1951 wurde sein Beitrag über die Vorgeschichte des 2. Weltkriegs diskutiert, wie aus einem Bericht der „Braunschweiger Zeitung" hervorgeht. In diesem Jahr begann Helmut Krausnick seine Tätigkeit am 1949 gegründeten und von Helmut Mau geleiteten „Deutschen Institut für Geschichte der nationalsozialistischen Zeit" in München, das sich seit 1952 Institut für Zeitgeschichte (IfZ) nennt. Als Mau 1952 tödlich verunglückte, leitete Krausnick für ein Jahr das Institut kommissarisch und war dann in den folgenden Jahren Mitarbeiter des Instituts, wo er zunächst die Abteilung für Dokumentation betreute. Im Jahr 1959 übernahm er als Nachfolger von Paul Kluke die Leitung des Instituts und behielt sie bis zu seinem Ruhestand 1972. In diesen Jahren entwickelte sich das IfZ aus sehr bescheidenen Anfängen zur führenden Forschungsstelle über die NS-Zeit und erwarb sich in der Wissenschaft und in der Öffentlichkeit höchstes Ansehen weit über Deutschland hinaus. Zeitgeschichte etablierte sich als Wissenschaft. Unter der Leitung von Krausnick wandte sich das IfZ in den sechziger Jahren neben der Erforschung des Nationalsozialismus auch der unmittelbaren Nachkriegsgeschichte der Jahre 1945-1949 zu.

Seit 1953 war Krausnick Chefredakteur der vom Institut herausgegebenen „Vierteljahrshefte für Zeitgeschichte", die sich sehr rasch zum renommiertesten Publikationsorgan für Zeitgeschichte entwickelte. In dieser Zeitschrift veröffentlichte er selbst zahlreiche Artikel, häufig verbunden mit dem Abdruck bis dahin unbekannter Quellen aus der NS-Zeit. Auch in anderen zeitgeschichtlichen Zeitschriften und in Sammelwerken finden sich viele Beiträge von ihm. Sein thematischer Schwerpunkt lag ganz eindeutig bei der NS-Zeit; Themen wie Widerstand, Judenverfolgung, Antisemitismus und NS-Außenpolitik beschäftigten ihn besonders als Autor, Vortragsredner und Gutachter in NS-Prozessen. 1968 erhielt er von der Münchner Universität eine Honorarprofessur für Zeitgeschichte. Er wurde in die Kommission zur Beratung der Bundesregierung in Fragen der politischen Bildung berufen.

Die Wirkung seiner Publikationen kann nicht hoch genug eingeschätzt werden. Er vollendete die vom Hermann Mau begonnene „Deutsche Geschichte der jüngsten Vergangenheit", die 1953 erschien und immer wieder Neuauflagen erlebte, bis hin zur japanischen Übersetzung. Großes Interesse in der Öffentlichkeit riefen die Gutachten des IfZ im Frankfurter Auschwitz-Prozess hervor; sie wurden unter dem Titel „Anatomie des SS-Staates" 1965 publiziert – auch als Taschenbuch – und machten eine breite Öffentlichkeit erstmals mit dem ganzen Ausmaß der Schreckensherrschaft des NS-Regimes bekannt. Helmut Krausnick hatte das Gutachten zur Judenverfolgung im Dritten Reich übernommen, die er gekennzeichnet sah durch staatliche Planung, durchgeführt mit kalter Systematik mit allen Mitteln administrativer und maschineller Technik.

Krausnick machte deutlich, dass es sich bei der nationalsozialistischen Judenverfolgung nicht um einen „Betriebsunfall" der deutschen Geschichte handelte; deshalb ging er ausführlich auf ihre geistigen Voraussetzungen ein. Er beschrieb die ersten Jahre der Verfolgung, die Konsequenzen der Nürnberger Gesetze von 1935, den Novemberpogrom 1938, die Vernichtung der wirtschaftlichen Existenz der Juden und schließlich die Stufen der „Endlösung". Das 1981 erschienene und von ihm mitverfasste Werk, "Die Truppe des Weltanschauungskrieges" über die Ermordung der Juden durch die Einsatzgruppen der Sicherheitspolizei und des SD im besetzten Osten gilt bis heute als Meilenstein der Holocaustforschung; es machte das Ausmaß des nationalsozialistischen Völkermordes deutlich und räumte mit der Legende auf, die Wehrmacht habe von den Gräueltaten der SS nichts gewusst.

Ein weiterer Forschungsschwerpunkt von Helmut Krausnick war der deutsche Widerstand. Krausnick war Mitglied der „Europäischen Publikation e.V. München", einer Vereinigung von Offizieren, Theologen, Juristen und Historikern. Sie hatten sich zusammengeschlossen, um die Probleme des Widerstandes gegen ein totalitäres Regime zu erörtern. Im Jahr 1956 trat die Vereinigung mit einer Publikation an die Öffentlichkeit, die einen Meilenstein in der Widerstandsforschung war: „Die Vollmacht des Gewissens". Krausnick hatte darin über die Vorgeschichte und den Beginn des militärischen Widerstandes gegen Hitler geschrieben und dabei ein breites Quellenmaterial aus den Beständen des IfZ ausgewertet.

In den folgenden Jahren erforschte Krausnick in vielen Beiträgen in Zeitschriften, Zeitungen und Sammelbänden viele Facetten des Widerstandes. Die Edition der Tagebücher von Helmuth Groscurth, eines Abwehroffiziers, ergänzt um Denkschriften von Ludwig Beck, verbesserte unsere Kenntnisse über die Planungen der militärischen Opposition gegen Hitler im Herbst und Winter 1939/1940 ganz erheblich.

Es war die Arbeit mit den Quellen der NS-Zeit, die den Historiker Krausnick faszinierten. Nüchterne Quellenarbeit stellte er Legendenbildungen entgegen, mit Quellenarbeit wollte er historisch-politische Aufklärungsarbeit leisten. Die Wissenschaft von der Zeitgeschichte verstand er als moralische Instanz.

Für seine Leistung als Wissenschaftler wurde er 1980 mit dem Bundesverdienstkreuz I. Klasse ausgezeichnet.

Helmut Krausnick starb am 22. Januar 1990 in Stuttgart.

(Hans-Ulrich Ludewig)

◈ **Quellen- und Literaturhinweise**: Helmut Krausnick, Holsteins Geheimpolitik in der Ära Bismarck 1886-1890, Hamburg 1942; Ders./Hermann Mau, Deutsche Geschichte der jüngsten Vergangenheit 1933-1945, Stuttgart 1953; Ders., Judenverfolgung, in: Anatomie des SS-Staates, Band 2, München 1967; Ders./Harold C. Deutsch, Helmuth Groscurth, Tagebücher eines Abwehroffiziers, Stuttgart 1970; Ders./Hans-Heinrich Wilhelm, Die Einsatzgruppen der Sicherheitspolizei und des SD 1938-1942, Stuttgart 1981; Wolfgang Benz, Vorrede. Zugleich ein Versuch über Helmut Krausnick, in: Miscellanea. Festschrift für Helmut Krausnick, Stuttgart 1980, S. 7-14. **Foto**: Miscellanea.

Gerhard Kubetschek
(06.12.1909 – 04.03.1976)
Kaufmann, Unternehmer

In der Zeit, als sich die Bundesbürger mit Wohlstandsgütern einzurichten begannen, erschien in der „Bunten" eine optimistische Serie mit dem Titel „So verdient man Millionen!". Sie sollte beweisen, dass jedermann mit Ideen, Fleiß und Zähigkeit die Helden der Nachkriegsjahre, Grundig, Neckermann, Arzberger, Jahn, Eckes und Kubetschek, einholen und überflügeln könnte. Leider schafften die Leser das nicht. Und auch der Ruhm der Helden der Nachkriegszeit verblasste in den folgenden Jahrzehnten.

Mit „Kuba" statteten die Bundesbürger ihr Wohnzimmer aus. In 68 Länder der Welt verschickte Kubetschek im Jahre 1957, als die Firma ihr zehnjähriges Jubiläum feierte, seine Tonmöbel. Zehn Jahre später verkaufte er sie für 80 Millionen an den amerikanischen Konzern General Electric. Statt ein Pionierunternehmen, mit der GE „den deutschen und europäischen Markt aufreißen konnte", hatte der Weltkonzern aber eine Firma gekauft, die den Einstieg ins Farbfernsehgeschäft verschlafen hatte. Man investierte 20 Millionen DM, um die Konkurrenz einzuholen, kam aber an Grundig und Philips nicht heran. „Nach drei argen Verlustjahren überließ GE das Kuba-Unternehmen der AEG-Telefunken-Gruppe, die nach weiteren Nackenschlägen Kubetscheks Erbe"[1] 1972 liquidierte. Ein „Industriepark" entstand auf dem Firmengelände, und an den Tonmöbel-Pionier erinnert nur noch ein Museum, das u.a. Kuba-Produkte zeigt.

Der Sohn des Tischlermeisters Adolf Kubetschek, der für die Breslauer Straßenbahn Bänke baute, trat in die Fußstapfen seiner Mutter Selma, die ein Konfektgeschäft betrieb und ihn in die Grundsätze erfolgreicher Handelstätigkeit einführte: Schon der 10-jährige Gerhard verkaufte am Wochenende im Dorf seines Großvaters Pralinen, die er in Breslau über die Kontakte der Mutter billig erworben hatte. Im Dorf ließ er Kinder Maiglöckchen pflücken, die er sonntags in kleinen Sträußchen auf dem Markt in Breslau mit Gewinn absetzte.

Nach der Volksschule machte er eine Lehre als Kaufmann. Danach verkaufte er in Schlesien und Österreich Automaten. „Darin sah ich eine große Chance, denn da wurde Geld verdient. Mit 24 Jahren konnte ich mich sogar an dieser Firma beteiligen. Wir stellten Zigaretten- und Warenautomaten her. Wäre der Krieg nicht gekommen, vielleicht würde ich auf diesem Gebiet ein großer Mann sein."[2] Ob er 1937 in die NSDAP eintrat, um seine Pläne abzusichern, fragte ihn später niemand. 1939 wurde er eingezogen. Welche Art von Kriegsdienst er leistete, ist unklar. Berichtet wird nur, dass er am Russlandfeldzug teilnahm und Splitterverwundungen erlitt. Aktenkundig ist nur die Zeit zwischen Februar 1944 und Kriegsende, wo er in der 2. Fallschirmjäger-Kraftfahr-Ausbildungs-Abteilung bzw. beim Fallschirm-Nachrichten-Regiment 21 eingesetzt war.[3]

Bei Kriegsende gerät er in tschechische Gefangenschaft. Aus dieser Zeit stammt seine ausgeprägte Nase, die vom Gewehrkolben eines tschechischen Bewachers herrührt. Mit Hilfe einer Nonne gelingt ihm die Flucht. Zunächst kommt er in Wendessen (Lkr. Wolfenbüttel) unter und arbeitet für einen Rundfunkhändler als Einkäufer. Diese Arbeit bringt ihn auf die Idee, selbständig mit raren Ersatzteilen zu handeln. Auf dem Schwarzmarkt verkauft er seine Leica für 8.000 Zigaretten. Die setzt er zum Stückpreis von fünf RM ab und erhält dafür ein Betriebskapital von 20.000 RM. So seine Gründungslegende.

Für die Schallplattensammlung, die er bei seinen Verkaufszügen erwirbt, braucht er einen Plattenspieler. Er treibt ein Laufwerk auf und lässt sich von einem befreundeten Tischler einen Schrank bauen, der Klangkörper und gleichzeitig Depot für Platten ist. Als er Ende 1947 Freunden seine Musiktruhe vorführt, steht für ihn fest: Mit dieser Idee lässt sich bald Geld verdienen. Aber bis zur Währungsreform bleibt es schwer, Plattenlaufwerke zu ergattern, die man in Musiktruhen einbauen kann.

1947 meldet er die Firma Kuba im Handelsregister an. „Der Name Kuba entstand bereits während des 2. Weltkrieges. […] Sein Vorgesetzter Dr. Wersin konnte sich [seinen] Namen einfach nicht merken. Er nannte ihn deshalb einfach Kuba."[4] Kubetschek mietet einen Seitenflügel der Artilleriekaserne in der Lindener Straße in Wolfenbüttel, den so genannten Kanonenschuppen, und beauftragt Tischler mit der Herstellung von Tonmöbeln unterschiedlicher Bauart. Anfangs waren es nur Plattenspieler, später vereinten seine Musikschränke Radio, Plattenspieler, Lautsprecher und Plattenschrank zu einem Möbel.

Der erste Lastwagen der Firma Kuba 1948 auf dem Gelände der Artilleriekaserne in Wolfenbüttel.

Nach der Währungsreform wuchs der Hunger der Deutschen nach Unterhaltungstechnik. Kubetschek bediente dieses Bedürfnis mit immer neuen Ideen. Bald besaßen seine Musiktruhen eine Hausbar und schließlich einen Fernseher. 1957, als er das neue Werk in Wolfenbüttel errichten ließ, waren bereits 300.000 Tonmöbel in unterschiedlicher Ausstattung verkauft. Mit der Übernahme der Imperial-Werke in Osterode machte er sich schließlich 1958 von den Zulieferern von Rundfunk- und Fernsehgeräten unabhängig. Mitte der 1960er Jahre stand die Marke „Kuba-Imperial" mit über 100 verschiedenen Modellen von Fernsehern an dritter Stelle der deutschen Hersteller. 1962 wartete Kubetschek mit einem neuen Verkaufsschlager auf: dem ersten Fernseh-Koffergerät in Deutschland. Statt der bisher üblichen Röhren war es mit Transistoren ausgestattet. „Außer mit Strom konnte der ‚Astronaut' mit einer Gerätebatterie rund sieben Stunden laufen, an der Autobatterie sogar 60 Stunden."[5]

Mit seinen Ideen und seiner Dynamik war Kubetschek seinen Konkurrenten immer um einen Schritt voraus. Das war sein Schlüssel zum Erfolg. „Bei all meinen Ideen habe ich mich immer in die Rolle des Käufers versetzt. Würde ich selber dieses oder jenes Gerät zu seinem Preis kaufen, wenn ich monatlich 500 oder 600 Mark bekäme? Und wenn ich mit einem klaren Ja antworten konnte, traf ich auf dem Markt ins Schwarze. Man kann das auch Fingerspitzengefühl nennen."[6]

Als Kubetschek 1966 seine Firma verkaufte, bestand sie aus dem Kuba-Tonmöbel- und Apparatewerk in Wolfenbüttel, dem Imperial-Rundfunk- und Fernsehwerk in Osterode, dem Imperial-Zweigwerk für Bauteile in Wolfenbüttel, den Kuba-Tonmöbelwerken und der Möbelfabrik in Braunschweig – Umsatz: 220 Millionen DM im Jahr.

Weshalb zog er sich auf dem Höhepunkt seines Geschäftserfolgs zurück? Firmenzusammenschlüsse in der Branche machten ihn nachdenklich, ebenso das Sondieren der Amerikaner auf dem europäischen Markt. Um bestehen zu können, bedurfte es einer starken Finanzdecke, die hatte Kubetschek nicht. 1964 warf ihn ein Schlaganfall für kurze Zeit aus der Bahn. 1966 kam er mit seinem Flugzeug beim Landeanflug auf dem Münchner Flughafen um ein Haar ums Leben. Wenig später zog er die Reißleine und machte den Verkauf perfekt.

Zur Ruhe setzte er sich nicht, entzog sich aber dem stressigen Wettbewerb. Er versuchte, in Braunschweig-Waggum mit der Zubringer-Fluglinie „Niedersachsen-Flug Gerhard Kubetschek" einen unbesetzten Markt zu erobern. Das Luftfahrtbundesamt untersagte ihm jedoch den Flugbetrieb auf diesem Flughafen.

In den folgenden Jahren ließ er mit Hilfe eines abgeworbenen Finanzbeamten nur noch sein Geld arbeiten. „Mit eigenen Geldanlagefirmen in der Schweiz und in Deutschland, über Bankbeteiligungen und über Aufsichtsratsmandate" steigerte er sein Vermögen auf geschätzte 130 Millionen DM. „Er war an Banken und Unternehmen in acht Ländern beteiligt, war Vermieter von mehr als 1.000 Wohnungen und Eigentümer ganzer Geschäftsviertel."[7]

Seine Obsession: Er musste alles unter Kontrolle haben und behalten, auch im privaten Leben. Als er seiner vierten Ehefrau in spe untreu wurde, zog sie aus, aber er kämpfte so lange um sie, bis sie zu ihm zurückkehrte. Neben Frauen und Geld liebte er schnelle Sportarten. Er starb 1976 in seinem Haus in Wolfenbüttel.   (Reinhard Bein)

⌂ **Touristischer Hinweis:** Kuba-Museum Wolfenbüttel, Lindener Straße, 4. Stock des Gewerbehofs; Friedhof Wolfenbüttel, Abt. 26.

❖ **Quellen- und Literaturverzeichnis**: **1** Der Spiegel 16/1972; **2** B. Loosen, So verdient man Millionen, München 1967, S. 107; **3** Deutsche Dienststelle (WASt) Berlin, Nachricht an J. Kumlehn vom 29.4.2013; **4** BZ 23.2.2002; **5-7** J. Brokmann, Gerhard Kubetschek. Unternehmer aus Leidenschaft, Braunschweig 2005, S. 57, 19.
Fotos: 1 wie FN 2 (Umschlagseite); **2** Heimatmuseum Wolfenbüttel.

John Landauer
(17.04.1848 – 15.09.1924)
Kaufmann, Wissenschaftler

Der Braunschweigische Landesrabbiner **Gutmann Rülf** ↑ beklagte den Zustand seiner Gemeinde und die unaufhaltsame Assimilation der hiesigen Juden vor dem 1. Weltkrieg: „Der Erste Vorsteher der Gemeinde, ein Mann von großer Geltung in der Öffentlichkeit, ließ [...] seine Kinder taufen. Man hätte nun meinen sollen, daß dieser Mann schleunigst sein Amt niederlegte oder bei der nächsten Wahl durch einen anderen Vorsteher ersetzt würde. Beides geschah nicht. Der Mann hielt sich für würdig, weiterhin an der Spitze der Gemeinde zu stehen, noch jahrzehntelang wählte ihn die Repräsentantenversammlung jedes Mal von neuem. Warum? Weil er so ausgezeichnete Beziehungen zur christlichen Gesellschaft und einen so nützlichen Einfluß auf die Behörden des Staates und der Stadt besaß! Nichts kann den Tiefstand des jüdischen Lebens in Deutschland vor dem Ersten Weltkrieg krasser beleuchten."[1]

Der geachtete Mann, vom hier die Rede ist, wurde im Revolutionsjahr 1848 als Sohn des Stoff-Großhändlers Israel Julius Landauer (1804–1871) und dessen Ehefrau Mathilde, geb. Siltzer (1824–1883), in Braunschweig geboren. Über seine Kindheit und Jugend schweigen die vorhandenen Quellen.

Seine Eltern stammten aus Kassel bzw. Cuxhaven. 1826 war Julius Handlungsgehilfe bei der Textilfirma **Jüdel** ↑[1] in Braunschweig gewesen, hatte sich 1852 selbständig gemacht und war in den hiesigen „Untertanenverband" aufgenommen worden. Er war also Staatsbürger. Seine Firma konzentrierte sich auf den Verkauf erstklassiger englischer Tuche, die zu jener Zeit konkurrenzlos waren. Die Verbindungen nach England besaß er durch seine Frau, deren Brüder David und John in Manchester und Badford diese Stoffe herstellten. Das Ehepaar Landauer hatte zwei Söhne, John, nach dem Badforder Firmenchef benannt, Leopold, der früh starb, und die Tochter Betty, die den Arzt Dr. Alfred Gompertz heiratete und in Berlin lebte. Über Johns Werdegang erfahren wir ein wenig aus seinem handgeschriebenen kurzen Lebenslauf, den er 1889 verfasst hat: „Nach Absolvierung des Braunschweiger Realgymnasiums wurde ich Schüler der Professoren Böttger und Kohlrausch in der Lehranstalt des Physikalischen Vereins zu Frankfurt a/Main. Später hörte ich Vorlesungen auf der Technischen Hochschule in Braunschweig. Infolge Übertrittes zur kaufmännischen Laufbahn war ich danach auf das Selbststudium angewiesen."[2] Das Realgymnasium war damals eine Art Mittelschule mit naturwissenschaftlichen und technischen Fächern und einem Abschluss nach der 10. Klasse. Technische Hochschulen gab es um 1860 in Deutschland noch nicht; wie das Braunschweiger Collegium Carolinum entwickelten sie sich erst in den folgenden Jahren. Wer ein technisches Fach, Chemie oder Physik studieren wollte, war wie Landauer auf eine Fachschule angewiesen.

Nach dem Tode des Vaters 1871 musste John sein Studium aber abbrechen und die Firma übernehmen. Als die Zollgesetzgebung des Deutschen Reiches 1879 die Einfuhr englischer Tuche erschwerte, spezialisierte er sich auf die Herstellung und den Verkauf von Buch- und Pausleinen und von weichen Baumwollstoffen. Buchleinen benötigten die Buchbindereien für die Einbände guter Bücher. Pausleinen, eine sehr dünne, durchsichtige Stoffart, verwenden Maler und Kopisten zum Durchzeichnen. Mit diesem Sortiment hatte er so viel Erfolg, dass auch im Ausland Zweigniederlassungen eingerichtet werden konnten. Selbst in der NS-Zeit war das Unternehmen als Devisenbringer willkommen und wurde erst 1938 aufgelöst.

Ein wenig hilft bei der Spurensuche auch ein Aufsatz in der „Brunsvicensia Judaica", einem Erinnerungsbuch, das das Braunschweiger Stadtarchiv unter Dr. Richard Moderhack mit Fleiß und Geduld und mit Hilfe ausgewanderter Juden zwischen 1963 und 1965 erarbeiten ließ und 1966 veröffentlichte. Darin berichtet der damals in New York lebende Arzt Walter Heinemann (**Lette Valeska** ↑[2]) in knapper Form von herausragenden Br. jüdischen Persönlichkeiten, zu denen er Landauer zählte. „Dr. Landauer [widmete sich] wissenschaftlichen Arbeiten sowie Aufgaben im Interesse des Gemeinwohls der Stadt.

Wertvolle Untersuchungen von ihm auf dem Gebiete der analytischen Chemie und Spektralanalyse sind in den Berichten der Deutschen Chemischen Gesellschaft veröffentlicht worden, sie sind in mehreren Auflagen erschienen und teilweise auch in fremde Sprachen übersetzt.

Auf seine Anregung und unter seiner tätigen Mitwirkung wurde der Verein für Öffentliche Gesundheitspflege in Braunschweig gegründet, dessen Monatsschrift er lange Jahre redigierte. Große Verdienste hat er sich um die Bekämpfung der Lebensmittelverfälschung erworben wie auch um die Kanalisation und andere hygienische Einrichtungen der Stadt. In Gemeinschaft mit Dr. Blasius und Clauss gab er das Werk ‚Die Stadt Braunschweig in hygienischer Beziehung' heraus. […] Die Kaiserlich Leopoldinisch-Karolinische Deutsche Akademie der Naturforscher in Halle erwählte ihn zum ordentlichen Mitglied; aus gleichem Grunde wurde ihm die Würde eines Dr. h.c. verliehen."[3]

Die Leopoldina ist die älteste naturwissenschaftliche Gesellschaft der Welt und wurde 1652 von Kaiser Leopold II. gegründet. Mitglied wird man nur, wenn man von hochrangigen Persönlichkeiten vorgeschlagen wird. Wer zum Mitglied erkoren ist, hat Bedeutsames für die Wissenschaft geleistet. Was befähigte einen Kaufmann wie Landauer zu ausgezeichneten wissenschaftlichen Leistungen?

Die knappe Würdigung lässt mehr Fragen offen als sie beantwortet. Hilft ein Blick in die Nachrufe der Braunschweiger Zeitungen? Erstaunlicherweise gibt es nur einen in den hiesigen Blättern: in der BLZ. Es ist der Text, den wir gerade gelesen haben. Etwas nur ließ Heinemann weg, etwas Wichtiges: Landauer hatte 1876 seine wissenschaftliche Karriere mit einer Analyse gelöteter Rohre begründet.

Die undatierte Radierung vom Kohlmarkt (ca. 1850) zeigt, dass die Abwasserleitungen (rechts) offen sind. Kleine Kanäle durchziehen die Stadt und befördern das Schmutzwasser, Abfälle und Fäkalien durch die Straßen zur Oker, die den ganzen ungeklärten Dreck aufzunehmen hat.

Es geht dabei um die von ihm erforschte ungenügende Dichte von Wasser- und Abwasserrohren im Erdreich. Diese Arbeit veröffentlichte der Wissenschaftsverlag Springer 1876.1878 wurde sie auf Italienisch, 1879 auf Englisch („Blowpipe Analysis") verlegt. Es folgte bis 1887 eine Reihe weiterer Analysen, die für den Kampf gegen Verschmutzungen von Trinkwasser von großer Bedeutung waren.

Bei der Cholera-Epidemie im Sommer 1850, als John Landauer Kleinkind war, starben über 1.000 Menschen in Braunschweig, das zu dieser Zeit 39.000 Einwohner hatte. Weitere Cholera-Epidemien bedrohten die Menschen der Stadt 1865 und 1892. Erste Konsequenzen: Ab 1865 schickte ein Wasserwerk am Eisenbahnpark geklärtes Okerwasser in unterirdische Leitungen, 1869 begann man mit der Kanalisierung der Stadt, erst 1870 wurden einzelne Okerarme zugeschüttet. Aber Frischwasser wurde durch mangelhaft gelötete Wasserrohre wieder unsauber. So versteht man die Bedeutung der Untersuchungen Landauers. Man begriff damals, dass zwischen ungeklärten Abwässern und Seuchen ein Zusammenhang besteht.

Ein aktueller Lebensmittelskandal veranlasste ihn, einen landesweit tätigen „Verein für Öffentliche Gesundheitspflege" zu gründen. Er suchte und fand Mitstreiter, sodass rund 50 ausgewählte Herren im Versammlungssaal des Großen Clubs, eines 1780 gegründeten Geselligkeitsvereins von Adel und Großbürgertum, am 18. September 1877 die Statuten verabschieden konnten.

Mit einem Flugblatt warb der Verein um engagierte Mitglieder: „Mit der fortschreitenden Kultur und der zunehmenden Dichtigkeit der Bevölkerung sind die Gefahren gewachsen, welche das körperliche Wohlbefinden des Volkes bedrohen. Daneben hat die Gewinnsucht, welche keine anderen Rücksichten kennt als den eigenen Vortheil, gegenwärtig in besonders dreister Weise die gängigsten Nahrungsmittel verfälscht und vergiftet. Bei der Schwierigkeit und Vielseitigkeit der sich darbietenden Aufgaben vermögen die Behörden nicht ohne selbstthätige Mit Hilfe der Bevölkerung den sanitären Uebelständen abzuhelfen."[4]

Mit Vorträgen, Artikeln in der Presse und Flugschriften wiesen die Mitglieder auf Missstände hin, veranlassten Behörden zum Handeln bzw. sorgten selbst für Abhilfe. Arbeitsschwerpunkte: Abwasser- und Müllbeseitigung, Lebensmittelkontrolle, Schulhygiene und Hebung der Volksgesundheit durch Erschließung von Naherholungsgebieten, Errichtung von Volksbrausebädern usw.

Schon im November 1877 zählte der Verein 738 Mitglieder im Herzogtum, in der Stadt Braunschweig allein 583. Der Arzt Friedrich Reck wurde Vorsitzender, Landauer war zusammen mit dem Hygieniker Prof. Rudolf Blasius Schatzmeister und betreute 1879 bis 1885 die Monatszeitschrift des Vereins. 1890 tagte der reichsweit tätige Kongress für Öffentliche Gesundheitspflege in Braunschweig. Zu diesem Anlass veröffentlichte man einen umfangreichen Rechenschaftsbericht. Zu den Autoren zählten zahlreiche berühmte Braunschweiger, so z.B. der Chemiker **Heinrich August Beckurts** †[1], die Schulreformer **Konrad Koch** und **August Herrmann** †[1], der Professor für Geodäsie **Carl Koppe** †, der Stadtbaumeister **Ludwig Winter** † und der Oberingenieur Ludwig Mitgau, der 1889–1895 die Rieselfelder anlegen ließ – alle waren Mitglieder des Vereins. Von John Landauer stammt der Beitrag „Badeanstalten". Darin erklärt er die Notwendigkeit der Errichtung von „Volks-Brausebädern [...] für das Wohl der arbeitenden Klassen", denn den meisten Wohnungen fehlte noch ein Bad. Ein zweiter Artikel von ihm heißt „Überwachung der Prostitution"[5]. 1884 hatte der Verein die wöchentliche ärztliche Kontrolle der „Lohndirnen" zur Eindämmung von Geschlechtskrankheiten durchgesetzt.

Der Verein unterhielt eine eigene „Untersuchungsstelle", um seinen Forderungen zur Durchsetzung von Hygienestandards den notwendigen Druck zu verleihen. Landauer selbst untersuchte Lebensmittelverfälschungen und Verunreinigungen von Milch und Milchprodukten. Seine Aufsätze darüber veröffentlichte die Deutsche Chemische Gesellschaft. Sie führten dazu, dass ihn die Universität Toronto 1893 auf Vorschlag von Londoner Kollegen zum Ehrendoktor ernannte.

Vorsitzender der jüdischen Gemeinde war John Landauer von 1879 bis 1921. Als 1921 orthodoxe Juden in einem eigenen Bethaus in der Echternstraße Gottesdienste abhielten und die Repräsentanten (stimmberechtigte Mitglieder des Vorstandes) aus Solidarität eine Mitfinanzierung beschlossen, traten die Vorsteher (Landauer, Mielziner, Hamburger) zurück, ein in Deutschland einmaliger Vorgang.

John Landauer starb 1924 in seinem Haus in Braunschweig. Im Judentum ist Leichenverbrennung untersagt. Landauer, der 42 Jahre lang Vorsteher der Jüdischen Gemeinde gewesen war, hatte 1919 in der Neuen Friedhofsordnung die Aufhebung dieses Verbotes aus hygienischen Gründen durchgesetzt und verfügte, dass seine Leiche einzuäschern sei. Zahlreiche Gemeindemitglieder folgten seinem Beispiel, bis die Nazis Juden verbrannten, um ihr Andenken zu tilgen.

John Landauer war mit Anna, geb. Scheuer (1859–1943), verheiratet gewesen. Sie bewohnten die stattliche Villa Am Gaußberg 1.
Ihre Kinder waren: Kurt Landauer (1885–1943), Dr. phil. Edgar Landauer (geb. 1888), Gerda, verh. Leyser (1891–1942), und Ilse, verh. Gottstein (geb. 1891). Kurt übernahm den väterlichen Betrieb und war laut IHK „Inhaber einer von seinem Vater übernommenen Calico-Großhandlung, die als Spezialität Stoffe für Bucheinbände und dergl. vertrieb und zu ihren Abnehmern die bedeutendsten Druckereien und Buchbindereien Europas zählten."6 Der Jahresumsatz 1938 (bis 1.11.) betrug 430.000 Reichsmark. Kurt, verheiratet mit Gertrud Fricke, der Tochter des TH-Rektors Prof. Dr. Robert Fricke, nahm sich zwei Tage nach seiner Mutter das Leben. Nach dem Verlust seiner beruflichen Existenz, der KZ-Haft in Buchenwald 1938, der Deportation seiner Schwester, der Benutzung des Hauses Am Gaußberg 1 als „Judenhaus" und schließlich nach der Ankündigung der Deportation seiner Mutter fehlte ihm der Überlebenswille.

Der Sohn Edgar studierte Volkswirtschaft, war Kriegsreferent und später Oberregierungsrat im Reichsschatzministerium. Unter dem Schutz von Reichsfinanzminister Hjalmar Schacht blieb er dies bis 1937. Als Schacht die zwangsweise Enteignung jüdischer Betriebe als wirtschaftlich schädlich kritisierte und zurücktrat, emigrierte Edgar Landauer (Abb.) nach England. Gerda starb in einem Vernichtungslager. Ilse überlebte in Wien. (Reinhard Bein)

⌂ **Touristischer Hinweis:** Grab auf dem jüdischen Friedhof Helmstedter Straße. Ein Porträt von John Landauer war nicht zu beschaffen.

◈ **Quellen- und Literaturverzeichnis**: 1 (Friedrich) **Schlomo Rülf** ↑, Ströme im dürren Land, Stuttgart 1964, S. 28; **2** Akten der Leopoldina Halle/Saale, Nr. 2832; **3** Richard Moderhack (Hg.), Brunsvicensia Judaica. Gedenkbuch für die jüdischen Mitbürger der Stadt Braunschweig 1933-1945, Br. 1966, S. 123; **4, 5** R. Blasius, W. Clauss, J. Landauer (Hg.), Die Stadt Braunschweig in hygienischer Beziehung. Festschrift für die Theilnehmer der 16. Versammlung des Deutschen Vereins für öffentliche Gesundheitspflege, Braunschweig 1890, S. 2; S. 227; **6** NLA Wf. 4 Nds Zg. 22/2003 Nr. 2656, Bericht der IHK Braunschweig vom 7.11.1956.
Abbildungen: 1 Bein; **2** Radierung von H. Albert (etwa 1850); **3** Edgar Landauer, in: Reichshandbuch der deutschen Gesellschaft, Berlin 1930.

Gustav Lehmann
(11.04.1883 – 22.07.1914)
Maler

Gustav Lehmann war ein Senkrechtstarter und Überflieger. Er ging auf das Herzogliche Realgymnasium. Der 15-Jährige mit schwarzem Haarschopf und glühenden Kohleaugen wurde umschwärmt, wenn er auf dem Basar der Pauligemeinde als neapolitanischer Fischer einen Auftritt hatte und mit Künstlerallüren durch Braunschweigs Straßen spazierte. Abends ahmte er im Freundeskreis die Größen des Hoftheaters nach, und man fragte sich: Zieht es den vielseitig talentierten Jungen auf die Bühne? Sein Vater, ein Kaufmann in leitenden Positionen, wollte, dass er Architekt wird. Gustavs Mutter schenkte vier weiteren Kindern das Leben, sie wird aber in amtlichen Papieren nur mit ihrem Mädchennamen Louise Meyer erwähnt.[1]

Zweifellos hatte Gustav ein gutes Auge für Gebäudeformen. Als 17-Jähriger zeichnet er ein großbürgerliches Anwesen im Stil der Neorenaissance, mit Wintergärten in Parterre und Beletage – eine großzügige Komposition von Flächen ohne Details. 1901 malt er brav realistisch einen schreibenden Mann, einen Kürbis, eine Bauernkate und schließlich die Rotunde auf der Parkseite des Braunschweiger Schlosses – schon bringt der Br. Verlag Störig das zarte Aquarell als Postkarte auf den Markt. Als Achtzehnjähriger erhält Gustav die Erlaubnis, im Herzoglichen Museum Gemälde von Caravaggio, Rubens und Rembrandt zu kopieren. Gustavs Oberlehrer, der spätere Schuldirektor und Professor Karl Hildebrandt, der Vorträge über moderne Kunst hält, fördert ihn, wo er kann, der Maler Hans Pahlmann unterrichtet ihn – da endlich gibt Vater Lehmann nach: Sein Sohn macht die Aufnahmeprüfung an die Akademie der Bildenden Künste in München und verlässt das Realgymnasium ohne Abschluss. An seinem zwanzigsten Geburtstag wohnt er bereits im Künstlerviertel Schwabing, nimmt bei Johann Caspar Herterich Unterricht im „Figurenzeichnen und Zeichnen nach dem Leben". Überliefert sind einige sehr traditionelle Aktzeichnungen. Später wird Gustav Lehmann Schüler des Malerfürsten Franz von Stuck.

Bei einem Aufenthalt in Braunschweig zeichnet er 1904 **Wilhelm Raabe** ↑[1] in „Herbst's Weinstube". Das Blatt wird als Lithographie vervielfältigt, in einer Ausstellung des Evangelischen Vereins gezeigt und vom Herzog erworben. Die Kunsthandlungen Dörbandt und Pahlmann stellen die Lithographie zum Verkauf ins Schaufenster, der Kunstverein erwirbt andere Arbeiten des Vielversprechenden.

Von so vielen Anfangserfolgen beflügelt, drängt es den jungen Maler über die Grenzen des Kaiserreiches hinaus. Im Oktober 1905 begleitet er seinen Münchener Malerfreund Willi Geiger auf eine Reise nach Rom. Geiger war bekannt für seine exzellenten Exlibris – kleinformatige Darstellungen mit einem Namen in einer Phantasieschrift, die ein Sammler in seine Bücher einkleben konnte, um sie als seine Lieblinge zu kennzeichnen. Gustav und seine Schwester Martha gehörten zu den Beschenkten. Viele Maler übten sich seit dem Jugendstil in der druckgraphischen Kunst der Exlibris, auch Gustav Lehmann.

Zurückgekehrt in seine Vaterstadt, beteiligt er sich im Juni 1907 neben 120 anderen Künstlern an einem Plakatwettbewerb, der vom Braunschweiger Verkehrsverein zwecks Tourismusförderung ausgelobt wird. Er reicht gleich fünf Entwürfe ein, kommt aber nicht unter die Preisträger. Auch der Braunschweiger Maler **Götz von Seckendorff** ↑[1] nimmt am Wettbewerb teil und berichtet seinem Bruder über die Entscheidung der Jury: „Braunschweig hat sich blamiert in seiner stumpfsinnigen, taktlosen Borniertheit. Du mußt nämlich wissen, daß die tadellosesten Plakate da sind. [...] Der Lehmann aus Braunschweig, der bei Stuck in München gewesen ist, hatte 5 sehr gute Sachen da." Auf einer Ausstellung im Herzoglichen Museum in Braunschweig (heute HAUM) zeigt Lehmann im November des gleichen Jahres erneut seine fünf Plakatvorschläge, verschiedene Exlibris und Porträts, Alt-Braunschweiger Ansichten sowie Ölbilder von der Italienreise. Das Museum stellte damals permanent zwei Säle im ersten Stock für Ausstellungen von Gegenwartskünstlern aus ganz Deutschland zur Verfügung.

1908 fand in Riddagshausen ein Malkurs der besonderen Art statt. Der Münchener Professor Charles Johann Palmié wohnte im Gasthof „Grüner Jäger" und ging täglich mit einer ganzen Schar Malerinnen und Maler an die Teiche, um mit ihnen Freilichtmalerei in neoimpressionistischer Manier zu üben. Wie Claude Monet es vorgemacht hatte, wurde ein bestimmtes Motiv in wechselndem Tageslicht gemalt. Zahlreiche Versionen entstanden. Es ist anzunehmen, dass Lehmann, dem

die Kritiker in den folgenden Jahren bescheinigten, er sei stark von Palmié beeinflusst worden, an diesem „Workshop" teilnahm. Ein Foto zeigt ihn im Freien an der Staffelei, vor ihm zwei malende Damen mit riesigen Hüten. Eine der Kursteilnehmerinnen war sicher die Br. Malerin Anna Löhr. Nach ihrer Ausbildung an der Malerinnenschule in Karlsruhe hatte sie in München Charles Palmié und seine Malweise kennengelernt. Sie reiste mit ihm nach Frankreich. Wenn er in Braunschweig ausstellte, half sie ihrem Meister beim Hängen der Bilder. Die Braunschweiger Kritiker und ein Teil des Publikums bemerkten – die einen entsetzt, die anderen erfreut – einen Wechsel von Anna Löhrs konventionellem Realismus mit stumpfen Farben zu einer bunten Tupfenmalerei, in der das exakte Abbilden von Formen zurücktrat zugunsten von schillernden Lichtstimmungen – ein Stilwandel, der antifranzösische Ressentiments weckte. In ihrem Atelier an der Humboldtstraße unterrichtete Anna Löhr Schulmädchen und junge Frauen im Malen und Zeichnen, unter ihnen Käthe Evers und Elsa Daubert, die beide erfolgreiche Malerinnen wurden. Sie waren befreundet mit **Emmy Scheyer** †[1]. Vielleicht hat auch sie an Palmiés Kurs in Riddagshausen teilgenommen. Gustav Lehmann schuf für sie 1909 ein Exlibris, das einen Amor mit Blumenstrauß zeigt, was zu wilden Spekulationen Anlass gibt. Sicher ist, dass die beiden 1910 in Viareggio Bilder malten, die sich sehr ähnlich sehen: im Kanal liegende Segelschiffe in Orange und Gelb, die Mole von Anglern belebt, hinter ihnen Lagerhallen in Fachwerkbauweise. Beide malten mit kurzen Pinselstrichen oder Tupfen, mit mutigen Kontrasten und den leuchtenden Farben der „Fauves".
Noch vor dem Italienaufenthalt von Gustav Lehmann und Emmy Scheyer (an dem die etwas jüngeren Käthe Evers und Elsa Daubert nicht teilnehmen durften, ihre Mütter untersagten es ihnen) zeigte Lehmann im Salon der Braunschweigerin Ottilie Witting (der Witwe des Konfektionshändlers Louis Witting) und anschließend im Herzoglichen Museum einige seiner Werke, von denen die Porträts und eine Winterlandschaft besonders gerühmt wurden. In München war er mit sechs Arbeiten auf der „Ersten Deutschen Juryfreien Kunstausstellung" vertreten. Für ein „Bildnis eines jungen Herrn" verlangte er dort stolze 3.000,- Mark. Vielleicht handelte es sich um das Porträt seines Braunschweiger Malerfreundes und Schülers Albert Hamburger, der mit ihm viele Stunden beim Malen im Raum Braunschweig, in Oberbayern und Italien zubrachte. Hamburger nahm zusätzlichen Unter-

richt in München und Berlin. Nur wenige seiner Werke sind heute bekannt: ein Selbstbildnis und Porträts mit monochromem Hintergrund, ein italienischer Straßenzug und ein Zyklus der vier Jahreszeiten. Ein Foto zeigt ihn beim Malen am verschneiten Tegernsee, wo sich auch Gustav Lehmann aufhielt, um Winterlandschaften zu malen. Überliefert ist ferner eine Postkarte, mit der Emmy Scheyer und Albert Hamburger ihrem Lehrer in München in scherzender Weise mitteilen, sie seien todunglücklich, dass sie nach Braunschweig zurückkehren mussten. Hamburger weine und könne sich nur mit dem Gedanken trösten, dass Gustav Lehmann ein Porträt von ihm male.

Im März 1911 schreibt der Umschwärmte in akkurater Handschrift der Direktion des Herzoglichen Museums eine andere Postkarte mit der Frage, „ob vom 1. April für die Dauer von wenigstens 3 Wochen hintereinander Platz für die Ausstellung von etwa 20 Gemälden wäre." Er werde seine Werke eigenhändig aufhängen. Die Ausstellung kam zustande, die Kritiker wiesen ihre Leser darauf hin, dass die Werke „in der Art Palmiés gemalt sind." Lehmann verkaufte vier Landschaftsbilder (zwei davon mit Motiven aus Italien) an stadtbekannte Persönlichkeiten: Rechtsanwalt Dr. Otto Lipmann, Professor Richard Krukenberg und Wilhelm Brachvogel, den späteren Schwiegervater von **Otto Ralfs** †[1]. **Peter Lufft** † bestätigte 1985, dass bei den Eltern von Käte Ralfs „neoimpressionistische, pointillistische Bilder von Palmié und Lehmann" hingen, die damals „als das non plus ultra der modernen Kunst galten."[2]

Im Sommer 1911 arbeitet Lehmann erneut in Viareggio und in Torbole, einem bei Malern sehr beliebten Ort am Gardasee, wo viele Bilder seines Mentors Charles Palmié entstanden waren, der im Juli 1911 ganz überraschend in München starb.

In der zweiten Jahreshälfte zeigt Lehmann auf der Zweiten Ausstellung der „Juryfreien" in München ein Selbstbildnis und drei Landschaften. Außerdem malt er 1911 ein Porträt des prominenten Br. Augenarztes Max Maertens, in seinem geliebten Garten lesend, „rings umwoben vom Sonnenlicht, das durch die Zweige flutet", wie der Kritiker der „Neuesten Nachrichten" lobt. Mit seiner „Technik der Farbenzerteilung, der Auflösung aller Linien", mit der die meisten Ausstellungsbesucher Probleme hätten, weil sie vor allem eine Ähnlichkeit, ein „Nachmalen der Züge Strich für Strich" wünschten, gelinge es Lehmann, ein Porträt „von der rein malerischen, der farbigen, nicht der zeichnerischen Seite anzufassen."

Etwa 1912 kann er seine Fähigkeit, Menschen zu porträtieren, erneut unter Beweis stellen. Er erhält den Auftrag, nach Photographien Zeichnungen von allen Braunschweiger Pastoren herzustellen, die als Lithographien gedruckt werden. Es gelingt ihm mit Bravour. Die Hell-Dunkel-Werte wurden ausschließlich mit horizontal angeordneten Linien, kurzen Strichen und Punkten erreicht. Die Lithos erfreuen sich als Konfirmationsgeschenke großer Beliebtheit.

Im Frühjahr 1912 zeigt Lehmann im StM ein Bild, das er in Viareggio gemalt hat, und zwei Frühlingsmotive, die in Riddagshausen entstanden sind. Mitte April schreibt er dem Direktor des Herzoglichen Museums voller Stolz aus seiner Wahlheimat München: „Zur Zeit habe ich hier in Brakls Kunstsalon eine Kollektiv-Ausstellung, mit der ich großen künstlerischen Erfolg gehabt habe, so daß sich unter anderen auch die ‚Jugend' das Reproduktionsrecht mehrerer Arbeiten gesichert hat." Das Kunsthaus von Franz Josef Brakl galt neben der Modernen Galerie von Heinrich Thannhauser als beste Adresse für Gegenwartskunst. „Lehmann ist eine der Hoffnungen der neueren Malerei", schrieb der Rezensent und fuhr fort: „Seine neoimpressionistisch hingesetzten Bilder sind von bestrickender Unmittelbarkeit und ungeheurer Frische; besonders hervorgehoben werden müssen einige Veduten italienischer Städte, bei denen sich wärmste Farbenpracht mit bestem struktivem Gefühl für das Bildganze eint." Ein anderer Kritiker hingegen wies auf den Umstand hin, dass Lehmann neben den „Cubisten und Futuristen" bereits altmodisch wirke und stellte fest, „daß heute alle diese Richtungen fröhlich nebeneinander um die Gunst ihres Publikums ringen!"

Das kümmerte den Erfolgreichen wenig. Zahlreiche Fotografien zeigen ihn fröhlich lachend im Kostüm eines spanischen Stierkämpfers und in anderen Verkleidungen, die er trug, als er an den berühmten Münchener Künstlerfesten teilnahm.

Dass Lehmann bei Brakl ausstellen konnte und die Zeitschrift „Jugend" mehrere seiner Bilder vierfarbig abdruckte, machte ihn vollends zum Shooting Star. Vom Erfolg beflügelt arbeitet er im Sommer 1912 erneut in Oberitalien, in Sestri, und ein erstes Mal in der Nähe von Neapel, in Terracina. Im September 1912 schreibt er **Paul Jonas Meier** ↑, dem Direktor des Herzoglichen Museums: „Es liegt eine schöne, arbeitsreiche Zeit hinter mir, die mich, so hoffe ich sagen zu dürfen, in meiner Kunst bedeutend gefördert hat", und fragt ihn selbstbewusst: „Wäre denn an eine etwas umfangreichere Ausstellung gar nicht zu denken? Ich rechne auf sehr großen Besuch und befürchte, daß meine Arbeiten zu eng gehängt werden müssen." Er habe die Absicht, „einen kleinen Führer mit mehreren Reproduktionen aufzulegen, wie es in großen Städten in Kollektivausstellungen üblich ist." Im gleichen Schreiben bittet er um „Genehmigung zur Kopie des großen Rembrandt und des Vermeer" in den beiden Wochen vor dem Ausstellungsbeginn. Er erhält die Zusagen und erzielt an einem einzigen Sonntag fast 500 Besucher und mehrere Verkäufe. Die Feuilletons feiern nicht nur ihn und seine 37 Bilder mit ihren hell flimmernden Farben in den Werken von 1911, bis „an die Grenzen unharmonischer Buntheit" gesteigert in den jüngsten Arbeiten von 1912, sondern auch das Museum, das „talentvollen Künstlern Räume zur Ausstellung ihrer Werke zur Verfügung stellt."

Als Lehmann auch im November 1913 im Herzoglichen Museum einige Bilder ausstellt, werden vor allem seine Porträts gerühmt. „Die wichtigsten Züge der Personen sind mit großer psychologischer Feinheit herausmodelliert, man glaubt eine Charakteranalyse jedes einzelnen geben zu können." Herausragend sei das – bis heute leider nicht wieder aufgefundene – „Porträt des Museumsdirektors Geheimrat Meier."

Aus dem Jahr 1914 ist zur Zeit nur ein Bild in einer neuen, flächigen Malweise von ihm bekannt, das östlich von München, in Fürstenfeldbruck gemalt worden ist, wo sich immer wieder Malerinnen und Maler einige Wochen lang aufhielten. Auch Elsa Daubert und Käthe Evers setzten in dieser Zeit ihre Malstudien bei Lehmann fort. Dann der Schock für seine Freunde, Freundinnen und Bewunderer: Am 22. Juli 1914, kurz nach seinem 31. Geburtstag, stirbt Gustav Lehmann im Krankenhaus Prien am Chiemsee nach einer Blinddarmoperation.

„Viele Verehrer und noch mehr Verurteiler" habe Lehmann in seiner Vaterstadt gefunden, schreibt ein Kritiker, als das Herzogliche Museum im März 1916 eine Gedächtnisausstellung für ihn und seine beiden Kollegen Albert Hamburger und Günther Brakebusch (die beide im Weltkrieg gefallen waren) ausrichtet. (Gilbert Holzgang)

⌂ **Touristischer Hinweis**: Im StM Br. werden drei Ölbilder und die erwähnte Postkarte aufgehoben, im BLM das erwähnte Raabe-Porträt.

❖ **Quellen- und Literaturangaben**: **1** StA Br. D I 12; **2** Arbeitsberichte aus dem StM Br., Peter Lufft, Das Gästebuch Otto Ralfs. Br. 1985, S. 7. – Archivalien privat, HAUM, StA Br., BZ u. Münchener Zeitungen. **Foto**: Privat.

Peter Lufft
(31.12.1911 – 21.11.1997)
Schriftsteller, Maler, Galerist, Flaneur, Bonvivant

Mit Peter Lufft tritt uns eine das Braunschweiger Kulturleben von der Nachkriegszeit bis in die 1990er Jahre verbindende und in einigen Bereichen bestimmende Persönlichkeit entgegen.

Peter Lufft, geb. am Silvestertag 1911, verbrachte seine Jugend in Braunschweig. Aus „bestem Hause" – sein Vater war Ingenieur und maßgeblich in der Leitung der Miag-Werke tätig – wuchs er mit einem Bruder und einer Schwester im östlichen Ringgebiet (Herzogin-Elisabeth-Straße) auf.

Schon als Schüler des Wilhelm-Gymnasiums (WG) interessierte er sich für die in Braunschweig zu sehende Kunst; im Herzog-Anton-Ulrich-Museum lernte er die europäische Malerei kennen und bei der damaligen Sammlung von **Otto Ralfs** ↑[1] traf er die Moderne, die ihn zeit seines Lebens begleiten sollte. Ein Reisefoto von 1928 zeigt den jungen Mann skeptisch-souverän inmitten des quirligen Pariser Großstadtlebens, ebenfalls eine Liebe, die ihm erhalten blieb.

Am WG machte er auch Bekanntschaft mit der „Spielschar" Wilhelm Lehnes, den er später in seinem Werk „Profile aus Braunschweig" porträtierte. Die dort aufgeführten Oster-, Sonnenwend-, Krippen- und mittelalterlichen Volksspiele waren der Beginn einer lebenslangen Leidenschaft fürs Theater und der Lust auf Auftritt und pointierten Dialog – und damit vielleicht auch ein Grund für sein Verlassen der Anstalt nach einem effektvollen Bonmot: Ein nationalbewusster Lehrer trug der Klasse mit leichtem Pathos vor: „Amerika den Amerikanern – und Deutschland den Deutschen!" Der aufmerksame Pennäler Peter: „Und Schöppenstedt den Schöppenstedtern!" Dies wurde als schwere Provokation empfunden und führte zum Verweis von der Anstalt, wie Lufft noch in den Neunzigern mit einem gewissen Stolz sowie leichter Ironie berichtete.

Das Abitur legte Lufft dann 1933 in Peine ab, wo er sich auch anschließend bei den „Peiner Nachrichten" erste Sporen im Lokaljournalismus verdiente. Einer seiner ersten Aufträge war ein Bericht über das so genannte Peiner Freischießen im Juli 1933, zu dem er reflektierend meint: „Ein Schützenfest nämlich ist bei mir eine große Sache. Da war vorerst das Kasperletheater, und wenn ich davon rede, so mußt Du wissen, daß ich ein erwachsener Mensch bin mit seinem Verstand und seinen Grundsätzen. Aber hier ist das anders. Ich bin schon in vielen Theatern gewesen, habe den ‚Wilhelm Tell' gesehen und ‚Oberon', aber ich muß sagen, wo ein Kasten am Wege steht, aus dem das Kasperle herausschaut mit einem Prügel, den es an den blanken Holzhelm des Schutzmannes haut, dann kann ich da einfach nicht vorübergehen."[1]

1934 nimmt er das Studium der Publizistik, Theaterwissenschaft und Kunstgeschichte in Lausanne auf. Im Jahr darauf wechselt er nach Zürich, das ihm für neun Jahre zur neuen Heimat werden sollte. Von Anfang an absolviert er ein enormes Allround-Programm der kulturellen Bildung und der Lebenslust: Theater, Kabarett, Wandern, Schwimmen, Museum, Kino, Geselligkeit, Seminare, Exkursionen, Französisch-Kurs und immer wieder „Photographieren" wechseln sich über Monate fast täglich ab; daneben oft jeden Tag mehrere Briefe an Freunde und Bekannte, die er bald in der Schweiz hat.

Unter Leitung seines Lehrers Gotthard Jedlicka arbeitet er sich in die Bildwelten vor allem der Franzosen und der Italiener hinein. Erhaltene Vorlesungsmitschriften zeigen einen akribisch beschreibenden und formvollendet formulierenden Studenten, dessen Arbeit Jedlicka sehr schätzte. In einer Empfehlung von 1937 schreibt er an einen Verlag: „Unter den Studenten, mit denen mich meine Tätigkeit an der Universität Zürich zusammenbringt, befindet sich ein deutscher Maler, Schriftsteller, Photograph, der zugleich eingeschriebener Student ist. Er ist mir in meinem Seminar durch sein außergewöhnlich gutes Auge, durch seinen Ernst, seine Gründlichkeit, seine Sprachbegabung aufgefallen."[2]

Auch seiner Theaterneigung der Schulzeit geht er im Kreis der Züricher Studenten nach und beteiligt sich z.B. an Historienspielen. Er lernt auch seine spätere Frau Sophie Goldschmid aus dem eleganten Vevey bei Montreux am Genfer See kennen. Mit der Hochzeit 1938 wird die junge Familie Teil der Schweizer Gesellschaft und kann ihren bald geborenen drei Söhnen eine anregende Jugend in der weltläufigen Metropole bieten. Der Familienvater vertieft mit Ausdauer und Energie seine Studien und beginnt die Malerei mit leichten Landschafts- und Stadtszenerien in impressionistischer Manier, die er zeitlebens beibehalten wird.

In der Fotografie, die er seit der Schweizer Zeit intensiv betreibt, versucht er sich im Porträt und in der Landschaft, sammelt Motive im Zürcher Straßenszenen, bis er sich entschließt, nach dem Vorbild von Jedlickas Zürich-Buch (Fotos: Gotthard Schuh) seine Heimatstadt Braunschweig in Bild und Text, in Stimmung und Geschichte festzuhalten. Trotz seiner guten Position in der Schweiz, deren Kulturszene er intensiv in sich aufnimmt (die Sammlung Reinhart in Winterthur wird z.B. für ihn zu einem festen Bezugspunkt), pflegt er weiterhin die Verbindung zu Braunschweig und seinen zahlreichen Freunden dort. Nach Verhandlungen mit Verlagen in Berlin, Dresden, München und Braunschweig, die sich über zwei Jahre hinziehen, wird er sich 1939 schließlich mit dem Verlag Westermann grundsätzlich über den Druck seines Buches „Braunschweig – Bilderbuch einer deutschen Stadt" einig. Das anschließende Feilschen um Text und Bild im Detail sagt viel über den Kampf zwischen dem internationalen Horizont, den sich Lufft mittlerweile erworben hat, und der inzwischen auf Blut und Boden getrimmten Sprachregelung im Westermann-Verlag, der den Vorgaben der nationalsozialistischen Regierung weitgehend entgegenkommt: Der „Hauptschriftleiter" des Verlages, Otto Ehlers, schreibt an Lufft nach Durchsicht des eingereichten Manuskriptes: „Sie verwenden sehr viel Fremdwörter, die aus einem heute bei uns nicht mehr gebräuchlichen Bildungsdeutsch stammen und sich nicht mehr gut bei uns verwenden lassen."[3] Ehlers gibt gleich die Änderungen vor: Aus Silhouette wird Außenbild, aus individuell wird eigen, aus Attributen werden Gegebenheiten usw.

Nach einer Überarbeitung teilt Lufft mit: „Ich habe in der Tat im Sinne ihres letzten Briefes auch noch einige Abänderungen mehr vorgenommen [...] – Ich fasse dies als ein Opfer auf, das ich im Interesse unserer Zusammenarbeit gebracht habe, obwohl die Streichungen nun weiter gehen, als ich es vor mir selber zu verantworten vermag."[4] Auch in den Bildern drängt **Georg Mackensen** ↑, sein Verhandlungspartner und Leiter des Westermann-Verlages, auf Kompromisse, die den „Reichsjägerhof" Riddagshausen und den Flughafen Waggum in das Buch drücken. Im Dezember 1939 wird das fertige Werk ausgeliefert, die Erstauflage ist bald vergriffen.

Die politische Lage in Deutschland beobachtet Lufft sorgfältig und legt umfangreiche Zeitungsausschnitt-Mappen zu einzelnen Themen sowie eine Sammlung politischer Karikaturen zur europäischen Lage an. Eine Auslese der fotografischen Streifzüge jener Jahre zeigte die Galerie Tautz in Braunschweig 1985 unter dem Titel „Peter Lufft – ein Fotograf der Art Deco-Zeit".

Lufft beginnt sich auf Wilhelm Leibl zu spezialisieren und verfasst eine umfängliche Dissertation „Die Bildnismalerei Leibls", in der er alle bekannten Lebensäußerungen des Malers quasi genau so detailliert nachbildet, wie es der Maler mit seinen Bauern und Kirchgängern tut. Auf den 506 Seiten des Originals folgt Lufft in makellosem Erzählfluss seinem Mann vom ersten bis zum letzten Atemzug und lässt den Leser mit dem Gefühl einer lebenslangen Verbundenheit mit Wilhelm Leibl und seinem Werk zurück. (Nur ein kleiner Teil der erschöpfenden Studie ist bisher im Druck erschienen.) Weiter verfasst er Filmkritiken für den „Filmkurier" und die „Deutsche Allgemeine Zeitung".

Zeitgleich mit der Annahme der Dissertation im Juni 1942 greifen die deutschen Militärbehörden zu, und nach langem Rechtsstreit muss er zum Militär in Braunschweig. Die Familie bleibt in Zürich. Nach einiger Zeit der Ausbildung wird Peter Lufft im Januar 1944 nach Weißrussland geschickt. Er liegt mit einer Infanterieeinheit im Partisanengebiet bei Minsk und nimmt an Spähtrupps und Kabarett-Vorstellungen im Schützengraben teil. Bei einem Gefecht am 25. Juni wird er ohnmächtig, von einem aufmerksamen Sanitäter in einen der letzten Züge nach Westen gesteckt und verlässt damit das Land, einen Tag bevor es von Partisanen überrannt wird. Nach einer Zeit im Lazarett dient er noch eine kurze Zeit im Westen Braunschweigs, wird am 11. April von den heranrückenden Amerikanern gefangen genommen und im Juli wieder nach Braunschweig entlassen.

Schon nach einigen Wochen ist er wieder bestens mit seinen alten Bekannten aus Braunschweig in Verbindung und arrangiert neue Kontakte. Otto Ralfs, der schon in den Zwanzigern mit seiner bekannten „Gesellschaft der Freunde Junger Kunst" eine beachtliche Sammlung der Moderne begonnen hatte, eröffnet 1947 wieder eine Galerie in der Feuerbachstraße, und der zurückgekehrte Peter Lufft stellt dort vor allem die hierzulande noch nicht recht bekannte französische Moderne vor. Seine Vorträge über Cézanne, Monet und van Gogh sind heute noch lesbare, runde Studien über die europäischen Impulse aus Paris, die durch die Nazizeit in Braunschweig verdrängt waren. Das Vorwort zur Reproduktion des Ralf'schen Gästebuches (1985) zeigt ihn als profunden Kenner der regionalen Künstlerschaft und ihrer Geschichte seit dem 19. Jahrhundert.

Zusammen mit Gerd Burtchen, Charlotte Wilke-Gmelin und **Heinrich Heidersberger** ↑ gründet Lufft etwa gleichzeitig einen literarischen Zirkel „im Sinne der Serapionsbrüder von E.T.A. Hoffmann", zuerst in einer Privatwohnung, ab 1949 in der Marienstraße als das bald bekannt werdende Künstlerlokal „Der Strohhalm". Hier treffen sich nun die Maler und die Schauspieler des Braunschweiger Staatstheaters, die Lufft in seinen weiter gepflegten Theaterkritiken auf der Bühne beschreibt. Auch nach dem Umzug an den Ritterbrunnen 1955 bleibt der „Strohhalm" für Jahre eines der Braunschweiger „In-Lokale", in dem man die Kunstszene der Stadt sieht.

Nach einer kurzen Zeit als Feuilletonleiter der „Braunschweiger Nachrichten" wird Lufft 1955 als Nachfolger von Otto Stelzer Kurator des Braunschweiger Kunstvereins im „Salve Hospes" und bringt nun die von ihm geschätzten, zu jener Zeit noch wenig bekannten Maler nach Braunschweig: Bonnard, Malewitsch, Kokoschka sowie Heiliger, Baumeister, Rohlfs. Hiermit setzt er die Impulse für die Stadt, die seinen Ruf als Kunstvermittler wesentlich begründen. Anschließend (1961-1962) betreibt Lufft als Kulturreferent in Wolfsburg u.a. den Aufbau der städtischen Sammlung und die Nutzung des Schlosses zu Künstlerwerkstätten.

Während all dieser Engagements beliefert er regelmäßig die örtliche und überregionale Presse mit Kunstbetrachtungen, Theaterkritiken und Reportagen, Interviews und Nachrufen, gelegentlich auch politischen Betrachtungen – sowie immer wieder mit Kochrezepten, insgesamt hunderte von Artikeln. Seine diversen Talente kann Lufft ganz einsetzen als Reiseleiter der Studienfahrten in Frankreich, die er von 1961 bis 1987, manchmal mehrmals im Jahr, meist durch die Provence, auch die Loire entlang und durch Paris führt. Es wird immer eine Kombination aus Architektur, Kunstwerken, Regionalliteratur und französischer Küche geboten, angereichert mit Anekdoten und Histörchen, das ganze jeweils auf einem gemalten Tages-Bulletin angekündigt. Das tändelnde Farbspiel seiner impressionistischen Landschaftsskizzen stimmt auf die Landschaft ein, die Sehenswürdigkeiten werden in Stichworten vorgestellt. Immer wieder wird er vom Veranstalter für Frankreich angefordert und verbindet die Reisen oft mit weiteren Besuchen in der Region oder auch auf Ibiza, einem weiteren

Gebiet, das er sich über die Jahre erschlossen hat. Mit den dortigen Malern (Hans Laabs, Erwin Bechtold u.a.) baut er dauernde Beziehungen auf und eröffnet z.B. im März 1961 die Ausstellung der „Grupo Ibiza 59" im Berliner Haus am Waldsee.

1969 macht Lufft sich mit der Eröffnung der Galerie Querschnitt in der Humboldtstraße als Galerist selbständig und bietet in den 13 Jahren ihres Bestehens mit 64 Ausstellungen eine breite Auswahl von etablierten und neuen Künstlern. Sein Zusammenfügen von figürlich und abstrakt, von konstruktivistisch und naiv, von bewährt und gewagt entspricht in etwa dem Horizont, den er sich in der Schweiz erworben hat. Kontinuierlich vermittelt er auch in Wort und Schrift die aktuelle Szene bei Ausstellungen und in Texten. Die erhaltenen rund 100 Manuskripte von Eröffnungsreden zeigen eine souveräne Einführung in Leben und Werk der Vorgestellten, von Baschlakow über Burtchen, Camaro, Corinth, Edzard, Heidersberger, Kopfermann, Maatsch, Mordmüller, Picasso, Renoir, Straßner, Utrillo, Wilke bis Winner. Seine eigenen Werke werden über die Jahre immer wieder in Einzelausstellungen gezeigt.

Mittlerweile in zweiter Ehe verheiratet (zwei weitere Söhne), sind seine Theaterbesuche mit beiden Gattinnen im Arm dem Braunschweiger Theaterpublikum in Erinnerung; er liefert auch weiter Kritiken für die Braunschweiger „Bühne", das Blatt der Freien Volksbühne, der er als Schauspiel-Fan die Treue hielt.

In dem Bildband „Profile aus Braunschweig. Persönliches über Persönlichkeiten in Bild und Text" (Fotos: Jutta Brüdern) setzt er 1996 noch einmal fast einhundert Br. Prominenten und Menschen ein eindrückliches Denkmal. Seine Gesamtleistung für die Kultur wird 1994 mit der Verleihung des Bundesverdienstkreuzes gewürdigt.

Im November 1997 stirbt Peter Lufft, im Mai 1998 seine zweite Ehefrau Kathrin, geb. Mielke. Das gemeinsame Ehrengrab befindet sich auf dem Magni-Friedhof. (Hans Schaper)

⌂ **Touristischer Hinweis**: Das Kleine Schloss am Wolfenbütteler Schlossplatz, ehemals Ritterakademie, Sitz der Familie Lufft von 1982 bis 1997, ist stilvoll restauriert, jedoch als Privatbesitz unzugänglich.

❖ **Quellen- und Literaturangaben**: **1** Peiner Nachrichten 7.1933; **2-4** Archiv d. Verfassers: 5.7.1937; O.A. Ehlers; Lufft an G. Mackensen 19.7.1939; **3** Westermanns Monatshefte, Berlin 15.6.1939; **4 Foto**: H. Schaper.

Ernst Mackensen
(06.09.1840 – 31.07.1909)
Ingenieur, Eisenbahnbauer

Eine Eisenbahn von Konstantinopel über Konya und Kobané nach Bagdad und Basra bis zum Persischen Golf. Hört sich das nicht nach Phantasiereise, Wilhelm Hauffs Märchen oder 1001 Nacht an? Aber es gibt sie tatsächlich schon lange, die Bagdadbahn, und ihre Realisierung hat sich über viele Jahre hingezogen – weit mehr als 1001 Nacht –, und nicht wenige Historiker sahen in ihrer Existenz einen zusätzlichen Grund für den Ersten Weltkrieg, weil die Interessen der europäischen Großmächte in diesem riesigen Gebiet aufeinander prallten. Heute, im Jahr 2015, möchte wohl kaum ein friedlicher Durchschnittsbürger diese Strecke freiwillig benutzen.

Die Planung dieses ehrgeizigen Eisenbahnprojekts lag in der Hand eines aus dem Herzogtum Braunschweig stammenden Ingenieurs: Ernst Mackensen. Viel ist über seine beruflichen Leistungen bekannt, weniger über den Menschen selbst. Friedrich Anton Ernst Mackensen wurde am 6. September 1840 in Gandersheim in einer Bäckerfamilie geboren. Einem Nachruf ist zu entnehmen,[1] dass er erst in Gandersheim die Bürgerschule und anschließend die Präparande, also das Lehrerseminar, in Wolfenbüttel besuchte, nach dessen Abschluss er allerdings nicht in den angestrebten Beruf ging, sondern eine Ausbildung im maschinentechnischen Baufach anvisierte. Das interessierte ihn einfach stärker. Um dafür praktische Erfahrung vorweisen zu können, machte er eine einjährige Schlosserlehre. Von 1858 bis 1861 studierte er am Polytechnikum in Braunschweig Maschinenbau und Bautechnik.

Da das Eisenbahnwesen zu der Zeit eine vielversprechende Branche war, trat er bei der Herzoglich Braunschweigischen Eisenbahn-Verwaltung zunächst als Ingenieurassistent ein und baute mit an den

Tunnels in Kreiensen und Naensen (vgl. auch **Constantin Uhde** ↑[2]). Ab 1865 beschäftigte sich Mackensen bei der Hannoverschen Südbahn mit den Strecken Northeim–Catlenburg–Herzberg. Da infolge des Krieges von 1866 in Hannover die Bautätigkeit fast zum Erliegen kam, wechselte er 1868 zur Venlo–Hamburger Bahn über, wo er mit dem Bau des Streckenabschnitts Syke–Kirchweyhe und dem Bau der Weserbrücke beauftragt wurde. Zwei Jahre später wurde sein neuer Arbeitgeber die Köln–Mindener Bahn, bei der er 12 Jahre lang blieb. In den Zeitabschnitt fallen wichtige Brückenbauten wie die Weserbrücke in Dreye und die Rheinbrücke bei Wesel, die er als Abteilungsbaumeister plante und betreute. Mit der Verstaatlichung der Eisenbahn wurde Mackensen in den preußischen Staatsdienst übernommen und als Dezernent mit verschiedenen anspruchsvollen Aufgaben betraut wie der Neuerrichtung der oberen Westerwaldbahn, die durch schwieriges Gelände führt. Inzwischen hatte sich Mackensen, dessen Arbeiten auch von höchster Stelle zur Kenntnis genommen wurden, einen Ruf erworben. Deshalb wurde er 1888 zur Eisenbahndirektion nach Bromberg versetzt, wo er die Brückenüberquerung der Weichsel bei Dirschau und Marienburg planerisch vorbereitete und die Dirschauer Brücke selbst ausführte. In Anerkennung seiner Leistung wurde er 1890 zum Eisenbahndirektor befördert und erhielt den Roten Adler Orden IV. Klasse.

Nicht nur die staatlichen Stellen erkannten, wie wertvoll Mackensens Arbeiten waren, auch die Finanzwelt, die im In- und Ausland in vielfältige Unternehmungen investierte, war auf ihn aufmerksam geworden. So erreichte Mackensen und seine Eisenbahndirektion eine Anfrage der Deutschen Bank, ob sie den Eisenbahningenieur als Gutachter einsetzen dürfe. Ein ehemaliger Mitarbeiter Mackensens schreibt dazu: „Der Aufschwung deutschen Unternehmergeistes hatte auch der deutschen Technik unter Führung der Großbanken neue Betätigungsgebiete im Auslande erschlossen. Für die großen Aufgaben, die die Hochfinanz nunmehr aufzunehmen gewillt war, fehlten ihr zunächst die geeigneten technischen Kräfte und so war es nur natürlich, dass sie sich zur Durchführung dieser Aufgaben an die Staatseisenbahnverwaltung um zeitweilige Überlassung geeigneter Sachverständiger wendete."[2] Konkret handelte es sich um die Begutachtung der Nordostbahn Argentiniens, an deren Finanzierung die Deutsche Bank maßgeblich beteiligt war. Der Minister für öffentliche Arbeiten bewilligte Mackensen 1891 einen fünfmonatigen Urlaub, damit er die Bahnstrecken, die der Erschließung des Landes dienten, ebenso bewerten konnte wie die bereits projektierten und schon durchgeführten Arbeiten. Die Zusammenarbeit Mackensens mit der Deutschen Bank fand schon bald eine Fortsetzung, was man wohl nur als einen Ausdruck höchster Zufriedenheit werten kann.

Da die Reichshauptstadt Berlin sehr rasch anwuchs, reichten Pferdebahnen und Omnibuslinien bald zur Bewältigung des öffentlichen Nahverkehrs nicht mehr aus. Deshalb wurde die Frage des Baus von Untergrundbahnlinien diskutiert, dem die Stadtverwaltung Berlins mit äußerster Skepsis begegnete, weil der Untergrund hauptsächlich aus Sand bestand und einen hohen Grundwasserspiegel aufwies. Die AEG und die Deutsche Bank, die sehr an diesem Projekt interessiert waren, wandten sich an den Eisenbahndirektor Mackensen und baten um eine Analyse und Planung für ein unterirdisches Schnellbahnnetz. Das von ihm erarbeitete Konzept wurde nicht insgesamt umgesetzt, aber zunächst einigte man sich mit den amtlichen Stellen auf eine Probestrecke zwischen Treptow und Stralau, die eine Untertunnelung der Spree erforderte. Georg von Siemens, Vorstandssprecher der Deutschen Bank und Aufsichtsratsvorsitzender der AEG, setzte sich intensiv für das Projekt ein und empfahl das Bauunternehmen Philipp Holzmann & Co für den Bau der Pilotstrecke, weil diese Firma bereits Erfahrung im Kanalisations- und Wasserbau besaß. Sie arbeiteten eng mit „dem königlichen Eisenbahndirektor Ernst Mackensen zusammen, der einen Apparat zum Vortrieb von Tunnels in schwimmendem Gebirge erfunden hatte."[3] Das positive Ergebnis dieses Streckenversuchs überzeugte, denn schon am 9. Oktober 1894 wurde der erste Spatenstich für die Berliner U-Bahn getan. Für den Gesamtbau der Berliner U-Bahnen wurde eine eigene Baugesellschaft mit einem Stammkapital von 400.000 Mark gegründet, 15.000 davon legte Ernst Mackensen ein, d.h. er verfügte inzwischen wohl über ein ansehnliches Bankkonto.

Es ergaben sich weitere Arbeiten im Ausland, in der Türkei, als der Verwaltungsrat der Anatolischen Eisenbahn-Gesellschaft anfragte, ob Mackensen bereit sei, bei der Weiterführung um etwa 450 km einer bereits bestehenden Bahnlinie mitzuwirken. Zunächst wurde ihm ein dreimonatiger Urlaub zur Begutachtung des Vorhabens gewährt. „Sein technisches Können, sein Organisationstalent, seine Energie und die Fähigkeit, die örtlichen Verhältnisse richtig zu beurteilen und zu behandeln, hatten sich auch bei dieser Gelegenheit so trefflich bewährt, daß die Gesellschaft den Entschluß faßte, ihm auch die Bauausführung zu übertragen."[4] Dafür erhielt er nach und nach von 1893 an insgesamt sechs Jahre Urlaub vom Minister für öffentliche Arbeiten, sodass er die technische Leitung der „Gesellschaft für den Bau der Bahn Eskischehir–Konia mbH" übernehmen konnte. Deutsche Bankhäuser, insbesondere die Deutsche Bank, beteiligten sich finanziell in erheblichem Maße an den Eisenbahnbauten im Osmanischen Reich. Deshalb konnte Georg von Siemens auch durchsetzen, dass das Bauunternehmen Philipp Holzmann & Co mit den Bauarbeiten beauftragt wurde. Damit war der Firma erstmals der Einstieg in das internationale Baugeschäft gelungen. Da Mackensen und Holzmann bereits in Berlin vertrauensvoll zusammengearbeitet hatten, wurde die Kooperation an dieser Stelle fortsetzt. Das im August 1893 begonnene Projekt wurde im Juli 1896, als Konya erreicht war, erfolgreich abgeschlossen.

Um seine Wertschätzung auszudrücken, verlieh ihm der Sultan 1896 den Medjidié-Orden II. Klasse und im Jahr darauf zeichnete er ihn mit dem hohen Osmanić-Orden II. Klasse aus. Nicht nur durch diese offizielle Anerkennung bekundete der Sultan sein Wohlwollen gegenüber seinem Eisenbahnbauer. Als sein etwa dreißigjähriger Neffe, der Maler **Fritz Mackensen** ↑[2], den Onkel in der Türkei besuchte, bekam er vom Sultan ein Pferd geschenkt, eine noble Geste für den Besucher aus Deutschland. Mackensen jedoch bedeuteten Orden und Ehrenzeichen nicht viel, sie waren ihm aber eine Bestätigung seines Tuns und ein Anreiz zu weiterer unermüdlicher Arbeit. Als die türkische Regierung auf ein Fortführen der Eisenbahnlinie nach Bagdad und bis hin zum Persischen Golf drängte, wurde Mackensen zu weiteren Erkundungsreisen, die zur Vorbereitung dieses Vorhabens erforderlich waren, aufgefordert. Dabei sollten die geographischen, technischen und wirtschaftlichen Verhältnisse der Gegenden erforscht werden, durch welche die künftige Bahnlinie führen sollte. Auch diesmal genehmigte Berlin Urlaub, und in Anerkennung seiner Verdienste, die natürlich auch die deutschen Interessen im Osmanischen Reich betrafen, wurde ihm der Titel Geheimer Baurat verliehen. Noch während Mackensen sich auf Erkundungsreise befand, einigten sich die türkische Regierung und die Bahngesellschaft auf einen vorläufigen Vertrag über den Bau und den Betrieb der Bagdadbahn. Am Heiligabend 1899 unterzeichneten Georg von Siemens und der türkische Arbeitsminister Zihni Pascha dieses Abkommen, nachdem schwierige Verhandlungen vorausgegangen waren. Kaiser Wilhelm II. hatte sich bei einem Besuch im Osmanischen Reich stark zugunsten des Baus der Bagdadbahn unter deutscher Beteiligung ausgesprochen. Da nun absehbar war, dass dieses Projekt längere Zeit beanspruchen würde, beschloss Mackensen, bei der preußischen Regierung um Entlassung aus dem Staatsdienst nachzusuchen; diesem Antrag wurde 1901 stattgegeben. Der Baubeginn für die erste Teilstrecke der Bagdadbahn von Konya bis Bulgurlu (200 km) verzögerte sich noch wegen notwendiger politischer und finanzieller Absprachen. Dann wurde aber unter Mackensens Leitung von Frühjahr 1903 bis Herbst 1904 das erste Stück der Bagdadbahn fertiggestellt, wofür ihm wieder mehrere Orden, deutsche sowie osmanische, überreicht wurden, außerdem verlieh ihm die Technische Hochschule Dresden die Ehrendoktorwürde des Dr. Ing.

Postkarte Mackensens aus Konya an seinen Neffen, Regierungs- und Baurat K. Beust in Braunschweig, angekommen am 10.1.1904.

Da das Vorhaben erneut wegen langwieriger finanzieller Verhandlungen ins Stocken geriet, kehrte Mackensen zunächst nach Deutschland in seine Villa nach Bad Harzburg zurück, wo er allein lebte, denn zu einer Familiengründung war es in seinem bewegten Leben nie gekommen. Den Aussagen seines Großneffen entsprechend, hat man sich bei seiner Villa ein prächtiges, großzügiges Haus vorzustellen, das aber nicht mehr existiert.

Als endlich Mitte Juni 1908 ein Übereinkommen über den schwierigsten Bauabschnitt getroffen war, machte sich der schon längst im Pensionsalter stehende Eisenbahnbauer sofort wieder auf den Weg ins Osmanische Reich. Nun ging es um die Durchquerung des Taurusgebirges mit seinen bis zu 5.000 m hohen Gipfeln. Eine Grobplanung hatte er bei der ersten Erkundung vorgenommen, trotzdem blieb viel Detailarbeit zu leisten. Bereits im Frühjahr 1909 reichte er die genauen Baupläne für die 450 km lange Gebirgsstrecke zur Genehmigung ein, die eine Überwindung von knapp 1.500 Höhenmetern erforderte und 32 Tunnels vorsah. Auch die weiteren Planungsarbeiten für die Reststrecke stellte er im Wesentlichen fertig. Sein sehnlichster Wunsch, diesen, den schwierigsten Teil der Bagdadbahn, noch fertigstellen zu können, ging leider nicht in Erfüllung. Seit einiger Zeit litt er an einer Darmerkrankung und bekam in Konstantinopel den ärztlichen Rat, nach Deutschland zurückzukehren, um seine Krankheit zu kurieren. Stattdessen aber eilte Mackensen zu seiner Baustelle zurück, erkrankte so heftig, dass er nach Pera ins nächste Krankenhaus gebracht werden musste, wo er nach wenigen Tagen verstarb.

Er wurde auf dem Friedhof in Bad Harzburg beigesetzt. Das Grab gibt es nicht mehr, nur das, was Mackensen erdacht und geplant hat, ist noch teilweise vorhanden: die Bagdadbahn.   (Regina Blume)

❖ **Quellen- und Literaturangaben**: 1 Nachruf BLZ 3.8.1909; **2, 4** Geheimer Baurat Ernst Mackensen ✝, in: Zentralblatt der Bauverwaltung, Nr. 68, S. 449, S. 450; **3** Manfred Pohl, Philipp Holzmann. Die Geschichte eines Bauunternehmens 1849-1999, S. 83. **Fotos: 1** wie FN 2; **2** Helmut Breust; **3** Bahnhof Konya 1904, Empfang des dt. Botschafters, BA 137-000487.

Georg Mackensen
(14.09.1895 – 24.02.1965)
Verleger

Wer dem Leiter des Westermann-Verlages zu dessen 60. Geburtstag gratulieren wollte, musste nicht lange im Braunschweiger Adressbuch blättern. Wie Simon Glas (= Georg Seidel), ein Mitglied der Gruppe 47, bemerkte: „Georg Mackensen bewohnt mit seiner Familie einige Zimmer im sechsstöckigen Haus Nummer 66 der Georg-Westermann-Allee. Er wohnt Wand an Wand mit den Maschinen seiner Druckerei, mit den Arbeitsräumen der fünf von ihm geleiteten Verlage, mit der Redaktion der ‚Monatshefte'. Damit ist jedem Kundigen das Wesentliche zur Kennzeichnung des Jubilars schon gesagt."[1] Ausgerechnet als die größeren Luftangriffe auf die Stadt begannen, waren Mackensen und seine Frau Luise 1943 in das Firmengebäude gezogen – „damit ich im Alarmfall immer gleich zur Stelle bin."[2]

Am 14. September 1895 wurde Georg Mackensen im westfälischen Münster geboren. Seine Vorfahren waren Landwirte und Beamte, sie stammten aus Mackensen im Solling. Der Vater Erich Mackensen, ein preußischer Oberst und Kommandeur des Braunschweiger Husarenregiments Nr.17, war mit Frida von Uslar verheiratet. Wie ein Zeitgenosse meint, war es dem Sohn „durchaus nicht an der Wiege gesungen worden, daß er einmal Inhaber eines der führenden deutschen kulturpolitischen und wissenschaftlichen Verlage sein würde."[3]

Nach dem Besuch eines humanistischen Gymnasiums in Braunschweig wurden Georg wie auch sein älterer Bruder Rudolf (geb. 1893) im Br. Husarenregiment Nr. 17 Teilnehmer des Ersten Weltkriegs. Rudolf Mackensen, der später in der Parteihierarchie der NSDAP bis zum Reichsamtsleiter aufsteigen sollte, fiel 1945.

Von 1919 bis 1921 absolvierte Georg Mackensen eine landwirtschaftliche Ausbildung, um anschließend jedoch eine gänzlich andere Berufsrichtung einzuschlagen: Es folgten Lehren in einer Bank und im

Druckereigewerbe. Vermutlich während dieser Zeit lernte Mackensen seine spätere Frau Luise (geb. 1900) kennen, die Tochter des Verlagsbuchhändlers Georg Westermann (1869–1945). Der Enkelsohn des gleichnamigen Firmengründers hatte sich bereits während des Krieges aus der Verlagsleitung zurückgezogen und war zu Beginn der 1920er Jahre auch als persönlich haftender Gesellschafter ausgeschieden. Ein Umstand könnte Georg Westermann mit seinem zukünftigen Schwiegersohn verbunden haben: Die Sympathie für das Husarenregiment Nr. 17. Im Jahre 1909 war im Westermann-Verlag ein zweibändiges Werk über dieses Regiment erschienen, 1922/23 folgten im Verlag Gerhard Stalling die von Georg Westermann bearbeiteten Kriegstagebücher der Braunschweiger Husaren.
Luise Westermann und Georg Mackensen heirateten 1925. Fünf beschwerliche Jahre im Außendienst einer Hannoverschen Großdruckerei schlossen sich an, die ihn bis in die Niederlande führten. Als sich Mackensen als Mittdreißiger die Gelegenheit einer Mitarbeit im Braunschweiger Verlagshaus bot, scheute er sich dennoch nicht, zwei weitere Lehrjahre in München zu verbringen, um dort auch den Verlags- und Sortimentsbuchhandel von der Pieke auf zu erlernen.
Bereits 1931 war Everhard Westermann, ein Bruder Luises, als persönlich haftender Gesellschafter in die Firma eingetreten, Georg Mackensen folgte in gleicher Funktion 1933. Zwei Jahre später übernahm er als „Betriebsführer" die Verlagsleitung, Schwager Everhard wurde sein Stellvertreter. In der Folgezeit wurden Verlag, Druckerei und kartographische Anstalt erfolgreich ausgebaut; insbesondere die Druckerei entwickelte sich zu einem der leistungsfähigsten graphischen Betriebe Norddeutschlands. Bekannt war der Verlag vor allem durch den 1883 erstmals erschienenen „Diercke-Atlas", seine Schulwandkarten und die Zeitschrift „Westermanns Monatshefte".
Georg Mackensen war 1933 in ein Unternehmen eingetreten, das im politisch und parteiamtlich reglementierten öffentlichen Raum tätig war. Infolgedessen näherte sich nun das Vokabular der „Monatshefte" der Sprache der rechten Machthaber an; während sich der kleine Heini aus der fröhlichen Zimmermanns-Fibel in einen Pimpf der Hitlerjugend verwandelte. Insbesondere der „Diercke-Weltatlas" des Schulbuchverlags bildete die aggressiven Territorialansprüche der Nationalsozialisten ab. Hinzu kamen einige – laut Jubiläumsbericht der 1960er Jahre – „unumgängliche Veröffentlichungen",[4] die während der NS-Zeit bei Westermann erschienen.

Trotz einiger Gebäudeschäden konnte die Produktion während des Zweiten Weltkriegs weitgehend aufrechterhalten werden. Nach Kriegsende hielt sich das Unternehmen zunächst mit kleinen örtlichen Aufträgen über Wasser. Der erste größere Druckauftrag war der bekannte, 131 Fragen umfassende Fragebogen der Alliierten, mit dem der Grad der nationalsozialistischen Belastung erhoben werden sollte. Auch Briefmarken gaben die Briten bei Westermann in Auftrag. Allmählich ging es wieder aufwärts: 1948 wurde der Fachbuchverlag gegründet, 1949 folgten „Westermanns pädagogische Beiträge" und die „Geographische Rundschau". Im „Schöngeistigen Verlag" wurden erste Romane junger Autoren sowie Jugendbücher veröffentlicht. Angesichts eines wachsenden Bedarfs an Unterrichtswerken entwickelte sich das Unternehmen zu einem der führenden deutschen Schulbuchverlage. Auch der Neubeginn war – wenn auch unter radikal geänderten Vorzeichen – dem Einfluss der Politik unterworfen: Als 1950 die erste Nachkriegsausgabe des „Diercke-Weltatlas" erschien, musste dessen Deutschlandkarte zuvor von den Bundes- und Länderministerien, den Militärregierungen der Alliierten und dem Zentralverband der Vertriebenen abgesegnet werden.

In der Nachkriegszeit fanden auch 400 Flüchtlinge und Heimkehrer bei Westermann Beschäftigung. Mit Baukostenzuschüssen warb das Unternehmen um Mitarbeiter, die Integration von Alt- und Neubürgern wurde durch ein organisiertes sportliches und musikalisches Miteinander gefördert. Gemessen am Vorkriegsstand gelang es bis 1955, die Mitarbeiterzahl zu verdoppeln.

Im Hause Westermann war Georg Mackensen die bestimmende Person. Obwohl er bei weiter steigenden Beschäftigungszahlen gern von der „Westermann-Familie" sprach, offenbaren Aufzeichnungen über enge Mitarbeiter – „total verklemmt", „Herrenallüren", „schlechter Charakter", „eigenartige Persönlichkeit" – einen eher abschätzigen Blick auf die Menschen seiner Umgebung. Dazu zählen auch zwiespältige Lobesworte für die Führungskraft Lotte S., die deutlich von dem Frauenbild der 1950er Jahre geprägt sind: „Ihre Fraulichkeit weiss sie in anmutiger Art und ohne Raffinesse wohl anzuwenden." Diesem „überdurchschnittlich begabten" Fräulein S. vertraut Mackensen – „sicher ein Wagnis", handelt es sich doch um ein weibliches Wesen – einen kaufmännischen Leitungsposten an. Ist sie doch – offenbar im Gegensatz zu ihren Geschlechtsgenossinnen – „eine Frau mit klarem Verstand und dem Vermögen, logisch zu denken".[5]

Anlässlich seines 65. Geburtstages stiftete Mackensen den nach ihm benannten „Georg-Mackensen-Literaturpreis" für die beste unveröffentlichte Kurzgeschichte. Der Preis war zunächst auf fünf Jahre befristet, als Jury fungierte die Redaktion der „Monatshefte" unter Vorsitz des Stifters. Sie ließ nach der ersten Ausschreibung sämtliche 661 eingesandten Manuskripte unveröffentlicht zurückgehen, da sie ihr keiner Auszeichnung würdig schienen. Als Preisträger des Jahres 1962 wurden Wolfdietrich Schnurre und Siegfried Lenz gewählt. Weitere hervorragende Preisträger der Folgejahre waren unter anderem Marie Luise Kaschnitz, Gabriele Wohmann, Dieter Kühn und Günter Kunert. Zum 125-jährigen Firmenjubiläum 1963 bestand das Unternehmen aus sieben Verlagen, einer kartographischen Anstalt und ausgedehnten technischen Betrieben.

Georg Mackensen hat seinen 70. Geburtstag nicht mehr erlebt. Er starb am 24. Februar 1965 in Braunschweig, versehen mit vielen Auszeichnungen. Die Befristung des Literaturpreises wurde daraufhin aufgehoben, von nun an wurde er zum Gedächtnis seines Stifters vergeben. Ebenso wie die „Monatshefte" hatte der Preis weitere zwei Jahrzehnte Bestand: Letzter Preisträger war 1986 Wilhelm Genazino, ein Jahr später erschienen auch die „Monatshefte" zum letzten Mal.

Da die Ehe von Georg und der erst 1998 hoch betagt verstorbenen Luise Mackensen kinderlos geblieben war, hatte das Ehepaar die Söhne Jürgen und Gerd des gefallenen Rudolf Mackensen adoptiert. 1965 trat Dr. Jürgen Mackensen in die Firmenleitung ein, 1975 wurde dessen Bruder Gerd Geschäftsführer.

Nach einer wirtschaftlichen Krise wurde das Familienunternehmen 1986 an die Rheinpfalz Gruppe/Medienunion veräußert. Heute nimmt die Verlagsgruppe Westermann mit ihren mehr als 20 in- und ausländischen Unternehmen auf dem deutschsprachigen Schulbuch- und Bildungsmedienmarkt die Spitzenposition ein. (Susanne Weihmann)

⌂ **Touristischer Hinweis:** Die Verlagsgruppe Westermann hat ihren Firmensitz in der Georg-Westermann-Allee 66 in Braunschweig.

❖ **Quellen- und Literaturangaben: 1, 3** Akte 2/255, Archiv Westermann; **2** Die Schliessform. Werkszeitschrift [zum Tode Georg Mackensens]1965, S. 8; **4** Hermann Boekhoff, Westermann. Profil eines Verlages. 1838-1963. Ein Jubiläumsbericht, Braunschweig1963, S. 43; **5** Akte 2/404, Archiv Westermann. **Foto**: Archiv Westermann.

Rudolf Magnus
(02.09.1873 – 25.07.1927)
Hochschullehrer,
Pharmakologe, Physiologe

„Technische Schwierigkeiten gibt es nicht", pflegte der Naturwissenschaftler Rudolf Magnus zu sagen. Vordergründig betrachtet könnte sich der Satz arrogant ausnehmen, bei genauerem Hinsehen lässt er jedoch einiges über seinen Autor erkennen: ein Mensch, der die Dinge mit Zuversicht angeht, der Probleme zu erkennen weiß, Lösungen sucht, Wege findet und so Schwierigkeiten überwindet. Und das tat er eigentlich immer in der Zusammenarbeit und im geistigen Austausch mit anderen. So erklärt sich auch neben den herausragenden wissenschaftlichen Leistungen, weshalb er gemeinsam mit seinem Assistenten DeKleijn 1927 für den Nobelpreis nominiert wurde.

Magnus stammte aus einer traditionsreichen Braunschweiger jüdischen Familie. Sein Vorfahr Salomo Magnus (1778–1812) meldete sich 1799 nach Medizinstudium und Promotion zur Einstellungsprüfung in Braunschweig. Da er mittellos war, bat er den Herzog erfolgreich um Erlass der Gebühren. Er erhielt hier seine Zulassung als Militär- und Armenarzt, als erster jüdischer Arzt in der Residenzstadt. „Das Los des Verstorbenen war nicht glänzend und seine den Armen geweihte Tätigkeit kein Vermögen gewinnender Beruf. Der Dank der durch ihn geretteten Armen und die Achtung seiner Freunde ist das einzige Erbteil, das er seiner Witwe und seinen vier Knaben hinterläßt" – so sein Nachruf.[1]

Die Witwe Bella (1774-1851) schickte den Ältesten zum Medizinstudium: Dr. Jacob Julius Magnus (1804-1882) arbeitete wie sein Vater als niedergelassener Arzt. In der dritten Generation wechselten Julius' Söhne in andere Berufsfelder: Karl wurde Bankier, Otto Rechtsanwalt. Der spätere Justizrat Dr. jur. Otto Magnus (1836-1920), der angesehenste jüdische Rechtsanwalt im Herzogtum, heiratete Sophie Isler (1840-1820), die Tochter des Direktors der Hamburger Stadtbibliothek. Das Ehepaar bekam zwei Kinder, den Sohn Rudolf (1873) und sieben Jahre später die Tochter Helene (1880-1971). Sie heiratete 1906 den Maler und Graphiker **Ephraim Moses Lilien**. ↑[1]

Dem kleinen Rudolf wurde viel Aufmerksamkeit zuteil, sowohl von den Eltern als auch von den Großeltern aus Hamburg, die oft anreisten, um die Fortschritte ihres Enkels zu verfolgen. Über die ersten drei Jahre des Kindes weiß man viel, weil Mutter Sophie eine Art

kleines Tagebuch über den Sohn geführt hat. Der Großvater schrieb über den sechs Monate alten Enkel: „Er ist freundlich zu jedermann und wird deshalb von allen gern gehabt. Alles, was um ihn herum geschieht, bemerkt er und ist voller Energie."[2] Sehr früh begann das Kind, sich seiner Familie mit langen Silbenketten mitzuteilen, nur wurde Rudolfs Sondersprache nicht verstanden. Dem Tagebuch lässt sich entnehmen, dass dieses ausnehmend freundliche Kind von großer Entdeckerfreude war, was oftmals zu Missverständnissen zwischen Eltern und Sohn führte, wenn er wieder einmal ein Spielzeug zerlegt hatte. Eine ausgeprägte Eigenwilligkeit veranlasste den Vater zu der Bemerkung, dass Rudolf der geborene Mann für die Opposition sei. Allerdings kommentierte der Dreijährige Geschenke wie Gewehr, Trompete und Säbel mit den Worten: „Angst haben".[3] Die Eltern liebten den süßen, aber sehr dickköpfigen Jungen. Körperliche Strafen lehnten sie beide ab. Denn bekam er für Ungezogenheit eine Strafe angedroht, verlangte er auch, dass sie erfolgen musste. Seine Eltern kümmerten sich mit großer Sorgfalt um ihn.

Die positiven Erfahrungen seiner frühen Kindheit haben Rudolf Magnus mit Sicherheit geprägt und sein Leben nicht unwesentlich mitgestaltet. Über seine Schulzeit hingegen ist wenig bekannt. In einem Lebenslauf schrieb er, dass er viele intellektuelle Anregungen zu Hause erhielt, insbesondere von der Mutter, die sehr belesen war. 1883 bis 1892 besuchte er das Gymnasium Martino-Katharineum in

Braunschweig, das er mit dem Abitur abschloss. Er hebt hervor, dass die dortige Schülervereinigung ihm gute Entwicklungsanstöße vermittelt habe. Magnus tendierte zum Studium der Germanistik, aber schließlich überzeugte ihn der mit der Familie befreundete Chemieprofessor Richard Meyer, dass ein naturwissenschaftliches Studium für ihn doch das Richtige sei.

So schrieb er sich zum Wintersemester 1892 in Heidelberg für Medizin ein und bestand im März 1894 die „Ärztliche Vorprüfung" mit „sehr gut". Eine Unterbrechung im Studium stellte seine halbjährige Militärzeit als Freiwilliger in der bayerischen Armee dar. Danach setzte er seine Studien in Heidelberg fort. Schon früh galten der Physiologie und dem Nervensystem Magnus' Hauptinteresse. Die Hinwendung zu diesen Fachbereichen bestimmte seine wissenschaftliche Entwicklung maßgeblich. Aus der Studienzeit datieren zwei lebenslange Freundschaften mit Otto Cohnheim und Jakob von Uexküll.

Im Januar 1898 bestand Magnus sein medizinisches Staatsexamen mit „sehr gut" und wurde mit einer Arbeit über die Blutdruckmessung mit „summa cum laude" promoviert. Aber schon zuvor, beim Dritten Internationalen Physiologenkongress in Bern 1895, meldete sich der gerade 22-Jährige mit einem Vortrag zur Blutdruckmessung zu Wort, worin er eine verbesserte Art der Messung präsentierte. Es entsprach seiner wissenschaftlichen Auffassung zu versuchen, die Experimente immer unter optimalen Bedingungen durchzuführen, was zu seinem eingangs erwähnten Ausspruch über die technischen Schwierigkeiten passt.

Den Rest seiner Militärzeit, die er als Reserveoffizier abschloss, leistete er wiederum in München ab. Dort hatte er inzwischen seine zukünftige Frau, Gertraud Rau (1875–1947), und deren Familie kennen gelernt, wo er häufig zu Gast war. Der Vater, Großhändler und Bankier, führte ein offenes Haus, in dem Künstler, Maler und Schriftsteller verkehrten. Gertraud selbst studierte Malerei, eine ihrer Schwestern, Elsa, wurde Konzertpianistin. Die Atmosphäre in der künstlerisch orientierten Familie kam Magnus sehr entgegen. Nach dem Ende der Militärzeit fiel die Entscheidung für eine wissenschaftliche Laufbahn, nachdem Magnus von seinem Vater die Zusicherung einer weiteren finanziellen Unterstützung erhalten hatte, bis er selbst in der Lage war, eine Familie zu ernähren. Die Verlobung mit Gertraud, Traudl, wie sie genannt wurde, fand im Juli 1902 statt, die Heirat im Februar 1903. Sie hatte um 1900 etwa ein Jahr lang in Paris den Impressionismus kennengelernt, hatte im Louvre Kopien angefertigt, die sich recht gut verkauften, war an Politik interessiert, hatte ihren Lebensunterhalt als Korrespondentin für eine Münchner Zeitung verdient und – für Frauen ungewöhnlich – rauchte Zigaretten. Die beiden müssen sich sehr gut verstanden haben, denn wie Gertraud sagte, waren sie nie uneins, es sei denn, es ging ums Weihnachtsbaumschmücken.

In abgeschriebener und gebundener Form liegt ein Tagebuch in Briefform an Magnus' Eltern vor, das von einer Englandreise im Sommer 1898 berichtet. Der eigentliche Anlass der Reise ist im Vierten Internationalen Physiologen-Kongress in Cambridge zu sehen, wo Magnus einen Vortrag hielt, der mit viel Applaus bedacht wurde, auch von seinem zukünftigen Chef in Heidelberg. Das Tagebuch berichtet von Treffen mit interessanten Persönlichkeiten, Besichtigungen, Museen- und Theaterbesuchen und von der Rückfahrt durch Holland, nach Amsterdam, wo die Kunst im Fokus stand. „Am Nachmittag ging ich in die Rembrandt-Ausstellung (120 Rembrandt-Gemälde & 200 Zeichnungen – was für eine Schande, dass **Riegel** †[2] nicht das Familienbild aus Braunschweig geschickt hat), wo ich blieb, bis ich rausgeworfen wurde."[4]

Vom Sommer 1898 an hatte Magnus eine Assistentenstelle am Pharmakologischen Institut in Heidelberg inne, und obwohl er in diesem Bereich arbeitete, beschäftigte er sich viel mit Physiologie, um den Effekt, den Medikamente und Drogen ausüben, richtig verstehen zu können. Schon in der Heidelberger Zeit seiner wissenschaftlichen Laufbahn richtete sich sein Interesse immer wieder auf das Nervensystem, wo sich das enge Zusammenspiel von Pharmakologie und Physiologie erweist. Da er seit seiner Studentenzeit an wissenschaftlichen Kongressen teilgenommen hatte, ergaben sich Verbindungen ins Ausland, sodass sich für ihn die Möglichkeit bot, z.B. in den Osterferien für ein paar Wochen in ausländischen Laboratorien und Instituten zu arbeiten und so seine Kenntnisse zu erweitern.

Das war auch im Frühjahr 1908 der Fall, als er nach Heidelberg zurückkehrte und eine Ernennung mit Wirkung von Mai 1908 von Ihrer Majestät Königin Wilhelmina für den ersten Lehrstuhl in Pharmakologie an der Universität Utrecht vorfand. Magnus und seine Familie übersiedelten also nach Utrecht, wo sie sich bald heimisch fühlten und blieben, auch wenn interessante Angebote aus Deutschland kamen, wie aus Halle oder Heidelberg. Das kirchenähnliche Gebäude, Leeuwenbergh, das als Institut diente, war 1567 als Hospiz für Pestkranke errichtet worden und hatte die unterschiedlichsten Funktionen gehabt. Es bot also keine Modernität, sondern einfache Bedingungen herrschten, was Magnus aber nicht störte. Seine Vorlesungen hielt Magnus zunächst auf Deutsch – im Einvernehmen mit Universität und Studenten. Als ihm die Verwaltung 1914 nahelegte, Niederländisch als Unterrichtssprache zu benutzen, entgegnete Magnus, dass er sich in der Fremdsprache nicht so gut auszudrücken vermöge. Man gab nach seitens der Universität. Eines Tages entstand zu Beginn seiner Vorlesung Unruhe unter den Studenten, Magnus wurde etwas unsicher, kontrollierte seine Kleidung, alles war in Ordnung. Er konnte sich das merkwürdige Verhalten nicht erklären, bis er registrierte, dass er seine Vorlesung auf Niederländisch hielt. Von da an blieb es seine Unterrichtssprache.

Der Ausbruch des Ersten Weltkrieges hatte zunächst keine unmittelbaren Auswirkungen auf die inzwischen sechsköpfige Familie, bis Magnus 1915 als Reserveoffizier zum Lazarett in Speyer eingezogen wurde. Von 1916 an arbeitete er am Kaiser-Wilhelm-Institut an der Erforschung von pharmakologischen Therapien nach Giftgaseinsatz. Im November 1917 kehrte er nach Utrecht zurück, nachdem die niederländische Regierung um seine Freistellung nachgesucht hatte. Am Bahnhof empfingen ihn seine Studenten mit Jubel. Die durch den Krieg gestörten Beziehungen zu englischen und amerikanischen Kollegen brauchten eine Weile, bis sie wieder freundschaftlich genannt werden konnten.

Die Familie litt sehr unter dem Verlust der Tochter Dorle, die 1918 an Scharlach starb. Beide, Rudolf und Gertraud, stürzten sich in Arbeit, um über den Schmerz hinweg zu kommen. Sie engagierte sich im Roten Kreuz für deutsche Kriegsgefangene. Er bereitete sein Opus magnum vor: die bedeutendste Monographie zur Neurophysiologie seiner Zeit. Das 704 Seiten umfassende Werk „Körperstellung" von 1924 befasst sich mit Muskelreflexen (Magnus-DeKleijn-Reflexen). Wie wesentlich die Forschungsergebnisse waren, lässt sich daran ablesen, dass eine Übersetzung ins Russische 1964 und ins Englische 1987 erfolgte. Das Werk bildete auch die Grundlage für seine und DeKleijns Nominierung für den Nobelpreis in Medizin 1927.

Neben vielen anderen Aufgaben übernahm Magnus die Vorbereitung des internationalen Standards für Digitalis. Er forschte zu den verschiedensten Aspekten: z.B. zum kardio-vaskulären System, zum Verdauungstrakt, zur Pathophysiologie der Lunge und zur gegenseitigen Beeinflussung von Drogen.

Inzwischen war sein Institut so veraltet und baufällig, dass unbedingt Abhilfe geschaffen werden musste. Die Rockefeller Foundation in New York leistete schließlich einen bedeutenden finanziellen Beitrag für ein neues Institut in Utrecht. Die Planungen und Baumaßnahmen gingen nicht spurlos an Magnus vorüber. Von 1910 bis 1926 beteiligte er sich regelmäßig mit Beiträgen an den Internationalen Physiologen Kongressen und unternahm 1926 in Begleitung seiner Frau eine Vortragsreise durch Kanada und die USA. Zutiefst geehrt fühlte sich Magnus, als ihn die Royal Society zur Croonian Lecture 1925 nach London einlud. Dabei handelt es sich um eine von William Croone initiierte Veranstaltung: Seit 1738 wird jährlich ein Wissenschaftler zu einem Vortrag gebeten und stellt sein Spezialthema vor.

Auf der Rückreise von einem Kongress befiel Magnus ein merkwürdiges Unwohlsein, das ihn veranlasste, seinen Arzt aufzusuchen, der aber nichts Auffälliges diagnostizierte. Also plante die Familie 1927 den gemeinsamen Urlaub in den Bergen. Magnus war schon in Pontresina zum Ausruhen, während der Rest der Familie noch am Tegernsee weilte. Seine geplante Wandertour brach der vorzeitig ab, einen Berg schaffte er, „allerdings mit Schnaufen".[5] Ein Arzt, der ebenfalls im Hotel wohnte, sah nach ihm; es schien alles wieder im Lot. Nachts darauf verstarb er, wahrscheinlich an einer Herzattacke. Den Nobelpreis, der für ihn für wenige Monate danach vorgesehen war, konnte er nicht mehr entgegennehmen.

Die Nachrufe gedenken seiner als eines exquisiten Forschers, als faszinierenden Lehrers, natürlichen Vorgesetzten, Frohsinn verbreitenden Mitarbeiters und einfühlsamen Menschen, der peinlich darauf achtete, dass in seinem Labor kein Tier zu leiden hatte. Seine engsten Mitarbeiter waren sich einig: Rudolf Magnus war ein glücklicher Mensch, der Glück erlebte in seiner Familie, mit seinen Freunden und durch seine Arbeit. (Regina Blume)

⌂ **Touristischer Hinweis**: Villa Magnus, Wolfenbütteler Str. 5.

❖ **Quellen- und Literaturangaben**: **1** Westphälischer Moniteur vom 25. Okt. 1812; **2-5** Otto Magnus, Rudolf Magnus – Physiologist and Pharmacologist 1873–1927, Amsterdam 2002.
Fotos: **1-3** Rudolf, Sophie und Otto Magnus 1908, Tom Peters, Poschiavo.

Wilhelm Mansfeld
(16.10.1875 – 25.12.1955)
Oberlandesgerichtspräsident

An Wilhelm Mansfeld zu erinnern, erfordert zunächst einen Blick in die Familiengeschichte, genauer: in die Juristendynastie Mansfeld jüdischer Herkunft in Wolfenbüttel und Braunschweig.

Sein Großvater Dr. Philipp Mansfeld (1798–1871) war Obergerichtsadvokat und Notar in Wolfenbüttel und Bruder des Medizinalrats Dr. David Mansfeld, der sich als Pionier der Pflege und Betreuung von Kindern große Verdienste in Braunschweig erwarb. Nach ihrer Taufe war die Familie schon lange vor der Nazibarbarei nicht mehr jüdisch, sondern christlich.

Der 1831 geborene Sohn Wilhelm (d.Ä.) durchlief eine steile Karriere in der Justiz. Er wurde 1877 für zweieinhalb Jahre beurlaubt, um Braunschweiger Gesetze (betr. Grundbuch, Forst-, Jagd- und Fischereigesetze und die Ausführungsgesetze) an die neue Reichsjustizgesetzgebung von 1877 anzupassen. Als die Reichsjustizgesetzgebung institutionell verwirklicht wurde, zog die Familie Mansfeld im Oktober 1879 von Wolfenbüttel nach Braunschweig, denn Landgericht und Oberlandesgericht wurden in Braunschweig installiert und Mansfeld wurde erster Präsident des neu gegründeten Landgerichts. Nach dem Tode des legendären OLG-Präsidenten Schmidt im 81. Lebensjahr 1891 wurde Mansfeld OLG-Präsident. Er starb ein Jahr nach seiner Pensionierung im Jahre 1899.

Denkwürdig war die Ernennung seines ältesten Sohnes Richard zum Reichsgerichtsrat in Leipzig im Jahre 1907: Das Herzogtum Braunschweig hatte nach dem Verteilungsschlüssel der deutschen Länder Anspruch auf eine Reichsgerichtsratsstelle in Leipzig. Ab 1897 gab es keinen geeigneten Kandidaten, sodass Preußen die Braunschweiger Stelle vorübergehend besetzte. Erst 1907 konnte Justizminister Trieps den OLG-Rat Dr. Richard Mansfeld benennen, der am 1.6.1907 im Alter von 41 Jahren Reichsgerichtsrat wurde, als einer der drei jüngsten Reichsrichter überhaupt. Er wurde eine der großen Persönlichkeiten des Reichsgerichts und war ab 1922 bis zu seiner Pensionierung im November 1933 Senatspräsident des für Handels- und Gesellschaftsrecht zuständigen 2. Zivilsenats und später Vertreter des Reichsgerichtspräsidenten.

Der zehn Jahre jüngere, 1875 geborene Bruder Wilhelm studierte nach dem Abitur auf dem Martino-Katharineum ebenfalls Rechtswissenschaft in München, Kiel und Berlin und bestand das 1. Examen mit sehr gut und das Assessorexamen mit gut (IIa). Er legte stets Wert darauf, weder Corpsstudent noch Soldat gewesen zu sein und keiner politischen Partei angehört zu haben. Er war mit Karl Steinacker (1872–1944) befreundet und unternahm mit ihm in der Zeit vor dem Ersten Weltkrieg Kunstreisen nach Italien, Paris, Holland, Belgien und in die Schweiz. Aufgrund des jahrzehntelangen Gedankenaustausches mit diesem bedeutenden Braunschweiger Kunsthistoriker und Museumsdirektor wird er an allen Themen teilgenommen haben, mit denen sich Steinacker beschäftigte. Juristisch hatte er ebenfalls einen überragenden Gesprächspartner: seinen Bruder. Den besuchte er mehrmals im Jahr in Leipzig und hatte dort unmittelbaren Einblick in zivilrechtliche Fragen, die sein Bruder gern auf Spaziergängen mit Reichsgerichtskollegen erörterte.

Im Zuge seiner Richterlaufbahn war Mansfeld 1920/21 als Staatsanwalt tätig. Das entsprach einer Braunschweiger Besonderheit. Im Strafprozess gegen den aus Berlin in seine Heimatstadt als Landesschulrat berufenen Ernst Stölzel wegen Nötigung von Untergebenen beantragte er ein Jahr und drei Monate Zuchthaus. Dieser Antrag und einige Wendungen im staatsanwaltlichen Plädoyer lösten im Landtag eine Justizdebatte aus, bei der Ministerpräsident Sepp Oerter (USPD) der Justiz pauschal Klassenjustiz vorwarf und sich zu der Äußerung hinreißen ließ, durch die Richter sei mehr Unheil in die Welt gekommen als durch alle Verbrecher zusammen. Ein knappes Jahr danach stand Oerter, der durch **Otto Grotewohl** ↑[1] ersetzt worden war, selber vor Gericht und wurde, auch durch die Zeugenaussage von Mansfeld, wegen Bestechlichkeit zu vier Monaten Gefängnis verurteilt. Er hatte dem Blankenburger Hypnotiseur Otto Schlesinger, genannt Otto Otto, gegen zweimal 10.000 Mark den Professorentitel verliehen.

1923 wurde Wilhelm Mansfeld Oberlandesgerichtsrat, nachdem er einige Monate zuvor einen Ruf an das Reichsgericht, zunächst als

Hilfsrichter, in Zeiten der Hochinflation und mit zwei Söhnen in der Ausbildung nicht annehmen konnte. In den Jahren vor 1933 blieb ihm wegen der Ungunst der politischen Verhältnisse der ersehnte Posten eines Senatspräsidenten versagt, zumal ab September 1930 hier eine nationalsozialistische Regierungsbeteiligung bestand, ab September 1931 in der Person des teuflischen Dietrich Klagges.

Das einschneidende Jahr 1933 stellte sich für die Mansfelds wie folgt dar: Nach der nazistischen Lesart waren sie Halbjuden, blieben aber von der Entlassung als sog. Altbeamte verschont, die schon vor dem 1.8.1914 Beamte geworden waren. Jedoch wurden Wilhelm Mansfeld alle Nebenämter genommen, die Beisitzertätigkeit im Verwaltungsgerichtshof und im Versorgungsgericht sowie der Vorsitz in mehreren Ausschüssen. Auch Referendare durfte er nicht mehr ausbilden. Seine beiden Söhne, nach der Naziterminologie Vierteljuden: Walter (Jurist), geb. 1908, und Hans (Arzt), geb. 1911, hatten Schwierigkeiten, zu ihren Examen zugelassen zu werden, bestanden diese schließlich mit guten und sehr guten Noten.

Nach dem 1½-jährigen Intermezzo des jungen **Bruno Heusinger** ↑ als Oberlandesgerichtspräsident, der aber die Erwartungen der Nazis nicht erfüllte, wurde dieser Ende 1934 zurückversetzt und Vorsitzender des 3. Zivilsenats. Dort war der 25 Jahre ältere Mansfeld die zuverlässige und lebenserfahrene Stütze des Senats.

In der Beurteilung Mansfelds durch Heusingers Nachfolger Nebelung vom Januar 1937 heißt es, seine Führung sei einwandfrei, er halte sich zurück. Seine politische Zuverlässigkeit sei nicht zu bejahen. Er wird sich nicht jederzeit rückhaltlos für den nationalsozialistischen Staat einsetzen. Letzteres war der Standardsatz bei der Beurteilung von Nichtariern. Die Gesamtbeurteilung lautet: „Sogenannter anständiger Jude".

Rückblickend sagte Heusinger 1953: „Es gab zwischen uns keine Verhüllung der politischen Meinungen. Ich durfte teilhaben an Ihren Sorgen [...]. Vor allem: Ich sah bei Ihnen in die Werkstatt eines hoch gebildeten Richters, der die umfassende Erfahrung mit der Kunst vereinigte, in Schlichtheit und Kürze den tragenden Gedanken einer Entscheidung zum Ausdruck zu bringen. Noch vor kurzem [...] gedachte [ich] wehmütig jener Jahre, in denen wir als Richter zusammenarbeiteten".

Ein Jahr vor Erreichen der Altersgrenze ließ er sich 1939 pensionieren und harrte als in sich gekehrter, für Kultur- und Kunstgeschichte interessierter Mensch, dessen Welt Goethe war, der Befreiung Deutschlands, dem Ende des Spuks, wie er oft sagte, entgegen.

Als die Befreiung kam, brachte sie ihm die berufliche Erfüllung seines Lebens. Er wurde, von den Engländern aufgrund einer „weißen Liste" ausgewählt, bereits zum 1. Mai 1945 Präsident des Oberlandesgerichts und erlangte damit eine Entscheidungsfülle, die der des nicht mehr vorhandenen Reichsjustizministers entsprach. Er konnte selbständig Richter und Justizbeamte einstellen, vorbehaltlich der Zustimmung der Militärregierung. Mit dieser, die gegenüber vom Land- und Oberlandesgericht im Gildehaus auf dem Burgplatz residierte, konnte er hervorragend zusammenarbeiten. Ihm kam zugute, dass er, wie seine Mutter und sein Bruder, ein Faible für England hatte, und wohl auch ganz gut englisch sprach. Jedenfalls wurde er von den Engländern mit offenen Armen aufgenommen und konnte bei den fast täglichen Besprechungen dort viel erreichen. So konnte er Heusinger, als dieser im Herbst 1945 aus der Gefangenschaft zurückkam, von heute auf morgen als Senatspräsidenten einstellen.

Mansfeld hat den Wiederaufbau der Justiz als eine Art Trümmerbeseitigungsarbeit bezeichnet. Nicht nur die Gerichtsgebäude waren schwer beschädigt, sondern die Nazis hatten die Institution Justiz schwer geschädigt. Die Besetzung der Richterstellen mit geeigneten Leuten machte besondere Schwierigkeiten.

Das Oberlandesgericht Braunschweig wurde am 7.11.1945 wiedereröffnet. Seit Oktober 1946 gab es ein Zentraljustizamt für die britische Zone. Dieses setzte die Altersgrenze für Richter im März 1948 auf 68 Jahre fest, sodass Mansfeld zum 31. Juli 1948 seinen zweiten Ruhestand antrat. Er hatte die Freude, dass sein Vorgänger von 1933/34, Bruno Heusinger, sein Nachfolger wurde.

Beim Abschied von Mansfeld aus dem Amt war einhellige Meinung, dass seine Verdienste um den Wiederaufbau der Justiz dank seiner Erfahrung und seiner menschlichen und fachlichen Autorität außerordentlich gewesen sind. Er starb wenige Monate nach seinem 80. Geburtstag. (Dieter Miosge)

❖ **Quellen- und Literaturangaben:** Gerichtliche Personalakten sowie Gespräche mit dem Sohn, Medizinalrat Dr. Hans Mansfeld, nebst von diesem mir überlassene Unterlagen. – Dieter Miosge, Die Braunschweiger Juristenfamilie Mansfeld; Rudolf Wassermann, Zur Geschichte des Oberlandesgerichts Braunschweig, S. 82 ff., beide in: Justiz im Wandel der Zeit, Festschrift des OLG Braunschweig, hg. von Rudolf Wassermann, Braunschweig 1989.

Erwin Marx
(15.02.1893 – 11.01.1980)
**Hochschullehrer,
Ingenieurwissenschaftler**

Elektrische Energieübertragung über weite Entfernungen war in den ersten Jahrzehnten des 20. Jahrhunderts zu einer technischen Herausforderung geworden. Auf diesem Gebiet liegt die technik-wissenschaftliche Bedeutung von Erwin Marx.

Er wurde 1893 als Sohn des Lehrers Paul Hermann Marx und seiner Frau Anna Emilie in Mautitz bei Riesa geboren. Er besuchte das Realgymnasium in Döbeln, an dem er 1912 sein Abitur ablegte. Daran schloss sich ein Studium der Elektrotechnik an der TH Dresden an, das durch den Ersten Weltkrieg unterbrochen wurde. Bei Kriegsausbruch trat er als Einjährig-Freiwilliger in das Leib-Grenadierregiment Nr. 100 in Dresden ein. Er nahm an den Kämpfen an der Westfront teil, wurde zweimal verwundet, mehrfach ausgezeichnet und kehrte als Kompanieführer 1918 aus dem Krieg zurück. Umgehend nahm er sein Studium wieder auf; im September 1920 legte er seine Diplomprüfung ab und wurde Assistent am Institut für Elektrotechnik an der TH Dresden. Ein Jahr später promovierte er bei Professor Johannes Görges über das Thema „Bestimmung der Lage des Erdpotentials in Drehstromanlagen". Es folgten vier Jahre Berufstätigkeit außerhalb der Hochschule. In dieser Zeit entwickelte er den „Marx'schen Stoßspannungsgenerator", der große Bedeutung für die Hochspannungsprüf- und Messtechnik gewann. Am 1. Oktober 1925 wurde Marx zum ordentlichen Professor für Theoretische Elektrotechnik, Hochspannungselektrotechnik und Elektrische Messkunde an der TH Braunschweig berufen. In den folgenden Jahren errichtete er, zusammen mit seinen Elektrotechnik-Kollegen, den Professoren Pungs und Unger, und dem Architekten **Carl Mühlenpfordt** †[1], das Institut für Hochspannungstechnik, dessen Leitung er übernahm. Anfang der dreißiger Jahre arbeitete Marx erfolgreich an der Entwicklung der Hochspannungs-Gleichstrom-Übertragung. Marx erlangte zunehmend Aufmerksamkeit in der Fachwelt, national und international.

Da in der Zeit des Dritten Reichs auch die Stromversorgung für die vorangetriebene „Wehrhaftmachung" Bedeutung erlangte, wurden die Militärs auf seine Forschungen aufmerksam; das Reichsluftfahrtministerium förderte seit 1935 seine Forschungen der Gleichstrom-Übertragung mit Lichtbogen-Stromrichtern. Immer wieder wies Marx in Vorträgen auf die Vorteile der Gleichstromübertragung gerade im Kriegsfall hin. Der 1936 von Hitler verkündete Vierjahresplan sollte Wehrmacht und Wirtschaft kriegsfähig machen. Auch die deutsche Wissenschaft sollte im Zuge von Autarkiebestrebungen und Aufrüstung hierzu einen Beitrag leisten. Zu diesem Zweck wurde 1937 der Reichsforschungsrat gegründet, der in Fachsparten unterteilt und nach dem Führerprinzip organisiert war. Erwin Marx wurde als Leiter der Fachgliederung „Elektrotechnik" in den Forschungsrat berufen, wodurch er in hohem Maße auf die elektrotechnische Hochschulforschung Einfluss nehmen konnte.

Bereits 1933 hatte Erwin Marx sowohl innerhalb der Hochschule als auch in der Öffentlichkeit eindeutig Stellung für die neuen Machthaber bezogen. Als sich der Senat der TH im April 1933 in einer Erklärung solidarisch mit dem verfolgten bisherigen Rektor **Gassner** ↑[1] erklärte, distanzierte sich Marx umgehend von diesem Schritt. Zu Beginn der ersten Vorlesung des Sommersemesters 1933 würdigte Marx die jüngsten politischen Ereignisse in einer kurzen Ansprache; er wies auf das „bewunderungswürdige und zielbewußte Werk unseres Volkskanzlers und Führers Adolf Hitler hin".[1] Marx überreichte dem Institut ein Bild Adolf Hitlers, das im Hörsaal über dem Vortragspult angebracht wurde. Im Herbst 1933 trat er in die SA ein, in SA-Uniform hielt er auch Vorlesungen ab und nahm an Aufmärschen der SA teil. 1938 wurde er zum Truppführer der SA befördert. Am 1. Mai 1937 trat er in die NSDAP ein. In Vorträgen pries er die Erfolge Hitlers und seiner Regierung: die Gebietsanschlüsse, das militärische Widererstarken, die Beseitigung der Arbeitslosigkeit, das Verschwinden von „Parteigezänk und Klassenhass". Dass Forschung den Bedürfnissen der Wehrmacht zugute kommen sollte, war für ihn unstrittig. Seit 1936 war Marx Leiter des neu geschaffenen Außeninstituts der TH Braunschweig.

Nach Kriegsbeginn wurden die Forschungen von Erwin Marx als „kriegs- und staatswichtig" anerkannt, vor allem seine Arbeiten auf dem Gebiet der Gleichstromkraftübertragung. Die Sicherstellung der Stromversorgung war für die Wirtschaft und das Militär ein zentrales Anliegen. Die Luftwaffe versprach sich von der Verwendung unterirdischer Gleichstromkabel den Schutz der Stromversorgung vor Bombenangriffen. Mit der Eroberung Norwegens 1940 setzten sie, unter Ausnutzung der dortigen enormen Wasserkraft, auf den Stromexport von Norwegen nach Deutschland. Marx' Forschungen auf dem Gebiet der Hochspannungs-Gleichstrom-Übertragung erwiesen sich hierfür als besonders nützlich. Entsprechend reichlich flossen die Förderungsmittel. In Watenstedt, auf dem Gelände der Reichswerke-Hermann-Göring, in Lehrte und in Misburg errichtete Marx Versuchsanlagen. Im September 1943 gelang auf der Versuchsstrecke Misburg-Lehrte die erste Hochspannungs-Gleichstrom-Übertragung. Die sich ständig verschärfende Kriegslage führte im Herbst 1944 zur Stilllegung der Marx'schen Versuchsanlagen. Während des Krieges konnte Marx auch für seine Forschungen über die Radar-Störung (Störsender) und über Hochfrequenzerhitzung erhebliche Geldmittel requirieren, und immer wieder gelang es ihm, unter Hinweis auf seine kriegswichtigen Projekte, Mitarbeiter vom Kriegseinsatz freigestellt zu bekommen. Er selbst wurde zu Beginn des Jahres 1942 für militärische Aufgaben eingezogen, nach wenigen Monaten aber erfolgte seine Uk-Stellung. 1944 hielt er im Auftrag der NSDAP Vorträge im „Generalgouvernement".

Erwin Marx wurde am 30. Juni 1945 auf Anordnung der britischen Militärregierung wegen Mitgliedschaft in der NSDAP aus dem Staatsdienst entlassen. Für seine Forschungen interessierte sich die Militärregierung sehr wohl; sie erteilte Marx bereits 1946 die Erlaubnis, seine Forschungsarbeit weiterzuführen. Die Rückkehr auf seinen Lehrstuhl an der TH zog sich allerdings über Jahre hin. Rektor Gassner, der im Frühjahr 1933 der nationalsozialistischen Gleichschaltungspolitik zum Opfer gefallen und jetzt wieder an die TH zurückgeholt worden war, lehnte eine Rückkehr von Marx entschieden ab. In einem Schreiben an den Denazifizierungs-Ausschuss vom 20.5.1946 erklärte Gassner, „daß Prof. Marx für die Hochschule und die Erziehung der deutschen Jugend nicht tragbar ist, denn er hat in der kritischen Zeit 1933 viel dazu beigetragen, dem Nationalsozialismus in der Hochschule den Weg zu ebnen".[2] Fachkollegen traten demgegenüber für seine Wiedereinstellung ein. Fakultät und Senat hielten die Stelle für ihn offen, sie lehnten eine Neubesetzung seines Lehrstuhls ab. Im Entnazifizierungsverfahren, das sich über Jahre hinzog, wurde Erwin Marx zunächst in die Kategorie III eingestuft, was ein Verbot jeglicher Lehrtätigkeit bedeutete. Gegen diese Einstufung legte er Widerspruch ein: Politisch habe er sich nicht instrumentalisieren lassen, er sei der „reinen" Wissenschaft verpflichtet gewesen. Dass die Technikwissenschaften mit ihrer Fachkompetenz durchaus der Kriegspolitik des NS-Systems dienten, wurde in diesen Nachkriegsjahren kaum reflektiert. Durch die 1948 entschärften Entnazifizierungsbestimmungen kam Marx mit Bescheid vom 18. November 1948 in die Kategorie IV, die ihm die Rückkehr an die Hochschule ermöglichte.

Im Wintersemester 1949/50 übernahm er vertretungsweise den Lehrstuhl für Hochspannungstechnik; im April 1950 wurde Marx wieder in seine Rechte als ordentlicher Professor an der TH Braunschweig eingesetzt. Er wurde bereits 1949 Fachgutachter für Starkstromtechnik in der „Notgemeinschaft der Deutschen Wissenschaft" und zum Vorsitzenden der Fachgruppe Elektrotechnik gewählt – das war ein außerordentlicher Vertrauensbeweis seiner Fachkollegen. An der TH Braunschweig gehörte Marx bereits im Wintersemester 1950/51 wieder dem Senat an, er wurde zum Dekan gewählt, wurde 1957 Prorektor, war von 1958 bis 1960 Rektor der TH und 1961 wieder Prorektor. In diesen Jahren konnte Marx die bauliche Gestaltung der Hochschule entscheidend mitgestalten.

Marx war Ehrendoktor der TH Hannover und der TU Dresden. Er starb am 11. Januar 1980 in Braunschweig. Die Karriere des Ingenieurwissenschaftlers Marx war nicht untypisch für das Spannungsfeld von Wissenschaft und Politik in Deutschland in der ersten Hälfte des 20. Jahrhunderts. (Hans-Ulrich Ludewig)

❖ **Quellen- und Literaturhinweise**: **1** NLA Wf. 12 A Neu 16a, Nr. 97; **2** NLA Wf. 3 Nds 92/1, Nr. 41003. – UniArchiv Braunschweig B7M: 7, Bd. 1; Helmut Maier, Erwin Marx (1893-1980). Ingenieurwissenschaftler in Braunschweig, Stuttgart 1993; Daniel Weßelhöft, Von fleissigen Mitmachern, Aktivisten und Tätern. Die Technische Hochschule Braunschweig im Nationalsozialismus, Hildesheim 2012, S. 317-320; Erwin Marx, Lichtbogen-Stromrichter für sehr hohe Spannungen und Leistungen, Berlin 1932; Stromspannungspraktikum, Berlin 1941.

Foto: Der Freundeskreis des Großen Waisenhauses, Braunschweig 2/1959.

Curt Mast
(26.03.1897 – 07.08.1970)
Kaufmann, Likörfabrikant, Politiker

Wenn es um den Kräuterlikör Jägermeister geht, haben manche Wolfenbütteler ihre eigenen Ansichten, z.B. der Künstler Karl Schaper, dessen Wohnung an das Werksgelände der Likörfabrik grenzte. Es ärgerte ihn, als eines Tages „zu allem Überdruß eine sich Tag und Nacht drehende Jägermeister-Leuchtreklame aufs Nachbargrundstück kam. Als Schüler habe er 1937 erfahren, „daß der ‚Reichsjägermeister', wie er genannt wurde, Hermann Göring, in einer frühgeschichtlichen Waldkapelle nahe Wolfenbüttel bei einer ‚Weihestunde' dem Likörfabrikanten gestattete, sein neues Getränk mit dem bekannten Hirsch-Emblem Jägermeister zu nennen."[1]

Mit der Waldkapelle ist die „Weihestätte der deutschen Jägerschaft Hainberg" bei Bockenem gemeint, ein Ort, den der Braunschweigische Ministerpräsident Klagges 1936 für die so genannten Reichshubertusfeiern, die jedes Jahr am 3. November abgehalten wurden, zu einer „Weihestätte" umgestalten ließ, um Göring enger an das Land Braunschweig zu binden. Göring nahm erstmals 1936 und noch einmal 1937 an der Feier teil. Als Curt Mast 1935 seinen Likör auf den Markt brachte, nannte er ihn Jägermeister – Göring wurde nicht um Erlaubnis gebeten, kann also nicht als Pate beansprucht werden. Günter Mast, Curts Neffe, erklärte 1995 auf Anfrage, dass sein Onkel „die Bezeichnung Jägermeister aus dem 1934 geschaffenen und am 1. Januar 1935 in Kraft getretenen Reichsjagdgesetz" nahm. „Dies war naheliegend, weil mein Onkel Jäger war und dieses Gesetz für ihn insoweit Bedeutung erlangte".[2] Das Patentamt in München bestätigt die Angabe: Der Markenname sei am 7.12.1934 eingetragen worden. Das Etikett mit dem Hirschemblem wurde am 27.5.1935 angemeldet. Es huldigt wie auch der alte Gedenkort im Hainberg dem Heiligen Hubertus, dem Schutzheiligen der Jäger. Göring hatte beim Besuch 1936 aber nichts gegen die Verwendung des Symbols.

So wie der Name unterliegt auch die Frage nach der Entstehung des Likörs zahlreichen Deutungsversuchen. Als die Weinhandlung Mast als Folge der Weltwirtschaftskrise vor dem Konkurs stand, präsentierte der Kaufmann Curt Mast plötzlich einen Kräuterlikör, den er selbst nicht komponiert haben konnte, da er als Weinhändler dafür kaum Fachkenntnisse besaß.

Eine Erklärung rankt sich um einen jüdischen Besucher aus Australien, den der damalige Chef Dr. Günther Findel 1984 exklusiv durch die Firma führte. Das war ungewöhnlich und irritierte die Mitarbeiter, denn ein altes Gerücht besagte, dass 1934, als der Firma das Wasser bis zum Hals stand, ein jüdischer Kräuterlikörhersteller aus Oppeln, der früher die jüdische Samson-Schule in Wolfenbüttel besucht hatte, bei Curt Mast erschienen sei, und weil er Geld für die Emigration brauchte, habe er ihm die Formel für den Likör angeboten.

Das Gerücht hält sich bis heute hartnäckig, obwohl es die „Wolfenbütteler Zeitung" 1984 entkräftete: Der ehemalige Samson-Schüler Franz Cassel aus Oppeln, Sohn eines Kräuterfabrikanten, hatte die Schule bis zur Schließung 1928 besucht, dann eine Lehre als Kaufmann und Küfer gemacht und schließlich bis zur Schließung durch die Nazis 1938 im väterlichen Betrieb gearbeitet. Danach folgte die hastige Auswanderung. Nun war er Rentner geworden und hatte viel Zeit und Muße. In einem Schreiben an die Stadt Wolfenbüttel äußerte er den Wunsch, seine alte Schulstadt noch einmal besuchen zu dürfen. So war der ehemalige Likörfabrikant nach Wolfenbüttel eingeladen worden und durch den Stadtheimatpfleger Ralf Busch an die Firma Mast geraten, von der er zuvor nichts gewusst hatte. „Und als man nach zwei Stunden voneinander schied, blieb Franz Cassels Versprechen zurück, Dr. Findel für seine Fachbibliothek noch ein paar sehr wertvolle Bücher über die Küferei zu schicken, für die der Australier gewordene Oppelner Wolfenbüttel-Freund keine Verwendung mehr hat, weil er 1976 seinen Betrieb verkauft und auch keine Nachkommen hat, die an den Büchern Freude haben könnten."[3]

Zur Lebensgeschichte Curt Masts: Sein Vater Wilhelm (1845–1918) aus Wieda gründete 1878 die „Essigfabrik, Weinhandlung und Großdestillation" in Wolfenbüttels Großem Zimmerhof 26, einem ehrwürdigen Gebäude, das Curt 1938 wieder in den historischen Zustand versetzen ließ. Hier wurde er 1879 als 10. Kind von Wilhelm und Emma, geb. Fricke, geboren. Über Kindheit und Schulbildung verraten die Quellen wenig. Er selbst schrieb: „Nach dem Besuch der Volks- und höheren Schulen sollte ich eigentlich auf Wunsch meines Vaters Handelslehrer werden, hatte aber dazu gar keine Lust, weil ich von Kindheit an mich nur für die Alkoholwirtschaft interessiert habe und darin groß geworden bin. So kam es, daß ich nach dem Tode meines Vaters 1918 bereits nach meinem vollendeten 21. Lebensjahre die Firma W. Mast übernahm."[4] Das ist etwas verkürzt, denn er wurde dem Wunsch des Vaters entsprechend 1916 Lehrer und übte diesen Beruf aus, trat aber trotzdem schon 1915 in die Firma ein. Eigentümer wurde er 1917. Seinen älteren Bruder Wilhelm nahm er 1919 in eine OHG auf. Die Firma befand sich zu diesem Zeitpunkt in einem beklagenswerten Zustand, der sich auch kaum verbesserte, als die Gesellschafter 1922 die Essigfabrik schlossen. Sie wollten, um den Betrieb zu erhalten, den Weinhandel um Likörangebote erweitern.

Curts Bruder Wilhelm hatte in Hildesheim eine Lehre als Weinhändler und Destillateur gemacht. Ihm oblag es also, für die Firma ein unverwechselbares Produkt zu entwickeln. Er wusste aber, wie kompliziert es war, einen edlen Kräuterlikör zu komponieren, und benötigte in Wolfenbüttel mehrere Jahre, um zusammen mit Fachleuten den „Jägermeister" zu kreieren. Erst Anfang 1935 war der Likör produktionsreif.

Über die Zusammensetzung darf der heutige Zeitungsleser nur erfahren: „Man nehme 96,5-prozentigen Ethylalkohol, weiches Wasser und 56 Kräuter. Welche Kräuter? Beispielsweise Curcumawurzel, Zimt, Heidelbeeren, Cardamon, Pomeranzenfrüchte, Süßholz, Angostrarinde, Guajakholz… Der Likör besteht nur aus Naturprodukten, nicht aus Essenzen. Wertvoll für den Geschmack ist der Sternanis. Safran sorgt für die Farbe."[5]

Ende 1934 betrugen die Verbindlichkeiten der Firma bei der Gewerbebank 45.000 RM. Ehe die Produktion von Jägermeister anlief, stand die Firma im Juni 1935 kurz vor dem Bankrott, weil sie nicht mehr in der Lage war, ihre laufenden Verpflichtungen zu erfüllen. Als rettender Engel trat der Onkel Hugo Mast auf, ein pensionierter Lehrer aus Helmstedt. Er gewährte der OHG einen Kredit von 30.000 RM, den er durch eine Hypothekenschuld auf seine Grundstücke und eine Barzahlung von 10.000 RM bereitstellen konnte. Hugo verband seinen Kredit aber mit der Forderung, Wilhelm, der seit 1920 verheiratet war und vier Kinder hatte, müsse seine außereheliche Beziehung zu der Jüdin Lieselotte Reis beenden. Diese Affäre beschäftigte Wolfenbüttel über Jahre. Wilhelm sagte zu, und Lieselotte emigrierte 1936 nach Brasilien. Gegen eine Abfindung schied er aus der Firma aus und folgte ihr 1939. Ehefrau und Kinder blieben zurück. Die Firma wurde im Grundbuch nun allein auf Curt Mast eingetragen.[6]

1936 begann der Siegeszug der Marke „Jägermeister", die Curt neben allerlei anderen Likören („Die 7 Trabanten") herstellen ließ, sodass bei Kriegsbeginn die Firma saniert war.

Schon seit Anfang der 1920er Jahre war C. Mast in der wirtschaftsliberalen DVP politisch tätig, in der Stesemann-Partei. 1929 wurde er Stadtverordneter. 1933 wiedergewählt, trat er am 1.Mai 1933, um Einfluss zu behalten, zur Nazipartei über. Seine beschränkten Möglichkeiten in der Kommunalpolitik verlor er aber gänzlich, als 1935 die Freimaurerlogen aufgelöst wurden. Er hatte der Loge Wilhelm zu den 3 Säulen angehört. Das bedeutete „Ämteraberkennung auf Lebenszeit", aber keinen Rausschmiss aus der Partei.

Dass er den von den Nazis verfolgten ehemaligen Geschäftsführer der AOK Wolfenbüttel und SPD-Stadtverordneten Otto Rüdiger in seine Firma aufnahm, war mutig. Als Hitler nach dem Attentat 1944 alle auf freiem Fuß befindlichen Politiker der ehemaligen Linksparteien in KZ-Lager einsperren ließ (sog. „Aktion Gewitter"), kämpfte Mast furchtlos um seinen verhafteten Angestellten und erreichte im Dezember 1944 dessen Freilassung. Man darf ihm sein Bekenntnis glauben, wie er es in seinem Lebenslauf formuliert hat: „Politisch war mein ganzes Bestreben, zwischen den radikalen Parteien ausgleichend zu wirken, denn nur darin sah ich eine günstige Befruchtung für die Wirtschaft und das Wohlergehen meines Vaterlandes."[7] Aber er liebte auch die Nähe zur Macht, war mit Ministerpräsident Klagges befreundet und trank beim Leiter des SS-Oberabschnitts Mitte, Friedrich Jeckeln, und seinem Nachfolger, SS-Gruppenführer Günther Pancke, in der Zuckerberg-Villa Tee.

Wie die Firma Mast das Kriegsende erlebte, berichtete Rüdiger: „Die Weinhandlung und Spirituosenfabrik der Firma Mast übte eine besondere Anziehungskraft aus. Mit Alkohol geht alles besser. Zu Hunderten drangen die Menschen in die aufgebrochenen Lagerräume ein und holten sich z.T. kistenweise die Spirituosen heraus. Selbst Handwagen und andere Fahrgestelle waren zur Stelle, um die Beute zu transportieren. [...] Erst als die Spirituosenfabrik durch die bewaffnete Macht besetzt wurde, ließen die Plünderungen nach."[8]

Der von den Briten als Landrat eingesetzte frühere Braunschweigische Minister **Heinrich Rönneburg** †[2], früher DVP, suchte im Herbst 1945 Kontakt zu politischen Freunden. „Mit Herrn Mast war die Verbindung zu weitesten Kreisen der Wolfenbütteler Bürgerschaft hergestellt und mit ihm ein Mann für die Christlich-Demokratische-Union gewonnen, der wirtschaftliche und persönliche Beziehungen weit über den Rahmen von Stadt und Landkreis Wolfenbüttel hinaus hatte und diese in den Dienst unserer Sache stellte."[9] Im Februar 1946 wurde die CDU Wolfenbüttel gegründet, Curt Mast war also ein Mann der ersten Stunde.

Bei der Entnazifizierung, die für eine politische Karriere wichtig war, holte ihn seine Mitgliedschaft in der NSDAP als Hindernis ein. Er behauptete in einer Anlage zu seinem Fragebogen, er sei nur Anwärter gewesen. Die Briten wussten jedoch, dass er die Mitgliedsnummer 3183016 besessen hatte. Dem Kreis-Entnazifizierungsausschuss lagen Leumundszeugnisse von Freunden, aber auch Beschuldigungen von Feinden vor. Die Briten befürchteten, dass Mast, den sie 1945 dem Bürgermeister Mull als Beirat zugeordnet hatten, nicht objektiv beurteilt werden würde und zogen das Verfahren an sich. Ein Spezialausschuss aus je einem Vertreter der br. Landkreise (ohne Wolfenbüttel) stufte Mast als „nominellen Nazi" ein. Damit galt er als entlastet, behielt seine Firma und konnte auch politisch tätig bleiben.[10] Für den Vorstand in der CDU durfte er wegen der NSDAP-Mitgliedschaft erst nach Abschluss seines Verfahrens kandidieren. Danach wurde er 1946 Stadtrat, Kreistagsabgeordneter und Leiter des Wohnungsamtes (Wohnraumbewirtschaftung und Flüchtlingsbetreuung). Auch die Firma wuchs wieder.

Den großen Aufschwung bis hin zur Marktführerin erlebte sie allerdings erst, als Günter Mast (1926–2011) 1952 in die Geschäftsführung eintrat. Er war der Sohn von Curts Bruder Wilhelm und von der Mutter in Wolfenbüttel aufgezogen worden. 1951 hatte Wilhelm in einem Prozess seinen Bruder zwingen wollen, ihn wieder zum Miteigentümer zu machen. Damit war er gescheitert, aber um die Wogen zu glätten, hatte Curt seinen Neffen Günter in die Firma als Angestellten aufgenommen, jedoch nicht als Miteigentümer.

Wer erfolgreicher Unternehmer ist, der wird in Aufsichtsräte gebeten, steht oft Interessenverbänden vor und erhält viele Auszeichnungen. Curt Mast wurde 1957 mit dem Bundesverdienstkreuz dekoriert und erhielt zu seinem 70. Geburtstag das Große Verdienstkreuz des Niedersächsischen Verdienstordens. Die Stadt Wolfenbüttel schließlich benannte die Straße, an der die Zentrale seiner Fabrik liegt, 1967 in Jägermeisterstraße um.

Genau genommen hätte er sich die Ehrungen mit seinem Neffen Günter teilen müssen, denn der hatte der Firma, die er seit 1958 leitete, ihr unverwechselbares Profil gegeben und sie zum Global Player gemacht. Die „Braunschweiger Zeitung" nannte ihn 1991 den „Macher einer Weltmarke". „Günter Mast begann mit 26 Jahren als Prokurist. Damals wurde das Sortiment bereinigt und voll auf die Marke Jägermeister gesetzt und vor allem ein neues Vertriebskonzept eingeführt. […] Das Geheimnis des Erfolgs sieht Mast in der konsequenten Vertriebspolitik, deren Markenzeichen eine ‚absolute Konditionstreue' ist. Das habe Jägermeister groß gemacht: Jeder im Handel, ob groß oder klein, zahlt dasselbe. […] Mast: ‚Die Konditionstreue ist eine Fessel, die ich meinen Nachfolgern per Satzung angelegt habe. Mein Prinzip war immer: Nicht der Umsatz zählt, sondern der Ertrag'."[11]

Bundesweit bekannt wurde er durch seine Werbeideen. „Ich trinke Jägermeister, weil …" ist bis heute in Erinnerung geblieben. Ein Pferd, das Jägermeister hieß, ein Eishockeyklub mit diesem Namen in Südtirol und schließlich 1973 die Einführung der Trikotwerbung beim Fußballclub Eintracht Braunschweig waren für ihn „Sternstunden der Werbung". Lieb war es ihm dabei, wenn es Proteste gab oder gar Prozesse, denn das erhöhte den Aufmerksamkeitswert. Es ging ihm nie um den Sport, sondern ums Geschäft.

1997 trennte er sich von der Firma, weil er mit der Geschäftspolitik der Eigentümer, Curt Masts Tochter Annemarie Findel und deren Tochter Susan Buschke, nicht einverstanden war. Grollend ging er aber nicht, wie er gegenüber der BZ betonte.

„Und noch etwas: Er sprach das klare ‚A' der Braunschweiger so breit wie nur wenige. ‚Ja, ich bin Klinterklater', sagte er mal. ‚Das ist für mich ein Adelsprädikat'."[12]   (Reinhard Bein)

⌂ **Touristischer Hinweis**: Stammhaus Mast Großer Zimmerhof 26; Familiengrab auf dem Friedhof Lindener Straße, Abt. 19/20.

◈ **Quellen- und Literaturangaben**: **1** Hedwig Zerull, Karl Schaper, Braunschweig 1984, S. 14; **2** Günter Mast an Ken J. Berger am 26.6.1995, Archiv Kumlehn; **3** Wolfenbütteler Zeitung 27.8.1984; **4**, **7**, **10** NLA Wf. 3 Nds, 92-1, Nr. 51494; **5** Wolfenbütteler Zeitung 26.3.1986; **6** NLA Wf. 26 Nds, Nr. 1460; **8**, **9** Detlef Endeward u. a., Wolfenbüttel nach '45, Hannover 1986, S. 29 (Bericht Rüdiger), S. 94 (Bericht Wilhelm Fricke); **11** BZ 4.7.1991; **12** Eckhard Schimpf in der BZ vom 4.3.2011.
Foto: Archiv der Braunschweiger Zeitung, Foto von 1967.

Paul Jonas Meier
(22.01.1857 – 11.02.1946)
Archäologe, Professor, Museumsdirektor

Auch hundert Jahre nach ihrem Erscheinen ist die von dem späteren Museumsdirektor Paul Jonas Meier begründete Reihe „Die Bau- und Kunstdenkmäler des Herzogthums Braunschweig" „aus den Lesesaal-Bibliotheken der Archive und Büchereien unseres Raumes überhaupt nicht mehr fortzudenken."[1] Als detaillierte und fundierte Quellen kunstgeschichtlicher und siedlungskundlicher Wissenschaften sind die sechs Landkreisbände antiquarisch kaum noch zu erhalten, sie wurden daher auch vor einigen Jahren in Teilen neu aufgelegt. Die Persönlichkeit Paul Jonas Meiers zeichnet aus, dass er sich nach seinem Hochschulstudium wiederholt neue Sachgebiete und Aufgabenfelder erschlossen hat, um darin auch ohne eine spezifische fachliche Vorbildung am Ende Bedeutendes zu leisten.

Am 22. Januar 1857 wurde Paul Jonas Meier als Sohn eines Kaufmanns in Magdeburg geboren. Nach der Reifeprüfung studierte er in Tübingen mehrere Semester Alte Sprachen, danach Altphilologie und Archäologie in Bonn. Mit einer in lateinischer Sprache verfassten Dissertation über römische Gladiatorenspiele wurde er 1881 zum Dr. phil. promoviert, um ein Jahr später das Staatsexamen abzulegen. Abgesehen von seinen Jugendjahren hat Paul Jonas Meier den überwiegenden Teil seines langen Lebens in Braunschweig verbracht.

Über persönliche Beziehungen gelangte er 1882 als Lehrer zuerst an das Braunschweiger Martino-Katharineum, später an das Wilhelm-Gymnasium. In nebenberuflichen Forschungen arbeitete er, wie es seiner wissenschaftlichen Ausbildung entsprach, zunächst zu Themen der klassischen Archäologie. Bereits 1886 übernahm er darüber hinaus Aufgaben am Herzoglichen Museum (heute Herzog Anton Ulrich Museum) – „zeitweilig auch ohne geregelte Bezahlung."[2] Dessen Neubau stand damals kurz vor der Vollendung, verschiedene

Bestände sollten vor ihrer erneuten Präsentation noch schnell aufgearbeitet werden. Für die Sichtung des Münzkabinetts konnte Paul Jonas Meier gewonnen werden, obwohl die Münzkunde dem Altphilologen und Archäologen ein völlig unbekanntes Gebiet war.

Rückblickend erwies es sich jedoch als vorteilhaft, „daß er als Außenseiter an diese Dinge herantrat [...]. In dem Kreis der Numismatiker waren die meisten Sammler voll befriedigt, wenn die Einordnung eines Gepräges in ein Katalogsystem geglückt war. Aber erst die Wertung der Münze als Urkunde der Geschichte und der Kunst machte sie zum Objekt ernsthafter Forschung. Meier brachte diese Einstellung aus der archäologischen Schulung mit."[3] Über einen Zeitraum von elf Jahren veröffentlichte er danach bis 1900 zahlreiche Aufsätze vorwiegend zur Numismatik – „Zeugnisse stetigen Fleißes"[4]. Ein Charakteristikum seiner Forschungstätigkeit war es, dass er den wissenschaftlichen Streit liebte – wenn auch gelegentlich unter Verwendung von aggressiv-militärischen Äußerungen („Erwiderung im Felde", „Generalabwehr") und abwertenden Formulierungen („Eiertanz", „hirnverbrannt"), die mit einer sachlich gehaltenen Argumentation nur schwer zu vereinbaren sind.[5]

Seit 1885 verheiratet mit Margarete, geb. Defoy, wurden ihm bis zur Jahrhundertwende die Söhne Burkhard, Ulrich und Wolfgang geboren. Als „einzige jugendlich frische Kraft unter älteren Beamten"[6] wurde Paul Jonas Meier – noch immer nebenamtlich – 1888 Museumsinspektor am Herzoglichen Museum. Durch seine lebendigen Museumsführungen und engagierten Vorträge fiel er dem Leiter der herzoglichen Baudirektion Oberbaurat Ernst Wiehe (1842–1884) auf, der Meier 1892 für die geplante Inventarisierung der Bau- und Kunstdenkmäler des Braunschweiger Landes gewinnen konnte – wiederum ein neues Sachgebiet, in das Paul Jonas Meier sich einarbeiten musste. Dabei setzte sich der „Autodidakt" mit breiter wissenschaftlicher Grundbildung das Ziel, über die Denkmalinventarisation im engeren Sinne hinaus als Grundlage kunsthistorischer Aussagen auch die geschichtlichen Verhältnisse zu berücksichtigen. Mit Übernahme dieses Auftrags schied Paul Jonas Meier aus dem Lehramt aus.

Im Vergleich zur heutigen Mobilität mit Auto und IC war die Anreise zu den aufzunehmenden Objekten für Meier oftmals beschwerlich. Dies geht zum Beispiel aus seinem Dienstreisegesuch vom 13. Juli 1895 hervor, gerichtet an das Herzogliche Staatsministerium. Darin bittet er darum, „daß ich die für den Abschluß des Helmstedter Denkmalwerkes noch erforderlichen dienstlichen Reisen, welche nur bei gutem Wetter vorgenommen werden können und sich daher niemals genau vorhersagen lassen, auch ohne jedesmalige Erlaubniß des Herzoglichen Staats-Ministeriums bis zur Dauer von höchstens 3 Tagen (bzw. 2 Nächten) unternehmen darf."[7] Wie es heißt, soll Meier viele Exkursionen zwischen Parsau und Walkenried, Ottenstein und Helmstedt mit dem Fahrrad unternommen haben.

Auch die Überarbeitung der umfangreichen Texte war wesentlich mühsamer als zur Zeit des Computers. So bittet der Verfasser im Zusammenhang mit dem erwähnten Helmstedt-Band das Herzogliche Staatsministerium darum, einen Erholungsurlaub in einem Sanatorium antreten zu dürfen: „Die letzte Überarbeitung des Manuskripts und die Drucklegung selbst brachten [...] eine so angestrengte Arbeit mit sich, daß ich fast beständig unter heftigen Kopfschmerzen zu leiden hatte und ich fürchten muß, ohne eine besondere ärztliche Behandlung den ganzen Winter über in meiner Arbeitsfähigkeit stark beeinträchtigt zu sein."[8] Der erste Band der „Bau- und Kunstdenkmäler" über den Landkreis Helmstedt erschien 1896. Nach drei weiteren von Paul Jonas Meier verantworteten Bänden wurde die Reihe ab 1907 (Kreis Holzminden) von Karl Steinacker (1872-1944) weitergeführt, dem Assistenten Meiers und späteren Direktor des Vaterländischen Museums.

1894 erhielt Paul Jonas Meier den Professorentitel, drei Jahre später wurde er Lehrbeauftragter an der TH Braunschweig für Allgemeine Kunstgeschichte. Die Arbeit an den „Bau- und Kunstdenkmälern" erschloss ihm bald neue Arbeitsfelder: So begann er, über Museum und Forschungstätigkeit hinaus, sich für die Denkmalerhaltung einzusetzen – ein Thema, das sich angesichts rasch wachsender Städte der Gründerzeit geradezu aufdrängte. Ein Vortrag Meiers im Jahre 1902, der unter anderem den Schutz von Denkmälern in Privatbesitz thematisierte und ein Denkmalschutzgesetz für das Herzogtum Braunschweig forderte, wurde Anlass zur Gründung des ersten Ausschusses für Denkmalpflege im Herzogtum. Zeitweise hatte Meier hier den Vorsitz inne. Als in unmittelbarer Nähe des Braunschweiger Gewandhauses der geplante Bau eines viergeschossigen Miethauses die Gemüter erregte, konnte der Ausschuss den Vorsitzenden der IHK, **Max Jüdel** †[1], dafür gewinnen, an dieser Stelle stattdessen das neue IHK-Gebäude zu errichten, unter Einbindung von Teilen des alten Gewandhauses und angepasst an die historische Architektur.

Ein weiteres Arbeitsgebiet, das sich für Meier aus den Denkmalsinventarisierungen ergab, war die historische Städteforschung, hier insbesondere zu den Anfängen der Stadt Braunschweig. Es war Paul Jonas Meier, der die Bedeutung gewachsener Stadtgrundrisse als Geschichtsquelle erkannte; als Ergebnis seiner Forschungen erschien 1922 der „Niedersächsische Städteatlas Bd. 1" für die braunschweigischen Städte.

Seit 1901 war Paul Jonas Meier als Nachfolger **Herman Riegels** 1[2] Direktor des Herzoglichen Museums, hat jedoch aus verschiedenen Gründen in dieser Funktion kaum Spuren hinterlassen. So hatte nach den Beeinträchtigungen der Franzosenzeit erst Meiers Vorgänger die Reorganisation der Sammlungen abschließen können und den Museumsneubau in Angriff genommen. Allein die Wiederherstellung des Normalzustandes aber hatte die staatlichen Aufwendungen für das Museum nahezu aufgebraucht. Ein großzügiger Ausbau der Bestände war Riegel nicht möglich gewesen und sollte wegen anhaltenden Geldmangels auch unter Meier unterbleiben. Eine Folge dieser Beschränkungen war, dass die bestehenden Sammlungen zu einem „Denkmal der Kunstpflege der Herzöge des 17. und 18. Jahrhunderts geworden"[9] waren. Außerdem gehorchte die von Riegel vorgenommene Neuaufstellung der Objekte dem Konzept, die Sammlung möglichst vollständig zu präsentieren. Um stattdessen zur Ausstellung von wenigen erlesenen Stücken überzugehen, fehlten Vorratsräume, die auch in dem – von Riegel geplanten – Neubau nicht in ausreichender Zahl vorhanden waren. Dennoch war auch Meier darum bemüht, die Museumsbestände behutsam zu erweitern – und sei es anlässlich seiner Dienstreisen: „Die Arbeit an den Bau- und Kunstdenkmälern bot nicht selten die Möglichkeit, aus den Kirchen des Landes Kunstwerke für eine mittelalterliche Abteilung zu gewinnen."[10]

Ein Antrieb seiner rastlosen Forschungstätigkeit und zu den vielen Publikationen, zu denen auch so museumsferne Arbeiten, wie z.B. über den Goslarer Rammelsberg, gehörten, könnten August Finke zufolge die Behinderungen in seinem Hauptberuf gewesen sein: An seinem 70. Geburtstag umfasste die Liste seiner Veröffentlichungen bereits mehr als 220 Titel. Andererseits war es wiederum Paul Jonas Meier, der auf die kunstgeschichtlich bedeutsamen Zusammenhänge hingewiesen hat, die zwischen der Bauornamentik des Doms zu Königslutter und Oberitalien bestehen. Sogar nach Eintritt in den Ruhestand 1924 setzte er seine Forschungen unermüdlich fort. Seine letzten beiden Veröffentlichungen sind den Städten Hameln (1939) und Goslar (1942) gewidmet.

Als die Nationalsozialisten im Land Braunschweig an die Regierung kamen, war Paul Jonas Meier 73 Jahre alt. Längst hatte sich der Professor und Geheime Hofrat (seit 1911) in Braunschweig ein hohes Ansehen erworben, war er durch seine Veröffentlichungen, seine Vorträge und Studienfahrten vielen Menschen bekannt geworden. Anlässlich seines 80. Geburtstages widmeten die „Braunschweiger Neuesten Nachrichten" dem „Hüter steinerner Zeugen"[11] einen Artikel, der Braunschweigische Landesverein für Heimatschutz ernannte ihn zu seinem Ehrenmitglied.

Im November 1942 wandte sich Meiers Sohn Burkhard mit einem besonderen Anliegen an den Direktor des Braunschweigischen Museums für Geschichte und Volkstum (früher Vaterländisches Museum) Dürkop: „Mein jetzt schon recht leidender Vater ist der festen Meinung, dass er die Goethe-Medaille bei seinem 86. Geburtstag [...] erhalten würde, nachdem sie ihm zu seinem 85. Geburtstag vorenthalten wurde. [...] Die von mir längst begrabene Angelegenheit wurde wieder akut, als verdientermaßen Herr Professor Steinacker [Meiers früherer Assistent – d. Verf.] die Goethe-Medaille erhielt."[12] Sogar Ministerpräsident Klagges setzte sich für die Ehrung des Hochbetagten ein. Zuvor jedoch waren noch einige kleine Hindernisse aus dem Weg zu räumen: Der Jubilar sollte versichern, dass er weder einer politischen Partei angehört habe oder der Loge noch gar Jude sei. Den ihm vorgelegten Auskunftsbogen ergänzte Meier daraufhin handschriftlich mit folgenden Worten: „Ich bemerke noch [...], daß kein Tropfen jüdischen Bluts in meinen Vorfahren nachgewiesen ist."[13] Am Ende scheiterte die Verleihung daran, dass den Vorschriften nach ein in Frage kommender Jubliäumstag jeweils durch fünf teilbar sein musste. In dem betreffenden, vom zuständigen Reichsministerium an Klagges gerichteten Schreiben heißt es dazu abschließend voller Zynismus: „Bei dem Gesundheitszustand von Geheimrat Meyer [sic!] ist leider nicht damit zu rechnen, daß er das 90. Lebensjahr erreicht."[14]

In seinen letzten Lebensjahren wohnte Paul Jonas Meier in der Husarenstraße 43. Während die „Bau- und Kunstdenkmäler", diese herausragende Leistung des vielseitigen Forschers, der Nachbarstadt Wolfenbüttel einen eigenen Teilband gewidmet hatten, war das noch unzerstörte Braunschweig mit einem schmalen, nicht mit Abbildungen versehenen Bändchen Meiers und Steinackers von 1906 leider nur sehr unzureichend dokumentiert worden. Auch die erweiterte Ausgabe von 1926 wurde „dem Reichtum der Stadt insbesondere auch an profanen Denkmälern nicht gerecht"[15]. Umso schmerzlicher musste Meier daher 1944 „den Untergang ‚seiner' Stadt [...] miterleben."[16] Nach langer Krankheit starb Paul Jonas Meier 89-jährig am 11. Februar 1946 in Braunschweig. Er und seine 1938 verstorbene Frau ruhen auf dem alten Friedhof der reformierten Gemeinde an der Braunschweiger Juliusstraße. (Susanne Weihmann)

❖ **Quellen und Literaturangaben**: **1, 16** Wolfgang Meibeyer, Paul Jonas Meier (1857-1946). Zur 150. Wiederkehr des Geburtstages des Wegbereiters von Denkmalinventarisation und Denkmalpflege im Braunschweigischen, in: Br. Heimat 2/2007, S. 4 ff.; **2, 5, 15** ders., Paul Jonas Meier. Pionier der historischen Städteforschung in Deutschland und Vater der „Bau- und Kunstdenkmäler" im Braunschweigischen. Zur 150-jährigen Wiederkehr seines Geburtstages, Braunschweigisches Jahrbuch für Landesgeschichte 88, Br. 2007, S. 159-174; **3, 4, 6, 9, 10** August Fink, Paul Jonas Meier (1857-1946), in: Niedersächsische Lebensbilder Bd. 2, Hildesheim 1954, S. 190-199; **7, 8, 12-14** NLA Wf. 12 A Neu Nr. 38794 (Personalakte); **11** BNN 22.1.1937. **Fotos: 1, 2** Prof. Wolfgang Meibeyer.

August Merges
(03.03.1870 – 06.03.1945)
Schneider, MdN, Präsident des Landes Braunschweig, Widerstandskämpfer

Im November 1928 blickte die bürgerliche „Braunschweigische Landeszeitung" mit einem längeren Artikel und einigen Karikaturen ihres Mitarbeiters A.O. Koeppen auf die Revolution von 1918 zurück und freute sich, dass sie die beiden Ikonen jener Tage, August Merges, Präsident der Sozialistischen Republik Braunschweig, und Minna Faßhauer, Volkskommissarin für Volksbildung, dem Gelächter ihrer Leser preisgeben konnte. Die Unterschrift zur nebenstehenden Karikatur lautet: „Schon mein Schicksal beweist, Minna, daß ich ein wahrhaft Großer gewesen bin." – „Ja, August, biste, biste!"[1]

Hinter ihnen hängt ein Gemälde mit anspruchsvollem Rahmen. Merges hat auf dem Thronsessel des Schlosses im Schneidersitz Platz genommen und lässt sich selbstgefällig huldigen. Auch mit der Inschrift „Papa 1918" drückt der Zeichner Geringschätzung aus. Im Vordergrund Minna Faßhauer in Kittelschürze mit einem Korb Konserven, damit soll an ihre Tätigkeit als Arbeiterin in der Konservenindustrie angespielt werden. Im Zentrum der Zeichnung der missgebildete August Merges, der, im politischen Ruhestand, zu seinem erlernten Beruf als Schneider und Kunststopfer zurückgefunden hat.

August Merges, Sohn eines Schlachtermeisters aus Burbach (heute ein Stadtteil von Saarbrücken), wuchs ohne Mutter auf. Sie starb kurz nach seiner Geburt. Als wäre dies nicht schon schlimm genug für ihn, musste sein Vater kurz nach dem Tod seiner Frau 1870 in den Krieg ziehen und überließ den Säugling Pflegeeltern. Dort bekam er Rachitis, eine Krankheit infolge von Vitamin-D-Mangel. Der Kalkmangel führte zur Missbildung des Brustkorbs und zur Verbiegung der Becken- und Beinknochen. Kleinwüchsigkeit, Buckelbildung und Schmerzen begleiteten ihn als Folge durchs Leben.

Nach Besuch der Volksschule gab ihn der Vater in eine Schneiderlehre, weil er glaubte, die sitzende Tätigkeit würde sein schwacher Rücken am ehesten vertragen und das von den Ärzten prognostizierte kurze Leben verlängern. Nach der Lehre ermöglichte er dem begabten Sohn die Fortbildung in einer Zuschneiderakademie in Berlin. Danach ging August Merges auf Wanderschaft, wo er mit dem Gedankengut der Sozialdemokratie vertraut gemacht wurde. 1899 blieb er in Delligsen im Landkreis Gandersheim hängen, wo er als Schneider arbeitete und Minna Hermes zur Frau nahm. Ihre Kinder waren: Albert, Walter, Margarethe, Otto und Elisabeth.

Durch sein Redetalent wurde die Parteileitung auf ihn aufmerksam und beschäftigte ihn in Alfeld und Hildesheim als Funktionär für die SPD-nahe Gewerkschaft. Nebenher war er von 1908 bis 1910 Mitglied im Gemeinderat von Delligsen. August Winnig empfahl ihn nach Braunschweig als Anzeigenwerber für die SPD-Zeitung „Volksfreund", weil er mit seinem spärlichen Gehalt nicht auskam. Die Familie zog also um, aber auch hier musste Merges sein Einkommen durch Kunststopferei aufbessern. Später wurde er Redakteur.

Bei den sich über Jahrzehnte hinziehenden Auseinandersetzungen innerhalb der SPD um die Frage von Revolution oder Reformismus gehörte Merges immer zu den Anhängern der kompromisslosen antiparlamentarischen Richtung, allerdings, wie sich später zeigen sollte, nie zu den Befürwortern bürokratischer Bevormundung durch eine Partei bzw. durch eine von Moskau abhängige so genannte Internationale kommunistischer Parteien.

Mit Ausbruch des Krieges 1914 beginnt für Merges, der kriegsuntauglich ist, die wichtigste Phase seines Lebens. Die Bewilligung der Kriegskredite durch die SPD 1914 bringt ihn in scharfe Opposition zu ihr. Das führt ihn und andere 1915 zum „Revolutionsclub", der 1916 im „Spartakusbund" aufgeht. Es sind Mitglieder der SPD, der Gewerkschaften und des „Bildungsvereins jugendlicher Arbeiterinnen und Arbeiter". Merges ist in Br. ihr Kopf. 1917 bei der Spaltung der SPD in eine sozialrevolutionäre USPD und eine reformorientierte MSPD ist er führendes Mitglied der USPD. Er leitet Streikaktionen gegen den Krieg und im Frühjahr 1918 die „Deserteurzentrale", die vielen Fahnenflüchtigen Unterschlupf gewährt und sie mit gefälschten Pässen versorgt. Als im November die Revolution ausbricht, ist er der Mann der ersten Stunde, hält zündende Reden vor Massen unzufriedener Arbeiter und beginnt den Umsturz zu organisieren.

Auf den Stufen des Residenzschlosses am 8. November 1918: die Mitglieder des Arbeiter- und Soldatenrates (AuSR). Von links: Hermann Meyer, Hermann Schweiß, August Merges, Paul Gmeiner, Henry Finke und der Hauptgefreite Friedrich Schubert, Vorsitzender des Soldatenrates.

Nach der Konstituierung eines Arbeiter- und Soldatenrates am 7. Nov. wurde am 8. ein Generalstreik ausgerufen und eine Gruppe von vier Soldaten und drei Arbeitern gewählt, um den regierenden Herzog zur Abdankung zu zwingen. Ernst August erbat sich Bedenkzeit, telefonierte mit Kaiser Wilhelm und nahm den Verzicht an. Walter Merges, Augusts Sohn, erklärte später, weshalb in der Abdankungsurkunde der Name Merges gestrichen wurde: „Nachdem mein Vater unterschrieben hatte, setzte [er] als Vorsitzender des Arbeiterrates seinen Namen neben den des Herzogs. Dazu sagte der Herzog: ‚Es macht Ihnen doch nichts aus, wenn ich als Soldat dem Vorsitzenden des Soldatenrates gegenüber abdanken möchte.' – Daraufhin erwiderte mein Vater: ‚Wem gegenüber Sie abdanken wollen, bleibt Ihnen unbenommen. Nur der Verzicht ist entscheidend.' Damit strich mein Vater seinen Namen wieder aus und Schubert unterschrieb. Darauf sagte der Herzog: ‚Ich hatte doch gewünscht, daß zu erkennen sein sollte: Vorsitzender des Soldatenrates.' – Daraufhin setzte mein Vater den Ausdruck ‚Vorsitzender des Soldatenrates' [in der Urkunde: Vors. d. S.] hinzu."[2]

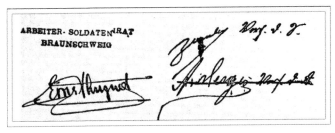

Ausschnitt aus der Abdankungsurkunde des Herzogs Ernst August mit der durchgestrichenen Unterschrift von August Merges.

Bestimmend für die nächsten Monate waren die Redakteure des „Volksfreund" Sepp Oerter (USPD) und August Merges (Spartakus). Sie lenkten den von Betriebsarbeitern und Soldaten gewählten AuSR, der zum Organ der Gesetzgebung erklärt wurde. Am 10. Nov. verkündete er die Sozialistische Republik Braunschweig, wählte August Merges zu seinem Präsidenten und setzte sechs Volkskommissare (Minister) ein. Lediglich das Ressort Volksbildung erhielt mit Minna Faßhauer (Spartakus) und Jean Kautz (USPD) eine Doppelspitze. Die Gesetze über die Aufhebung der kirchlichen Schulaufsicht und über die Religionsmündigkeit mit 14 Jahren brachte Kautz in Übereinstimmung mit Frau Faßhauer in den AuSR ein und erklärte, sie seien von unabhängigen Juristen geprüft, eine Diskussion sei nicht erforderlich. So wurden sie ohne Aussprache einstimmig verabschiedet.[3]

Die folgenden Wochen waren von den Parteikämpfen der ultraradikalen Linken (Spartakus), der radikalen Linken (USPD) und der gemäßigten Linken (MSPD), die **Heinrich Jasper** †[1] leitete, bestimmt. Entscheidend war das Festhalten an allgemeinen Wahlen, das Volkskommissar Oerter gegen den Willen des Spartakus durchsetzte. Die Landtagswahlen Mitte Dez. brachten überraschend die MSPD mit 17 Mandaten an die Spitze, die USPD (die noch den Spartakus einschloss) erhielt nur 14. Die bürgerlichen Kräfte mit dem Landeswahlverband und der DDP erreichten 16 bzw. 13 Sitze. Damit war die Machtfrage entschieden und die Revolution gegen den Willen von USPD und Spartakus beendet. Als am 22. Februar 1919 der Landtag zusammentrat, hatten Merges und Faßhauer bereits auf ihre Mandate verzichtet. Merges, der in der Nationalversammlung in Berlin eine scharfe Rede gegen die Anpassungspolitik der Regierung Ebert-Scheidemann gehalten hatte, legte gleichzeitig auch dort sein Mandat nieder. Der Landtag in Br. beendete mit einer Verfassung die Räteherrschaft.

Nach seinem Scheitern innerhalb der USPD schloss sich der Braunschweiger Spartakusbund der KPD an, auch Merges und Faßhauer traten ihr bei. Als die KPD 1920 aber ihre Teilhabe am Parlamentarismus erklärte, verließen sie sie wieder und verschrieben sich nacheinander anarchosyndikalistischen Splittergruppen. Merges war gegen freie Wahlen, denn „das Kapital sei immer stärker in der Beeinflussung der Menschen"[4], und kämpfte für eine Gesellschaft ohne Staat.

Für eine dieser Splitterparteien, die KAPD, reiste er im August 1920 mit einer Delegation zum Weltkongress der Komintern nach Moskau, wo er gegenüber Lenin, Bucharin und Sinowjew seine Vorstellungen von der Überwindung des Staates durch die Übernahme der Produktionsmittel in gewerkschaftliche Selbstorganisationen vertrat. Diese Position durfte Merges im Kongress nicht vortragen, sodass er mit seiner Delegation aus Protest vor Beginn der Verhandlungen aus Moskau abreiste. Über seine Eindrücke von Sowjetrussland berichtete er in zahlreichen deutschen Städten. Fazit: „Rußland ist zwar das Land, das als erstes die soziale Revolution durchgeführt hat, aber es wird das letzte Land sein, das den Sozialismus durchführt."[5]

Die oben vorgestellte Karikatur hat nicht ganz Unrecht, wenn sie darstellt, dass Merges und Faßhauer nach der Konsolidierung des Parlamentarismus politisch bedeutungslos wurden und wieder in ihren früheren Tätigkeiten arbeiteten. Erst 1933, als der Nazi-Terror das Land überzog, meldeten sie sich noch einmal zu Wort. Merges verfasste das Flugblatt „Hitler bedeutet Krieg und Untergang", das Walter Merges im Schrebergarten seines Vaters druckte und vor dem Arbeitsamt verteilte. Als die Nazis ihre Macht gefestigt hatten, riet August von aktiver Gegenwehr ab: Widerstand zu leisten, das bedeute nur „mit dem Kopf gegen die Wand rennen und Märtyrer schaffen".[6]

Trotzdem ließ er sich von seinem Parteifreund Hermann Schade in eine konspirativ arbeitende Gruppe einbinden, die sich in Schrebergärten traf, sich von Merges ideologisch schulen ließ und Flugblätter produzierte. Für die Gestapo war es ein glückliches Ereignis, dass sie, als sie die Gruppe im Dezember 1934 aushob, Merges und Frau Faßhauer verhaften konnte, bedeutete dies doch, dass sie zwei Repräsentanten der ihnen verhassten Novemberrevolution von 1918 für einen Schauprozess vor Gericht bringen konnte. Merges wurde unter Folter schwer verletzt, eiternde Wunden durften nicht ärztlich behandelt werden. Er musste als Folge der Gewebezerstörung mit einer Knochen-Tbc kämpfen und konnte kaum noch gehen. Das Oberlandesgericht verurteilte ihn zu drei Jahren Zuchthaus. Frau Faßhauer blieb straffrei, wurde jedoch, weil die Gestapo nicht an ihre Unschuld glaubte, für drei Monate ins KZ Moringen eingewiesen.

Merges wurde Weihnachten 1937 wegen Haftunfähigkeit vorzeitig aus dem Zuchthaus in Vechta entlassen, in Braunschweig aber sofort von der Gestapo in Präventivhaft genommen und ins Zuchthaus Wolfenbüttel überführt, denn „durch seine wiedererlangte Freiheit gefährdet Merges zweifellos die öffentliche Ruhe, Sicherheit und Ordnung in erheblichem Maße, da er sich zweifellos zu neuen illegalen Straftaten hinreißen läßt."[7] Nach Eingaben beim Volksgerichtshof in Berlin erreichte Walter Merges die Freilassung seines Vaters, die die Braunschweiger Gestapo aber mit der Auflage versah, er müsse sich ständig melden und dürfe sich nicht am Fenster seiner Wohnung zeigen. In Abständen von zwei Monaten nahm ihn die Gestapo bis 1944 immer wieder für kürzere Zeit in Haft. 1944, als die Bombenangriffe auf Braunschweig zunahmen, brachte ihn Walter heimlich mit seinem Fahrrad in ihr Gartenhaus an der Roten Wiese, wo ihm Büssing-Arbeiter zum Schutz vor Bombeneinschlägen einen Splittergraben und eine eiserne Dachverstärkung bauten und mit alten LKW-Akkus für Beleuchtung sorgten. Hier lebte er nun unter Billigung der Gestapo. Am 3. März 1945, seinem 75. Geburtstag, stürzte in der Nähe seines Unterschlupfs ein englisches Flugzeug ab, und er sagte, als ihm sein Sohn Walter gratulieren kam: „Churchill hat mir auch schon gratuliert."[8] August Merges starb am 6. März 1945 an allgemeiner Erschöpfung und den Folgen der unbehandelten Knochentuberkulose. Die Befreiung, die er ersehnt hatte, erlebte er nicht mehr.

Minna Faßhauer starb am 28. Juli 1949 in Br. (Reinhard Bein)

⌂ **Touristischer Hinweis**: Das Ehrengrab von A. Merges befindet sich auf dem Alten Stadtfriedhof, Abt. XI (Mauer zur Helmstedter Straße).

◈ **Quellen- und Literaturangaben**: **1** BLZ 10.11.1928; **2**, **4-6, 8** Interview von Ewald Gerrich mit Walter Merges 1963, Archiv Bein; **3** Gesetz- und Verordnungssammlungen 1918, 1919 und BAA 21.11.1918; **7** NLA Wf.12 A Neu 13h 16063, Gestapo an den Br. Min. des Inn. vom 24.12.1937.

In **Ehm Welk**s ↑[2] Roman „Im Morgennebel" über die Revolution in Br. tritt Merges als August Karges auf. Hinweise auf Minna Faßhauers Arbeit als eine der Leiterinnen im Nationalen Frauendienst 1914/15 gibt **Hedwig Götze-Sievers** ↑ in ihrer Autobiografie (Br. 1991, S. 79 f.). **Abbildungen 2-3**: Braunschweigisches Landesmuseum.

Willy Meyer
(06.11.1880 – 26.01.1946)
Kunstmaler

Ein Maler kann wieder entdeckt werden, der aus einfachsten Verhältnissen stammte, seine Werke mit Erfolg in Braunschweig, Hannover und München ausstellte, von vielen Braunschweigern „der verrückte Meyer" genannt wurde und elend zugrunde ging.

Willy Hermann Otto Meyer wurde als eines von vier Kindern eines Bierkutschers und Maschinisten 1880 in Braunschweig geboren. Er besuchte die „mittlere Bürgerschule" und schloss eine Lehre als Dekorationsmaler ab. Noch keine siebzehn Jahre alt, erhielt er die Erlaubnis, im Herzoglichen Museum Gemälde alter Meister zu kopieren. Im Oktober 1900 wurde er in München in die Akademie der Bildenden Künste aufgenommen. Drei Jahre später konnte er ein Selbstbildnis auf der Internationalen Kunstausstellung „Secession" in München ausstellen: Aus völliger Dunkelheit schaut ein kecker Mann mit strähnigem Haar, Pinsel und Palette in den Händen, den Betrachter selbstbewusst an.

Am Weihnachtsabend 1903 heiratete er Martha Felicitas Rosa Sophie Hüffer aus Berlin-Charlottenburg. Sie brachte eine stattliche Mitgift in die Ehe, ihr Vater Emil Hüffer hatte sein Rittergut in Posen an Freunde von Theodor Fontane verkauft. Trauzeugen waren eine „Fabrikbesitzerstocher" Elisabeth von Vangerow und der Braunschweiger Maler Robert Breiding. Eine Heirat, die auf Standesunterschiede keine Rücksicht nahm. In Italien auf der Hochzeitsreise erlitt das Paar durch einen defekten Zimmerofen eine Kohlenmonoxydvergiftung. Es folgte ein zweimonatiger Aufenthalt am Starnberger See. Im August 1905 zogen Meyers für zwei Jahre nach Dachau, wo sich viele Malerinnen und Maler in Freilichtmalerei übten.

Aus dem Jahr 1909 ist sein Gemälde vom Treiben auf dem Br. Weihnachtsmarkt erhalten: Zwischen warm leuchtenden Marktständen eine große Anzahl Menschen, zu einer dunklen Fläche zusammengefasst, im Hintergrund die schneebedeckten Dächer der Altstadt unter dramatischem Abendhimmel.

Allmählich habe sich bei ihrem Mann „ein Nachlassen der künstlerischen Fähigkeiten" bemerkbar gemacht, berichtete Martha Meyer später (wie das Folgende nachzulesen in Willy Meyers Krankenakte[1]). Er habe unter Angstzuständen gelitten, immer wieder „fortverlangt" und gemalt, „um wieder zu zerstören." Am 1. September 1910 wurde ihr Mann ins Krankenhaus Pasing bei München, kurz darauf in ein Erholungsheim in Starnberg eingeliefert, wo er trotz Bewegungsfreiheit Selbstmordabsichten äußerte und entwich. Deshalb kam er in eine geschlossene Anstalt in München. Ein Arzt war der Meinung, er leide an Paranoia. Martha Meyer entschloss sich, die Aufnahme ihres Mannes in die für Braunschweiger Bürger zuständige Landesheil- und Pflegeanstalt Königslutter zu betreiben. Am 19. Oktober 1911 dort angekommen, schien Meyer dem Arzt „ruhig, geordnet, nach allen Richtungen orientiert".

In den ersten Tagen seines Aufenthaltes in Königslutter zeichnete er winzige Porträts. Ein Pfleger notierte daneben Meyers Bemerkungen dazu, z.B. „Psychologische Entwicklungen; hat nichts zu thun mit Portraitstudium". Auf ein anderes Blatt machte Meyer bloß fahrige Auf- und Abstriche, die mit „Plan der Stiftskirche" beschriftet wurden. Es scheint, als habe der Maler von zwei nebeneinander existierenden Bereichen Zeugnis ablegen wollen: von den Personen, die er beobachtete, und den Bauplänen des Kaiserdoms, wie er sie imaginierte. Er wurde auch nach Stimmen gefragt, die er höre. Der Arzt notierte, „die Suggerationen hätten ihm mitgeteilt, er sei ein Graf du Montfort", der Sohn eines Grafen Plessen, die Gattin des Grafen sei eine geborene Zigeunerin gewesen. Wenn man sich heute fragt, wie Willy Meyer auf die Namen Montfort und Plessen kam, stößt man auf einen „Münchener Kalender 1911" der Verlagsanstalt G. I. Manz AG, der zum Preis von einer Mark erhältlich war. Er brachte auf den Seiten September und Oktober Illustrationen und Erläuterungen zu den Wappen der Grafen von Montfort und Plessen.

In mehreren Schreiben an die Ärzte erklärte Martha Meyer, nur über eine bescheidene Rente zu verfügen und auf Verwandtenunterstützung angewiesen zu sein. Sie fügte hinzu: „Die Tatsache, in meinem Manne nicht mehr den hoffnungsvollen Künstler, sondern vielleicht für die Dauer seines Lebens einen Geisteskranken erblicken zu müssen, bereitet für mich eine schwere Belastung meines Gemütes, eine seelische Bedrängnis, deren Überwindung für mich einen fortgesetzten Kampf und Kraftaufwand bedeutet." Willy Meyer wirkte auf den Arzt am 13. November 1911 „völlig affektlos", wurde nach Braunschweig entlassen und erhielt eine Erwerbsunfähigkeitsbescheinigung.

Wie das Ehepaar Meyer, in Braunschweig häufig die Wohnung wechselnd, den Ersten Weltkrieg überlebte, ist nicht überliefert. Im November 1919 wurde Meyer von einem Journalisten mit dem heutigen Modewort „Outsider" bezeichnet, als er in einer Gruppenausstellung in der Kemenate der Burg Dankwarderode Werke zeigte, die von der Jury der im Rittersaal der Burg stattfindenden Ausstellung des Kunstvereins zurückgewiesen worden waren.

Im Br. Kaufmann Alfred Dietz fand Meyer einen ersten großen Förderer, im Br. Stadtbaurat Herman Flesche einen weiteren. Aus seiner Sammlung sind viele Federzeichnungen zum Thema Totentanz überliefert sowie Aquarelle und eine Bleistiftzeichnung „Ora et labora – Sonntag früh", die einen kräftigen Mann mit entblößtem Arm und geballter Faust zeigt. Der zu neuer Kraft gelangte Künstler?

Im Mai 1923 konnte Meyer einen großen Erfolg verbuchen. Der renommierte Galerist Herbert von Garvens-Garvensburg zeigte in Hannover Meyers Werke neben solchen von Christian Rohlfs. Der Leiter der Abteilung Kunst des Provinzialmuseums Hannover, Alexander Dorner, schrieb, Meyer baue „unter völliger Auflösung aller Formen seine Landschaften rein aus Farben auf." Er sei eine ehrliche Künstlerseele. „Die lächerlich geringen Preise seiner malerisch hoch interessanten und zum Teil sehr schönen Bilder verraten die grausame wirtschaftliche Not, in der er sich befindet."[2] Nachdem auch Eckart von Sydow in der Kunstzeitschrift „Cicerone" über die Ausstellung berichtet, Willy Meyer aber nicht erwähnt hatte, schrieb ihm **Otto Ralfs** †[1]: „Nicht nur ich, sondern auch andere maßgebende Persönlichkeiten halten den Maler für einen so bedeutenden Künstler, dass er sich neben Rohlfs, Nolde usw. nicht nur sehen lassen kann, sondern dieselben überragt."[3] Als Meyer 1924 an einer Graphikausstellung des „Zehnerbund Bildender Künstler" teilnahm, schrieb die BLZ am 21. Mai: „Man erkennt, daß hier um Außerordentliches gerungen wird", und erwähnte, auch Werke von Willy Meyers Ehefrau Martha Meyer-Hüffer seien ausgestellt. Sie war kurz vorher in der Heil- und Pflegeanstalt Königslutter verstorben.[4]

Im November des gleichen Jahres veranstaltete Otto Ralfs im Landesmuseum die erste Ausstellung der „Gesellschaft der Freunde junger Kunst". Er zeigte auch Werke von Willy Meyer, „ganz vorzügliche Arbeiten", wie der „Volksfreund"-Kritiker am 4. Dezember 1924 lobte. Der hoch angesehene Will Grohmann schrieb im „Cicerone": „Die Arbeiten von Meyer, besonders die Zeichnungen, grenzen hart an das Gebiet der Halluzination."[5] Erhalten sind einige Landschaften, sparsam gezeichnet mit schwarzer und roter Tusche.

Im Dezember 1927 veranstaltete Otto Ralfs im Saal der „Gesellschaft der Freunde junger Kunst" im Braunschweiger Schloss eine Willy-Meyer-Einzelausstellung mit 26 Ölbildern und 80 Aquarellen und Zeichnungen, die meisten standen zum Verkauf. Die Zeitungskritiken waren euphorisch: Meyer sei „der erste braunschweigische Maler", schrieb Dr. Hans Ullrich, ein „offenbarer in Einsamkeit und in dem furchtbaren Gefühl des Ausgestoßenen." Den Zyklus „Totentanz" habe nur ein Mensch schaffen können, „dessen Leben immerwährender Kampf mit jenen stärksten Gewalten des eigenen Ich ist und der in diesem Kampfe, zuweilen müde geworden, den Tod erlebte."[6]

„Hier handelt es sich um eine von der Menge der anderen auch malenden Mitbürger und Zeitgenossen deutlich und scharf unterschiedene, durch eine Kluft von ihnen getrennte Persönlichkeit", dozierte Friedrich Sack am 20. Dezember in der BLZ. Seine Rosenbilder seien „hervorgezaubert aus der seelischen Idee von Rosen", die Landschaften „voller Reize, nie aber durch den Gegenstand, sondern durch den Maler, der dies schuf und dem folgen zu dürfen wie Begnadigung empfunden werden muß."

„Das Charakteristikum der Meierschen Kunst ist die Nervosität, eine gesteigerte Gefühlslebendigkeit, die ihm gestattet, die Form in starkem Maße aufzulösen und durch den Zusammenklang hingetupfter Farben ausgesprochen malerisch zu wirken", war im VF zu lesen.[7] Die „Staatszeitung" lobte am gleichen Tag den Künstler: „Ein Eigener steht vor uns, der ringt und ringt, ohne ganz das zu finden, was gewohnheitsmäßig anspricht." – Und den Ausstellungsmacher mit den Sätzen: „Lernen, was gesund ist, kann man am besten durch Studium der Gesundheitsstörungen, sie erst werfen Licht auf Dinge, die man sonst übersehen würde. Darum ist es ungemein dankenswert, dass die hiesige Vereinigung der Freunde junger Kunst mit Eifer zusammengetragen hat, was ihr von Meyers Erzeugnissen irgend erreichbar war." Noch während dieser Ausstellung bat einer der Leihgeber das Ministerium für Volksbildung, Meyer Sozialleistungen zu gewähren und einen Auftrag zu erteilen. Meyer erhielt „zur Unterstützung seines künstlerischen Schaffens einen Betrag von 300 RM", zahlbar in drei Raten.[8] Otto Ralfs erwarb damals Meyers Ölbild „Geburt der Venus" und verkaufte es an das Ministerium. Es befindet sich seit 1929 im Herzog-Anton-Ulrich-Museum.

Trotz dieser Erfolge blieb Meyer bettelarm. Bis 1933 wohnte er in der Leonhardstraße, anschließend im Armenhaus oder Krankenhaus Holwedestraße. Daran erinnert sich eine Braunschweigerin, die Meyer sah, wenn er ihre Eltern mit der Bitte besuchte, ihm ein Gemälde oder eine Kopie alter Meister abzukaufen. Aus Angst vor Flöhen wurde das Mädchen dann gleich ins Bad geschickt. Eine andere Begegnung schildert Herman Flesche: Meyer habe ihn im Landesmuseum angeschrieen und aufgefordert weiterzugehen, als er ihm kurz beim Kopieren des Br. Vermeer-Bildes zuschaute. „Drohend trat er einen Schritt auf mich zu", dann aber habe er plötzlich eine tiefe Verbeugung vor ihm gemacht, die Palette wie ein Barett geschwenkt und leise gesagt: „Ach, vielleicht interessieren Sie sich wirklich!"[9]

Im August 1932 stellte Meyer wieder einmal einen Antrag im Landesmuseum, ein Werk zu kopieren. Da erteilte ihm Direktor Eduard Flechsig eine Absage („Wegen der Unzuträglichkeiten, die sich bei Ihren Kopierarbeiten für das Publikum ergeben haben.") und schrieb seinen Vorgesetzten: „Es scheint, daß der Mann geisteskrank ist", und „ich kann aber die Verantwortung dafür nicht mehr übernehmen, daß er nicht eines Tages in Erregung sich an den Museumsbildern vergreift." Meyer fand Hilfe bei einem Rechtsanwalt. Walter Elsmann bat die Museumsleitung „zu berücksichtigen, dass Herr Meyer infolge schwerer Nahrungssorgen in einen krankhaften Zustand geraten war, der seine Entgleisungen verzeihlich erscheinen lässt. Da mit Ihrem Verbot Herrn Meyer jede Existenzmöglichkeit genommen würde, bitten wir das Verbot – jederzeit widerruflich – einstweilen wieder aufzuheben." Direktor Flechsig lehnte dies ab und erhielt Rückendeckung durch das Fürsorgeamt, das ihn wissen ließ, Meyer erhalte monatlich 30 Reichsmark, man bitte darum, „demselben das fernere Arbeiten im Museum zu untersagen."[10]

Willy Meyer sei um 1935 verstorben – dieser Vermerk findet sich in einem Verzeichnis, das der Leiter des Städtischen Museums 1942 anlegte. Aber Meyer überlebte die Herrschaft der Nazis. Dies ist umso erstaunlicher, als eine Patientenkarte „Meyer Willi" von 1939 erhalten ist, in der als „Hauptdiagnose" die Abkürzung „Schizo" eingetragen und die Frage nach einer „Erbkrankheit" mit „ja" beantwortet wurde.[11] Meyer war während des Zweiten Weltkrieges Insasse des nach Liebenburg ausgelagerten Krankenhauses Holwedestraße, wo die nicht-jüdischen Patienten dem Schicksal, umgebracht zu werden, entgingen, aber an schlechter Ernährung litten. Am 26. Januar 1946 starb Willy Meyer in Liebenburg. Todesursache: Typhus abdominalis. Eine erste posthume Ehre erfuhr Meyer im April 1946, als eine Ausstellung „Befreite Kunst" in Braunschweig gezeigt wurde und Tausende von Besuchern anlockte. Neben Barlach, Feininger, Heckel, Kokoschka, Kollwitz, Nolde und Rohlfs war als einziger Braunschweiger Maler Willy Meyer vertreten! Richtig gefeiert wurde er in der Ausstellung „Zwei vergessene Braunschweiger Maler – Willi Meyer und **Emil Pottner** ↑", die im Juni 1952 im Haus Salve Hospes eröffnet wurde. Die „Braunschweiger Presse" sah am 24. Juni in seinen Werken „erlesene Kostbarkeiten", „märchenhaft reich in farbigem Ausdruck und fast heiter zu nennen." Nur in der Graphik zeige sich die Überschattung seines Bewusstseins, an der sein Leben zerbrochen sei.

Peter Lufft ↑ war der Meinung, Meyer sei „das Geniale in jeder unter Schatten und Blitzen geistesgewittrig zuckenden Gestaltung nicht mehr abzusprechen." In Zeichnung und Graphik habe er die Zone des Surrealen beschritten, aber sein Leben buchstäblich zu Ende gehungert. „Man nannte ihn den verrückten Meyer", zitierte er die Mitbürger.[12] Herman Flesche schrieb, Meyers Werke seien geprägt von einer „Entrücktheit in einem äußerst reizvollen traumhaften Zustand", den „nur die Krankheit verleiht oder der kaum zu erkennende Beginn des Verwelkens", und schloss seine Erinnerungen mit der Bemerkung: „Das im Salve Hospes jetzt Gezeigte scheint mir zu beweisen, daß der Künstler Willi Meier verdient, von seiner Vaterstadt Braunschweig nie vergessen zu werden."[13]

Um dem Vergessen Willy Meyers entgegenzuwirken, bittet der Verfasser um Hinweise auf Werke des Künstlers, der seine Berühmtheit als „Outsider" erlangte und daran zugrunde ging. (Gilbert Holzgang)

◆ **Quellen- und Literaturangaben**: **1**, **11** NLA Wf. 114 Neu Zg. 46/1986, 2503; **2** Hann. Kurier 2.6.1923; **3** NLA H Dep.100 Nr.25; **4** StA Br., freundliche Mitteilung am 16.6.2010; **5** Der Cicerone, XVI Jg.1924, S.1202 f.; **6** BNN 21.12.1927; **7** Vor- und Nachnamen des Malers wurden mit i oder y geschrieben; **8** NLA Wf. 12 A Neu 13, 18784; **9**, **13** H. Flesche, Erinnerungen an Willi Meier, Salve Hospes, Br. Blätter für Kunst und Kultur, Heft 5, Jg. 1952, S. 55 ff; **10** HAUM Neu 418; **12** BZ 20.6.1952.
Abbildung: Privat.

Hubert von Meyerinck
(23.08.1896 – 13.05.1971)
Schauspieler

In Billy Wilders Filmkomödie „Eins, zwei, drei" spielt v. Meyerinck einen heruntergekommenen Adligen, der für 2.000 Mark Honorar den zukünftigen Schwiegersohn des Coca-Cola-Generalvertreters adoptieren soll. Das Geschäft beleidigt ihn, und er sagt: „Nur weil ich gezwungen bin, meinen Lebensunterhalt in einer Toilette zu verdienen, bin ich noch lange nicht gewillt, meinen guten Ruf und den ehrenwerten Namen meiner Familie zu verschachern. Die von Droste-Schattenburgs gehen zurück bis zu den zweiten Kreuzzügen. Wir gehören zu den ältesten Familien Europas – eine hervorragende Inzucht. Ich bin ein direkter Nachkomme von Philipp dem Bluter. Deshalb ist ihre Offerte nicht nur äußerst beleidigend, sondern im höchsten Grade unmoralisch. – Sagen wir 10.000 Mark."[1] Man einigt sich nach einigem Feilschen auf 4.000, und dem Grafen gelingt es noch, sein Familienwappen, ein aufrecht stehendes Stachelschwein in einem Lilienfeld, für 500 Mark zu verkaufen.

So unstandesgemäß wie das Leben dieses Grafen im Film war auch das Leben des in der Garnisonsstadt Potsdam geborenen Hubertus Georg Werner Harald von Meyerinck, eines Freiherrn aus altem Adelsgeschlecht, das sich bis in die Zeit des 30-jährigen Krieges zurückverfolgen lässt. Noch einer seiner Großväter war Kommandierender General, sein Vater Hauptmann im Garde-Jäger Bataillon in Potsdam. Die Adelslinie seiner Mutter ist kürzer: Auf dem ev. Friedhof von Schladen umschließt ein hölzerner Zaun mit eigener Tür die Gräber der Familien von Kaufmann und von Hoppenstedt und trennt die stimmungsvolle, mit alten Bäumen umstandene Anlage vom übrigen Gottesacker. Dort ruhen Carl Ludwig Georg von Hoppenstedt (1830–1894), 1888 geadelt und Pächter der Güter Schladen und Liebenburg, und Anna Caroline Luise, geb. Löbbecke (1836–1920) aus Dorstadt, die beiden Großeltern Huberts mütterlicherseits.

Die Braunschweiger Bankier-Familie Löbbecke kaufte im 19. Jahrhundert für die zahlreichen männlichen Nachkommen landwirtschaftliche Güter. Wilhelm Löbbecke (1786–1852) erwarb u.a. 1810 Dorstadt, als Napoleons Bruder Jérôme, damals König von Westfalen, Kirchengüter und Domänen veräußerte, um dem Bruder dessen Kriegszug nach Russland mitzufinanzieren. Geadelt wurde die Familie Löbbecke 1889 – der junge Kaiser Wilhelm II. besserte mit Adelsbriefen seine persönlichen Einkünfte auf. Huberts Großmutter Anna entstammte der 2. Ehe Wilhelm Löbbeckes mit Elvire Denike (1809–1881), seine Mutter Caroline war das 5. Kind von Carl und Anna Hoppenstedt.

In seiner Autobiografie beschreibt Hubert sie: „Meine Mutter, der ich dieses Buch vor die Tür ihrer Seligkeit lege, war eine sehr helle Erscheinung: blondes Haar, eine hohe, schlanke Gestalt, ein zartes, feines Gesicht, blaue, gütige Augen. Sie war eine Dame, wie man sie heute kaum mehr findet, durch Abstammung, Erziehung und Lebensgewohnheit einfach zur Dame geboren, zur Dame der damaligen Wilhelminischen Epoche. Sie war keine Schönheit wie mein Vater, aber sie hatte das gewisse je ne sais quoi an sich, so daß die Leute sich nach ihr umdrehten. Wenn wir zusammen reisten, habe ich oft neben uns tuscheln hören: „Eine Fürstin…"[2]

Uns Heutige lässt der Name seiner Mutter, Hoppenstedt, schmunzeln, denn Vicco von Bülow, genannt Loriot, bediente sich dieses Namens für einen seiner berühmtesten Sketche: „Weihnachten bei Hoppenstedts." Ein Ort dieses Namens liegt in der Nähe von Vienenburg, wo Loriot als Junge die Sommerferien bei seinen Großeltern verbrachte.

Vienenburg, Hoppenstedt, Schladen, Hornburg und Dorstadt trennen nur wenige Kilometer und gehörten politisch bis 1941 zu Preußen. Durch das Salzgittergesetz von 1941 blieb nur Hoppenstedt preußisch, die anderen Orte kamen zum Land Braunschweig. Pech gehabt Hoppenstedt, denn es wurde durch das Potsdamer Abkommen Teil der sowjetischen Besatzungszone und lag für Westdeutsche unerreichbar im 5-km-Sperrbezirk.

Die 1893 geschlossene Ehe Carolines mit dem autoritären preußischen Offizier und Frauenschwarm Friedrich von Meyerinck war nicht glücklich, sodass sie sich 1909 scheiden ließ, was damals einen Skandal bedeutete. Nach der Trennung verkaufte Friedrich das Gut in Kiewitz (Provinz Posen), und Hubert zog mit seiner Mutter nach Hannover.

Aber er teilte das Schicksal adliger Söhne: Er hatte eine Internatschule zu besuchen, in seinem Falle das evangelische Pädagogium Godesberg (Bonn). In den Ferien hielt er sich oft bei seinen Verwandten im Braunschweiger Raum auf, besonders bei seiner lieben Großmutter in Schladen. Davon ist aber wenig bekannt.

Bisweilen hilft ein Zufallsfund. 1913 bildete **Käthe Buchler** ↑, verwandt mit den Löbbeckes in Dorstadt, ihn mit ihrem Sohn Walther im Braunschweiger Tennisclub ab. Der freundlich lächelnde Hubert posiert im Tennisdress, der kleine Walther fungiert als Balljunge.

Schon während seiner Schulzeit verlegte Hubert sich darauf, bei seinen Mitschülern Anerkennung durch Clownerien und schauspielerische Einlagen zu gewinnen. 1916 schaffte er mit Ach und Krach die Mittlere Reife, nachdem er dreimal in Untertertia sitzen geblieben war. Mit dem „Einjährigen" zog er als Fahnenjunker in den Krieg, konnte jedoch den Dienst wegen eines Lungenleidens wenig später quittieren und Schauspielunterricht nehmen. 1917 gab er als Volontär sein Debüt am Berliner Schauspielhaus, in der Rolle des Leutnants von Hagen in Paul Heyses Drama „Kolberg" (von 1868), ein heute vergessenes, von nationalistischem Pathos getragenes Durchhaltestück. Er hatte darin nur einen Satz zu sagen: „'Das Feuer schweigt auf allen Batterien!' Mit meiner damals hohen Fistelstimme schrie ich diesen Satz in das Rund des Theaters. Es muß furchtbar gewesen sein. Aber meine Mutter und meine Cousine, eine Gräfin Schulenburg, [...] fanden es herrlich, und wir feierten das Ereignis mit Sekt im Restaurant Kranzler Unter den Linden."³

Seine Mutter fand sich schnell damit ab, dass ihr Sohn Schauspieler sein wollte, was in ihren Kreisen so schockierend war wie ihre Scheidung, und begleitete ihn durch Erfolge und Misserfolge. Von 1918 bis 1920 bekam er Engagements an den Hamburger Kammerspielen, am Deutschen Theater und dem Lessingtheater in Berlin. Eine Karriere als Charakterdarsteller schien vorgezeichnet, und tatsächlich begeisterte er mit seinem Rollenverständnis. Als Nachruf schrieb das „Deutsche Bühnenjahrbuch" noch 1972: „Er hat gehaltvolle und dünnwandige Rollen verkörpert; was immer er aber spielte, er gewann der Figur stets eine interessante, von der Persönlichkeit Hubert von Meyerinck geprägte Note ab. Ob er dabei seine hervorstechenden Augen, seine spiegelblanke Glatze ins Spiel brachte, ob er die Kasernenhofstimme seiner Ahnen parodierte – immer war das zwar ein Stilmittel, immer aber diente es auch zur charakteristischen Vertiefung der Figur."[4] Aber der Charakterdarsteller, der im „Faust" als Mephisto und als Mackie Messer in der "Dreigroschenoper" große Erfolge feierte, war zugleich auf den Kabarettbühnen „Tingeltangel" ober „Schall und Rauch".

1920 gab er sein Filmdebüt. Der Stummfilm brauchte unverwechselbare Gesichter, und damit konnte Hubert von Meyerinck dienen. Mit Glatze, Monokel und schmalem Oberlippenbart spielte er Großbürger, Adelige und Autoritätspersonen, galante Exzentriker, Schurken und Hochstapler unverwechselbar. Als der Tonfilm kam, unterstrich er diese Markenartikel durch seine markante Stimme und seinen schnarrenden Tonfall. Damit legte er sich aber auf ein Filmgenre fest, von dem er nicht mehr loskam.

Während er in der NS-Zeit durchaus noch ernsthafte Nebenrollen verkörpern durfte, war er in der bundesdeutschen Zeit der Heimat-, Lausbuben- und Wallace-Filme fast gänzlich auf Klamotte festgelegt. Dennoch konnte er in einigen Produktionen glänzen und erhielt 1960 für seine Darstellung des autoritären Bürochefs Pückler in "Ein Mann geht durch die Wand" von Ladislao Vajda den Preis der Filmkritik und im Jahr darauf diese Auszeichnung erneut, diesmal für seine Rolle als Regierungsrat von Teckel in „Das Spukschloß im Spessart". Die Außenaufnahmen sollten auf Schloss Mespelbrunn gedreht werden. Der Eigentümer war jedoch dagegen. Deshalb schlug von Meyerinck das Schloss seiner Verwandten **von Cramm** ↑[1] in Oelber vor. Er selbst wohnte in der Nähe, war vor Ausbruch der Berlin-Blockade zu seinem „langjährigen Freund, dem Grafen Stani Strachwitz",[5] nach Burgdorf (Kreis Wolfenbüttel) gezogen, laut von Meyerinck Eigentümer des Anwesens. Noch im Jahre 1961 war Burgdorf neben München von Meyerincks Hauptwohnsitz.[6]

Sein Auftritt in Billy Wilders Film „Eins, zwei, drei" 1961 war der letzte Glanzpunkt seiner 200 Film-Nebenrollen. „Der Spiegel" schrieb im Rückblick: „Jawohl, er hat jeden Quatsch mitgespielt, aber er spielte ihn gut."[7] 1968 erhielt er das Filmband in Gold für „langjähriges und hervorragendes Wirken im deutschen Film".

Den Spaßmacher gab er auch im täglichen Leben. Das machte ihn beliebt bei seinen Schauspielerkollegen. Berühmt waren vor 1939 seine Feste in der großen Berliner Wohnung in der Giesebrechtstraße, die er mit seiner Mutter teilte. „Hubert hat mal wieder die Blinden und die Lahmen von der Straße eingeladen', [sagte sie]. ‚Ich habe Angst, daß es nicht reicht.' Und dann kamen sie, nicht gerade blind oder lahm, aber mit Appetit und Durst gesegnet"[8] – Heinz Hilpert, Fritz Kortner, Marlene Dietrich, Ernst Deutsch, Gustav Fröhlich, Käthe Haack, Carl Zuckmayer, Tilla Durieux usw. – Die Mutter genoss es.

Heiraten wollte er nicht. In seinem Erinnerungsbuch schreibt er: „Ich glaube, ich war durch meine Mutter zu verwöhnt. Und wie gut hatte ich es bei ihr! Sie brachte mir am Morgen den Tee ans Bett, und sie stellte mir abends die berühmten belegten Brote auf den Eßtisch. Sie wartete immer auf mich. Da saß die geliebte Frau nachmittags im Salon und wartete. Es war so gemütlich. Der Teekessel kochte, auf dem Tisch standen Toast, Butter, selbstgemachte Marmelade und ganze Berge von Kuchen."[9] Im Gegenzug begleitete er die Mutter zu ihren zahlreichen Kuren, zumeist in exklusiven Bädern.

Der Tod seiner Mutter 1940 stürzte ihn in tiefe Trauer. Kollege Gustav Gründgens kondolierte: „Heute am Geburtstag meiner unvergeßlichen Mutter mußt Du die Deine zur letzten Ruhe begleiten. Meine Gedanken sind mit Dir auf diesem schweren Weg."[10] 1943 folgte der nächste Schlag: Seine Wohnung ging im Bombenhagel unter. Danach fand er im Haus der Dänischen Gesandtschaft eine Bleibe. Kurz vor Beginn der Berlin-Blockade zog er nach Burgdorf. Neben seinen Filmauftritten war und blieb er ein gefragter Schauspieler auf großen Bühnen Westdeutschlands und Westberlins.

„In den letzten Jahren seines Lebens fand er am Thalia Theater Hamburg eine künstlerische Heimat. Bereits im Herbst 1966 hat er hier unter der Regie von Boy Gobert zu seinem 70. Geburtstag einen unvergleichlichen Malvolio [in Shakespeares „Was ihr wollt"] gespielt. Mit Beginn der Intendanz Boy Goberts im August 1969 band sich.

Von Meyerinck ganz an das Thalia Theater und spielte hier seine letzten Bühnenrollen: noch einmal den Grafen Palen in „Der Snob" [von Carl Sternheim], den Kardinal Ragna in „Hadrian VII." [von Peter Luke, Uraufführung 1968 in London] und zweimal den Agamemnon: in „Troilus und Cressida" [von Shakespeare] und in „Die schöne Helena" von Peter Hacks […], in der er am 5. März zum letzten Mal auf der Bühne des Thalia Theaters stand."[11]

Hubert von Meyerinck starb am 13. Mai 1971 in Hamburg an Herzversagen als Folge einer Lungenentzündung. Auch seine Mutter war an dieser Krankheit gestorben. In der Adelsabteilung des Friedhofs von Schladen fand Hubert von Meyerinck gegenüber seinen Großeltern die letzte Ruhe. Eine Inschrift auf seiner Grabplatte unterhalb des Familienwappens (ein Ankerkreuz mit je zwei Schindeln in den Winkeln) lautet: „Seine Mutter, seine geliebteste Freundin Caroline v. Meyerinck, geb. von Hoppenstedt, ruht in Stahnsdorf-Berlin".

Warum dort? Da in Berlin der Platz für Tote knapp wurde, ließen schon 1909 21 Kirchengemeinden der Bezirke Charlottenburg und Schöneberg in Stahnsdorf am Rande Berlins, aber zu Brandenburg gehörend, einen interkonfessionellen Waldfriedhof errichten, der etwa 600.000 Tote aufnehmen konnte. Caroline von Meyerinck, geboren 1868, bekam bei ihrem Tod 1940 also kein Grab in Berlin, aber auch keines in Schladen, denn Leichentransporte waren während des Krieges untersagt. Hubert wiederum hatte keine Chance, einen Platz an der Seite seiner geliebten Freundin zu bekommen, denn bis 1990 gehörte Stahnsdorf zum DDR-Bezirk Potsdam. Aber auf dem Familienfriedhof seiner Vorfahren in Schladen war ein ruhiges Plätzchen für ihn vorhanden. (Reinhard Bein)

⌂ **Touristischer Hinweis:** Ev. Friedhof Schladen, Wolfenbütteler Straße. Eingefriedeter Abschnitt mit der Grabplatte Meyerincks, dort gegenüber die Grabstätte seiner Großeltern Carl und Anna von Hoppenstedt.

❖ **Quellen- und Literaturangaben**: **1** United Artists 1961; **2**, **3**, **8-10** Hubert von Meyerinck, Meine berühmten Freundinnen, Düsseldorf, Wien 1967, S. 19 f., 69, 141, 236; **5** Titel wie vorher, aber dtv Verlag München, 1969, S. 146; **4**, **11** Deutsches Bühnenjahrbuch 1972, Hamburg 1971/72, S. 139; **6** Samtgemeinde Baddeckenstedt, 9.9.2014; **7** Der Spiegel 21/1971. – 100 Jahre Südwestkirchhof, Teltow 2009; W. Buchler, 300 Jahre Buchler, Br. 1958. **Fotos: 1** Filmbild, Repro Bein; **2** Museum für Photographie/ Stadtarchiv Braunschweig; **3** Deutsches Bühnenjahrbuch 1972.

Heinz Nordhoff
(06.01.1899 – 12.04.1968)
Ingenieur, Generaldirektor

Neun Jahre nach Kriegsende zeigt das Titelblatt des amerikanischen Wochenmagazins „Time" einen Mann mit visionärem, in die Ferne gerichteten Blick: Heinz Nordhoff, Generaldirektor des Volkswagenwerks und einer der bedeutendsten Industriemanager Nachkriegsdeutschlands. Hinter ihm erstrahlt, einer Sonne gleich, das bekannte runde Markenzeichen mit den eingeschriebenen Großbuchstaben VW – ein Symbol des wirtschaftlichen Wiederaufstiegs Deutschlands.

Heinrich Nordhoff, der stets Heinz genannt wurde, war das zweite von vier Kindern des Bankbeamten Johannes Nordhoff und seiner Frau Ottilie (geb. Lauenstein). In der Bischofsstadt Hildesheim geboren, besuchte er hier die katholische Volksschule und das katholisch-humanistische Gymnasium. Einschneidend war die Erfahrung, dass die Bank, für die der Vater Prokura besaß, 1911 Konkurs anmelden musste, den dieser mit zu verantworten hatte. Die Familie zog daraufhin in die damals noch selbständige Großstadt Schöneberg bei Berlin. Auch hier sollte Johannes Nordhoff wieder als Prokurist einer Bank tätig sein.

Schon als Kind begeisterte Heinz Nordhoff die Technik. Ein besonderes Erlebnis war für ihn, dass er als Elfjähriger in Hildesheim das erste in Deutschland gebaute Eindecker-Flugzeug sehen konnte. Der Vierzehnjährige war auch ein begabter Zeichner und Aquarellist. Im Berlin der Vorkriegszeit entdeckte er die Expressionisten für sich – hier insbesondere in der Nationalgalerie den „Turm der blauen Pferde" von Franz Marc. Zeit seines Lebens liebte Nordhoff auch die Impressionisten, von denen er in späteren Jahren eine beachtliche Privatsammlung besaß.

Nach dem Abitur wurde er 1917 zum Militärdienst eingezogen. Auf die Kriegszeit folgte ein einjähriges Industriepraktikum bei Daimler, anschließend studierte er von 1920 bis 1927 an der TH in Charlottenburg Maschinenbau mit dem Schwerpunkt Schiffsbau.

Seine berufliche Tätigkeit begann Nordhoff bei den Bayerischen Motorenwerken, wo er sich mit der Herstellung von Flugmotoren befasste. 1929 wechselte er zu den Opel-Werken in Rüsselsheim, der sowohl modernsten als auch marktführenden Autofabrik Deutschlands. Im selben Jahr wurde das Unternehmen von der amerikanischen General Motors Corporation erworben. Nordhoff übernahm hier zunächst die Leitung der „Technischen Abteilung des Kundendienstes", vier Jahre später wechselte er in die kaufmännische Abteilung. Im August 1930 hatte er Charlotte Fassunge geheiratet, eine Spielgefährtin noch aus der Jugendzeit. Das junge Ehepaar zog nach Mainz. 1934 wurde Tochter Barbara Maria geboren, 1936 Elisabeth.

„Als gelehrigster deutscher Schüler" des amerikanischen Großkonzerns, bei dem geschäftliche Überlegungen Vorrang vor politischen Erwägungen hatten (offenbar auch dann, wenn diese Überlegungen den politischen Zielen der US-Regierung widersprachen), sollte sich Heinz Nordhoff „unweigerlich in die Unrechtshandlungen des herrschenden Regimes" verstricken:[1] Kurz vor Kriegsbeginn übernahm er die Leitung einer neu gebildeten Behördenabteilung in Berlin, die auch Rüstungsaufträge auszuhandeln hatte. 1942, mittlerweile ordentliches Vorstandsmitglied bei Opel, wurde er Leiter des Brandenburger Lastkraftwagenwerks. Dessen wichtigster Abnehmer aber war die Wehrmacht. Der Anteil an Zwangsarbeitern lag hier „deutlich über dem Durchschnitt aller metallverarbeitenden Industrien".[2] Über die Weihnachtstage ließ Nordhoff in einer Sonderaktion Spezial-LKWs für den Einsatz „im Osten" fertigen. Im selben Jahr wurde die Brandenburger Fabrik als „Kriegsmusterbetrieb" ausgezeichnet.

Das Kriegsende erlebte Nordhoff im Harzer Kurort Bad Sachsa, wo sich auch seine Familie aufhielt. Im Sommer 1945 ging er, der de jure noch immer dem Opel-Vorstand angehörte, nach Rüsselsheim zurück, das in der amerikanischen Zone lag. Dort teilte am 20. Dezember 1945 der Landrat dem ehemaligen „Wehrwirtschaftsführer" seine Entlassung mit.

In dieser persönlich schwierigen Situation trat Heinz Nordhoff zunächst als Geschäftsführer in die Opel-Generalvertretung Hamburg in der Britischen Zone ein. Das weniger strenge Entnazifizierungskonzept der Engländer sollte ihm nach einigen Monaten einen neuen Anfang ermöglichen: Im Sommer 1947 erhielt er von dem ebenfalls in der Britischen Zone gelegenen Volkswagenwerk das Angebot, als Chefkonstrukteur in die Wolfsburger Automobilfabrik einzutreten. Nach einer ersten Begegnung Nordhoffs mit Major Ivan Hirst von der Militärregierung setzte sich dieser sogar dafür ein, ihm die Position des Generaldirektors anzubieten. Am 1. Januar 1948 trat Nordhoff sein Amt in Wolfsburg an. Im selben Jahr endete auch sein Entnazifizierungsverfahren in der Amerikanischen Zone nach einigem Hin und Her damit, dass er als unbelastet eingestuft wurde.

Die Geschichte des Volkswagens hatte bereits 1934 begonnen, als Adolf Hitler die Automobilindustrie dazu aufforderte, „den Wagen zu konstruieren, der ihr zwangsläufig eine Millionenschicht neuer Käufer erschließt".³ Ferdinand Porsche erhielt den Auftrag, einen solchen Volkswagen zu entwickeln – damals noch eine allgemein übliche, nicht geschützte Bezeichnung. Erst später sollte es gelingen, Volkswagen als Markennamen durchzusetzen. 1938 wurde auf einer Wiese in der Nähe des Schlosses Wolfsburg der Grundstein für die neue Fabrik zur Herstellung des Volkswagens gelegt, damals noch „KdF-Wagen" genannt. (Der Name leitete sich von der NS-Organisation „Kraft durch Freude" her.)

Werbeplakat 1937.

Nach 1945 war die Fabrik, die während des Krieges vor allem für die Wehrmacht produziert hatte, der Aufsicht der Alliierten Kontrollkommission unterstellt. Die Besatzungsbehörden ließen hier für ihren eigenen Bedarf strapazierfähige Personenwagen herstellen. Erst im September 1949 ging die Zuständigkeit für den Vermögenskomplex Volkswagen auf deutsche Stellen über: Die Bundesregierung übernahm die Treuhänderschaft und übertrug die Verwaltung der Gesellschaft auf das Land Niedersachsen. Als Volkswagenwerk GmbH wurde die Fabrik so „zu einer Art von öffentlichem Unternehmen".⁴

Zu Beginn von Nordhoffs Tätigkeit hatte der Volkswagen – im Volksmund Käfer, werksintern Typ 1 genannt – im Inland kaum Konkurrenz. Am 15. Januar 1948 wurde bereits der 20.000 Volkswagen produziert. Es war der Beginn einer Erfolgsgeschichte: In einer Bundesrepublik mit wachsender Wirtschaftskraft sollte das VW-Werk in der Ära Nordhoff zum umsatzstärksten Unternehmen heranwachsen. Von Anfang an setzte Heinz Nordhoff auf ein zentralisiertes Management. Dabei fühlte er sich selbst auch nach der späteren Privatisierung weniger Aufsichtsrat oder Aktionären verantwortlich als seinen Mitarbeitern. Deren Loyalität wiederum forderte er ein, indem er die Identität ihrer Interessen mit denen des Unternehmens beschwor. Seine Biographin Heidrun Edelmann bescheinigt ihm dabei in Auftreten und Argumentation eine „an Sendungsbewusstsein grenzende Selbstgewissheit".[5]

Mit dem autokratischen Führungsstil korrespondierte nach außen hin das Bestreben, Unabhängigkeit zu wahren. So lehnte es Heinz Nordhoff ab, Mitglied in der 1950 gegründeten Bundesvereinigung der Deutschen Arbeitgeberverbände zu werden. Auf der anderen Seite war es auch für die IG Metall schwer, im Werk Fuß zu fassen, stiegen doch in der „sozialen Enklave Wolfsburg" die Löhne schneller als im Bundesdurchschnitt.[6] Neue Sozialleistungen wurden gewährt, obwohl niemand sie gefordert hatte. So wurde zum Beispiel im Herbst 1950 ohne Rücksprache mit dem Betriebsrat eine bezahlte Frühstückspause eingeführt. Und 1955 erhielt die Belegschaft eine Gewinnbeteiligung von vier Prozent des Jahreslohns (die jedoch nicht im Tarifvertrag verankert war). Noch war nicht ein Tag durch Streik verloren gegangen. Selbst der sozialdemokratische „Vorwärts" äußerte sich anerkennend: Nordhoff sei ein „Sondertyp unter unseren Industriellen".[7] Die betriebliche Sorge, die Nordhoff als eine Art Übervater seinen Beschäftigten gegenüber zeigte, wurde ergänzt durch eine Fürsorge ganz anderer Art: Wiederholt initiierte Nordhoff bedeutende kulturelle Ereignisse, an denen die Mitarbeiter zu Tausenden teilnahmen. Dazu gehörte zum Beispiel 1951 ein Konzert der Berliner Philharmoniker in einer leer geräumten Werkshalle und 1955 ein Abend mit dem Dirigenten Herbert von Karajan. Mochte das kulturelle Ereignis auch indirekt für das Produkt sprechen: Bei den acht spektakulären Kunstausstellungen zwischen 1952 und 1967 – von Franz Marc über Lovis Corinth bis van Gogh – blieb das markante Logo stets diskret im Hintergrund.

1950 wurde die Produktion des Transporters (Typ 2) aufgenommen. Zwei Jahre später setzte im Werk die Massenfertigung ein. Von mittlerweile insgesamt 17.000 Arbeitskräften wurden 1952 allein über 100.000 Personenwagen hergestellt. Mehr als ein Drittel der Produktion ging ins Ausland. Zwischen 1950 und 1960 sollte sich, begleitet überdies von Mechanisierungsmaßnahmen, die Belegschaft vervierfachen und darüber hinaus die Produktivität erhöhen: Kamen 1954 auf einen Beschäftigten 9,6 fertige Fahrzeuge, so waren es 1960 bereits knapp 14. Hohe Zugeständnisse an die Belegschaft waren daher nach wie vor sowohl erlaubt als auch geboten.

Als die Briten die Zuständigkeit für das Volkswagenwerk den deutschen Stellen übertragen hatten, war offen geblieben, wem das Unternehmen am Ende gehören sollte. Dies wurde erst am 21. Juli 1960 mit dem Bundesgesetz zur Privatisierung der Volkswagen GmbH geregelt. Ziel war es, das Unternehmen anhand von so genannten Volksaktien in einen breit gestreuten Privatbesitz zu überführen. Dabei stimmte das Land Niedersachsen nur unter der Bedingung zu, dass ihm eine zwanzigprozentige Beteiligung und weitere zwanzig Prozent dem Bund vorbehalten blieben. Der Erlös der übrigen Aktien sollte einer zu gründenden Stiftung Volkswagenwerk zufließen und dazu dienen, Wissenschaft und Technik in Forschung und Lehre zu fördern. Vorsitzender des neuen Vorstands wurde Heinz Nordhoff, dem es gelang, die Beibehaltung des zentralisierten Managements auch nach der Privatisierung durchzusetzen.

Von 1955 an entstanden neue Werke in Hannover, Kassel und Emden. Am 1. September 1961 wurde der VW 1500 (Typ 3) ausgeliefert. 1962 trafen die ersten 4.000 Italiener in Wolfsburg ein. Sie hatten einen wesentlichen Anteil daran, dass in diesem Jahr die Produktion allein der Personenwagen die Millionengrenze überstieg. Die Nachfrage nach dem Käfer, der über die Jahrzehnte fortwährend verbessert worden war, hielt unvermindert an. 1964/65 übernahm Volkswagen die Auto-Union von Daimler Benz.

Bereits Mitte der 1950er Jahre hatte Heinz Nordhoff eine Vielzahl von Ämtern und Titeln inne: So wurde ihm 1950 der Dr. Ing. h.c. der TH Braunschweig verliehen. Er war u.a. Ehrensenator der TU Berlin und hielt an der TH Braunschweig Vorlesungen über Industrielle Wirtschaftsführung. 1957 ernannte ihn der Heilige Stuhl zum „Ritter vom Heiligen Grabe". Am Ende seines Lebens aber war ihm – über alle erworbenen Ehrentitel hinaus – vor allem dasjenige gelungen, was er zu Beginn seiner Tätigkeit in Wolfsburg vor der Belegschaft als Ziel formuliert hatte: Das Volkswagenwerk, das zur „Konkursmasse des Nationalsozialismus" gehört hatte, zu einem „ausschlaggebenden Faktor der deutschen Friedenswirtschaft" zu entwickeln.[8]

1966/67 – Heinz Nordhoff hatte längst das Rentenalter erreicht – wurde bei insgesamt rückläufiger wirtschaftlicher Entwicklung im Werk eine mehrwöchige Kurzarbeit erforderlich. Im Juni darauf erlitt Nordhoff einen ersten Herzinfarkt. Zum Jubiläum des zweimillionsten Transporters im Februar 1968 in Hannover hielt der 69-Jährige noch einmal eine Rede. Von einem weiteren Herzinfarkt vier Wochen später jedoch sollte er sich nicht wieder erholen. Heinz Nordhoff, die Symbolfigur des Volkswagenwerks und Übervater der Belegschaft, starb am Karfreitag, dem 12. April 1968, in Wolfsburg.

„Bekleidet mit dem weißen Mantel eines Ritters vom Heiligen Grabe und geschmückt mit mehreren Ordenskissen wurde er in der Versuchshalle der Technischen Entwicklung aufgebahrt. Zehn Stunden lang zogen die Arbeiter und Angestellten des Werkes am Mittwoch nach Ostern an seinem Leichnam vorbei."[9] Nachdem der Bischof von Hildesheim in der Christopherus-Kirche das Pontifikalamt zelebriert hatte, wurde Heinz Nordhoff im engsten Familienkreis auf dem Waldfriedhof in Wolfsburg beigesetzt. (Susanne Weihmann)

⌂ **Touristischer Hinweis**: Straßenbezeichnungen in Aachen, Baddeckenstedt, Baunatal, Braunschweig, Gifhorn, Göttingen und Wolfsburg erinnern an ihn. Seine Grabstätte auf dem Waldfriedhof Wolfsburg befindet sich in Abt. IV, Bereich 5.

❖ **Quellen- und Literaturangaben**: **1-3, 5-9** Heidrun Edelmann, Heinz Nordhoff und Volkswagen. Ein deutscher Unternehmer im amerikanischen Jahrhundert, Göttingen 2003, S. 61, S. 59, S. 36, S. 165, S. 151, S. 154, S. 312, S. 309; **4** Manfred Grieger, Boom am Mittellandkanal. Wachstum und Wandlungen im Volkswagenwerk 1948-1974, in: Werkschau 1. Fotografien aus dem Volkswagenwerk 1948-1974. Wolfsburg 2004, S. 17-25, hier S. 19. Philipp Stute, Der „König von Wolfsburg". Im Porträt: Heinrich Nordhoff (1899-1968), in: Christoph Stölzl (Hg.), Die Wolfsburg-Saga, Stuttgart 2008, S. 122-126.
Foto: 1 Volkswagen Aktien-Gesellschaft (o. H.); **2** Archiv Reinhard Bein.

Erich Paulun
(04.03.1862 – 05.03.1909)
Arzt, Gründungsvater der chinesischen Tongji-Universität

Seine Lehrer an der Großen Schule in Wolfenbüttel hatten es mit einem selbstbewussten Schüler zu tun, wie durch eine Anekdote überliefert ist: Er geriet in einer Unterrichtsstunde fachlich in Widerspruch zu seinem Lehrer. Der „kanzelte den Schüler, der klüger sein wollte als sein Lehrer, vor der Klasse mit spöttischen Worten ab. Gegen Ende der Unterrichtsstunde stellte sich aber heraus, dass Erich Paulun im Recht war. Dreimal forderte er den Lehrer sehr höflich auf, das zurückzunehmen, was er zu ihm gesagt hatte. Der Lehrer weigerte sich dreimal, woraufhin Erich Paulun sagte, dass er dann aus dem Fenster springen werde. Er ging schnell zum Fenster, schwang sich auf die Fensterbank und ließ sich nach draußen abgleiten. Unter dem Fenster floss die Oker, seinerzeit ein reißender Fluss, denn es gab [die Okertalsperre] noch nicht, die den Fluss zu einem Bach werden ließ. Die Klasse verharrte starr. Der arme Lehrer schleppte sich mit zitternden Knien zum Fenster, um nach dem zerschmetterten Körper des Schülers zu schauen. Dieser aber hielt sich mit den Händen an einem Fenstersims fest, eine Reihe von Ziegelsteinen, die mit einer halben Steinbreite in die Wand eingelassen waren. Als sich der Lehrer hinausbeugte, blickte er direkt in das lächelnde Gesicht von Erich Paulun: ‚Herr Lehrer, nehmen Sie es jetzt zurück?' Dieser rief wohl: ‚Ja, ja, aber gib mir schnell deine Hand.' Erich Paulun kletterte jedoch, ohne die Hilfe des Lehrers in Anspruch genommen zu haben, schnell wieder in das Klassenzimmer zurück."[1]

Die Geschichte hätte **Albert Südekum** †[2], der neun Jahre später als Paulun die Große Schule besuchte, Spaß gemacht, vielleicht kannte er sie sogar. **Alfred Grotjahn** † hätte sich in seiner Auffassung über die fehlenden menschlichen Qualitäten seiner Lehrer bestätigt gefunden.

Geboren wurde Erich Hermann Paulun 1862 in Pasewalk, wo sein Vater Hermann Ludwig Paulun (geb. 3.5.1832) als Bauführer bei der Preußischen Staatsbahn beschäftigt war. Seine Mutter Christine Maria Auguste Lecke (geb. 15.12.1832) stammte aus Schöppenstedt. Kurz nach der Geburt Erichs erhielt der Vater einen neuen Bauauftrag bei der Braunschweigischen Landeseisenbahn, und die Familie wechselte nach Wolfenbüttel. In Pasewalk hatten sich die Eltern in einer nicht desinfizierten Mietwohnung mit Lungentuberkulose angesteckt, die bald nach ihrer Ankunft in Wolfenbüttel ausbrach. Hermann und Maria Paulun suchten eine Klinik in Berlin auf, wo beide im April 1864 verstarben. Erich kam zu den Großeltern nach Schöppenstedt, wo Marias Schwester Auguste Lecke die Mutterrolle übernahm und Erich 1868 eingeschult wurde. Als die Großeltern verstarben, kam er zu seiner Tante Auguste nach Wolfenbüttel, die inzwischen den Tierarzt Sieverling geheiratet hatte. Schon als Fünfjähriger soll Paulun erklärt haben, Arzt werden zu wollen, um dagegen zu kämpfen, dass Menschen so früh wie seine Eltern sterben müssen.

Ostern 1872 rückte er in die Sexta der Großen Schule ein (Standort bis 1879: Kommisse) und durchlief die Klassen bis zur Oberprima mit einer Ehrenrunde. Er war ein guter Turner, stets zu Scherzen und Streichen aufgelegt, Strafen kümmerten ihn nicht – er galt als unerschrocken. „Schon früh zeigte er einen starken, unbeugsamen Charakter, starke Entschlusskraft und große Durchsetzungsfähigkeit."[2]

Für das letzte Schuljahr benötigte er 1½ Jahre, denn zunächst stellten ihn die Lehrer vom Abitur zurück, vorgeblich weil die Leistungen in Latein nicht genügten. Die Zuerkennung des Reifezeugnisses erfolgte damals nicht nur über Leistungen, sondern richtete sich nach dem Stand der Reife. Über die Zurückstellung beschwerte er sich erfolglos. Als Arzt, sagte er, brauche er wohl Latein, jedoch keine guten Leistungen in Stilistik. Sein Klassenlehrer Friedrich Koldeway bescheinigte ihm schließlich im März 1882, er würde ein akademisches Studium erfolgreich absolvieren können, Leistungen, Führung und Fleiß seien gut. Diese Beurteilung erwies sich als richtig, sodass er Michaelis 1882 die Schule mit dem Reifezeugnis verließ, das ihn zum Medizinstudium berechtigte. Da er von Hause aus finanziell nicht unterstützt wurde, musste er am Königlich medizinisch-chirurgischen Wilhelms-Institut in Berlin studieren, einer Militärakademie ohne Studiengebühren. Für jedes vom Staat bezahlte Semester hatte man nach erfolgreichem Abschluss ein Jahr als Militärarzt zu dienen.

Er studierte zügig und wurde 1887 an der Friedrich-Wilhelms-Universität in Berlin zum Dr. med. promoviert. In den folgenden beiden Jahren lernte er, was ein Marinearzt brauchte. Das Reich setzte Kanonenboote als Drohpotenzial auf den Weltmeeren ein. Mit Zusammenstößen war zu rechnen, und der Marinearzt musste darauf vorbereitet sein, ebenso auf Seuchen und Tropenkrankheiten. 1889 begann sein Einsatz auf dem Kanonenboot Iltis. Die imperialistische Kolonialpolitik, teils von den europäischen Mächten gegeneinander, bisweilen aber auch miteinander geführt, richtete sich im Fernen Osten besonders auf die Ausdehnung ihrer „Interessen" in China. Dort gab es folglich immer wieder Aufstände gegen einheimische „Rebellen", die mit „Expeditionen" von Kriegsschiffen aus bekämpft wurden. 1891 erlebte Paulun einen Kampfeinsatz von Amerikanern, Briten, Franzosen und Deutschen gegen aufständische Chinesen.
Bei einem Aufenthalt bei Dr. Carl Zedelius, der als Arzt in Shanghai praktizierte und dort gutbürgerlich mit Frau und zwei Töchtern lebte, besann er sich auf seine eigentliche Aufgabe als Arzt: Hilfe zu leisten in einem Land, in dem Seuchen und Epidemien unter der Bevölkerung wüteten. Es war das Testament seiner Eltern, die an einer Seuche, der Schwindsucht, gestorben waren. Hier wollte er bleiben und helfen. Er musterte in Shanghai als Stabsarzt der Reserve ab, ging zurück nach Deutschland und erweiterte seine medizinischen Kenntnisse durch eine Ausbildung an der Charité zum Chirurgen.
1893 kehrte er nach Shanghai zurück und vertrat dort Dr. Zedelius als Konsulatsarzt, als der sich in Deutschland erholte. Von 1896-1899 lehrte er an der 1887 gegründeten Medizinschule Hongkong. Noch einmal vertrat er Zedelius, der 1899 schließlich verstarb. Dessen Familie kehrte nach Auflösung der Praxis nach Hamburg zurück. Im gleichen Jahr erhielt Paulun vom Reichskanzler seine Bestallung als Konsulatsarzt und eröffnete eine Praxis in der Nähe der deutschen Kirche in Shanghai. Er gründete im gleichen Jahr zusammen mit seinem Kollegen Dr. Oscar von Schab die Deutsche Ärztevereinigung in Shanghai, und sie bauten das Tung-Chee-Hospital (ab 1909: Paulun-Hospital) für Chinesen und Juden auf. Es bestand zunächst nur aus Wellblech-Baracken, aber der erste Schritt war getan.
Im folgenden Jahr kehrte er kurz nach Deutschland zurück, heiratete Clara Zedelius, die älteste Tochter seines Kollegen und Freundes, besuchte die Verwandtschaft in Wolfenbüttel und Schöppenstedt und kehrte danach mit seiner jungen Frau nach Shanghai zurück.

Im frühen 19. Jahrhundert richteten die Briten ihre begehrlichen Blicke auf das Kaiserreich China. Sie zwangen dem rückständigen Land mit dem ersten Opiumkrieg im Verbund mit Frankreich und den USA 1842 die Öffnung seiner Märkte auf und setzten sich in einigen Küstenstädten fest. Der bei weitem wichtigste und erfolgreichste Vertragshafen wurde das 1843 gegründete Shanghai. Gelenkt wurde es von einem international besetzten, von ausländischen Kaufleuten und Staaten finanzierten, von der chinesischen Regierung unabhängigen, ehrenamtlich gelenkten Stadtrat. „Die vom Stadtrat betriebene moderne Organisation der Stadt mit ihrer Feuerwehr, ihrer Polizei, ihrem Leitungswasser, ihren gepflasterten Straßen, ihrem Gas- und [später] elektrischen Licht und nicht zuletzt ihrer Unterhaltungsindustrie, verschaffte ihr eine erhebliche Anziehungskraft für Chinesen aus allen Schichten, die in ihren bisherigen Umständen kein Weiterkommen sahen, als ohne Perspektive zuhause zu bleiben. […] Die Shanghaier Interaktion zwischen den zu einem sehr erheblichen Teil von Chinesen eingebrachtem Kapital, ihrem hohen Bildungsniveau und schließlich ihrer Arbeitskraft mit den im wesentlichen durch westliche Kaufleute und Konsuln gesetzten institutionellen Rahmenbedingungen verschafften Shanghai eine Dynamik, durch die es nicht nur zum wichtigsten Handelshafen des Landes wurde, sondern auch zum Finanz-, Industrieproduktions-, Verlags- und Vergnügungszentrum des Landes."[3] Aber Krankenhäuser gab es bis 1899 nur für Europäer.

Waren die Jahre zwischen 1842/43 und 1895 eine Zeit des langsamen Eindringens, so schwächte der chinesisch-japanische Krieg 1895 China so gründlich, dass es den europäischen Kolonialmächten weitgehend schutzlos ausgeliefert war. Ausländer erhielten nun Konzessionen in der Industrie, im Bergbau, im Eisenbahnwesen und im Bankensektor, und europäische Kolonialmächte sicherten sich „Schutzgebiete", um von denen aus ungestört von chinesischen Interessen ihre eigenen Ziele zu verwirklichen. Auch Deutschland besetzte in der Bucht von Kiautschou ohne chinesische Proteste 1897 ein solches „Interessengebiet". Das waren die Rahmenbedingungen, unter denen Erich Paulun sein humanitäres Werk in Shanghai zu verwirklichen begann.

Mit der Gründung ihrer Klinik erwarben sich Paulun und von Schab in wenigen Jahren hohes Ansehen in Shanghai. 1903 wurden die Baracken um feste Häuser erweitert. (Die Klinik wurde 1909 Lehrkrankenhaus für die Deutsche Medizinschule, blieb aber unabhängig.)

Die deutschen Ärzte in Shanghai dienten der Reichsregierung auch als Botschafter zur Förderung deutscher Handelsinteressen. Wilhelm Knappe, der deutsche Generalkonsul in Shanghai, regte 1904 in Berlin die Errichtung einer Deutschen Medizinschule an. 1905 stimmten das Auswärtige Amt und das preußische Kultusministerium diesem Plan zu. Er korrespondierte mit der offiziellen chinesischen Kulturpolitik, ihr Land durch den Aufbau von Schulen nach europäischem Vorbild zu modernisieren. 1905 hatte eine chinesische Delegation Europa besucht, um die Schulverhältnisse in Europa zu studieren, 1906 baten die Chinesen Deutschland um Unterstützung beim Bau von wissenschaftlichen und technischen Schulen.

Anfang 1907 begannen unter der Aufsicht des Generalkonsuls die Planungen für die Deutsche Medizinschule. Finanziell gefördert wurde sie von deutschen und chinesischen Wirtschaftsunternehmen in Shanghai. Sie bildeten das Kuratorium der Deutschen Medizinschule. Der tatkräftige und planungssichere Paulun wurde zum Vorsitzenden gewählt. Unmittelbar danach begannen die Bauarbeiten. Da die chinesischen Studenten noch keinerlei Deutschkenntnisse besaßen, wurde schon am 3. Juni 1907 eine Sprachschule vorgeschaltet.

Am 1.10.1907 wurde die Tung-Chi Deutsche Medizinschule (Tongji) offiziell gegründet, Erich Paulun wurde ihr erster Direktor. Weil sich die Medizinschule gut entwickelte, sollte sie nach den Vorstellungen großer deutscher Konzerne um eine technische Fachhochschule erweitert werden. Mit Hilfe der in dieser Schule ausgebildeten Ingenieure sollte der chinesische Markt für deutsche Maschinen geöffnet werden, was auch seit den 1920er Jahren mehr und mehr gelang.

Für den Campus von Medizin- und Ingenieurschule ließ Paulun 1908 Gelände erwerben, auf dem bis 1912 die neuen Gebäude bezugsfertig wurden. Gefördert war dieser Bau, anders als die Medizinschule, fast ausschließlich von deutschen Großunternehmen und der Deutschen Bank. Weitere derartige Schulen wollte das Deutsche Reich in anderen chinesischen Küstenstädten errichten, kam jedoch wegen des Ausbruchs des Ersten Weltkriegs nicht mehr dazu.

Die Ausbildung an der Medizinschule war auf acht Jahre festgesetzt und bestand in der Vorstufe u.a. aus einem dem deutschen Abitur entsprechenden Abschluss, dem Vorklinikum und Klinikum, das mit dem Approbationsexamen abschloss. Dazwischengeschaltet war das ein Jahr dauernde Praktikum. Bis 1916 hatten insgesamt 37 Studenten ihr Medizinstudium erfolgreich beendet.

Der deutsche Bundespräsident Horst Köhler gratuliert der Tongji-Universität am 26. Mai 2007 zum 100-jährigen Bestehen und enthüllt die Paulun-Büste für den Campus der Universität.

Ende Februar 1909 besichtigte Erich Paulun das Haus eines Nachbarn, in dem Typhuskranke untergebracht gewesen waren. Er vertraute der Versicherung, das Haus sei desinfiziert worden. Kurze Zeit später bekam er hohes Fieber und Nierenbluten. Als Patient in seinem eigenen Krankenhaus verstarb er am 5. März 1909. Die Trauerfeier fand unter großer Anteilnahme der Bevölkerung von Shanghai statt. Pauluns Leiche wurde eingeäschert, und seine Witwe nahm die Urne mit nach Deutschland.
Die Deutsche Medizin- und Ingenieur-Schule wurde 1917 von Frankreich beschlagnahmt, aber mit Hilfe der Einheimischen in anderen Gebäuden im Vorort Wusong unter chinesischer Leitung provisorisch fortgeführt. Von der Wirtschaftsorganisation „Deutscher Verband für den Fernen Osten" wurde der Campus 1923/24 ausgebaut und technisch ausgerüstet. 1924 wurde die Hochschule von der chinesischen Regierung als deutschsprachige Tongji-Universität wiedereröffnet. Damit wurde eine bis heute bestehende Zusammenarbeit begründet – ein Paradebeispiel für den Wissenschaftsaustausch zwischen China und Deutschland: Tongji heißt: in einem Boot sitzen.   (Reinhard Bein)

❖ **Quellen- und Literaturangaben**: 1-2 Die Tongji-Universität gedenkt Dr. Erich Paulun. Ausstellung Shanghai, Berlin, Bonn, Wolfenbüttel, Hamburg 2009/2010, S. 46/50; **3** Carsten Herrmann-Pillath, Michael Lackner (Hg.), Länderbericht China, Bonn 2000, darin: Rudolf G. Wagner, Neue Eliten und die Herausforderung der Moderne, S. 119. **Fotos**: 1-2 Ausstellungskatalog. – Mit Dank an Peter Ensthaler, Wolfenbüttel.

Emil Pottner
(10.12.1872 – 26.09.1942)
**Maler, Graphiker,
Keramiker, Porzelliner**

Seine Familie kam 1880 von Salzburg, wo Emil geboren worden war, nach Braunschweig. Sein Vater, ein Chorsänger an der Herzoglichen Oper, war ewig in Geldnöten und konnte die früh erkannte malerische Begabung seines Sohnes nicht ausreichend fördern. Der absolvierte die Volksschule Bürgerstraße und anschließend mit einem Stipendium der Westermannschen Stiftungen die Oberrealschule (heute HvF). Er schloss mit der Mittleren Reife ab und lernte, da er noch zu jung für ein Studium an einer Kunsthochschule war, zunächst am Hoftheater Theatermaler. Mit 1.000 Mark in der Tasche, die private Gönner gesammelt hatten, ging er 1891 zur Kunstakademie in München.

In seinen ungedruckten „Indiskretionen" von 1930 beschreibt Pottner, was die Braunschweiger über diesen Kunststudenten dachten und sagten: „Die großen Ferien verbrachte ich zu Haus in Braunschweig. Dort war ich eine der Sehenswürdigkeiten und bekannt wie ein bunter Hund. Als ich auf dem Bohlweg promenierte, hörte ich, wie ein Rollkutscher bei meinem Anblick ausrief: ‚Ha, de swarte Düwel is ok wedder da, den hebb ick lange nicht geseihn.' Die Begrüßung mit den Bekannten spielte sich immer in denselben Formen ab: ‚Nun, Herr Pottnehr, sind Sie auch wieder glücklich gelandet? Verdienen Sie denn nun auch schon was?'" Natürlich verdiente er nichts.

Die Ausbildung in München war von Not bestimmt. Er teilte sich mit **Rudolf Wilke** †[1] eine Wohnung im vierten Stock eines Hauses. „Wir taten unser Geld zusammen und lebten fidel drauflos, bis es zu Ende war. Unser Kredit bei unseren Freunden, die selber oft nichts hatten, war erschöpft, und alles Mögliche und Unmögliche hatte den Weg in die Pfandleihe genommen."[1] Nach zwei Jahren Studium musste er mittellos nach Braunschweig zurückkehren. „Diese Jahre gehörten zu den schwersten meines Lebens. Braunschweig möge mir diese Zeilen nicht nachtragen, aber mit freien Ideen über Kunst und Leben, nach hier aus dem heiteren München verbannt, fühlte ich mich grenzenlos einsam. Ich fand bei keinem Menschen Verständnis."[2] Von seiner Malerei konnte er in Braunschweig nicht leben. So war er froh, als ihn 1897 sein Freund Wilke wieder nach München holte.

Pottner lernte dort 1898 Paul Cassirer kennen. Dem Kunsthändler gefielen seine impressionistischen Bilder, sodass er ihn vertraglich an sich band. Wer in diesen Jahren von Cassirer vertreten wurde, gehörte zum führenden deutschen Künstlerkreis. Pottners Gemälde wurden nun in Ausstellungen in Deutschland, die internationalen Maßstäben entsprachen, gezeigt. Regelmäßig war er zwischen 1899 und 1916 bei den Präsentationen der Berliner Secession vertreten. Die erste von 1899 wurde, wie eine Zeitung schrieb, von dem „neu auftauchenden Dreigestirn Slevogt, Pottner und Breyer" beherrscht."[3]

1902 siedelte er auf Wunsch Cassirers nach Berlin über, begleitet von Maria Porzelt, die er später heiratete. Während dieser ersten Berliner Jahre weilte Pottner zweimal mit ihr in Sluis in Flandern. Hier begann er sich für Keramik zu interessieren, insbesondere für Delfter Kacheln, und formte Tiere, meistens Vögel, aus Ton – farbig glasierte impressionistische Kleinplastiken. Dem Vorsteher der Versuchsanstalt der KPM Berlin, Professor Marquardt, gefielen Pottners Figuren, sodass er ihm die Möglichkeit gab, in den dortigen Werkstätten zu arbeiten und mit Hlfe von Kollegen seine Kenntnisse über den Umgang mit den Materialien für Steingut und Porzellan zu vertiefen.

Pottner zählte zum engeren Kreis um den Impressionisten Max Liebermann und war befreundet mit Lovis Corinth. Er galt neben Struck und Spiro als eigentlicher Vertreter impressionistischer Malprinzipien in Deutschland. 1910 geriet die Berliner Secession in eine Krise, als die Bilder von 27 Expressionisten nicht für eine Ausstellung zugelassen wurden. Es bildete sich daraufhin die Neue Secession mit dem Präsidenten Max Pechstein. Pottner beschreibt in seinen Erinnerungen das Anwachsen der Krise: „Einerseits herrschte bei einem Teil der Mitglieder Verstimmung wegen der zunehmenden Machtstellung Cassirers, denn Liebermann hatte sein Amt als Präsident niedergelegt und sein Einfluss war ausgeschaltet, andererseits war das Eindringen jüngerer Künstler in die Secession nicht aufzuhalten und dadurch das Gleichgewicht der Kräfte bedroht. Noch kam es nicht zu offener Auflehnung, doch merkte man bei vielen Gelegenheiten das Anwachsen der feindlichen Stimmung."[4]

1911 eskalierte der Streit, und Emil Pottner übernahm für kurze Zeit das Amt des Präsidenten. Er war es, „der die Secession als Vorsitzender durch die erste Krisenzeit hindurchführte, bis er zu seiner Erleichterung das Amt (Ende 1911) an Corinth abgeben konnte. Er blieb weiter Mitglied der Secessionsjury neben Corinth, **Leo von König** ↑ und Eugen Spiro."[5] Die Secession erlebte 1913 eine neue Krise, als Emil Nolde den Malerfürsten Max Liebermann scharf angriff, der daraufhin mit anderen aus der Secession austrat. Lovis Corinth blieb Präsident. Die Rebellen bildeten die Freie Sezession.

Als Pottner 1910 auf der Brüsseler Weltausstellung für seine Majolikafiguren den Großen Preis erhielt, begann er intensiver mit Keramik zu arbeiten, wurde 1913 zur Weltausstellung in Gent eingeladen und 1914 zur Werkbundausstellung in Köln. Seine Keramiken wurden von der Majolikamanufaktur Karlsruhe, der bedeutendsten in Deutschland, erworben und vervielfältigt. Von 1922 bis 1928 arbeitete er dann mit der Staatlichen Majolika Manufaktur in Berlin zusammen. Das Geheimnis seiner Keramiken: „Er wollte nicht dekorative Werke schaffen, sondern seine Natureindrücke in einer neuen, überzeugenden Form zum Ausdruck bringen. [...] Der impressionistische Maler wurde zum impressionistischen Plastiker."[6] Sein Freund Bernhard Kellermann schrieb in einem seiner Romane: „[Er] hat wundervolle Keramiken erschaffen, Kakadus, Papageien, Fasanen, Reiher und Flamingos. Die Tiere waren seine Spezialität. Er brannte und glasierte seine Arbeiten selbst in einem alten, verstaubten Ofen."[7] Die exotischen Tiere waren der Romanhandlung geschuldet, Pottner schuf nur Tierplastiken von Spezies, die er beobachten konnte.

Durch seine Verkaufserfolge konnte er sich 1908 an der Havel in Petzow bei Potsdam ein Wassergrundstück kaufen und ein Häuschen bauen lassen, in dem er im Sommer mit seiner Frau lebte und zeichnete, während die Wintermonate in Berlin den keramischen Arbeiten vorbehalten waren. „Wir, meine Frau und ich, lebten dort ganz einsam, die nächsten Häuser zehn Minuten entfernt. Der reichliche Geflügelhof versorgte uns mit Eiern und gab uns viel Arbeit, aber auch viel Freude. Reizende Erlebnisse mit diesen Kindern der Sonne, mit unseren zahmen Vögeln und den vielen Wasservögeln im Rohr, inspirierten mich zu Bildern und Büchern."[8]

Nicht nur mit Keramik, auch mit Porzellan beschäftigte er sich nun in Berlin. Seine Figuren waren etwas Neuartiges in der Porzellanplastik. „Nach jahrelangen Bemühungen ist es dem Künstler gelungen, die unplastische Masse des Porzellans, die bisher nur durch Guß nach dem hohlen Modell in stabile Form gebracht werden konnte, in ähnlicher Weise wie den Thon zu modellieren. Unter großen Schwierigkeiten sind zum ersten Male kleine Original-Porzellanfigürchen entstanden, die nach dem ersten Brennen im Ofen vom Künstler selbst mit feinen Lasurfarben gedeckt, ein neues Gebiet der bildnerischen Verwertung eines bisher nur auf indirektem Wege bezwingbaren Materials erschlossen haben. Um den Unterschied zu anderen Porzellanfiguren deutlich zu machen, sei hier erwähnt, dass die so hoch geschätzten Erzeugnisse, z.B. der Kopenhagener Manufaktur, aus Formen gegossen und jedes Modell folglich öfters wiederholt werden kann, während die Arbeiten Pottners nur einmal als eigenhändiges Werk des Künstlers bestehen."[9] Das macht sie so rar.

Neu allerdings war diese Technik, wie das oft so ist, nicht. Zur Zeit des polnisch-sächsischen Königs August des Starken, der dem Goldmacher Böttcher die Chance zur Erfindung des europäischen Porzellans gegeben hatte, war es dem an der Manufaktur in Meißen beschäftigten Modelleur J. J. Kändler gelungen, mit Händen geformte Porzellanmasse sicher und unzerstört durch den Brennprozess zu bringen. Er nahm die geheim gehaltene Rezeptur mit ins Grab, und erst Pottner fand ein neues Verfahren. Ob die Braunschweiger Bildhauerin **Grete Krämer-Zschäbitz** ↑, die 1924–1926 und 1931–1933 bei der Porzellanfabrik Rosenthal in Selb mit dieser Technik experimentierte, von Emil Pottner gelernt hat, bleibt unbeantwortet. Da Pottner die anspruchsvolle, langwierige und unsichere Arbeit zu dieser Zeit bereits wieder aufgegeben hatte, mag es sein, dass die Braunschweiger Künstlerin die Technik des Porzellanformens noch einmal entdeckte. Aber auch sie wendete sich spätestens 1933, als sie Rosenthal verließ, von diesem schwierigen Material wieder ab.

In einer Würdigung von 1928, als Pottner fast nur noch als Keramiker bekannt war, schrieb der Kritiker Karl Schwarz: „Ein Künstler von erstaunlicher Vielfältigkeit in der technischen Darstellung eines Sondergebietes ist Emil Pottner. Von der Landschaft als Maler ausgehend, entdeckte er seine Liebe für die gefiederte Welt und wurde einer ihrer lebensvollsten Interpreten in der Malerei und Graphik, nicht zuletzt aber auch in Keramiken und feinen Porzellanfiguren."[10]

Wer heutzutage nach diesen Arbeiten sucht, wird sie nur schwer finden. Sie sind in Privatbesitz. Einige seiner Werke werden aber noch in Kunstgalerien angeboten oder bei Auktionen verkauft.

Die Entente begrüßt ihren Retter

In den Kriegsjahren stellte er seine Kunst in den Dienst der nationalen Propaganda. Der britische Löwe und der gallische Hahn begrüßen den Papagei USA. Der russische Bär schleicht sich ermattet davon.

In zwei Büchern kombinierte er 1924 Zeichnungen mit gereimten Texten. Eines, „Vögel am Wasser", widmete er seinem Freund Bernhard Kellermann. In dessen Roman „Die Brüder Schellenberg" von 1925 setzte er seinerseits Pottner als Künstler Stobwasser ein literarisches Denkmal. „Karl Stobwasser sah nicht aus wie ein Bildhauer, eher wie ein Schneider. Er war ein kleiner schmächtiger Bursche mit einem schmalen Kopf, etwas schiefem Mund und auffallend spitzer, langer Nase. Auf der Baugewerbeschule in der Provinz [...] hatten seine vorzüglichen Steinmetzarbeiten und Holzschnitzereien die Bewunderung der Mitschüler und selbst der Lehrer erweckt. Vor zwei Jahren war Stobwasser nach Berlin gegangen, fest entschlossen, seinen Weg als Bildhauer zu machen. Er hatte auch bald Erfolge, wenn auch nur geringe."[11] Ohne Mühe erkennt man trotz künstlerischer Überformung den Maler und Keramiker Pottner. Tatsächlich hatte er 1890 ein halbes Jahr an der Baugewerbeschule in Braunschweig gearbeitet.

In der Weimarer Republik zog sich Pottner weitgehend aus dem öffentlichen Kunstleben zurück und lebte von größeren Aufträgen. In „Westermanns Monatsheften" berichtete Karl Schwarz 1920: „Seit ungefähr fünf Jahren arbeitet Pottner an der Ausführung eines großen Auftrages, an der Ausgestaltung eines Festsaales für ein Schloß. Hier wächst im Stillen ein Werk, das wohl dazu berufen ist, die Aufgabe der keramischen Kunst in der Moderne wieder wie einst, da ein Voltaire-Zimmer in Sanssouci entstehen konnte, zu erfüllen. Alles das, was dieser kleine, bewegliche Mensch an unerhörter Arbeitsenergie bisher aufzubringen vermochte, vereinigt sich hier zu einem gewaltigen Monumentalwerk."[12] Es handelte sich um das „Spanische Zimmer" der Villa des deutschen Konsuls in Madrid.

Zur Aufstellung kam es nie, weil sich die Lebensplanung des Konsuls änderte. So lag die Keramik, in Kisten verpackt, beim Bruder des Käufers in Berlin und wurde später, in Einzelteilen verkauft, in alle Winde verstreut. Weitere handgeformte großformatige Keramikreliefs schuf Pottner 1927 für ein privates Badehaus in Berlin-Wannsee und 1930 für die Münchner Rückversicherungs-Gesellschaft.

Nach 1933 durfte er als Jude nicht Mitglied der Reichskulturkammer sein, konnte also nicht mehr verkaufen. 1935 veranstaltete das Jüdische Museum eine Ausstellung zum Werk der beiden jüdischen Braunschweiger Künstler Pottner und **E.M. Lilien** ↑[1], die nur von Juden besucht werden durfte. Der Braunschweiger Antiquar Karl Pfankuch, der Pottners Schwester Regina geheiratet hatte, unterstützte ihn finanziell durch interne Ankäufe. Zahlreiche seiner Schöpfungen blieben dadurch in Privatbesitz erhalten.

Emil Pottner wurde am 24. Juli 1942 von Berlin aus in das Altersghetto Theresienstadt deportiert und am 26. September 1942 im Vernichtungslager Treblinka ermordet. Seine Schwester Regina (Schauspielerin) und die andere Schwester Sally (Sängerin) wurden 1942 nach Riga deportiert. Weiteres Schicksal unbekannt.

1952 widmete Braunschweig Emil Pottner und **Willy Meyer** ↑ eine Gedächtnisausstellung, über die der Kunstkritiker **Peter Lufft** ↑ ausführlich berichtete. (Reinhard Bein)

⌂ **Touristischer Hinweis**: Das Städtische Museum in Braunschweig besitzt einige Werke, die 1894-97 entstanden. Seine Eltern liegen auf dem neuen jüdischen Friedhof an der Helmstedter Straße begraben.

❖ **Quellen- und Literaturangaben**: **1**, **4** Emil Pottner, Indiskretionen, Berlin 1930, unveröffentlicht, in: Salve Hospes, Braunschweig 2/1952; **2** BZ 3.9. 1998; **3** Salve Hospes 2/1952, S. 54-55, darin Otto Stelzer, Emil Pottner; **5**, **9** Karl Schwarz, Emil Pottner. Ost und West. Illustrierte Monatszeitschrift für das gesamte Judentum, 1912, S. 224 und 1928, S. 229 f., **6, 12** Westermanns Monatshefte, Br., Dez. 1920, S. 368, S. 376; **7, 11** B. Kellermann, Die Brüder Schellenberg, Roman, Berlin 1925, S. 293; **8** Marcus Oertel, Emil Pottner, Bonn 2006. Darin Zitate aus Pottners Indiskretionen, S. 41 f.; **10** Karl Schwarz, Juden in der Kunst, 1928, S. 141.

Von Pottner herausgegebene illustrierte Bücher sind: Geschichte einer jungen Krähe, Berlin 1924 (Hans Thoma gewidmet); Vögel am Wasser, Berlin 1924 (Bernhard Kellermann gewidmet).

Bilder: **1** Das Selbstporträt ist dem Jahreskalender „Kunst und Leben" für 1932 entnommen; **2** Westermanns Monatshefte, Br., Dez. 1920, S. 378.

Norbert Regensburger
(25.05.1886 – 26.04.1933)
Rechtsanwalt,
Landtagsabgeordneter

Aus dem Jahre 1905 hat sich ein handschriftliches Dokument erhalten, eine Rede, die der 18-Jährige vor 3.500 Zuhörern beim Verbandstag der Studenten der deutschen Technischen Hochschulen im Münchener Löwenbräu gehalten hat. Es ging um die Frage der Zulassung konfessioneller Studentenverbindungen. Seine Rede war engagiert, unerschrocken und kämpferisch. Die „Frankfurter Zeitung" berichtete darüber:
„Ein israelitischer Student erklärte sich gegen alle konfessionellen Studentenverbindungen, auch gegen die jüdischen. Er gehöre keiner der letzteren an, aber sie entsprängen der Notwehr, weil man die jüdischen Studenten, die das studentische Leben kennen lernen wollten, in die studentischen Verbindungen nicht eintreten lasse und sie so zwinge, eigene Verbindungen zu gründen. Ob protestantisch, katholisch oder jüdisch, wir sollen und wollen nur Studenten sein. (Stürmischer Beifall.) Die alten Achtundvierziger, von denen heute wiederholt die Rede war, würden staunen, wenn sie sähen, wie heute die große freiheitliche Vereinigung verleugnet werde. Der Redner schloß: Bei mir gilt der Mann, nicht des Mannes Kleid. (Lang anhaltender Beifall.)"[1] Hier zeichnete sich ab, welche Rolle Regensburger in den 1920er Jahren als Vorstandsmitglied des Central-Vereins deutscher Staatsbürger jüdischen Glaubens spielen würde, nämlich die des engagierten Kämpfers für die Überwindung von Antisemitismus.
Der 1883 in Berlin gegründete Verein half seinen Mitgliedern mit juristischer Beratung bei antisemitischen Angriffen und versuchte durch Vorträge und eine verbandseigene Zeitschrift über das Judentum aufzuklären. Durch Attacken des Historikers Treitschke war Antisemitismus hoffähig gemacht und durch Periodika wie „Gartenlaube" bzw. „Daheim" millionenfach unters Volk gebracht worden.

Nathan Ernst Norbert Regensburger wurde 1886 in Braunschweig geboren. Die Eltern waren der Lederhändler Moritz Regensburger, gest. 1924, und Gertrud Regensburger, gest. 1914 im Landeskrankenhaus Königslutter. Ihr einziger Sohn machte 1904 am Wilhelm-Gymnasium Abitur und studierte in München, Berlin u. Rostock Jura. Regensburger wurde 1908 in Rostock mit der Arbeit „Die pressgesetzliche Berichtigungspflicht" promoviert. Das 1. Staatsexamen bestand er 1908. Staatsanwalt Bues z.B. beurteilte ihn 1910: „Er verbindet mit guten Rechtskenntnissen einen scharfen Blick und treffendes Justiz. Seine schriftlichen Arbeiten [...] zeichnen sich aus durch streng logischen Aufbau, Einfachheit und Klarheit der Vorstellung. Er findet den springenden Punkt leicht heraus und weiß ihn richtig zu lösen. Sein Fleiß und Eifer ist gleich lobenswert."

Zwischenzeitlich musste er wegen seiner schwächlichen Gesundheit mehrmals pausieren. In seinem Prüfungsgutachten für das 2. Staatsexamen 1912 hieß es: „Von den übrigen Kandidaten brachte Regensburger die besten Leistungen. Während ihm bezüglich Gewandtheit und Klarheit des Stils und in tüchtigen Rechtskenntnissen Rudeloff, Schäfer und Scheffels ziemlich gleich stehen, überragt er sie an Scharfsinn und an eindringlicher Gründlichkeit bei der Beurteilung des gegebenen Rechtsstoffes. Auch sein mündliches Referat war von allen das beste."[2] Diese Veranlagung zur Perfektion, der Wunsch zur Brillanz und seine schnelle Arbeitsweise bekamen seiner schwachen Konstitution nicht, sodass immer wieder Pausen zur Regeneration nötig waren. Er wurde am 8. Juli 1912 als Rechtsanwalt zugelassen und erhielt 1919 zusammen mit zahlreichen anderen Kollegen das Notariat. Die braunschweigische Revolutionsregierung revidierte damit die Praxis der herzoglichen Regierung vor 1914, nur in Ausnahmefällen Juden zum Notariat zuzulassen.

In die von ihm gegründete Anwaltskanzlei nahm Regensburger Hans Munte und Otto Reuter auf. Munte vertrat den Kanzleichef, wenn er abwesend war. Nach seiner Heirat mit Resi Oppenheimer 1920 stabilisierte sich sein gesundheitlicher Zustand für einige Jahre.

Er war Stadtverordneter (1919-1921), Landtagsabgeordneter für die linksliberale DDP (1920-1924 und 1925-1926) und Vizepräsident des Landtags (1922-1924). Vorsteher der Jüdischen Gemeinde war er zwischen 1926 und 1932, Präsident der Leopold-Zunz-Loge (1927-1928), außerdem Vorstandsmitglied im „Central-Verein deutscher Staatsbürger jüdischen Glaubens" (C.V.).

Norbert Regensburger gehörte zu den profiliertesten Anwälten seiner Zeit. Im Prozess um die Abfindungsansprüche des Herzogshauses vertrat er den Freistaat Braunschweig (neben Rechtsanwalt Dr. Westhauer, Berlin) seit 1921 und erzielte im zweiten Verfahren 1925 einen für die Finanzen des Landes schmerzlichen, aber erträglichen Vergleich. Der Herzog erhielt das Schloss in Blankenburg, wo er mit seiner Familie lebte, bekam 52.000 Morgen Forsten und eine jährliche Rente von 307.287 Mark aus der Landeskasse zugesprochen. Seitens der Deutschnationalen und des Herzogshauses kam scharfe Kritik an Regensburgers Verhandlungsführung, die das Herzogshaus benachteiligt hätte. Nach dem Prozess setzten seine nervösen Beschwerden verstärkt wieder ein. Studienreisen in verschiedene Länder Europas und Kuraufenthalte an der See oder im Gebirge konnten ihm immer nur kurzfristig Besserung bringen.

Dieser Herr kämpft forsch und stramm als ein „Ja und Aber"mann.

Als Landtagsabgeordneter vertrat er die linksliberale Position seiner Parteifreunde, bemüht um Ausgleich mit den Sozialdemokraten. Sie honorierten dies aber nicht u. karikierten ihn in ihrer Silvesterzeitung 1922: „Dieser Herr kämpft forsch und stramm als ein ‚Ja-und-Aber'-Mann." Der politische Rechtsruck in der Landespolitik und gesundheitliche Probleme veranlassten ihn 1926, sich aus der Landespolitik zurückzuziehen.

Für die so genannten Ostjuden, denen die deutsche Staatsbürgerschaft verweigert wurde, war er der wichtigste Vermittler, obwohl viele von ihnen dem Zionismus zugeneigt waren, während er für die völlige Integration der Juden in die deutsche Gesellschaft eintrat.

Im September 1928 hielt er bei einer Kundgebung des Centralvereins in Berlin beherzt eine Rede, in der er sich zum Thema „Lebensfragen des deutschen Judentums" angesichts der sich ausbreitenden völkischen Bewegung und zum wachsenden Antisemitismus in der Bevölkerung äußerte. „Die völkische Bewegung spreche den deutschen Juden wegen ihrer Abstammung ihr Deutschtum ab und ziehe die Volks- und Staatstheorie aus ethischer Begrifflichkeit in eine, krass gesprochen, zoologische Betrachtungsweise herab. Aber die Zugehörigkeit zu einem Volk sei nicht die Frage eines rassistischen Seins, sondern seelischen Willens, nicht eine Auswirkung des äußeren, sondern des inneren Menschen. Schlimmer noch, daß versucht werde, den einzelnen Juden seelisch zu zermürben und wirtschaftlich auszuhöhlen."[3]

Wegen seines Auftretens in der Öffentlichkeit als Verteidiger der patriotischen Juden mehrten sich nach der Regierungsbeteiligung der Nationalsozialisten im Herbst 1930 im Freistaat Braunschweig die Angriffe der Rechtskräfte auf Regensburger. Als Folge nahmen seine Erholungs- und Kuraufenthalte zu, ohne dass er wirklich gesundete.

Nach der Reichstagswahl am 5. März 1933 hängten die Nazis in Betrieben, Behörden und Verbänden so genannte schwarze Listen aus, die aufforderten, namentlich aufgeführte jüdischen Geschäfte, Ärzte und Rechtsanwälte zu meiden. Und schon zwei Wochen vor dem reichsweit angeordneten Boykott jüdischer Betriebe führten die Nazis diesen in Braunschweig durch.

In der Hoffnung, der Bedrohung zu entkommen, bat Regensburger am 12. April 1933 den Justizminister Dr. Küchenthal, ihn von der Aufgabe als Notar vorübergehend zu entbinden. Dies verschaffte ihm aber nur kurz Luft. An den folgenden Tagen verhafteten die Nazis gezielt jüdische Kaufleute und Ärzte und nahmen sie grundlos in „Schutzhaft". So nannten sie missbräuchlich mit einem polizeilichen Fachausdruck ihre willkürlichen Verhaftungen. Sie wollten die Eingesperrten und darüber hinaus möglichst alle Juden der Stadt und des Landes zur Aufgabe ihrer Heimat veranlassen. Am 19. April waren prominente Rechtsanwälte an der Reihe: Regensburgers Kollegen Bruno Mielziner, Gemeindevorsteher bis 1926, und Leo Tannchen, der amtierende Vorsteher der jüdischen Gemeinde, wurden im Rennelberg in „Schutzhaft" genommen. Regensburger als Gemeindevorsteher (bis 1932) wusste, dass auch er nun im höchsten Maße gefährdet war.

Wahrscheinlich muss man die Wirkung mehrerer Gründe bündeln, um die Ausweglosigkeit seiner Situation nachvollziehen zu können: Die Anfeindungen vor 1933, seine Kränklichkeit, seine neurasthenische Nervenstruktur, verbunden mit Depressionen, die Machtübernahme der Nazis, die wachsende Bedrohung von Juden in exponierter Stellung und die Verzweiflung über den aussichtslosen Kampf des Patrioten gegen die Hydra des Antisemitismus.

Um sich aus der Schusslinie zu ziehen und seine Kanzlei vor der Zerstörung zu retten, zog er sich aus ihr zurück. Da er alle wichtigen Dinge mit seiner resoluten Ehefrau Resi besprach, ist es unwahrscheinlich, dass sie dies nicht zuvor diskutierten. Die Eheleute scheinen eine Lösung gefunden zu haben für die nächste Zeit. Geld aus dem Prozess des Landes gegen den Herzog war genug da. Warum also nicht ein längerer Kuraufenthalt im Ausland, dann ein anderer Wohnort und warten auf das baldige Ende der Naziregierung? Aber am nächsten Tag, als sie aus der Stadt in die Wohnung zurückkehrte, fand sie ihren Mann erhängt im Schlafzimmer. Als er in der Zeitung gelesen hatte, dass er „in Folge Krankheit auf Grund freundschaftlichen Einvernehmens" aus seiner Kanzlei ausgeschieden sei, siegte der Hypothalamus über die Ratio, und der Depressive sah vor sich nur noch ein Schwarzes Loch, in das er fiel.

Seine Tochter Gerta schrieb mir aus England: „Die Tatsache ist, dass unser Vater sich am 26. April 1933 in unserem Heim in der Lützowstrasse, Braunschweig, erhängt hat. Dies war offensichtlich ein entsetzlicher Schlag für die Familie, besonders für unsere Mutter, die es kaum ertragen konnte und ihr Leben lang die Wahrheit verschwiegen hat."[4] Als sie sich am Morgen trennten, war sie noch voller Hoffnung, dass sich alles zum Besten wenden würde, und nun war nicht nur sein Leben, sondern auch ihres zerstört. Spontan vernichtete sie alle Fotos von ihm. Außer zwei Bildern, die ihn als Landtagsabgeordneten zeigen, gibt es kein einziges privates, wie Gerta versicherte.[5]

Im Schockzustand bereitete Resi die Beerdigung vor. Danach schickte sie die beiden kleinen Kinder für elf Wochen in das Heim der Zion-Loge nach Norderney. Bis Mitte September 1934 lebte sie dann mit den Kindern und ihrer Mutter in Nizza und Marienbad. Nach Braunschweig in ihre Wohnung, die ihr zum Alptraum geworden war, kehrte sie nur noch einmal zurück, um den Haushalt aufzulösen. Am 11. Oktober 1934 zog sie nach Berlin.

Der Centralverein würdigte in einem Nachruf Leben und Wirken Norbert Regensburgers: „Am 26. April d. J. ist unser lieber Freund, Rechtsanwalt Dr. Norbert Regensburger, in Braunschweig nach langem schweren Leiden plötzlich verstorben. Der C.V. hat in ihm einen seiner besten und treuesten Mitkämpfer verloren. Von Jugend auf ist der Kern seiner Persönlichkeit scharf ausgeprägt gewesen: sein stets bereites und mutiges Auftreten für alle Unterdrückten und gegen jedes Unrecht. So ist er schon als junger Student mit der ihm eigen gewesenen hinreißenden Beredsamkeit in den Studentenkämpfen jener Jahre hervorgetreten. Später hat er neben seiner umfangreichen Tätigkeit als vielgesuchter Anwalt in seiner Vaterstadt Braunschweig, in deren Geschichte er sich mit Liebe vertiefte, stets Zeit gefunden, den Idealen seiner Jugend im öffentlichen Leben zu dienen. Als Abgeordneter und Vizepräsident des Braunschweiger Landtags hat er für seine politischen Ideen gewirkt. Als langjähriges Mitglied des Hauptvorstandes des C.V. galt seine unermüdliche, von warmer Vaterlandsliebe getragene Arbeit den Rechten der Deutschen jüdischer Abstammung. In tiefer Wehmut gedenken wir der lebenssprühenden Begeisterung unseres Freundes für die Ziele unserer Gemeinschaft. In dem großen Kreise, der dem Verstorbenen das letzte Geleit gab und seiner Familie herzliches Mitgefühl bezeigte, war auch der Hauptvorstand des C.V. vertreten. Seine letzten Grüße, die bei der Trauerfeier ausgesprochen wurden, bezeugten, daß die Persönlichkeit unseres lieben Freundes Norbert Regensburger im C.V. unvergessen bleiben wird."[6]

Resi Regensburger, geb. 1897 in Hildesheim, gest. 1996 in London, war Diplom-Bibliothekarin und arbeitete bis 1938 für den Centralverein. Der Sohn Curt Moritz Regensburger (später: Charles Maurice Regan), geb. 1925 in Br., war Beamter; die Tochter Gerta Ruth Regensburger, geb. 1928 in Br., arbeitete als Oberlehrerin. Sie emigrierten 1939 getrennt nach England. (Reinhard Bein)

⌂ **Touristischer Hinweis:** Stolpersteine vor dem Haus Lützowstr. 6.

◈ **Quellen- und Literaturangaben**: **1** Frankfurter Zeitung 21.2.1905; **2** Auszüge aus der Personalakte Regensburgers, Staatsanwaltschaft Braunschweig; **3** E. Isermann/M. Schlüter, Justiz und Anwaltschaft in Braunschweig 1879-2004, Br. 2004. Darin: Dieter Miosge, Dr. Norbert Regensburger, S. 222; **4** Brief vom 15.12.1997 an den Verfasser; **5** In Publikationen über ihn wird die These vertreten, seine Selbsttötung sei durch die Zeitungsanzeige seiner Partner Munte und Clemens ausgelöst worden, die ihn überrascht habe. Das ist m.E. richtig und falsch zugleich. Die zerstörende Wirkung einer tiefen Depression mit ihrer Nähe zum Selbstmord bleibt darin zu wenig beachtet. Gegen die These, dass die Regensburgers die Anzeige als ein schändliches Spiel der Kanzleikollegen ansahen, spricht auch, dass Resi 1934 Munte einen größeren Kredit gab und ihm nach 1945 einen freundschaftlichen Besuch abstattete; **6** Zeitung des Central-Vereins der Deutschen jüdischen Glaubens vom 4.5.1933. – Frank Ehrhardt, Kirsten Bergemann, Jonathan Voges, Zwischen Erfolg und Ablehnung. Jüdische Braunschweiger und ihr Engagement in der Gesellschaft, Br. 2013; H. Ott, Dr. Norbert Regensburger. Lebensschicksal des jüdischen Bürogründers (1886-1933), Br. 2012.

Zeichnungen: **1** Felix Pestemer; **2** Br. Silvesterzeitung von 1922.

Margret Rettich
(23.07.1926 – 15.05.2013)
Autorin, Illustratorin

Rolf Rettich
(09.06.1929 – 25.10.2009)
Kinderbuchillustrator

Wer sich für die Kinder- und Jugendbücher dieses ungeheuer produktiven Ehepaares interessiert, kann sie in der Technischen Universität in Braunschweig finden, wo die Bücher in der Kinderbuchsammlung zum Zweck wissenschaftlicher Arbeit aufbewahrt werden. Margret und Rolf Rettich entschlossen sich 1999 gemeinsam zu dieser Schenkung.

Über zwei Menschen in einer kurzen Biographie zu berichten, ist nicht einfach, weil man Gefahr läuft, dem einen oder der anderen nicht gerecht zu werden, es soll dennoch hier versucht werden. Folgen wir also dem Alphabet und beginnen mit Margret Rettich.

Margret Müller wurde am 23. Juli 1926 in Stettin geboren. Da ihr Vater Architekt war, kann man davon ausgehen, dass die Familie ein gutes Auskommen hatte. Auf alle Fälle hätte man von daher eine Ahnung, wodurch Margret Müllers Studien- und Berufswahl beeinflusst worden sein mag. Kurz vor Ende des Zweiten Weltkriegs, Anfang 1945, flüchtete die Familie nach Erfurt. Bereits 1946 nahm Margret Müller ihr Studium an der dortigen Kunstgewerbeschule auf. Während ihrer Studien beschäftigte sie sich schwerpunktmäßig mit Zeichnen, Malen, Buchherstellung und Silberschmiedekunst. Ihr Diplom als Gebrauchsgraphikerin erhielt sie 1951, eine Zeit, in der es nicht einfach war, in diesem Bereich eine Beschäftigung zu finden. Sie hatte sich ein Büro eingerichtet oben unter dem Dach des Hauses, in dem sie in Erfurt mit ihren Eltern untergekommen war. Vom Theater in Erfurt und von der Leipziger Messe bekam sie Arbeitsaufträge.

Und nun geht weiter wie im Märchen: Eines Tages stand 1956 ein junger Mann vor der Tür, ein gewisser Rolf Rettich, der vor dem Krieg in diesem Hause bei seinen Großeltern aufgewachsen war. Im damaligen Büro Margrets hatte er seine Kindheit verlebt. Er bat, „sein" Zimmer noch einmal sehen zu dürfen. Die beiden jungen Leute verstanden sich sofort und erzählten sich bald gegenseitig, was sie für Träume fürs Leben hätten. Sie zeichneten und malten leidenschaftlich gern schon seit ihrer Kindheit und wären am liebsten freischaffende Künstler. Ausgeliehene Bücher, die zurückgebracht werden mussten, erforderten weitere Besuche. Daraus entstand eine lebenslange Liebe und eine andauernde schöpferische, künstlerische Zusammenarbeit – eben die Bücher von Margret und Rolf Rettich.

Zwei Jahre nach ihrem Kennenlernen kauften sie sich in Leipzig ein altes Haus, das sie sich herrichteten und darin ein gemeinsames Atelier ausbauten. 1958 war außerdem das Jahr ihrer Hochzeit.

Der 1929 in Erfurt geborene Rolf Rettich machte eine Berufsausbildung als Vermessungstechniker, ein Beruf, der ihm außer dem Broterwerb nicht viel bedeutete. Deshalb arbeitete er mehrere Jahre mit seiner Frau Margret als Gebrauchsgraphiker für die Leipziger Messe, wo sie je nach Anlass Wände gestalteten und mit Zeichnungen versahen. Rückblickend konnten sie sagen, dass es sogar möglich war, nach „westlicher" Art zu zeichnen, was durchaus nicht den Anforderungen des sozialistischen Realismus entsprach, aber wenn die „Welt zu Gast" ist, waren schon mal Ausnahmen gestattet. Mag sein, dass den beiden phantasievollen Künstlern das Gegängeltwerden nicht passte oder dass sie ihre Aufgaben auf die Dauer zu eintönig fanden. Jedenfalls entschloss sich das Ehepaar Rettich, nachdem ihre Eltern gestorben waren, wenige Monate vor dem Mauerbau zur Übersiedlung nach Westdeutschland.

Da sie einen gemeinsamen Freund hatten, der ihnen helfen konnte und der schon in Braunschweig wohnte, war dies der Ort ihrer Wahl, um einen Neuanfang zu unternehmen. Zunächst verdienten sie sich noch mit Werbegraphik ihren Lebensunterhalt, ehe sie als freie Künstler arbeiten konnten. Rettichs waren froh, dass sie von der Firma Pelikan in Peine regelmäßig Aufträge erhielten. Schon diese Arbeit weist in die Richtung ihrer späteren Tätigkeit. Sie erfanden zwei kleine Reklamefiguren, einen Jungen und ein Mädchen, Peli und Pelinchen, die den Füller Pelikano brauchten, ebenso Zeichenblöcke und weitere Utensilien, die man in Schule und Freizeit benutzen kann.

Rolf Rettich wollte gern etwas anderes, er wollte eigentlich am liebsten Kinderbücher illustrieren. „Ich bin dann immer mit einer gefalteten Margarineschachtel unterm Arm, in der meine Arbeitsproben lagen, zu den Verlagen gefahren."[1] So gelangte er eines Tages auch zum Friedrich Oettinger Verlag nach Hamburg. Der Verleger schien angetan, fand Gefallen an den detailreichen Bildern und beauftragte den jungen Künstler, zwei Illustrationen zu einem Manuskript vorzulegen. Rolf Rettich kehrte binnen kurzem nicht nur mit einigen Zeichnungen, sondern mit 170 Bildern zum Verlag zurück. Oettinger begeisterte sich so sehr für die lebendige Art der Darstellung, dass Rettich den Auftrag bekam und das von James Krüss geschriebene Kinderbuch „Der Leuchtturm auf den Hummerklippen" illustrieren konnte. „'Seit dem Tag haben wir uns nie wieder um einen Auftrag bemühen müssen', erzählt Rolf Rettich voller Stolz."[2] Die Zusammenarbeit als Werbegraphiker mit der Firma Pelikan hatte sich als so fruchtbar erwiesen, dass man ihnen beim Abschied anbot, wenn sie nicht zurechtkämen als Freischaffende, seien sie jederzeit bei Pelikan wieder willkommen. Doch davon machten Rettichs keinen Gebrauch.

Die „Hummerklippen" – das war nun der ersehnte Durchbruch. Und die Idee Margret Rettichs, sich auf Kinderbücher zu spezialisieren, war offenbar goldrichtig. Nun vermochten sie sich als freie Künstler zu etablieren, konnten ihrer Phantasie und Kreativität freien Lauf lassen. Rolf Rettich erklärte es einmal so: „Das war ein Reservat, in dem man nach Herzenslust zeichnen und dabei ein bisschen verrückt sein durfte."[3] Das Ehepaar, das selbst kinderlos blieb, fühlte sich sein Leben lang den Kindern und ihrer Art, die Welt zu sehen, nahe. Sie beschrieb ihren Mann so: „Er hatte eine große positive, liebevolle Einstellung der Welt gegenüber, ganz humorvoll, witzig. Er war eigentlich ein großes Kind. Er hat immer gesagt: ,Was ich zeichne, ist das Kind in mir'."[4]

Rolf Rettich bebilderte Mitte der sechziger Jahre als erstes das Astrid-Lindgren-Buch „Michel in der Suppenschüssel", viele weitere ihrer Werke folgten, so auch „Pippi Langstrumpf". Mit der schwedischen Schriftstellerin, die sie in Stockholm besuchten, verband die Rettichs eine herzliche Freundschaft. Illustrationen für bekannte Autoren erhielten die beiden: Bücher von Mark Twain, Charles Dickens, Enid Blyton, James Krüss, Michael Ende, Christine Nöstlinger und viele andere Autoren waren darunter. Allmählich ging es ihnen finanziell so gut, dass sie sich 1967 ein Haus nördlich von Braunschweig, in Vordorf, kaufen konnten, ein Backsteinhaus von hohen Bäumen und einem großen Garten umgeben, dahinter beginnen bald Felder und Wald.

Dort arbeiteten sie in ihrem Atelier unter dem Dachboden, oft gemeinsam an einem Projekt oder aber jeder für sich, was häufig notwendig war. Gemeinsam zeichneten sie ab 1965 für das Westdeutsche Fernsehen, so stammen mehr als 50 Lach- und Sachgeschichten in der „Sendung mit der Maus" aus den Zeichenfedern der Rettichs. Das war der Anlass für einen spektakulären Besuch der dicken Plüschmaus im August 1996 in Braunschweig, die Margret Rettich nachträglich zum 70. Geburtstag gratulieren kam. Es wurde ein richtiges Kinderfest daraus mit der Jubilarin, die eine Geschichte von Jan und Julia erzählte, und ihrem Mann, der, während sie sprach, dazu zeichnete. Sicherlich eine Veranstaltung nach dem Geschmack der beiden inzwischen berühmt gewordenen Künstler.

Bekannt wurden sie mit sehr unterschiedlichen Dingen: Sie illustrierten Schulbücher des Braunschweiger Westermann-Verlags und des Hannoverschen Schroedel-Verlags, der heute auch zu Westermann gehört. Ihre Illustrationen zu Werken namhafter Kinder- und Jugendbuchautoren trugen zu ihrem Renommee bei, aber nicht nur das, sie machten auch eigene Bücher. Irgendwann in den siebziger Jahren begann Margret selbst Texte zu schreiben, die oftmals ihr Mann illustrierte, manches wollte sie aber auch nur selbst gestalten. Recht früh erschienen ihre Pappbilderbücher für die jüngsten Leser, also für das Vorschulalter oder aber auch für Kinder mit Lernschwierigkeiten, denn die Bücher in ihrer Farbigkeit, die z. T. auch zur Wiedererkennung diente, wurden gern von Kindern „gelesen". Da gab es Titel wie „Steig ein", „Ich weiß, was du bist", „Kennst du Robert?" oder „Hier kommen die Radieschen". Die Rettichs machten eine Vorschulreihe, auch zur Leseförderung, wo immer ein Substantiv durch ein entsprechendes Bildchen ausgetauscht ist, sodass auch ganz Kleine schon „lesen" können. „Jule kommt zur Schule" oder „Tino auf dem Dino" hört sich gut an, denn es reimt sich. Die erste veröffentlichte Arbeit von Margret als Autorin fiel in das Jahr 1974: „Die Geschichte vom Wasserfall", eine Erzählung von schweizerischen Auswanderern, die versuchen, in Amerika Fuß zu fassen, aber erst glücklich sind, als sie wieder in ihre Heimat und ihr Haus am Wasserfall zurückkehren. Geschrieben hatte sie aber schon vorher „Wirklich wahre Weihnachtsgeschichten", die sie sich aber nicht traute, an den Verlag zu schicken, weil sie befürchtete, sie würden abgelehnt. Der Anlass für die eigenen Erzählungen war der dritte Auftrag in Folge für Illustrationen von Weihnachtsanthologien. Dies aber lehnten sie beide ab.

Zwei Jahre nach dem „Wasserfall" kamen also ihre Weihnachtsgeschichten heraus – ohne Wenn und Aber vom Verlag akzeptiert.
Die Tatsache, dass Margret jetzt immer häufiger schrieb, führte zu Veränderungen bei der Arbeit im Hause. Hatten die beiden Rettichs bisher auf dem geräumigen Dachboden gezeichnet, ohne sich gegenseitig zu stören, fiel Rolf jetzt das Klappern der Schreibmaschine auf die Nerven, während Margret sich durch die Musik, die Rolf gern beim Zeichnen hörte, abgelenkt fühlte. Sie verlegte kurzerhand ihren Arbeitsplatz zum Schreiben in den Keller, sodass die nötige Ruhe wiederhergestellt war. In den 1970er Jahren erfand Margret das Geschwisterpaar „Jan und Julia", einen blonden Jungen und ein brünettes Mädchen, über die sie im Laufe von 25 Jahren insgesamt 20 Geschichten aus dem Alltagsleben schrieb. Diese Serie erfreute sich großer Beliebtheit, sie wurde in eine Reihe europäischer Sprachen übersetzt, und sogar ins Chinesische. Dass ihre „deutschen Kinder" in China so viel Erfolg hatten, darüber wunderte sich Margret Rettich immer wieder.
Den Stoff für ihr Buch „Die Reise mit der Jolle" lieferte ihr die Kopie eines Zeitungsartikels aus der Barockzeit, worin geschildert wurde, dass fünf Erwachsene mit einer Jolle in Seenot gerieten, man sie schon verloren glaubte, sie jedoch von einem vorbeifahrenden Schiff aufgenommen wurden. Bei ihr liest und sieht man es so: Am 21. Oktober 1686 gerieten drei Kinder vor Norderney in einen Sturm, niemand glaubte an ihre Rückkehr und doch wurden sie wundersam gerettet. Die Stiftung Buchkunst nahm dieses Buch auf in die „Liste der 50 schönsten Bücher 1980", und 1981 wurde Margret Rettich dafür mit dem Deutschen Jugendliteraturpreis ausgezeichnet. Sie schrieb das Libretto für eine Kinderoper „Wittkopp", die vom faulen Ochsen Wittkopp handelt; uraufgeführt wurde sie 1983 auf dem Domplatz in Braunschweig. Im selben Jahr wurde ihr Buch „Kleine Märchen", illustriert von ihrem Ehemann, in die „Liste der schönsten Bücher 1983" aufgenommen. Einige Jahre später (1991) erhielt das Ehepaar für „Der kleine Bär" einen Ehrenpreis im Internationalen Bilderbuchwettbewerb.
Margret Rettich begann sich nun auch häufiger historischen, teils auch technischen Themen zuzuwenden. Sie arbeitete sich dazu gründlich – wie sie das auch im Vorfeld zu Illustrationsaufträgen tat – in eine bestimmte Epoche und/oder ein genau umrissenes Sachfeld ein. Darin war sie ganz anders als ihr Mann, von dem sie sagte: „Er war Au-

todidakt, alles entstand intuitiv, aus seiner Phantasie, er hat selten Korrekturen gemacht. Früher habe ich manchmal gedacht: Oh, der Bursche, alle Perspektiven wackeln. Auch Autos und Tiere, das stimmte nicht immer so genau. Aber die Kinder haben die Bilder geliebt! Sie haben die Detailfreude geliebt, das Suchen und die Entdeckerfreude, die darin lag."[5] Auch Margret liebte die Details und legte Wert auf sie, aber sie sollten historisch wie zeichnerisch korrekt sein, denn sie hatte „akademisch" zeichnen gelernt. In „Erzähl mal, wie es früher war" wird der Alltag von „damals" beschrieben, in „Die Reise nach Jerusalem" wird aus der Sicht eines Knappen die Fahrt Heinrichs des Löwen 1172 nach Palästina dargestellt. Für Braunschweiger ergeben sich dabei reale Bezüge z.B. zum Dom mit dem siebenarmigen Leuchter. Aber auch „Das Buch vom Bergwerk", das die Geschichte des Rammelsbergs erzählt, seit 1992 UNESCO-Weltkulturerbe, berührt die Regionalgeschichte.

Im Jahr 1997 wurden Margret und Rolf Rettich für ihr Gesamtwerk mit dem Großen Preis der Deutschen Akademie für Kinder- und Jugendliteratur geehrt. Dieses Gesamtwerk umfasst über 200 illustrierte Bücher anderer Autoren und etwa 60 eigene Bücher, die in vielen europäischen Ländern, z.T. auch in den USA, China und Japan in Übersetzungen vorliegen.

Einen weiteren Preis, den des Deutschen Musikverleger-Verbandes, erhielt das Ehepaar Rettich für ihr Buch „Ein Haus voll Musik" 2002. Im gleichen Jahr gab es noch eine Art Ehrung: Die Grundschule in Vordorf nahm den Namen „Margret-und-Rolf-Rettich-Schule" an, nachdem sich weit über die Hälfte der Schulkinder, wie die BZ berichtete,[6] gewünscht hatte, dass die Schule den Namen des Ehepaars Rettich tragen solle. Aus diesem Anlass wurde ein großes Schulfest mit dem Künstlerpaar gefeiert.

Rolf Rettich starb 2009 im Alter von 80 Jahren in Vordorf, nachdem er in seiner letzten Lebensphase nicht mehr zeichnen konnte. Margret Rettich lebte bis 2013, sie erreichte ein Alter von 87 Jahren. Beide wurden auf dem Hauptfriedhof in Braunschweig (Abt. 41) beigesetzt. (Regina Blume)

❖ **Quellen- und Literaturangaben**: **1** BZ 22.6.2006; **2** Neue Braunschweiger Zeitung 28.7.1996; **3**, **4**, **5**, BZ 29.10.2009; **6** BZ 29.8.2002.
Foto: Technische Universität Braunschweig, Archiv.

Schlomo Rülf
(13.05.1896 – 13.08.1976)
Rabbiner, Lehrer, Autor

1492 wurden die Juden aus Spanien und bald danach auch aus Portugal vertriebenen. (2015 bieten Spanien und Portugal den iberischen Juden die Staatsbürgerschaft an.) Die Vorfahren der Rülfs wurden als Teil einer geschlossenen Gruppe sephardischer Juden vom Grafen Rauh im ehemaligen Reichsdorf Rauischholzhausen bei Marburg aufgenommen. In der napoleonischen Zeit, als Nachnamen Vorschrift wurden, wählte Schlomos Urgroßvater den Familiennamen nach dem sein Grundstück begrenzenden Rülfbach. Die Rülfs lebten von Landwirtschaft und Viehhandel, bis im 19. Jahrhundert Gutmann, Schlomos Vater, dessen jüngerer Bruder Moses und der Vetter Isaak das Dorf verließen, um zu studieren. Gutmann und Isaak wurden Landesrabbiner, der eine in Braunschweig, der andere in Memel; Moses wurde Religionslehrer und Gemeindesekretär in Nürnberg. Schlomos Mutter stammte aus Posen; ihr Vater Abraham Rahner war Rabbiner, der Bankier wurde, als er die Tochter des orthodoxen Bankiers und Rittergutsbesitzers Rafael Segal geheiratet hatte.

Landesrabbiner Dr. Gutmann Rülf wohnte mit seiner Familie im Gemeindehaus neben der Synagoge im Zentrum Braunschweigs. Schlomo hatte zwei Brüder, Georg war zehn und Rudi sechs Jahre älter. Er besuchte wie Rudi das Martino-Katharineum. Dort waren nur wenige jüdische Schüler; die Oberrealschule wurde häufiger gewählt. In Braunschweig herrschte eine liberale und humane Gesinnung: Als 1905 Einzelheiten über die Pogrome in Russland bekannt wurden, ging eine Welle der Entrüstung durch die ganze Bevölkerung. Ein jüdisch-christliches Komitee, das Rabbiner Rülf leitete, veranstaltete eine Kollekte und ein Wohltätigkeitskonzert für die Opfer. „Eines Tages öffnete ich die Wohnungstür einem gut aussehenden älteren Herrn, der meinen Vater sprechen wollte. Mein Vater ist leider nicht zu Hause, antwortete ich. – Dann sei so gut, mein Junge, und übergib dies deinem Vater! Er schrieb einige Worte auf eine Visitenkarte und reichte sie mir mit drei Goldstücken zu je zwanzig Mark. Ich war acht oder neun Jahre alt. [...] Landgerichtsdirektor konnte ich lesen, aber [...] 'ein Scherflein für die Pogromopfer' musste ich mir erklären lassen. [...] Wir Kinder waren sehr stolz darauf, dass Braunschweig bei dieser Hilfsaktion besser abgeschnitten hatte als die meisten deutschen Städte."[1] Die erwähnte Einstellung vieler Braunschweiger Bürger dürfte zur Assimilationsneigung der Braunschweiger Juden beigetragen haben, unter der Rabbiner Rülf sehr gelitten hat: Ein Mitglied der Gemeinde, ein angesehener Arzt, hatte seine Kinder taufen lassen. Sogar der 1. Vorsteher der Gemeinde (**John Landauer** ↑) ließ seine Kinder taufen, und trotzdem wählte ihn die Repräsentantenversammlung jahrzehntelang immer wieder, weil er so gute Beziehungen zur christlichen Gesellschaft und zu den Behörden hatte. Durch solche Entwicklungen wurde Schomo Rülf reif für den Zionismus.

Sein Vater war zwar ein liberaler Rabbiner, aber am Sabbath wurde von Mitgliedern der Familie kein Licht angezündet oder gelöscht; das besorgte das christliche Dienstmädchen. „Zu Pessach [...] holten wir die Milch von unserem Bauern in Lehndorf, der sonst die Milch ins Haus brachte. [...] Am Sabbath ging ich zwar zur Schule, machte aber keine schriftlichen Arbeiten."[2]

Mit seinem Vater reiste Schlomo nach seinem Abitur 1914 nach Breslau, um am Rabbinerseminar der Fränkel'schen Stiftung zu studieren. Am 17.12.1915 starb sein Vater, und seine Mutter musste in eine kleine Privatwohnung umziehen. Ein Jahr später wurde sie schwermütig; 1922 starb auch sie.

Im Herbst 1916 wurde Rülf eingezogen und in Braunschweig sechs Wochen oberflächlich ausgebildet, kam nach Nordfrankreich und lernte dort durch Zufall den Feldrabbiner Dr. Italiener kennen, Sohn des jüdischen Lehrers aus Peine, ehemaliges Gemeindekind von Gutmann Rülf. Dieser Feldrabbiner erreichte, dass Rülf als angehender Rabbiner sein Gehilfe werden durfte. Nach Ende des Krieges kam er bis zur Entlassung aus der Armee zurück nach Braunschweig und wohnte bei seinem Bruder Rudi, einem Zahnarzt, der sich mit Gertrud Reis, Schlomos Mitschülerin aus der Religionsschule, verlobt hatte.

Nach seiner Entlassung konnte er sein Studium in Breslau fortsetzen; er traf alte Freunde wieder, nicht jedoch Paul Lazarus, der inzwischen Rabbiner in Wiesbaden geworden war. Im WS 1919/20 ging er nach Erlangen, um dort für die Promotion Philosophie, Pädagogik und semitische Sprachen zu studieren. Zurück in Breslau, schrieb er Artikel für die „Breslauer Jüdische Volkszeitung" und lernte dort seine spätere Frau Anneliese Neumann kennen. Von April bis Juli 1922 arbeitete Dr. Rülf als Religionslehrer in Hamburg, danach bestand er in Breslau das 1. Examen als Rabbiner und im Januar 1923 die Abschlussprüfung. Schon zu Pessach 1923 wurde er in Hamburg Rabbiner einer liberalen Gemeinde. Die benachbarte Gemeinde, die ebenfalls einen Rabbiner suchte, hat er für seinen Freund Paul Holzer gewinnen können, der dort fast zeitgleich sein Amt übernehmen konnte. Dieser Freund traute am 18.10.1923 Anneliese Neumann und Schlomo Rülf. 1925 wurde Helmut geboren, später Jizchak genannt.

Schon im April 1926 zog Familie Rülf nach Bamberg. Denn obwohl Rabbiner Rülf in Hamburg manches ändern konnte, etwa die deutsche Liturgie, die im 19. Jh. in Anpassung an den Protestantismus entstanden war, durch Gebete in Iwrith zu ersetzen, war es ihm nicht gelungen, lebendiges Judentum in der Gemeinde zu verwirklichen. Sein Nachfolger in Hamburg wurde der ehemalige Feldprediger Dr. Italiener. Bambergs jüdische Gemeinde bestand aus wohlhabenden Hopfenhändlern, armen Ostjuden, aus Kaufleuten, wenigen Fabrikanten, Ärzten und Rechtsanwälten, unter denen er einen Freund fürs Leben fand, den Zionisten Dr. Weichselbaum. Die Gesellschaft insgesamt war kleinbürgerlich-standesbewusst: Die Kinder der Armen ebenso zu fördern wie die der wohlhabenden Gemeindemitglieder, fand wenig Beifall bei den Honoratioren. Als ihm im Herbst 1928 angeboten wurde, in Saarbrücken Rabbiner zu werden, nahm er das Angebot gern an. Saarbrücken war internationaler als Bamberg, die Gemeinde gesellschaftlich aufgeschlossener; das Ziel, nach Palästina auszuwandern, stand dennoch fest für das Ehepaar Rülf. Noch in Bamberg war das zweite Kind der Rülfs geboren worden, Josef, und im Mai 1931 der dritte Sohn, Jochanan, genannt Hänschen. Schon im Herbst 1932 starb Anneliese Rülf. Um den drei kleinen Kindern wieder eine Mutter zu geben, verlobte sich Schlomo Rülf im Mai 1933 telefonisch mit Ruth Unna in Palästina; sie war die Tochter des Mannheimer Rabbiners, die er im September 1933 in Mannheim heiratete. Im Juli 1934 reiste Ruth zurück nach Jerusalem; die Kinder fuhren zur Oma nach Breslau und von dort zu Ruth, die 1934 in Jerusalem ihr erstes Kind, Binjamin, und 1940 das zweite Kind, Jedida, zur Welt brachte.

1934 erreichte Rülf, dass eine jüdische Volksschule eingerichtet wurde, um die Kinder vor antisemitischen Übergriffen zu schützen. In diesem Jahr bestimmte der Wahlkampf vor der Volksabstimmung über die Zukunft des Völkerbundsmandats das Leben im Saarland. Gegen den Anschluss an Deutschland kämpfte nun im Untergrund ein Komitee, das Rülf mit vier Gemeindemitgliedern gegründet hatte. Rülf sammelte dafür Geld bei reichen Juden in den Nachbarländern. Auch dank der Arbeit dieses Komitees wurde Mitte 1934 vom Völkerbund der Römische Vertrag mit der deutschen Regierung geschlossen, in dem das Deutsche Reich sich verpflichtete, falls sich die Saarländer mehrheitlich für den Anschluss an Deutschland entschieden, ein Jahr lang keinen Bewohner des Saarlandes zu verfolgen und jedem zu erlauben, das Saargebiet mit seinem beweglichen Vermögen zu verlassen. Rülf reiste zunächst nach Genf, um dort das Ergebnis der Volksabstimmung am 13.1. abzuwarten. Als er am Morgen des 15. die Nachricht vom Ergebnis der Abstimmung im Radio hörte, konnte er noch am selben Tag als Vertreter der Saar-Juden und zusammen mit Mitgliedern des Genfer Komitees des Jüdischen Weltkongresses und Vertretern des französischen Judentums den tschechischen Außenminister Eduard Benesch dafür gewinnen, sich bei den Engländern für den Schutz der Saar-Juden einzusetzen. Tatsächlich konnte der größere Teil der Saar-Juden 1935 noch ungehindert ausreisen.

Am nächsten Tag brach Rülf zu seiner Familie nach Jerusalem auf. Schon vor ihm war sein Bruder Rudi mit seiner Frau ins Land gekommen; doch als erster der Braunschweiger Juden war jener Arzt samt Familie eingewandert, der seine Kinder hatte taufen lassen; die waren inzwischen zum Judentum zurückgekehrt.

Rülf fand keine Stelle als Rabbiner und wurde Lehrer, zunächst an der von Helene Barth geleiteten Jerusalemer Mädchenschule, ab August 1935 an der von Elijah Krause geleiteten landwirtschaftlichen Mikweh-Schule bei Tel Aviv. Als 1937 in dem von deutschen Einwanderern gegründeten Dorf Nahariya im Norden des Landes ein Lehrer gesucht wurde, bewarb sich Rülf. Er sah dort Häuser mit spitzen Giebeldächern, Schwarzwaldhäuschen genannt, und überall hörte er Deutsch, meist mit schwäbischem Akzent. Die Schule, eine Baracke aus zwei durch eine Falttür trennbaren Räumen, diente auch als Versammlungshaus und Synagoge; den Schulhof im Dünensand hatten ältere Schüler gerade erst begehbar gemacht. Aber man hatte große Pläne: Aus Nahariya sollte ein Kurort werden wie Scheveningen. Rülf entschied sich für Nahariya und ließ sich ein hinreichend geräumiges Haus bauen, um Verwandte aufnehmen zu können: Walter, der jüngste Bruder seiner ersten Frau, kam mit seiner Frau, und 1938 kamen seine Eltern aus Breslau. Ruths Eltern hatten sich schon 1935 in Jerusalem niedergelassen.

Trotz mangelnder Unterstützung durch die Gemeinde setzte sich Schulleiter Rülf unermüdlich für Schüler und Schule ein. Noch 1946 wurden die inzwischen ca. 200 Schüler in acht Klassen in einem 1944 entstandenen Neubau mit vier Räumen in zwei Schichten unterrichtet. Die Kinder lernten nur mühsam die Landessprache Iwrith, denn im Elternhaus und auf der Straße hörten sie nur Deutsch.

Nach der Staatsgründung kamen viele neue Einwanderer, besonders vom Balkan, aus Nordafrika, dem Irak und dem Jemen, sodass in Nahariya zwei neue Schulen gegründet wurden. Rülfs Schule bekam den Namen Chajim-Weizmann-Schule nach dem ersten Präsidenten Israels.

Im Januar 1951 folgte Rülf einer Einladung nach Saarbrücken zur Einweihung einer neuen Synagoge; er und sein Nachfolger als Rabbiner predigten. Und Rülf wurde gebeten, als Rabbiner nach Saarbrücken zurückzukehren. Er kam tatsächlich, wenn auch nur für ein Jahr. Die Saar-Gemeinde bat er am Ende mit Erfolg um finanzielle Hilfe für seine Schule für den Bau einer Mensa samt Schulküche und für die Unterstützung bedürftiger Schüler. Vor der Rückkehr nach Israel besuchte Rülf das Grab seiner Eltern in Braunschweig, hielt in Hamburg und in Hannover einen Vortrag, reiste nach Amsterdam, da ihn eine liberale Gemeinde eingeladen hatte, dort Rabbiner zu werden, und von dort über Saarbrücken und Rom zurück nach Nahariya. Ein halbes Jahr später folgte er dem dringenden Ruf der Amsterdamer Gemeinde und ging mit seiner Frau für 15 Monate nach Amsterdam. Auch diese Gemeinde spendete für die Weizmann-Schule, sodass Möbel für die Mensa und Turngeräte gekauft werden konnten. Im April 1954 kehrten Rülfs zurück, wo inzwischen die Schule um das Gebäude der Saar-Juden, nämlich um eine Küche und um eine Halle als Mensa und Turnhalle, erweitert worden war und nun eingeweiht wurde.

1956 wurde Rülf 60 Jahre alt und beendete seine Tätigkeit als Schulleiter, weil er nicht damit einverstanden war, dass das Kosten verursachende Wiederholen einer Klasse abgeschafft wurde. Denn die Klassen 1–8 der Einheitsschule, die jedes Kind besuchte, wurden nun heterogener: inklusiv. Lehrer mit halber Stelle blieb er noch für zwei weitere Jahre. Im Sommer 1957 nahm Rülf als Delegierter Israels am Kongress der World Union for Progressive Judaism in Amsterdam teil und sammelte wieder Spenden. Die Schule konnte dank der

Spenden endlich auch um einen Raum für den Werkunterricht erweitert werden, den Rülf schon lange vergeblich gewünscht hatte. Zu seinem Abschied aus der Schule 1958 stiftete der Elternrat zur Förderung der Weiterbildung ehemaliger Weizmann-Schüler und zu Ehren von Rülf einen Stipendienfond.

Der Pensionär widmete sich nun sozialer Arbeit und dem Schreiben: 1961 erschien das „Paul Lazarus Gedenkbuch. Beiträge zur Würdigung der letzten Rabbinergeneration in Deutschland", 1963 „Weg der Geretteten. Erzählung aus Israel" und 1964 die Autobiographie „Ströme im dürren Land. Erinnerungen". Im Vorwort schrieb sein Freund aus Breslauer Zeit, Rabbiner Max Grünewald, über den Verfasser, er sei der eigentliche Schöpfer des Schulwesens in Nahariya gewesen und in jenen Tagen ein Pionier.

Im Herbst 1958 starb sein Freund Weichselbaum. Zu Jom Kippur 1962 rief ihn sein Freund Alfred Lewy nach Saarbrücken: Er, der „Vater" der Saarbrücker Gemeinde, starb am 30. Todestag von Rülfs erster Frau und wurde nun von Rülf auf demselben Friedhof beerdigt. Auf der Heimfahrt erlitt Rülf einen Herzinfarkt, erholte sich jedoch wieder. Er starb 1976 in Vevey in der Schweiz.

Seit 1997 wird die Friedrich-Schlomo-Rülf-Medaille der Christlich-Jüdischen Arbeitsgemeinschaft des Saarlandes (CJAS) für Verdienste um die Verständigung zwischen Juden und Christen verliehen. Am 12.11.2013 wurde in Saarbrücken der Rabbiner-Rülf-Platz eingeweiht, mit dem Rülf als Widerstandskämpfer gegen das Nazi-Regime gewürdigt wird. (Almuth Rohloff)

Touristischer Hinweis: Gemeindehaus der Braunschweiger jüdischen Gemeinde, Steinstr. 4 (äußerlich unverändert seit 1874).

Quellen- und Literaturangaben: **1, 2** Schlomo Rülf, Ströme im dürren Land. Erinnerungen, Stuttgart 1964. – S. Rülf, Kindheit in Braunschweig, in: Brunsvicensia Judaica, Br. 1966, S. 97-104; Braunschweiger Zeitung 26.11.2013, S. 18; Silvia Buss, Mann der Tat und Lebensretter, in: Saarbrücker Zeitung 14.11.2013; Jörg Laskowski, Drei Saarbrücker von Weltrang. Rabbiner Rülf verhalf ihren Familien zur Flucht – Rückkehr zur Platzeinweihung, in: Saarbrücker Zeitung 12.11.2013.
Foto: StA Braunschweig.

Albert Schneider
(30.11.1833 – 29.04.1910)
Maschinenbauer,
Eisenbahnpionier,
Betriebsdirektor

1890 berichtete das „Blankenburger Kreisblatt" über eine Reisegruppe aus Kopenhagen: „Die 25 Herren und 9 Damen, am Sonnabend vom Brocken kommend, wurden vom Obercontrolleur hiesiger Bahn, Herrn Feyertag, in Omnibussen nach Rothehütte geleitet, und vom kgl. Regierungsbaumeister Herrn Glanz in Rübeland bewillkommnet und zugleich mit dem System der Zahnradbahn und der Zahnrad-Locomotive bekannt gemacht. Bei prächtigem Wetter ging nach der Besichtigung der Hermannshöhle die Fahrt von Rübeland Nachmittag 4.58 Uhr vor sich; staunend und bewundernd schauten die Gäste die herrlichen Aussichtspunkte, den Naturreiz, den diese Tour von den offenen Wagen der Zahnradbahn aus bot, und wohlgemuth trafen [sie] kurz nach sechs Uhr auf dem hiesigen, mit dänischen und deutschen Flaggen geschmückten Bahnhofe ein. Begrüßt von dem Ersten Vorsitzenden des Harzclubs, Herrn Bahndirector Schneider, und empfangen von den Klängen der dänischen Nationalhymne seitens der ganzen Stadtkapelle, marschierten unter Vorantritt der Musik die Theilnehmer bald nach dem Hotel ‚Weißer Adler' und ‚Zur Krone', wo für sie Wohnung bestellt worden war."[1]

Am 7. August 1886 war dieser Harzklub von einigen würdigen Herren im Ratskeller von Seesen gegründet worden, denn es galt, den Harz durch Wanderwege, Aussichtspunkte, Ruheplätze und Schutzhütten für den Massentourismus zu erschließen. Der Verein, der dies alles aus eigener Kraft leistete, wuchs schnell. Bei der Hauptversammlung im September 1902 zählte er bereits 16.000 Mitglieder in 88 Zweigvereinen, nicht nur aus Harzstädten, sondern aus dem gesamten nord- und mitteldeutschen Raum, natürlich auch aus Hannover, Braunschweig und Wolfenbüttel.

Zweierlei verbindet dieser sprachlich etwas holprige Zeitungsartikel mit Albert Schneider: Er gehörte zu den Gründungsvätern des heute noch wirkenden Harzklubs und war von 1886–1900 sein erster Vorsitzender (sein Werk: die Routenkarten), und er verhalf dem System Abt für Zahnradbahnen zum Durchbruch in der damaligen Welt.

Die Familie Schneider kam im 18. Jahrhundert vom Vogtland nach Einbeck, wo Alberts Großvater in Dassel Steuereinnehmer war, ehe er Güterverwalter des Herzogl. Packhofs in Braunschweig wurde. Der Packhof lag dort, wo sich heute der Botanische Garten befindet. Das Haus des Verwalters ist noch vorhanden. Alberts Vater Friedrich Theodor (1806-1881) besuchte das Martino-Katharineum, studierte in Göttingen Theologie und erhielt nach dem Examen eine Pfarrstelle in Trautenstein bei Hasselfelde, später das Amt als Superintendent in Walkenried bzw. Lichtenberg. Verheiratet war er mit Auguste Sophie Henriette Lerche (1807-1880), der Tochter des Kreisrichters von Blankenburg. Sie hatten sechs Kinder, Albert war das zweite. Für die schulische Erziehung sorgte zunächst der Vater, später kam er zu den Großeltern nach Blankenburg und besuchte dort das Gymnasium, das er 1847 beendete und am Collegium Carolinum Maschinenbau und Ingenieurwissenschaften zu studieren begann.

Das erste Praktikum erhielt er an der Herzoglichen Maschinenfabrik in Zorge. Danach wechselte er 1853 zur weiteren Ausbildung zu den Maschinenwerkstätten der Österreichischen Staatseisenbahnen in Brünn (Brno). Zum Studium kehrte er nicht mehr zurück, sondern ließ sich 1854 bei der Lokomotivenfabrik in Wien zum Monteur ausbilden. 1855 machte er die Lokomotivführerprüfung. Bald lieferte er Lokomotiven nach Italien – ein mühevoller Prozess, denn die Teile mussten mit Fuhrwerken über die Gebirge geschafft und vor Ort zusammengebaut werden. Bei dieser Aufgabe bewährte er sich.

Die Hoffnung, im aufstrebenden Russland eine Stellung als Maschinenbauer zu bekommen, führte ihn schließlich nach Warschau und St. Petersburg. Aber der Bau großer Eisenbahnverbindungen kam nur langsam voran, sodass er zunächst als Monteur bzw. Lokomotivführer arbeitete. In diese Zeit in St. Petersburg fiel auch seine Verheiratung 1859 mit Amalie Dorothea Luppian (1807-1880), der Tochter eines dortigen Bäckermeisters. Die Ehe blieb kinderlos.

Er musste noch bis 1867 warten, ehe er Inspekteur des Maschinen- und Wagenwesens der Großen Russischen Eisenbahngesellschaft werden konnte. 1869 wurde er Obermaschinenmeister der in Bau befindlichen Kursk-Charkow-Asowschen Eisenbahn. „Da der Eintritt in die neue Stellung noch vor der Eröffnung des Betriebes stattfand, so traf Schneider hier auf besonders schwierige Verhältnisse, und er sah sich vor die große Aufgabe gestellt, in kürzester Zeit in den weiten öden Steppen Südrußlands den Eisenbahndienst überhaupt erst zu organisieren, sowohl hinsichtlich der Werkstätten und des Rechnungswesens als auch hinsichtlich der Besetzung sämtlicher Stellungen der Beamten bis herab zu den Bremsern. Und das war bei dem Mangel an Spezialisten für den Maschinendienst in diesen gänzlich unkultivierten und schwach besiedelten Gebieten keine leichte Aufgabe. Schneider half sich hier in etwas rigoroser Weise einfach dadurch, daß er an seine bisherigen Untergebenen auf der Strecke Petersburg-Warschau die Aufforderung ergehen ließ, ihre Stellungen dort aufzugeben und in den Dienst der neuen Kursk-Charkow-Asowschen Eisenbahngesellschaft einzutreten. Hierbei kam ihm das Vertrauen zugute, das er sich im Laufe langer Jahre bei dem Personale der Petersburg-Warschauer Eisenbahn erworben hatte. Ohne Besinnen folgten Lokomotivführer, Heizer und Maschinenschlosser seinem Rufe nach dem Süden Rußlands, der nun durch diese Ingenieure und Techniker, meist deutsche Männer, erst recht erschlossen wurde. In kurzer Zeit hatte Schneider ein Personal von 1.800 Personen in seinem Dienste, und es stand ihm ein jährlicher Etat von 2 Millionen Rubel zur Verfügung."[2] Bis 1872 blieb er bei dieser Gesellschaft, zuletzt als hoch dekorierter Maschinendirektor und Kaiserlich Russischer Staatsrat. Als der Gesellschaft nach ihrer Konsolidierung der Etat gekürzt wurde, kündigte Schneider, kehrte nach Deutschland zurück und wurde 1873 Betriebsdirektor der kurz zuvor fertiggestellten Halberstadt-Blankenburger Eisenbahn (HBE). Ein Abstieg? Nein, denn der Vorteil der neuen Stellung bestand darin, dass er nun selbständig entscheiden konnte.

Bis in die 1880er Jahre fuhren im Harz keine Eisenbahnen. Die wachsende Eisen- und Stahlindustrie in Blankenburg und Tanne und im Harzvorland verlangten jedoch nach gebranntem Kalk aus den Steinbrüchen von Rübeland und Elbingerode.

Albert Schneider legte dem Braunschweigischen Landtag 1881 ein Gutachten vor, das die Abgeordneten von der Notwendigkeit einer Harzbahn überzeugen sollte. Den Kalk mit Schmalspurbahnen bis Blankenburg zu befördern und dort in Normalspurwagen umzuladen, wäre eine Möglichkeit gewesen. Die vom ihm geprüfte Schmalspurlösung schloss er aber wegen der geringen Leistungsfähigkeit aus, obwohl zahlreiche Experten dazu rieten. Auch eine Normalspur-Adhäsionsbahn (Reibungsbahn) verwarf er, weil die Steigungen durch viel zu lange Schienenwege abgeflacht werden müssten. Er favorisierte eine kombinierte normalspurige Adhäsions- und Zahnradbahn, die der Schweizer Ingenieur Carl Roman Abt (1850-1933), der mit einer Zahnradbahn auf den Rigi Erfahrungen gesammelt hatte, entwickeln sollte. Reine Zahnradbahnen gab es bis dahin schon, aber nur zur Personenbeförderung im Sommer (in der Schweiz und von Wien zum Kahlenberg). – Schneider konnte mit dem neuartigen System gewinnen oder jämmerlich scheitern.

Abt entwarf eine Lokomotive, die neben Adhäsionsrädern fürs Flachland Zahnräder für steile Strecken besaß: Sie waren so angeordnet, dass drei schräg versetzte Zahnräder in drei schräg versetzte Zahnstangenglieder griffen, sodass ein Rad immer fest im Gleis verankert war. Die Lokomotive besaß zwei voneinander getrennte Kessel. Auf Steigungsstrecken schob die Lok, auf Gefällstrecken zog sie. Gerade für den Transport schwerer Güter aus dem Harz (gebrannten Kalk) und in den Harz (Koks) war dieses System hervorragend geeignet. Dort, wo die Steilstrecke begann, sorgte ein zusätzliches Gleis (eine Zahnstange) für den reibungslosen Übergang zur Bergfahrt.

Bevor gebaut werden konnte, verlangte die Regierung in Braunschweig aber eine Prüfung. 1885 musste vom Reichseisenbahnamt als Gutachterbehörde auf einer ein Kilometer langen Versuchsstrecke bei Michaelstein nahe Blankenburg das neuartige System begutachtet werden: „Die Einfahrt in die Zahnstange ging sofort mit großer Leichtigkeit vor sich, und die Lokomotive schob mit einer unvergleichlichen Sicherheit den Zug auf die stärkste Steigung von 1:16,66 hinauf und hielt auf Anordnung mitten auf dieser Steigung an. Der Zug stand auf der Steigung, ohne daß irgendeine Bremse außer den Luftbremsen der Lokomotive angezogen war, fuhr wieder an und führte alsdann unter Anwendung dieser Luftbremsen den Zug mit dem gleichmäßigsten Tempo zu Thal."[3]

Damit das Unternehmen Halberstadt-Blankenburger Eisenbahn erfolgreich Aktien platzieren konnte, stellte der Braunschweigische Landtag nun 500.000 Mark als verlorenen Zuschuss zur Verfügung, den die Deutsche Bank als Vermittler einstrich. Sie verkaufte dann 3,5 Millionen Obligationen und Aktien. Die weiteren Mittel brachte die HBE selbst auf.

Beginn eines Zahnstangenabschnitts bei Michaelstein.

Nun konnte zügig gebaut werden. Am 1. November 1885 erreichte die Bahn Rübeland, am 1. Mai 1886 Elbingerode und am 15. Oktober Tanne. Sie kletterte von 198 Metern Höhe in Blankenburg auf 460 Meter Höhe in Tanne. Für die 27,2 Kilometer lange einspurige Strecke mit elf Zahnstangenabschnitten brauchte die HBE nur 15 Monate Bauzeit. Eisenbahningenieure besichtigten das neuartige System für Gebirgsbahnen und bauten es in aller Welt nach.

Bis zum Jahre 1926 waren 70 Bahnstrecken in der Mischform von Zahnrad- und Adhäsionsbetrieb entstanden, z.B. von Beirut nach Damaskus, von Argentinien nach Chile und von Manitou auf den Pikes Peak in Colorado (auf eine Höhe von 4.300 Metern). „Sie alle gehen auf die Harzbahn zurück. Bei ihr ist das System zuerst angewendet und erprobt, und der, der die Kühnheit dazu besessen hat, war Albert Schneider."[4] „Sie und nur Sie", schrieb Abt an Schneider, „sind der kühne Meister, der ein Werk unternommen, das unter die großen des Jahrhunderts gezählt werden wird; ich bin Ihr bescheidener Handlanger." Und Schneider erwiderte: „Ohne Sie und wohl auch in Gemeinschaft mit jedem anderen Kollegen würde ich das Werk nicht durchgeführt haben, durch welches auch mein Name als Ihr Handlanger der Nachwelt wohl mit erhalten bleibt."[5]

Fortschreitende rheumatische Anfälle zwangen Schneider, schon mit 59 Jahren den Dienst zu quittieren und nach Bad Harzburg zu ziehen. Dort bewohnte er die Villa Dommes in der Mühlenstraße. Seine Aufgabe als Vorstandsvorsitzender der HBE nahm er weiter wahr.

Roman Abt schrieb ihm schon 1886: „Vita militaria est haben schon die alten Römer gesagt. Sie aber sind General unter ihren Mitmenschen und empfinden hundertfach die Mühen und Schwierigkeit; dafür aber haben Sie sich Werke gesetzt, die nicht vergehen und die von Mit- und Nachwelt mit Hochachtung und Dankbarkeit genannt werden."[6] Nun hagelte es Auszeichnungen: das Kommandeurskreuz II. Klasse des Anhaltinischen Hausordens Albrechts des Bären (1890), das Ritterkreuz I. Klasse vom Orden Heinrichs des Löwen, den Titel Geheimer Baurat, den preußischen Kronenorden II. Klasse (alle 1892), das Kommandeurskreuz II. Klasse des Ordens Heinrichs des Löwen. Schneider gehörte den Freimaurerlogen in Blankenburg und Bad Harzburg an. Abt erhielt die Ehrendoktorwürde der TH Hannover.

Bald nach Schneiders Tod begannen bei der HBE Diskussionen über eine Umstellung des Zahnrad- auf Adhäsionsbetrieb mit stärkerem Gleisbett und schwereren Lokomotiven. Seit 1919 fanden Leistungs- und Bremsversuche mit schweren Loks der „Tierklasse" statt (so genannt, weil die Lokomotiven Mammut, Büffel usw. hießen). Zwischen 1927 und 1929 wurde mit den neuen Loks ganz auf Adhäsionsbetrieb umgestellt. Und 1931 folgte eine neue Trassenführung zwischen Hüttenrode und Rübeland. Albert Schneider erlebte das nicht mehr, er hätte es aber sicher begrüßt.

Seit 1901 war er gelähmt und verbrachte die letzten Jahre seines Lebens im Rollstuhl. Kurz vor seinem Tod im Fritz-König-Stift in Bad Harzburg schrieb er mit kaum lesbarer Hand: „Ich brauche jetzt zu jeder, auch der kleinsten Bewegung, drei Mann."[7]

Am 29. April 1910 starb er an einer Venenentzündung und wurde auf dem Harzburger Friedhof an der Geismarstraße beerdigt. Gedenktafel an der Mauer links vom Eingang. (Reinhard Bein)

⌂ **Touristischer Hinweis:** Brunnen auf dem Marktplatz (gestiftet von Schneider 1884), Gedenktafel am Bahnhof und Gedenkstein (B27 Richtung Hüttenrode) in Blankenburg, Gedenktafel in der Kirche und am Pfarrhause und Albert-Schneider-Eiche in Trautenstein.

❖ **Quellen- und Literaturangaben**: **1** Blankenburger Kreisblatt, Aug. 1890; **2, 4-7** Zeitschrift des Harz-Vereins für Geschichte und Altertumskunde, Wernigerode 1927, S. 121, 131, 132, 136, 146; **3** Werner Glanz, 25 Betriebsjahre der Halberstadt-Blankenburger Eisenbahn vom 31. März 1873 bis 31. März 1898, Bad Harzburg 1898.

Fotos: **1** Bein, Gedenkplakette des Harzklubs in Blankenburg an der B27; **2** Zahnstangenstrecke vor Hüttenrode (in: Glanz, s.o.).

Eberhard Schomburg
(13.07.1904 – 09.11.1987)
Heilpädagoge

Eberhard Schomburg, geboren in Boffzen an der Weser, aufgewachsen in Braunschweig, war der Sohn des Pastors der Magnigemeinde **Emil Schomburg** ↑. Er besuchte in Braunschweig die Volksschule (1910-13), anschließend das nahe gelegene Wilhelm-Gymnasium (1913-21) und verließ die Schule mit der Reife für die Unterprima, um auf das Braunschweiger Lehrerseminar zu wechseln. Zu seinem Ausbildungsjahrgang gehörten **auch H. Rodenstein** ↑[1], **W. Schulze** ↑[1] und **R. Voigt** ↑[1]. Ostern 1924 war die Ausbildung beendet, und Schomburg war seitdem ohne Unterbrechung bis zum Beginn des Militärdienstes im öffentlichen Schuldienst tätig. Daneben begann er im SS 1926 an der Braunschweiger TH zunächst als Gasthörer zu studieren. Er legte 1927, wie er schreibt, als „Nichtschüler die Reifeprüfung des humanistischen Gymnasiums" ab und setzte daraufhin vom WS 1927/28 an sein Studium als ordentlicher Studierender fort. 1928 bestand er die Schulamtsprüfung und wurde 1929 als Lehrer fest angestellt. Mit Ablauf des SS 1929 hat er das Studium bis zum SS 1931 unterbrochen – 1930 hatte er geheiratet – und nach Beendigung des 6. Semesters noch einmal, um sich auf zwei weitere Prüfungen vorzubereiten: 1934 legte er die Prüfung als Lehrkraft an Mittelschulen und Lyzeen für die Unterrichtsfächer Mathematik, Physik und Chemie ab und 1935 die Hilfsschullehrerprüfung. 1937 wurde er zum Hilfsschullehrer ernannt und an der Hilfsschule der Stadt Braunschweig tätig. Im gleichen Jahr richtete er ein Gesuch an den Braunschweigischen Minister für Wissenschaft, Erziehung und Volksbildung und bat um Anerkennung der Hilfsschullehrerprüfung als Voraussetzung für die Promotion zum Dr. kult. Das Gesuch wurde genehmigt, und er begann am Institut für Arbeitspsychologie an der TH Braunschweig bei Prof. Herwig mit „arbeitspsychologischen Untersuchungen über Möglichkeiten und Grenzen des Einsatzes von Hilfsschülern". Weil 1938 die Promotion zum Dr. kult. abgeschafft worden war, richtete Schomburg Weihnachten 1939 ein Gesuch an den Reichskultusminister Bernhard Rust um Zulassung zur Promotion zum Dr. rer. nat. Der Minister genehmigte jedoch sowohl Schomburg wie fünf weiteren Lehrern ausnahmsweise doch noch die Promotion zum Dr. kult. 1941 konnte er bei Prof. E. A. Roloff als Vorsitzendem und Prüfer in Geschichte die mündliche Prüfung ablegen, die ebenso wie die schriftliche Arbeit als gut bewertet wurde.[1]

Nach dem Ende der Nazizeit, in der er eine Strafversetzung und andere Schikanen hinnehmen musste, wie es in einer Würdigung zu seinem 70. Geburtstag in einem Sonnenberg-Brief heißt,[2] konnte Karl Wolf (Regierungsdirektor und Vertreter des von der britischen Militärregierung noch nicht ernannten Ministers für Wissenschaft und Volksbildung im Lande Braunschweig – erst 1946 wurde **Martha Fuchs** ↑[1] zur Ministerin ernannt) bereits im Juli 1945 durchsetzen, dass Schomburg wie Rodenstein, **Georg Eckert** ↑[1] u. a. als Dozenten an die Lehrerbildungseinrichtung in Braunschweig berufen wurden. 1946 wurde er zum Studienrat ernannt und, als die Lehrerbildungsanstalt 1948 schließlich in die Kant-Hochschule umgewandelt wurde, zum Professor.[3] 1951 erhielt er einen Ruf an die Pädagogische Hochschule Hannover zur Leitung des heilpädagogischen Instituts (HPI), an dem die zweisemestrige Zusatzausbildung niedersächsischer Volksschullehrer zu Hilfsschullehrern eingerichtet worden war.

In dieser Zeit begann auch sein Engagement für den Internationalen Arbeitskreis Sonnenberg. Schomburg war häufig Referent und Organisator von Sonnenberg-Tagungen, seit 1954 insbesondere von rehabilitations-pädagogischen Tagungen, bei denen er Friedens- und Heilpädagogik erfolgreich zusammenführte. Denn er „verband Gewandtheit, Eloquenz und politische Überzeugungen mit dem nötigen Sachverstand. [...] Für den Sonnenberg gehörte es zur Aufarbeitung der nationalsozialistischen Vergangenheit mit ihrem Euthanasie-Programm, sich der Behindertenproblematik und der Behinderten selbst anzunehmen."[4] Seine Sonnenberg-Arbeit begann 1948 mit einer Tagung von deutschen und dänischen Lehrern mit dem Ziel der Völkerverständigung, der Versöhnung, des Friedens und der Demokratie; Schomburg – erklärter Gegner des Nazi-Regimes, entschiedener Pazifist, Mitglied von Gustav Heinemanns Gesamtdeutscher Volkspartei, seit 1947 Quäker, Ehrenvorsitzender der „Nothelfergemeinschaft der Freunde",

Mitarbeiter im Braunschweiger Flüchtlingsheim, Mitglied im Versöhnungsbund – gehörte auch zur Gründergeneration des Internationalen Arbeitskreises Sonnenberg.[5] Bei den ersten Sonnenberg-Tagungen hat er, schreibt Walter Schulze, „die alte Schallplatte mit Einsteins politischem Testament, die unser Freund über die Zeit des tausendjährigen Reiches herüberretten konnte, [...] deren Worte wir als Devise der [...] internationalen Verständigung empfanden", abgespielt; sie war 1932 zu Gunsten der Deutschen Liga für Menschenrechte aufgezeichnet worden und enthielt Einsteins „Glaubensbekenntnis" für Gerechtigkeit, Pazifismus und Demokratie und gegen Gewalt und Nationalismus.[6] Schomburg organisierte nicht nur heilpädagogische Fachtagungen, sondern sorgte auch für jährliche Freizeiten für Behinderte auf dem Sonnenberg. Im Laufe der Jahre war er Organisator oder Teilnehmer von mindestens 270 Tagungen und referierte mindestens zweihundertmal zu unterschiedlichen Themen, naheliegender Weise zu heilpädagogischen und psychologischen Problemen, vor allem aber zu friedenspädagogischen Fragestellungen, jedoch auch über die „Musik der Völker".[7] Denn er war ein Liebhaber der Musik, ein passionierter Opernbesucher und besaß eine sehr umfangreiche Diskothek, aus der er auf dem Sonnenberg nicht nur z.B. „Porgy and Bess", sondern etwa auch jemenitische Hirtenlieder vorspielte.[8] Von 1967 bis 1971 war er 1. Vorsitzender des Internationalen Arbeitskreises Sonnenberg.[9]

Im Herbst 1958 entstand in England – auf einer der jährlichen Exkursionen des HPI in die europäischen Nachbarländer zum Besuch heilpädagogischer Einrichtungen – der Gedanke, in Deutschland einen Verband zur Förderung geistig behinderter Kinder zu gründen, denn geistig behinderte Kinder wurden damals in Deutschland noch sehr häufig ausgeschult. Zurück in Deutschland zeigte sich, dass in Marburg eben dieser Gedanke kurz vor der Verwirklichung stand: Im November 1958 wurde die Lebenshilfe für das geistig behinderte Kind gegründet. Von 1968–1975 war Schomburg der Bundesvorsitzende der Lebenshilfe.

In dieser Zeit war er auch Präsident des Deutschen Kinderschutzbundes. Außerdem engagierte er sich mit vielen Vorträgen für den Kneippverein und schrieb eine Biographie über Sebastian Kneipp. Etwa hundert Vorträge jährlich hat er in ganz Deutschland gehalten: in Hochschulen, in pädagogischen Einrichtungen und in Vereinen. Er war, heißt es in einem Nachruf, ein begnadeter Redner.[10] Zudem verfasste er zahlreiche Artikel und Bücher. In der frühen Nachkriegszeit erschienen bei Westermann Schullektüren, z.B. über Albert Schweitzer. Später verfasste er Schulmaterial für Sonderschüler. Er schrieb über die Sonderschulen in Deutschland, über „Praktische Hilfen für die Arbeit mit Gastarbeiterkindern", über Behinderungen verursachende Schädigungen, über Naturschutz, über „Technische Hilfe und Ausbildungshilfe im neokolonialistischen System des Imperialismus", auch ein Gutachten zur Frage, ob Werbung jugendgefährdend wirke.[11] Er starb am 9. November 1987 in Hannover.   (Almuth Rohloff)

Eberhard Schomburg auf dem Sonnenberg im Nationalpark Harz.

⌂ **Touristischer Hinweis**: Rebenstraße 28 und Pestalozzistraße 11 in Braunschweig, Freytagstraße 7 in Hannover; gestorben 1987 in Hannover, beerdigt auf dem Quäker-Friedhof in Bad Pyrmont.

◈ **Quellen- und Literaturangaben**: **1** Personalakte, Archiv der TU Braunschweig; **2** Sonnenberg-Brief 1974; **3** Karl Zietz, Kleine Chronik der Pädagogischen Hochschule Braunschweig; **4** Kurt Neumann, Sonnenberg – Entstehung und Entwicklung einer Bildungseinrichtung im Kontext gesellschaftlicher Defizite und bildungspolitischer Chancen, Aachen, Diss. 1990; **5, 11** Auskunft von Lutz Caspers, Quäker-Hilfe-Stiftung; **6, 8** Sonnenberg-Brief, 1964, Walter Schulze und Rudolf Dießel zu Schomburgs 60. Geburtstag; **7, 9** Archiv des Internationalen Arbeitskreises Sonnenberg; **10** Nachruf, Sonnenberg-Brief 1988. **Fotos**: Schomburg-Archiv Sonnenberg.

Emil Schomburg
(26.01.1871 – 06.03.1928)
Pfarrer, MdL, Amtsdirektor

Der Braunschweiger Hauptfriedhof war von einer tausendköpfigen Trauergemeinde besetzt, als Emil Schomburg am 8. März 1928 begraben wurde. Links vom Sarg vier Fahnen des „Reichsbanners" und am Grab wieder. Die Hauszeitung, der „Volksfreund", schrieb unter der Überschrift „Ich hatt' einen Kameraden": „Über seinem Sarge und am offenen Grab leuchteten weithin die Fahnen des jungen, republikanischen Deutschland, kündend von den Kämpfen, die der Verblichene für die werdende, wachsende Demokratie, für ein freies, einiges, deutsches Volk geführt hat."[1]

Für einen toten evangelischen Pfarrer war das in Braunschweig höchst auffällig. Emil Schomburg war seit 1908 knapp 17 Jahre lang Pfarrer an der Magnikirche gewesen und 1925 von der Stadt zum ersten Direktor des neu gegründeten städtischen Jugendamtes gewählt worden, aber nach drei Jahren Tätigkeit im Rathaus mit 57 Jahren im Dienst an Herzversagen unerwartet gestorben.

Schomburg war gebürtiger Braunschweiger, geboren am 26. Januar 1871. Sein 25-jähriger Vater Elias Schomburg war Lokomotivführer-Lehrling. Die Berufsaussichten verschlugen das junge Ehepaar im nächsten Jahr nach Holzminden, wo sie zunächst im Industriegebiet Altendorf bei der Bahn wohnten. In Holzminden ging der Älteste von vier weiteren Geschwistern, Emil Schomburg, zur Bürgerschule und beendete das Herzogliche Gymnasium mit einem guten Zeugnis: „deutsche Sprache: gut, lateinische Sprache: gut, griechische Sprache: gut, französische Sprache: gut, englische Sprache: gut, hebräische Sprache: gut."[2] Ebenfalls Geschichte, Mathe und Naturkunde. Das war die klassische humanistische Ausbildung, das Gymnasium war ehemals die Klosterschule Amelungsborn gewesen. Mit zierlicher

Handschrift beschreibt der 22-jährige Student Emil in einem Lebenslauf: „Bis zu meinem 19. Lebensjahr verfloss äußerlich mein Leben in größter Regelmäßigkeit." Längst habe er sich in den Gedanken hineingelebt, Theologie zu studieren, fährt er fort, „ohne von meinen Eltern dahin irgendwelchen Druck oder Beeinflussung zu erfahren."

Ohne Umschweife setzte er seinen Plan nach dem Abitur um und begann im Sommersemester 1890 in Tübingen mit dem Theologiestudium. Er hörte neben einer Vorlesung über Einleitung ins Neue Testament bei Professor Neumann auch eine Vorlesung über Kommunismus, Sozialismus, Sozialpolitik. Das gehört nicht zum traditionellen Repertoire eines angehenden Theologiestudenten, aber beschreibt eine Schneise, die er in seinen weiteren Lebensphasen ausbauen sollte.

Er wechselte schon nach einem Semester den Studienort und ging für weitere sechs an die Universität Leipzig. Bei den theologischen Grundfächern machte er einen großen Bogen um die Dogmatik und schrieb in seinem Bewerbungsschreiben an das Wolfenbütteler Konsistorium „Meine Lieblingswissenschaft ist die Dogmatik nie gewesen". Mit 22 Jahren machte er vor dem Wolfenbütteler Konsistorium das theologische Examen, mit 23 das so genannte Rektoratsexamen, das ihn zum Schul- und Seminarunterricht befähigte. Ihn interessierte die Praxis, er unterrichtete an verschiedenen Bürgerschulen und für sechs Jahre die angehenden Lehrerinnen und Lehrer am Lehrerseminar in Braunschweig.

In dieser Seminarzeit heiratete er 1896 in Leipzig Susanne Suppe, und es wurden in Braunschweig die Kinder Hans (1897), Gottfried (1898), Dorothea (1900) und Rudolf (1901) geboren. 1901 wurde Emil Schomburg zum Pfarrer ordiniert, und die sechsköpfige Familie bezog das geräumige Pfarrhaus in Boffzen mit seinem parkartigen, idyllischen Garten an der Weser. Dort wurden **Eberhard Schomburg** ↑ (1904) geboren, der später in die großen Fußstapfen seines Vaters treten sollte und Pädagogikprofessor an der Braunschweiger Kant-Hochschule wurde, und Magdalena (1908).

1908 bewarb sich Schomburg um die Pfarrstelle in der Braunschweiger St. Magnikirche und wurde einstimmig gewählt. Anders als in Boffzen begegnete ihm in der Stadt ein anonymes Massenchristentum. In seiner Antrittspredigt nannte er bürgerliche Rechtschaffenheit völlig unzureichend und warnte die Gemeinde vor Halbheiten und einer halbherzigen Nachfolge.

Dabei stellte er sich auf Augenhöhe mit der angesprochenen Gemeinde und kanzelte nicht von oben herab. Ein anderer Kernpunkt seiner liberalen Theologie war der Glaube, dass in jedem Menschen eine Art göttlicher Funke glimmt, den es durch Seelsorge und Predigt zu entfachen gelte. Kein Mensch war für Schomburg verloren. Die energische Hinwendung zu den Verarmten und Rechtlosen, zu den Unterprivilegierten, die das Gesicht der Straßen seines Gemeindebezirkes prägten und deren Lebenssituation er immer wieder in der Predigt plastisch vorstellte, prägten das Profil seiner Gemeindearbeit. 1909 streikten die Arbeiter des Baugewerbes, was die Arbeitgeber mit Aussperrung beantworteten. Schomburg kritisierte die Maßnahme des Arbeitgeberverbandes öffentlich in einem Artikel des „Braunschweiger Sonntagsblattes". Das wurde als ungehörig empfunden und mit einem sechsseitigen Sonderdruck des Arbeitgeberverbandes unter dem Titel „Herr Pastor Schomburg und die Aussperrung im Baugewerbe" beantwortet.

Aber nicht diese für einen Pastor der damaligen Zeit ganz ungewöhnliche Parteinahme machte Schomburg bei den Braunschweigern bekannt, sondern die Jugendlichen in seiner Gemeinde und bald in der Stadt erzählten und schwärmten von ihm. Er gehörte zu den Mitbegründern des Wandervogels in der Stadt und schuf für die jungen Leute beiderlei Geschlechts einen beglückenden Freiraum zu Selbstbestimmung und Selbstgestaltung. Vor allem in der „freien Natur". Raus aus „grauer Städte Mauern", viel Wandern in der Heimat, Singen, eine eigene Liedkultur erschaffen, Spielen, Toben, bei der Sonnenwende ein eigenes Ritual feiern, vor allem Gemeinschaft mit Gleichaltrigen, Freundschaften, mehr noch: Kameradschaften schließen. Es war eine Jugendbewegung gegen eine, wie sie es empfanden, verlogene, trink- und nikotinverseuchte, bürgerliche, oberflächliche Welt für Natürlichkeit, Einfachheit und Kameradschaftlichkeit.

Schomburg scheute aber auch nicht ein gesellschaftspolitisches Profil, obwohl strikte Neutralität zum ungeschriebenen Kodex der Stadtpfarrerschaft gehörte. Als Generalmajor Keim in Wehrverein im Herbst 1913 gegen jene Pfarrer wetterte, die den ewigen Frieden predigten und zu feige zum Kriegführen seien, lud Schomburg zu einer Gegenveranstaltung Pfarrer Nickhat-Stahn von der Berliner Kaiser-Wilhelm-Gedächtniskirche zu einem Referat über die Friedensgesellschaft ein. Diese hatte eine deutliche Resolution gegen die Kriegs- und Rüstungsmentalität jenes Jahres verfasst. Die etablierte städtische Kirche war entsetzt. Es war das Angebot eines unbürgerlichen Lebens abseits von Schule, Elternhaus und Werkbank, das viele junge Leute vom Wandervogel im August 1914 zur Einberufung in den Krieg verlocken ließ. Auch der älteste Sohn Hans zog siebzehnjährig freiwillig „unter die Soldaten" und kam im Juli 1915 an der Ostfront um. Der untröstliche Vater machte seine Trauer öffentlich zum Trost der Vielen in ähnlicher Dunkelheit. Er verblieb bei dem tiefen Schmerz über den Verlust seines Ältesten, aber glaubte den jungen Toten, seine Seele, doch in einer besseren Welt. Er gab dem Trostbuch den Titel „Kein schönrer Tod ist in der Welt" und erhoffte sich ein Wiedersehen in einer Welt Gottes. Schomburg hatte sich in der kurzen Zeit seiner Tätigkeit an der Magnikirche das Vertrauen der Stadtgeistlichkeit erworben, in deren Auftrag er seit 1914 das wöchentlich erscheinende „Braunschweiger Sonntagsblatt" herausgab, eine neben der Pfarramtstätigkeit hohe zusätzliche Arbeitslast.

Pastor Schomburg trennte sich innerlich von dem autoritären Kaiserstaat und entschied sich für die Herstellung einer, wie er ersehnte, friedlichen Republik im Deutschen Reich ohne Kaiser und Krieg. Dazu trat er in die Deutsche Demokratische Partei (DDP) ein. Vor allem aber engagierte er sich für eine Demokratisierung der Kirche. Er beteiligte sich ab 1919 führend an den Kirchenwahlen zu einer verfassungsgebenden Versammlung, wurde Sprecher der Linksliberalen in der Landessynode, den sog. „Freunden der evangelischen Freiheit", und gab deren Vereinsblatt „Freier Christenglaube" heraus. Er arbeitete im Verfassungsausschuss maßgebend an einer neuen Kirchenordnung mit, die nun zeitgemäß „Verfassung" hieß und sich ausdrücklich von unten nach oben aufbaute und auf ein in die Verfassung eingebautes Bischofsamt verzichtete. Leitendes Organ der Kirche war nunmehr die Synode, nicht der Landesbischof. Vergeblich hatte sich Schomburg dafür eingesetzt, auf den Bischofstitel für den leitenden Geistlichen der Landeskirche zu verzichten. Die Synode wählte Pastor Schomburg in die erste, sechsköpfige Kirchenregierung. Das war eine besondere Anerkennung und Würdigung seiner leitenden, vermittelnden und doch profilierten kirchlichen Arbeit.

Die Entwicklung in der Deutschen Evangelischen Kirche und auch in der Braunschweiger Landeskirche ging nicht in Richtung eines weiteren Ausbaues demokratischer Strukturen, wie sie Schomburg sich erhofft hatte. Auch seine Reformansätze innerhalb der Magnigemeinde stagnierten, zumal der kürzlich gewählte neue zweite Pfarrer an

Magni, Pfarrer Ernst Brutzer, als Gegengewicht zum liberalen Schomburg die konservative, deutsch-nationale Seite pflegte. So blieb Schomburg mit seinen Reformversuchen, die sich abseits der liturgischen Ordnung bewegten, isoliert. Durfte man z.B. statt der ihn abstoßenden anonymen Massenabfertigung beim Heiligen Abendmahl lieber Abendmahlsfeiern im kleinen Kreis in der Magnikirche anbieten, wo einer den anderen zur Kenntnis nahm, ihm die Hand reichte, wo der Gemeinschaftsgedanke im Mittelpunkt stand und nicht eine bekenntnisgerechte Mystifikation von Brot und Wein?

Wenig populär war sein Vorschlag, zu Silvester auf die Knallerei und Sauferei zu verzichten und um Mitternacht sich noch einmal in der Kirche zu versammeln. Ebenso wenig die Anregung, die Konfirmationen ohne Abendmahlsfeiern zu begehen und zu einem Abendmahl später im kleineren Kreis einzuladen. Als ein Brautpaar ihn darum bat, hielt er einen Traugottesdienst im Walde ab. – Pfarrer Schomburg litt an der Kirche.

Dazu kamen Anfeindungen aus dem großbürgerlichen Teil seiner Gemeinde und darüber hinaus. Schomburg war, um keine halben Sachen zu machen, trotz des vorhersehbaren Ärgers, auch noch in das „Reichsbanner", den Kampfverband linker und linksliberaler Demokraten, eingetreten und hatte sich dort Sympathien erworben. Eines Tages erschien eine Gruppe Jugendlicher vom Jungreichsbanner in der Bibelstunde, was als störend empfunden und im Kirchenvorstand als Beschwerde vorgebracht wurde.

In Braunschweig machte das Gerücht die Runde, Schomburg sei Kommunist, was ihn veranlasste, im Kirchenvorstand zu Protokoll zu geben, dass er weder Kommunist noch Sozialist sei und auch nicht beabsichtige, es zu werden. Im Landtagswahlkampf Dezember 1924 hatte die Friedensgesellschaft ein deftiges Flugblatt gegen den ebenfalls deftig agierenden Stahlhelmverband verfasst. Schomburg wurde als Verfasser vermutet und sollte widerrufen, wozu er nicht bereit war. In der Gemeinde und im Kirchenvorstand gingen die Wogen hoch. Zur nächsten Sitzung Anfang 1925 erschien Schomburg nicht mehr, sondern teilte dem Kirchenvorstand schriftlich mit, dass er seine Arbeit in der Magnigemeinde niederlegen werde und um Urlaub ab 15. April 1925 bitte. Schomburg war zu Bischof Bernewitz gefahren und hatte mit ihm sein Ausscheiden aus dem kirchlichen Dienst besprochen. Er legte seine weit reichende Mitarbeit in der Landessynode und in der Kirchenregierung nieder.

Ostermontag 1925 hielt Schomburg vor einer großen Gemeinde seine Abschiedspredigt. Er hatte sich um den Posten eines Direktors des frisch geschaffenen Stadtjugendamtes beworben. Der 54-jährige Pastor wurde gegen einen 46-jährigen Magdeburger Kreisjugendpfleger und einen 40-jährigen Inspektor des Hamburger Jugendamtes zum Direktor gewählt, zog aus dem Pfarrhaus Hinter dem Magnikirchplatz 7 aus und erhielt eine kleinräumige und finanziell wie personell nur dürftig ausgestattete Abteilung in den Rathausräumen.

Er verstand seinen Dienst im Rathaus vor allem beratend und kollegial. Es käme darauf an, hatte er in seinem Bewerbungsschreiben geschrieben, möglichst viele Sozialhelfer und -helferinnen auszubilden und in der Stadt einzusetzen. Er sah seine Aufgabe weniger in der Schaffung von Organisationsstrukturen als in der Heranbildung junger hilfswilliger Menschen. Nun konnte er seine Vorstellungen von sozialem Dienst auch außerhalb von Braunschweig auf Arbeitstreffen und Kongressen vorbringen. „Zahllose Tränen des Kummers, der Verzweiflung und auch der Verbitterung hat er getrocknet",[3] schrieben seine Mitarbeiter im Städtischen Jugendamt, nachdem Schomburg am 6. März 1928 plötzlich an Herzversagen gestorben war. Am Abend hatte er noch den Kreis der alkoholgefährdeten Braunschweiger besucht, deren Guttemplerorden heute noch seinen Namen trägt.

(Dietrich Kuessner)

❖ **Quellen- und Literaturangaben**: **1** Volksfreund 12.3.1928; **2** Landeskirchliches Archiv Wolfenbüttel, Personalakte LKA PA 853; **3** Braunschweigische Landeszeitung 10.3.1928. – Gerhard Kalberlah, H. E. Schomburg, Pfarrer und Reformer (1871-1928), in: Jahrbuch für Niedersächsische Kirchengeschichte 63 (1965), 236 ff.; Rainer Maaß, Die Magnigemeinde zu Braunschweig im Kaiserreich und in der Weimarer Republik, in: Braunschweigisches Jahrbuch für Landesgeschichte, Band 83, Braunschweig, 2002, S. 145–179.
Foto: Braunschweig, Pfarrarchiv St. Magni.

Henriette Schrader-Breymann
(14.09.1827 – 25.08.1899)
Pädagogin

„Henriette [war] groß und stattlich, imponierend in Haltung und Bewegung. Die Gesichtszüge waren nicht schön, aber äußerst ausdrucksvoll. Das große blaue Auge hätte man leuchtend nennen können, wäre es nicht so tiefernst, ja schwermütig gewesen. Ebenso sprach der Mund von Kampf und Schwere des Lebens, auch von schwankender Gesundheit. Vielleicht war mir das damals nicht ganz klar, aber das weiß ich, daß es das durchaus Menschliche in Henriettes Wesen war, was uns zu ihr hinzog. Sie ließ uns teilnehmen an allem, was sie und die Ihrigen betraf, ebenso nahm sie wärmsten Anteil an den Erlebnissen und den Verhältnissen ihrer Schutzbefohlenen."[1] So beschreibt Eugenie Schumann, die Tochter Klara und Robert Schumanns, Henriette, deren Schülerin sie in Watzum war.

Johanne Juliane Henriette Breymann wurde 1827 in Mahlum, unweit von Bockenem, als älteste von zehn Kindern des Pastors Ferdinand Breymann und seiner Frau Luise, geborene Hoffmann, geboren.

Henriette Breymann besuchte, nachdem sie zunächst von ihrem Vater unterrichtet worden war, von 1838 bis 1843 eine Töchterschule in Wolfenbüttel. „Von all den gebotenen Dingen lernte ich so gut wie nichts, weil selten etwas den Kern meiner Seele traf, selten mein Inneres berührte und nicht im organischen Zusammenhange stand. Ich lernte weder richtig arbeiten, noch gewann ich nach irgendeiner Seite hin eine Grundlage, die mich später zum selbstständigen Studium befähigt hätte."[2]

Nach ihrem Besuch der Töchterschule wurde sie 1843 „Haustochter", lebte also bei einer fremden Familie, um die Führung eines Haushalts zu erlernen, bis sie 1848 bei Friedrich Fröbel in Dresden einen Ausbildungskurs für Kindergärtnerinnen absolvierte. Friedrich Fröbel (1782-1852) – mal heißt es, er sei Henriettes Großonkel, mal, er sei der Cousin ihrer Mutter Luise gewesen – folgte sie nach Abschluss dieser halbjährigen Ausbildung als Haushälterin nach Bad Liebenstein, wo sie Pädagogik studierte. Im Anschluss an ihr Studium zog sie 1851 nach Schweinfurt, wo sie erst an einer Mädchenschule der dortigen Freien Gemeinde unterrichtete, dann den Kindergarten eben dieser Gemeinde leitete.

Bevor Henriette Breymann 1853 wieder zu ihrer Familie zurückkehrte, die inzwischen in Watzum im Landkreis Wolfenbüttel lebte, wo ihr Vater seit 1851 Pastor war, war sie ein Jahr lang an der Heil- und Erziehungsanstalt Levana in Baden bei Wien tätig, die der Pädagoge und Arzt Jan-Daniel Georgens mitbegründet hatte.

Die Erfahrungen aus ihrer Schulzeit und ihre Ausbildung zur Erzieherin prägten das ganzheitlich pädagogische Konzept Henriette Breymanns, das nicht nur im „Lernen und Leben in einer familiären Gemeinschaft mit großer Nähe zur Natur" bestand.[3]

Sie hat das in einem Vortrag später folgendermaßen beschrieben: „Um auf meine Mission zurückzukommen, so wünsche ich an den Kindergärten und den zu errichtenden Elementarklassen eine vollständig organisierte Fortbildungsklasse [Mütterschule gemeint] für [die] pädagogische Ausbildung von Mädchen und Frauen anzuschließen; nicht um Systeme einzulernen, ich will nicht eine neue, einzelne Methode auf den Thron setzen; ich will das Weib bilden zu seiner Mission als Erzieherin in der Familie und im sozialen Leben. Es soll den Menschen studieren, sowohl nach seiner körperlichen wie nach seiner geistigen Beschaffenheit und in seiner Beziehung zur Natur und Gesellschaft. Es soll verstehen, welches Erziehungsideal der Jetztzeit entspricht, welche Mittel man anzuwenden hat, um diese Mittel zu beherrschen."[4]

Im Watzumer Pfarrhaus eröffnete Henriette Breymann, unterstützt von ihrer Familie, 1854 eine Mädchenschule mit Pension. „Das Dorf lag in einer ziemlich unromantischen Gegend, deren wohlhabende Bauern mehr Wert auf Korn- und Rübenfelder als auf schattige Wege legten. Das nächste Städtchen Schöppenstedt erreichte man zu Wagen auf einer langweiligen Chaussee, welche wie mit einem Winkelmaß gezogen war. Um diesen von der Chaussee gebildeten Winkel zu umgehen, hatten Fußgänger und Ackerwagen einen anderen Weg durch die Felder gebahnt, der auch von der mobilen Jugend im Pfarrhaus bei ihren Ausflügen bei weitem vorgezogen wurde. Bot doch der Feldweg eine Abwechslung des Terrains wenigstens; im Winter oder zur Regenzeit war er fast grundlos, so daß wir manchen einzelnen Gummischuh dort zu Grabe trugen, den wir aber im folgenden Sommer beim Austrocknen des Urschlamms wieder fanden, und mit dem übrig gebliebenen Schuh konnte die Besitzerin ihr absolutes Recht an dem aufgefundenen Gute demonstrieren."[5]

Das Pfarrhaus in Watzum im Winter (2012).

Dieses als Familienunternehmen geführte Pensionat – Henriettes Vater unterrichtete Religion, ihre Mutter führte den Haushalt, Henriette und zwei ihrer Schwestern waren als Erzieherinnen und Lehrerinnen tätig – war schnell, auch weit über die Grenzen des Herzogtums Braunschweig bekannt. Die 14 bis 16 Jahre alten Mädchen, die das Pensionat besuchten, wurden hier nicht nur in Hauswirtschaft, Sprachen, Mathematik, Naturkunde, Geographie und Musik unterrichtet, auch Turnen, damals nach geradezu revolutionär, stand auf dem Lehrplan. Aber nicht nur, was die jungen Mädchen hier lernen konnten, auch der Umgang untereinander und der zu Henriette Breymann, war etwas Besonderes. So erinnert sich Eugenie Schumann, nicht nur daran, dass die Schülerinnen Henriette und ihre Geschwister duzten. „Unser Verhältnis zu ihr ruhte auf der Grundlage gegenseitigen Vertrauens, und wir wußten, daß wir bei allen Ansprüchen, die sie an uns stellte – und es waren stets die höchsten – doch eine milde Richterin und gütige Freundin an ihr fanden. [...] Von einer Briefzensur war keine Rede; freier brieflicher Austausch mit unsern

Angehörigen galt als selbstverständlich. Einmal hatten sich mehrere Mütter, darunter auch meine, über schlecht geschriebene Briefe beschwert, und da erging die Verordnung, daß die Angeklagten eine Zeitlang Henrietten die Briefe vor Abgang zeigen mußten. Noch jetzt sehe ich den halbverschleierten Blick, wenn sie sich sorgfältig bemühte, kein Wort zu lesen, während sie den Bogen auseinanderfaltete, schnell umwendete und ihn der Schreiberin wiedergab."[6]

Neben ihrer Tätigkeit als Erzieherin und Lehrerin in Watzum reiste Henriette Breymann in den fünfziger und sechziger Jahren des 19. Jahrhunderts quer durch Europa, um Vorträge über die Kindergärtnerinnenausbildung zu halten und die Kindergartenarbeit bekannt zu machen.

Ihre Schule, „die als erstes Landerziehungsheim Deutschlands gesehen werden kann"[7], erlebte schnell einen solchen Zulauf, dass Henriette Breymann sie vergrößern musste. So verlegte sie sie 1864, also bereits zehn Jahre nach der Gründung, an den Neuen Weg in Wolfenbüttel, wo nun auch Kindergärtnerinnen und Lehrerinnen ausgebildet wurden.

Als sie 1865 in Wolfenbüttel einen Vortrag über die Fröbelschen Erziehungsmethoden hielt, lernte sie **Anna Vorwerk** ↑ kennen, mit der sie 1866 den „Verein für Erziehung" gründete – Anna Vorwerk übernahm den Vorsitz des Vereins, Henriette Breymann die Kassenführung. Der Kindergarten und die daran angeschlossene Kindergärtnerinnen-Ausbildung bezogen Räumlichkeiten im Wolfenbütteler Schloss. Die Zusammenarbeit der beiden Frauen war allerdings nicht von langer Dauer: Bereits vier Jahre später kam es zum Bruch zwischen ihnen, und die Kindergärtnerinnen-Ausbildung sowie der Kindergarten zogen zurück an den Neuen Weg.

Im selben Jahr heiratete Henriette Breymann den aus Wolfenbüttel stammenden Juristen, Eisenbahndirektor und Reichstagsabgeordneten Karl Schrader (1834–1913), einen pädagogisch und sozial interessierten und engagierten Mann, und ging mit ihm 1872 nach Berlin. Ein Jahr später gründete sie den „Berliner Verein für Volkserziehung", der 1874 zum Träger des „Pestalozzi-Fröbel-Hauses" wurde, das 1884 in das von Karl Schrader gekaufte Haus zog.

Auch in Berlin ging es Henriette Schrader (die später, um die Erinnerung an sie zu pflegen, Schrader-Breymann genannt wurde), wie schon in Watzum und Wolfenbüttel, darum, Frauen die Möglichkeit zu eröffnen, selbst für ihren Lebensunterhalt aufzukommen sowie die Kinder nach ihren Fähigkeiten zu fördern.

Im Pestalozzi-Fröbel-Haus in Berlin erweiterte sie die Ideen Friedrich Fröbels und die Johann Heinrich Pestalozzis zu einem eigenen, sehr praxisorientierten pädagogischen Konzept, von dem bis heute „ihre pädagogische Methode des ‚Monatsgegenstandes' überlebt hat", nach der für einen Zeitraum von drei bis vier Wochen ein „Gegenstand aus der unmittelbaren kindlichen Umgebung in den Mittelpunkt aller Beobachtungen und Beschäftigungen gestellt und mit Informationen sowie praktischen (hauswirtschaftlichen) Tätigkeiten den Kindern nahegebracht" wird.[8]

Das Haus beherbergte jedoch nicht nur eine Kindergärtnerinnen-Ausbildung mit Kinderkrippe, Kindergarten und Hort, sondern erhielt auch eine Haushaltungs- und eine Kochschule, die 1885 „unter lebhaftester Befürwortung der [Kronprinzessin] eingerichtet wurde".

Lange bevor sie eingeweiht werden konnte, schrieb die Kronprinzessin, die Ehefrau des späteren 99-Tage-Kaisers Friedrich III., am 12. Dezember 1883: „Liebe Frau Schrader! Wie ich höre, denken Sie daran, eine Kochschule im Anschluß an das Pestalozzi-Fröbel-Haus zu errichten. Wie sehr mich dieses freut und interessiert, brauche ich wohl kaum zu sagen, da Sie wissen, wie ich mich seit Jahren danach sehne, solch eine Einrichtung [angelegt] zu sehen und wie viel Nutzen ich mir davon verspreche, wenn die jungen Mädchen in dieser Kunst tüchtig ausgebildet werden. Ich finde, unser Verein für häusliche Gesundheitspflege kann einem solchen Unternehmen nur seine Teilnahme schenken, da es ja für seine Zwecke und in seinem Sinne wirken wird. Gelingt es Ihnen daher, die notwendigen Mittel zu einem ersten Versuch zusammen zu bringen, so wird Niemand sich inniger darüber freuen, als ich, und ich hoffe, das Beispiel gelingt so gut als möglich, um recht viel Nachahmung zu finden."[9]

Auch wenn die Kronprinzessin Victoria Frau Schrader-Breymann lediglich verbal bei der Errichtung des Pestalozzi-Fröbel-Hauses unterstützte, wurde dieses Haus „bald zum Vorbild für sozialpädagogisch-hauswirtschaftliche Institutionen im In- und Ausland".[10]

Henriette Schrader-Breymann starb 1899 in Berlin und wurde vier Tage später im Familiengrab in Wolfenbüttel beigesetzt.

Wilhelm von Humboldt schrieb 1822 über die evangelischen Pfarrerstöchter: „Einen großen Teil alles Guten im Charakter habe ich aus den Landpredigertöchtern abgeleitet: die tiefe, nicht tändelnde Empfindung; die Einfachheit bei hoher Bildung; die Entfernung alles vornehmen unangenehmen Tons, bei allen Eigenschaften, die man in vornehmen Cirkeln gern hat."[11] Man könnte glauben, er habe bei diesem Urteil an Henriette Schrader-Breymann gedacht, allerdings würdigte er das soziale Engagement der Pfarrerstöchter noch nicht.

Ihre Erziehungsanstalt „Neu Watzum", am Neuen Weg in Wolfenbüttel, die mittlerweile zu einem ganzen Gebäudekomplex mit Bibliothek, Schlafsälen, einem Kindergarten, einer Turnhalle und ausgedehnten Gartenflächen geworden war, blieb auch nach ihrem Tod ein Familienbetrieb, der allerdings nach dem Ersten Weltkrieg an Bedeutung verlor, da dort kein anerkannter Abschluss erworben werden konnte. 1941 wurde sie geschlossen.

Das Pestalozzi-Fröbel-Haus in Berlin-Schöneberg besteht weiterhin und beherbergt heute eine Fachoberschule für Sozialpädagogik und Einrichtungen der Kinder- und Jugendhilfe. Im Sommer 2014 wurde die Wolfenbütteler Gesamtschule in der Ravensberger Straße in Henriette-Breymann-Gesamtschule umbenannt. (Isabel Rohloff)

⌂ **Touristischer Hinweis**: Pestalozzi-Fröbel-Haus, Karl-Schrader-Straße 7-8, Berlin; Henriette-Breymann-Gesamtschule, Wolfenbüttel; Pastorenhaus in Watzum; Familiengrab der Familie Breymann auf dem alten Wolfenbütteler Friedhof an der Straße Vor dem Herzogtore.

◆ **Quellen- und Literaturangaben**: Elisabeth Blochmann, Hermann Nohl, Erich Weniger (Hg.), darin: **1, 6** Eugenie Schumann, Henriette Schrader-Breymann, S. 179 f., **4** Henriette Schrader-Breymann, Briefe an ein Mitglied des preußischen Abgeordnetenhauses, S. 124, **5** Mary Lyschinska, Henriette Schrader-Breymann", S. 174, Kleine Pädagogische Texte, H. 5, Berlin, Langensalza, Leipzig, 1930. **2, 3** www.wolfenbuettel.de/media/ custom/ **2093_3373_1.PDF?14012758 04**; **7, 8, 9** Henriette Schrader-Breymann, Die hauswirtschaftliche Bildung der Mädchen in den ärmeren Klassen. Bemerkungen zu einem Kongreß der Armenpfleger erstatteten Referate, Berlin 1888, S. 72 f.; **10** Jarck/Scheel (Hg.) Braunschweigisches Biographisches Lexikon, 19. und 20. Jh., Hannover 1996, S. 543; **11** Wilhelm von Humboldt, Briefe an eine Freundin, Leipzig 1864, S. 16 f.
Fotos: 1 Gemälde im Breymannhaus in Wolfenbüttel; **2** Reinhard Bein.

Hans-Christoph Seebohm

(04.08.1903 – 17.09.1967)
Verkehrspolitiker,
Präsident der IHK,
Bundesminister

„Zuweilen begegnete ich vor vielen Jahren Hans-Christoph Seebohm. Öfter am Sonntagmorgen bei Spaziergängen auf den Wällen. Ich sehe das rosige Gesicht noch vor mir und das Halbrund seiner weißen Haare, die erst von der Mitte des Kopfes dünn nach hinten wallten. Er hatte merkwürdig nackte, blaue Augen, die stets in Bewegung waren und zu signalisieren schienen: „Ja. Ich bin's wirklich." Seebohm – für alle, denen der Name nichts sagt – war von 1949 bis 1966 ununterbrochen Verkehrsminister der neu gegründeten Bundesrepublik. Er bleibt im Bewusstsein vieler Menschen haften als einer, der ständig irgendwelche weißen Bänder zerschnitt und neue Autobahnstücke oder Straßen eröffnete. Es gab kaum eine Illustrierte und kaum eine „Fox tönende Wochenschau" im Kino ohne Seebohm mit der Schere in der Hand."[1]

Die Charakterisierung durch den Braunschweiger Journalisten Eckard Schimpf korrespondiert in der Tat mit der Wahrnehmung vor allem älterer Bundesbürger: Nach Nennung des Namens stellt sich häufig ein ahnungsvolles Nicken ein, bisweilen etwas diffus die rundliche Genussmenschen-Physiognomie, bei kritischen Zeitzeugen überdies eine unverhohlene Abwehrreaktion – zumindest scheint der eingangs Beschriebene seine Spuren hinterlassen zu haben, wenn er auch nicht so nachhaltig ins kollektive Gedächtnis eingerückt ist wie Hans-Dietrich Genscher, mit dem er um den Titel des dienstältesten Ministers der Bundesrepublik Deutschland konkurriert.

Hans-Christoph Seebohm wird 1903 als Sohn des Montanindustriellen Kurt Seebohm und seiner Ehefrau Ida in Emanuelssegen/Oberschlesien geboren. Nach dem Abitur in Dresden beginnt er ein Studium der Bergbau- und Ingenieurwissenschaften, das er nach Ausbildungsjahren an verschiedenen deutschen Hochschulen mit dem Diplom abschließt. Im Anschluss an Referendariat, Bergassessorexamen und Promotion zum Dr.-Ing. übt er ab 1933 Leitungsfunktionen in Bergwerks-, Erdöl- und Maschinenbauunternehmen insbesondere im Osten Deutschlands aus. Nach dem Krieg folgen, wiederum in Führungspositionen, berufliche Aktivitäten in Wirtschaftsverbänden und Erdölindustrie. Der regionale Bezug wird schließlich hergestellt durch die langjährige Tätigkeit als Präsident der Industrie- und Handelskammer Braunschweig von 1947 bis 1963.

Seebohms Passion der Interessenvertretung drängt auch außerhalb der beruflichen Sphäre und parallel zu dieser an die Öffentlichkeit. So ist er seit 1950 Vorstandsmitglied der Sudetendeutschen Landsmannschaft und vertritt diesen Vertriebenenverband wortgewaltig und mit polemischer Schärfe. Eine aus heutiger Sicht schwer nachvollziehbare schwülstig-brachiale Rhetorik kennzeichnet den zeitgenössischen Diskurs: Beschworen wird der Dienst für Volk und Heimat zur Immunisierung gegen eine angeblich um sich greifende „Ohnemich"-Mentalität sowie – terminologisch brisant – die als identitätsstiftend interpretierte Rückbesinnung auf die Volksgemeinschaft. Generell findet sich ein idealisierter Heimatbegriff als Gegenkraft zum Kollektivismus sowjetischer Prägung.

Vielleicht ist sich Seebohm der Problematik des verwendeten Vokabulars bewusst, denn immer wieder relativiert er mögliche Missdeutungen durch demonstrative Bekenntnisse zu Demokratie, Meinungsfreiheit und Menschenrechten im Kontext einer europäischen Friedensordnung. Ein von ihm unterstützter Antrag, durch die Verankerung des Grundrechts auf Heimat einen verfassungsrechtlichen Anspruch der Vertriebenen auf Rückkehr in ihre ehemaligen Siedlungsgebiete zu formulieren, findet 1948 im Parlamentarischen Rat keine Mehrheit, dennoch hält er an dieser Idee in der Folgezeit fest.

Die Positionen des Vertriebenenfunktionärs harmonieren passgenau mit der Weltanschauung der Deutschen Partei (DP) – ehemals „Niedersächsische Landespartei" –, der Seebohm seit ihrer Gründung angehört, bis 1955 in der Funktion des stellvertretenden Bundesvorsitzenden. Für diese Partei nimmt er nicht nur ein Landtagsmandat wahr, sondern von 1947–1948 auch das Amt des Ministers für Arbeit und Aufbau in Niedersachsen. Die programmatische Orientierung der DP fußte laut Satzung auf christlich-humanistischen Wertvorstellungen und hatte sich einer geistig-moralischen Erneuerung Deutschlands verschrieben. Politisch rechts von der CDU positioniert und anfänglich speziell in den norddeutschen Bundesländern erfolgreich, hatte sie in den ersten von Kanzler Adenauer geführten Kabinetten die Aufgabe, das nationalkonservative Lager in die noch fragile Demokratie einzubinden, ohne dass Grundüberzeugungen geopfert werden mussten. Seebohm, seit 1949 Mitglied des Deutschen Bundestages und bis zu seinem Tod 1967 quasi ewiger Minister, versteht sich bestens auf diese Aufgabe. In seinen berühmt-berüchtigten Sonntagsreden wird Klartext gesprochen und die rechte Flanke gesichert. Dabei ist der nicht nur in seinem Fachgebiet Versierte durchaus in der Lage, stilsicher und differenziert argumentierend auch vor einem intellektuellen Publikum zu bestehen. Adenauers Verhältnis zu Seebohm bleibt über die gesamte Dauer der Zusammenarbeit angespannt bis ambivalent: Der Regierungschef missbilligt die verbalen Eskapaden seines Ministers und weiß zugleich, dass er nur schwerlich auf ihn verzichten kann.

Von Beginn an ist der Vertriebenenfunktionär Zielscheibe der linksliberalen Presse. Dies verdeutlicht beispielhaft ein 1960 erschienenes Porträt des Nachrichtenmagazins „Der Spiegel" („Dieser Seebohm"). In dem Beitrag wird dem Politiker unter Verweis auf zahlreiche wörtliche Zitate eine Neigung zu revanchistischen Denkschablonen angelastet. Das Persönlichkeitsbild gipfelt in der Diagnose: „Er ist der beständigste Schandfleck des Kabinetts."[2] Konservative Kommentatoren sehen Seebohm naturgemäß in milderem Licht: Er habe im Gegenteil dazu beigetragen, in dem aufgeheizten gesellschaftlichen Klima der jungen Bundesrepublik antidemokratische Affekte zu kanalisieren und somit letztlich integrierend gewirkt.

Wenige Monate nach der Publikation des „Spiegel"-Artikels verlässt Seebohm seine Partei. Zusammen mit acht weiteren von insgesamt 15 Bundestagsabgeordneten wechselt er von der Deutschen Partei zur CDU. Das dem Selbsterhaltungstrieb der Parlamentarier geschuldete Manöver stürzt die DP in eine schwere Krise und bereitet de facto deren Ende vor. Als der von dem Abfall der Abgeordneten überraschte Parteivorsitzende Heinrich Hellwege, Ex-Bundesminister und niedersächsischer Ministerpräsident im Ruhestand, 1961 gleichfalls das CDU-Parteibuch annimmt, leitet dies die Auflösung der Deutschen Partei auf Bundesebene ein; es verbleibt allenfalls eine marginale Bedeutung als Auffangbecken ultrakonservativer Wähler in den

Ländern. In dem mit Beginn der ersten Legislaturperiode dauerhaft übernommenen Fachressort, der Verkehrspolitik, kann der neue Amtsinhaber rasch punkten. Sein Tätigkeitsschwerpunkt ergibt sich angesichts der weitgehend zerstörten bzw. beschädigten Verkehrsanlagen von selbst: Es geht vorrangig um die Wiederherstellung einer funktionsfähigen Infrastruktur. Ein umfangreiches Gesetzespaket wird unter Federführung des Ministers erarbeitet und schafft die Grundlage einer kontinuierlichen Aufwärtsentwicklung. Seebohm geht dabei von der Gleichwertigkeit der unterschiedlichen Verkehrsträger Straßenverkehr, Eisenbahn, Schiffsverkehr und Luftfahrt aus und versucht, für diese jeweils optimale Finanzierungsbedingungen zu erreichen. Er tut dies nicht ohne Erfolg: Im Lauf der Jahre nimmt die Bundesrepublik die europäische Spitzenposition bei den Verkehrsausgaben ein und entwickelt nach den Vereinigten Staaten das modernste Verkehrswegenetz der Welt.

Vor allem der Individualverkehr findet in ihm einen entschiedenen Fürsprecher. Als die Motorisierungswelle im Gefolge des Wirtschaftswunders über das Land schwappt, reagiert Seebohm auf eine verbreitete Erwartungshaltung durch den zügigen Ausbau von Autobahnen und Fernstraßen. In grenzüberschreitender Perspektive erwirbt sich der ausgewiesene Fachmann bleibende Verdienste um die Harmonisierung einer europäischen Verkehrsordnung.

Über einen langen Zeitraum in Braunschweig ansässig und der lokalen Wirtschaftsförderung verbunden, gehörte Hans-Christoph Seebohm zu den bekannten Persönlichkeiten der Stadt. Neben seiner 16-jährigen Amtsperiode als Präsident der IHK ist auf seine in jungen Jahren ausgeübte Vorstandstätigkeit für die Braunschweigische Maschinenanstalt (BMA) zu verweisen. 1953 wurde er sowohl zum Ehrenbürger der Stadt als auch zum Ehrensenator der TU Braunschweig ernannt, worauf sich fünf Jahre später die Verleihung der Ehrendoktorwürde anschloss. Der Politiker, über dessen Privatleben wenig bekannt ist, starb 1967 im Alter von 64 Jahren an den Folgen einer Lungenembolie. (Manfred Urnau)

❖ **Quellen- und Literaturangaben: 1** BZ 15.11.2014; **2** Der Spiegel, 13/ 1960, S. 9. – Joachim Detjen, Seebohm, in: NDB, Bd. 24. Berlin 2010; H.-C. Seebohm, Das Recht auf die Heimat, Br. 1952; derselbe, Die Verkehrspolitik der Bundesrepublik, Darmstadt 1954; Ingo Nathusius, Am rechten Rand der Union. Der Weg der Deutschen Partei bis 1953, Mainz 1992.
Foto: wikipedia.

Emil Selenka
(27.02.1842 – 20.01.1902)
Zoologe, Hochschullehrer, Forschungsreisender

„Einen märchenhaften Anblick gewährt die See der warmen Zone in stillen, mondfreien Nächten. So weit das Auge reicht, ist das Wasser durchsäet von leuchtenden Rosetten, grünlich flammenden Sternen und silberglänzenden Funken. Die vom Schiffskiel aufgeworfenen Wasserhügel erglänzen gleich zwei feurigen Kissen, und wenn man vom Hinterdeck auf das schäumende Kielwasser blickt, könnte man glauben, das ganze Sternenheer samt der Milchstraße habe sich in verstärktem Glanze auf das dunkle Meer gestürzt. Überall ein Wetterleuchten, Lichterhuschen und Funkenstieben. Von Zeit zu Zeit schießt ein feuriger Keil durch diesen nassen Sternenhimmel, ein Haifisch oder Delphin, durch seine Flucht zahllose kleine Meerestiere erschütternd und zum Leuchten bringend."[1]

So beschreibt 1893 der Zoologe sachverständig und der feinsinnige Beobachter poetisch eine nächtliche Fahrt im Indischen Ozean. Geboren wurde Hermann Emil Robert Selenka 1842 als Sohn des Buchbindermeisters Johannes Selenka und seiner Ehefrau Clara in Braunschweig. Der Vater stammte aus Hochheim in Hessen, war während der Wanderschaft nach Braunschweig gekommen, hatte sich hier niedergelassen und die Tochter seines Arbeitgebers, des Buchbinders Pilf, geheiratet.

Wer den Kubus der Hochschule für Bildende Künste vor Augen hat, betritt den Johannes-Selenka-Platz. Er ehrt Emils Vater, der sich als Handwerksmeister dafür einsetzte, dass das 1841 gegründete Zeichen-Institut als Gewerbezeichenschule für gestaltende Handwerker erhalten blieb. Aus ihm entwickelte sich schließlich die heutige Hochschule. Johannes Selenka war außerdem 1848 an der Ausarbeitung einer zeitgemäßen Handwerksordnung beteiligt.

Emil war der Liebling seiner Mutter. „Mein Jüngster hat mir nie Kummer gemacht", sagte sie, und fügte stolz hinzu: „Ein guter Sohn ist auch ein guter Mensch." Er war eher still und in sich gekehrt und von „zarter Gesundheit". Der Vater erzog nach festem Plan, rauchte nicht, trank nicht, verachtete das Kartenspiel und sorgte dafür, dass seine Kinder an seinen geistigen Interessen teilnahmen. Die Familie spielte Schach, las sich gegenseitig vor und beteiligte sich an physikalischen und chemischen Experimenten. „Was nur in seinen Kräften stand, that Vater Selenka, um seinen Kindern zu einer gesicherten und geachteten Lebensstellung zu verhelfen und sie zu tüchtigen brauchbaren Mitgliedern der menschlichen Gesellschaft zu erziehen. Er starb am 13. Mai 1871."[2]

Angeregt durch seinen Vater lernte Emil mit der Lupe und dem Mikroskop umzugehen, legte sich Pflanzen-, Mineral- und Schmetterlingssammlungen an und zeichnete begeistert. Er besuchte die Bürgerschule, anschließend das Martino-Katharineum bis zur Obersekunda und wechselte dann zum Collegium Carolinum, wo er Ostern 1863 das Abitur bestand. Danach studierte er Naturwissenschaften in Göttingen (Physik, Mineralogie, Paläontologie, Botanik, Anatomie und Zoologie) und beendete 1866 sein Studium mit einer Dissertation über „Beiträge zur Anatomie und Systematik der Holothurien" (Seewalzen, Seegurken). Als Assistent des Zoologen Keferstein unternahm er 1867 eine Forschungsreise in die Bretagne, um dort die Holothurien in ihrer natürlichen Umwelt kennenzulernen.

Die Eltern jedoch sorgten sich, denn vom Assistentengehalt konnte man auf die Dauer nicht leben. Emil meldete sich also pflichtschuldig zur Lehrerprüfung und durfte sich nach bestandener Prüfung Ober-Lehrer nennen. Durch Kefersteins Vermittlung erhielt er im September 1869 einen Ruf an die Universität Leiden in den Niederlanden. Bertha, seine Schwester, berichtete später: „Unvergeßlich ist mir der glückliche Tag, als er von Göttingen kam, von seiner Mutter ungesehen in das Zimmer trat, diese umarmte und ihr zuflüsterte: ‚Mutter, Dein Sohn ist Professor geworden.' Mehr als sein Vater je zu hoffen gewagt hatte, war erreicht, und glücklich mit dem jungen Professor waren Eltern und Schwestern."[3]

Er lehrte Zoologie und Geologie. „Bei seinen hervorragenden Lehrgaben und seiner Begeisterung für alles Schöne erfreute er sich in dem steifen zeremoniellen Holland einer großen Beliebtheit bei seinen Studenten. Im ersten Jahr durfte er seine Vorlesungen in deut-

scher Sprache halten, lernte tüchtig Holländisch und war der Sprache vollkommen mächtig, hat aber auch später auf Wunsch und Bitte der Studenten immer in seiner Muttersprache gelesen."[4] Ähnliche Erfahrungen machte auch der Braunschweiger Naturwissenschaftler **Rudolf Magnus** ↑, der von 1908 bis zu seinem Tode in Utrecht lehrte.
Das holländische Klima bekam Selenkas schwacher Konstitution jedoch auf die Dauer nicht, sodass er sofort zugriff, als ihm 1873 eine Professur an der Universität Erlangen angeboten wurde, wo er Zoologie und vergleichende Anatomie lehrte. Hier konnte er den schon für Leiden ins Auge gefassten Neubau eines zoologischen Instituts verwirklichen. In den folgenden Jahren machte er mehrere ausgedehnte Forschungsreisen.
Mit der Sicherheit der Professur konnte er nun auch ans Heiraten denken. Die Auserwählte war die musisch begabte Tochter des jüdischen Kaufmanns David Heinemann aus Hamburg. Seine Clara war wie er von schwächlicher Konstitution. Aber sie war 1877 bereit, ihm auf eine halbjährige Reise nach Brasilien zu folgen. Vier Jahre später litt sie an Melancholie, wie man damals Depressionen umschrieb. Sie starb 1887. Nach ihrem Tod lernte er ihre hoch begabte Schwester Lenore Margarethe (1860-1922) näher kennen, die durch seine Tätigkeit als Hochschullehrer in Erlangen Zoologie- und Anthropologie studieren durfte und seine Assistentin wurde.
1891 machte der belgische Anthropologe Eugène Dubois Furore mit der Entdeckung des Javamenschen, den er zum Missing Link zwischen Mensch und Menschenaffen erklärte: Wo Menschenaffen leben, müsste auch der Mensch entstanden sein. Selenka, der sich schon einige Zeit mit Menschenaffen beschäftigt hatte, beschloss, eine Reise nach Südostasien zu machen, um Dubois' These zu überprüfen. Lenore begleitete ihn. In Tokio heirateten sie 1893. Einen Beweis für Dubois These konnten sie nicht erbringen. Als Selenka erkrankte und nach Erlangen zurückkehren musste, beobachtete **Lenore Selenka** noch ein halbes Jahr Menschenaffen in freier Wildbahn.
Seinen schwächer werdenden körperlichen und schließlich auch geistigen Kräften war es geschuldet, dass er 1895 seine Professur in Erlangen aufgab und eine Honorar-Professur in München annahm, die er die letzten Jahre seines Lebens ausfüllte. Gemeinsam setzten die Eheleute ihre Arbeit über die Menschenaffen Südostasiens fort. Den Plan, eine weitere Reise dorthin zu machen, konnte Selenka nicht mehr verwirklichen. Er starb 1902 in München und ließ seine Leiche

im Krematorium Jena einäschern, da in Bayern diese Form der Bestattung noch verboten war. Zahlreiche Professoren, Weggefährten aus Göttingen und Erlangen, nahmen an der Trauerfeier teil. Er hinterließ zahlreiche wissenschaftliche Werke.

Margarethe Lenore Selenka unternahm 1907-1908 mit dem Geologen Blanckenhorn, unterstützt durch holländische und deutsche Behörden und Forschungseinrichtungen, eine zweite Reise nach Java, um den Ort der Grabung Dupois' stratigraphisch zu untersuchen. Bis zu 12 m starke Schichten gruben die Arbeiter auf und fanden Fossilien von Säugetieren und Pflanzen aus dem Pleistozän. Die Bodenuntersuchungen ergaben, dass der „echte Mensch [Homo sapiens] auf Java als Zeitgenosse des Pithecanthropus [Javamensch; heute Homo erectus genannt] höchstwahrscheinlich schon existierte."[5] Der Missing Link war der Javamensch nicht. Frau Selenka schrieb 1911 einen Bericht über diese Forschung, der internationale Aufmerksamkeit erregte und Dubois' Behauptung entkräftete. Ihre Forschung war ein großer Triumph für Frauenrechtlerinnen, denn der Frau unterstellte die Männerwelt jener Zeit, sie sei zu wissenschaftliche Leistungen nicht in der Lage.

Durch ihren Mann war sie mit Feministinnen in Kontakt gekommen, hatte sich schon vor seinem Tode in der beginnenden Frauenbewegung engagiert und 1899 die erste Internationale Frauendemonstration in Boston für den Frieden initiiert. Wie ihr Mann war sie Mitglied der Friedensbewegung. Beide waren befreundet mit Bertha von Suttner, die 1905 den Friedensnobelpreis erhielt, und hatten an den Friedenskongressen 1894 in Antwerpen und 1897 in Hamburg teilgenommen. Lenore kämpfte für das Frauenwahlrecht, die Gleichberechtigung und gegen häusliche männliche Gewalt. 1915 wurde sie als Friedensaktivistin vom Generalkommando des Heeres unter Hausarrest gestellt, nachdem sie am Friedenskongress in Den Haag teilgenommen und, von Zar Nikolaus II. ermuntert, eine Resolution zur Beendigung des Krieges ohne Gebietsforderungen vorgetragen hatte. Sie starb 1922 in München. (Reinhard Bein)

❖ **Quellen- und Literaturangaben**: **1** Emil u. Lenore Selenka, Sonnige Welten. Ostasiatische Reise-Skizzen (Borneo, Java, Sumatra, Vorderindien, Ceylon, Japan), Berlin 1896, 3. Auflage 1925, S. 70 (StBi: II0122); **2-4** Br. Magazin, Mai 1902, S. 50 ff., dort auch das **Foto**; **5** Lenore Selenca/Max Blanckenhorn, Die Pithecanthropus-Schichten auf Java, Leipzig 1911.

Alfred Vierkandt
(04.06.1867 – 24.04.1953)
Soziologe

„There is no such thing as society."
(Dame Margaret Thatcher)

Im altehrwürdigen Braunschweiger Gymnasium Martino-Katarineum stößt der Besucher auf mehrere Gedenktafeln. Illustre Namen verweisen auf ehemalige Schüler bzw. Lehrer, z.B. Gauß, Hoffmann von Fallersleben, **Konrad Koch** [1] oder Louis Spohr. Den Namen Alfred Vierkandt vermisst man, obwohl er insgesamt 19 Jahre dem MK angehörte, davon 9 als Schüler und 10 als Lehrer, und zu Recht beanspruchen kann, Anfang des 20. Jh. zu jenen Pionieren gehört zu haben, die die aufkommende Soziologie als eigenständige Wissenschaft in Deutschland begründeten. Sein Name und seine Lebensleistung sind jedoch in Vergessenheit geraten. Die folgende Spurensuche ist der Versuch, Leben und Werk kritisch zu würdigen.

Alfred Vierkandt wurde 1867 als Sohn des Kaufmanns Ferdinand Vierkandt und seiner Ehefrau Amalie, geb. Dürfeldt, in Hamburg geboren. 1874 zog die Familie nach Braunschweig und ließ sich in der Leonardstraße 18 nieder. Von 1876 bis 1885 besuchte der Sohn das Gymnasium MK. Laut seinem Personalbogen war der aufgeweckte Zögling ein guter bis sehr guter Schüler. 1885 verließ er die Anstalt „mit dem Zeugnis der Reife für die akademischen Studien"[1]. Sein Studium der Philosophie, Mathematik und Geographie schloss er 1892 mit einer mathematischen Dissertation über „Gleitende und rollende Bewegung" ab. Aufgrund der materiellen Verhältnisse seiner kleinbürgerlichen Herkunft blieb ihm die angestrebte wissenschaftliche Laufbahn zunächst verschlossen, sodass er den Brotberuf des Gymnasiallehrers ergriff, den er von 1890 bis 1900 am MK ausübte. Berufsbegleitend habilitierte er sich 1894 an der hiesigen Technischen Hochschule für das Fach Erdkunde und las als Privatdozent u.a. über „Colonial-Geographie".

Der Werdegang Vierkandts ist eingebettet in die entfesselte Dynamik, die sich im Kaiserreich seit dem Sieg über Frankreich 1871 vollzog. Der ungestüme Aufschwung von einer traditionellen Agrar- in eine moderne industrielle Klassengesellschaft zog tiefgreifende Verwerfungen nach sich. Die Umbrüche hatten verstärkt soziologische Fragestellungen zur Folge. Eine institutionell eigenständige Wissenschaft von der Gesellschaft, d.h. Soziologie, existierte dagegen (noch) nicht. Immerhin: In dieser Hinsicht war der vermeintliche „Erbfeind" Frankreich erheblich weiter. Dort hatte der Autodidakt Auguste Comte (1798–1857) als erster den Begriff „Soziologie" geprägt und die Grundlagen einer positivistischen Sozialwissenschaft nach dem Vorbild der Naturwissenschaften gelegt. Nach ihm gewann Emile Durkheim (1858–1917) großen Einfluss, der bereits 1906 als erster Ordinarius für Soziologie an die Sorbonne berufen wurde.

Vierkandt war zu Berufsbeginn von seinem Direktor bescheinigt worden, er werde sich zu einem „tüchtigen Lehrer" entwickeln. „Die Schulzucht handhabt er mit bemerkenswerter Sicherheit auf allen Stufen ohne Schroffheit."[2] Die positive Resonanz, die seine Publikationen in der Fachwelt fanden, bestärkte ihn darin, nach einer Möglichkeit zu suchen, die akademische Laufbahn anzustreben. Dies war jedoch nicht ohne weiteres realisierbar.

Der Einblick in seine Personalakte, die offensichtlich erstmalig von Außenstehenden eingesehen wurde, korrigiert das bisherige Bild seiner Biographie, das von ihm selbst, seinen Kollegen und Schülern gepflegt worden war. 1899 bat er die Schulbehörde um eine einjährige Beurlaubung, mit der Begründung, er leide seit Herbst 1887 an „Neurasthenie" infolge einer Überbelastung durch Beruf und wissenschaftliche Tätigkeit. Dies gäbe Anlass zu der Befürchtung einer frühen Einbuße seiner Leistungsfähigkeit, sodass der Berufswechsel an die Universität in Betracht zu ziehen sei. Sein Begehr wurde durch ein Gutachten seines Nervenarztes Dr. Loewenstein mit der Diagnose „neurasthenische Schwäche" untermauert.

Erhärtet wurde dieser Befund nach amtsärztlicher Begutachtung durch den Amtsarzt. Dem Patienten wurde neben der „nervlichen" zudem eine „erbliche" Belastung attestiert, da schon die Großmutter „nervös" gewesen sowie der Großvater dem Alkohol verfallen und durch Suizid zu Tode gekommen sei. Die Diagnose „Neurasthenie", die bei bürgerlicher Klientel um 1870 in Umlauf kam, bezeichnete eine Form psychophysischer Erschöpfung, die, mit diversen funktionellen Störungen einhergehend, als geradezu symptomatisch für das „Zeitalter der Nervosität" (Radkau) angesehen wurde. Das amtsärztliche Gutachten imponiert durch eine überaus sorgfältige und detaillierte Anamnese, lässt durchgängig ein Wohlwollen für den Bittsteller erkennen und gipfelt in einer uneingeschränkten Befürwortung. Als Vierkandt vor Ablauf der Beurlaubung „submissest" um eine Verlängerung einkam, die er u. a. damit begründete, er müsse nicht nur für seinen eigenen, sondern auch für den Unterhalt seiner Eltern aufkommen, wurde dieser Antrag abschlägig beschieden.

Obgleich Vierkandt unmittelbar nach seiner Beurlaubung nach Berlin zog und ihm dort 1900 sogleich die Umhabilitierung gelang, stellten sich die Aussichten auf eine akademische Karriere schwieriger als erhofft dar. Desillusioniert wandte er sich erneut an die Schulbehörde mit der Bitte um Wiederaufnahme in den Landesdienst. Die Obrigkeit war aber einer neuerlichen Einstellung nicht zugeneigt. Wie prekär Vierkandts Lage gewesen sein musste, lässt sich an der biographisch nicht bekannten Tatsache ablesen, dass er sich 1902 an der Jacobson-Schule in Seesen und 1903 an der Realschule in Gronau verdingte. Danach kehrte er endgültig nach Berlin zurück und erhielt 1904 seinen ersten Lehrauftrag.

Der Rückblick auf Vierkandts Lebenswerk weist ihn als einen der produktivsten deutschen Sozialwissenschaftler seiner Zeit aus. Schon eine erste große Monographie über „Naturvölker und Kulturvölker" (1894) wurde in Fachkreisen stark beachtet. Im Untertitel „Ein Beitrag zur Sozialpsychologie" deutet sich neben dem interdisziplinären Ansatz eine Tendenz an, die ihn von der Ethnologie zur Sozialpsychologie und von dort zur Soziologie führen wird. Unter welch erschwerten Umständen diese Arbeit berufsbegleitend zustande kam, findet sich beiläufig im Vorwort angedeutet, wo von der Abwesenheit von „günstigeren äußeren und inneren Entstehungsbedingungen" die Rede ist.

Sein anfänglich noch deutlich im Zeichen des Positivismus stehendes Erkenntnisinteresse zielte darauf ab, jenseits der empirischen Tatsachen zu idealtypischen Allgemeinbegriffen zu gelangen. Dabei unterscheidet er zwischen Natur-, Halb- und Vollkulturvölkern. Entgegen seiner erklärten Absicht ist diese Abgrenzung jedoch keineswegs wertneutral, sondern wertende Rangfolge. Wenn er den Vollkulturen als dem „höheren Typus" alle „maßgeblichen und entscheidenden geistigen Vorgänge" zuspricht, hingegen die Naturvölker als „unwillkürlich-triebhaft" etikettiert, so bedient er unkritisch den zeitgenössischen Ethnozentrismus. Abgesehen von der Tatsache, dass sich Vierkandts ethnologische Einsichten auf keinerlei eigene Felderfahrungen stützen und in ihrer fehlenden empirischen Fundierung oftmals eher an eine „Theorie des Trockenschwimmens" erinnern, erschreckt aus heutiger Sicht nicht nur das Ausmaß ahistorischer und apolitischer Ausblendung nachweislicher Realitäten: Jenes geschönte Konstrukt „Naturvölker" verharmlost die Verbrechen, mit denen die europäischen Kolonialmächte aus Schwarzafrika – und nicht nur aus dem belgischen Kongo – das „Herz der Finsternis" (Joseph Conrad) gemacht hatten.

Seine Rolle als Mitinitiator bei der Gründung der Deutschen Gesellschaft für Soziologie 1909 kann wissenschaftsgeschichtlich gar nicht hoch genug eingeschätzt werden. Der überragende Max Weber, dem erst viel später Weltgeltung zuteil werden sollte, blieb zunächst dominant im Hintergrund und versuchte von dort aus, seine grundsätzliche Vorstellung einer wertfreien Sozialwissenschaft durchzusetzen. Verbandsinsintern führte dies zu gravierenden Kontroversen, die 1913 den Rücktritt des damaligen Vorstandes zur Folge hatte, dem Vierkandt angehörte. Sein Mitstreiter von Wiese, der als langjähriger Geschäftsführer die Interna sehr gut kannte, berichtete später, dass Vierkandt in seiner „schüchternen und zurückhaltenden Art" dem dominanten Gebaren Webers und Sombarts nicht gewachsen war.

Die mit der deutschen Niederlage im 1. Weltkrieg einhergehenden Umbrüche hatten eine tief greifende Erschütterung von Vierkandts Weltbild zur Folge. Er wendete sich der Phänomenologie (Lehre von den Wesenserscheinungen der Dinge) Husserlscher Prägung zu. Ergebnis waren die beiden „Gesellschaftslehren" (1923 und 1928). Dort begründete Vierkandt im Vorwort, mit Hilfe des neuen Ansatzes die schiere Fülle der empirischen Tatsachen auf einen „verhältnismäßig geringen Bestand an Urphänomenen" zurückzuführen, die, seinem Anspruch gemäß, reine Destillate aus dem „Wesen" der Dinge seien. Er beanspruchte mit der phänomenologischen Methode, die durch ihn erstmalig in der Soziologie Anwendung fand, die bisherige Polarität des Begriffspaars „Gemeinschaft" und „Gesellschaft" überwunden zu haben, die sein Vorbild Tönnies 1887 erstmalig in seinem gleichnamigen epochalen Werk eingeführt hatte. Diese Anstrengungen galten dem Ziel, der um Anerkennung ringenden Soziologie ein tragfähiges begriffliches und methodisches Fundament zu geben. Eine von ihm als „formal" bzw. „rein" bezeichnete Soziologie, die er als Geisteswissenschaft verstand, sah er vor die Aufgabe gestellt, die Antriebsquellen menschlichen Sozialverhaltens zwischen den Polen „angeborener Anlagen" und soziokultureller Formung abzugrenzen. Nicht nur aus heutiger Sicht mutet es befremdlich an, wenn er von einer Vielzahl von genetisch angelegten sozialen Anlagen ausgeht und von diesen z.T. kurzschlüssig auf das „Wesen" von Gesellschaft bzw. des Menschen abhebt. Derartige „angeborene" Anlagen, die er auch als „Triebe" bezeichnet, sind für ihn z.B. solche der Hilfe, des Gehorsams und der Unterordnung, und er versteigt sich gar dazu, die Existenz eines Triebes zum Geheimhalten und Verbergen zu unterstellen. Konstrukte dieser Art entbehren eines rationalen Kerns. Diese Defizitanalyse kommt nicht umhin, bei Vierkandt eine systematische Ausblendung kritischer zeitgenössischer Befunde festzustellen. Die in Fülle vorliegenden Resultate, z.B. der frühen Kritischen Theorie aus Frankfurt, werden ebenso ignoriert wie die der Psychoanalyse, deren Begrifflichkeit er sich zwar bedient, dabei aber über zwei lapidare Randbemerkungen, die von blanker Unkenntnis zeugen, nicht hinauskommt. Ähnliches gilt für Hegel und Marx. Gleichwohl bleibt festzustellen, dass ihm das Verdienst zukommt, mit seiner „phänomenologischen Soziologie" als einer der ersten überhaupt die Erforschung des Themas „Gruppe" als eine der Grundformen menschlicher Gemeinschaft untersucht zu haben. Positiv hervorzuheben ist zudem seine Bemühung um „Ganzheitlichkeit", und dies lange bevor dieser Begriff zu einem Synonym für inhaltsleere Beliebigkeit verkam.

Mit Beginn des NS-Regimes erfolgte die Gleichschaltung auch der Universitäten. Die Soziologie war den Machthabern ein Dorn im Auge, bestenfalls gleichgültig. Vierkandt wurde erst 1934 mit Erreichen der Altersgrenze emeritiert, danach jedoch mit einem Lehrverbot belegt. Trotzdem wurde er nicht daran gehindert, weiter zu publizieren. Seine wichtigste Arbeit aus dieser Zeit, die Gesellschaftslehre „Familie, Volk und Staat" (1936!), im Kern eine Variation früherer Veröffentlichungen, enthält Passagen, die sich als eine beschämende Anbiederung an das Regime ausweisen, zu der er sich wie etliche bürgerliche Konservative ohne Not und wider besseres Wissen versteigt. Dort ist die Rede u.a. von „Geburtswehen einer neuen Zeit", in der das „Herrentum [...] dem Wohl des Ganzen diene" und Gehorsam einfordert, denn „der Schwache ist triebhaft bereit, sich dem Starken zu fügen" (S. IV). Als Fußnote sei angemerkt, dass dieses Werk 1949 und posthum 1961 in bereinigter Neuauflage erschien.

In dieses heterogene Persönlichkeitsbild fügen sich zwei Fundstücke, die die verstreuten spärlichen biographischen Zeugnisse vertiefen. Es handelt sich um zwei autobiographische Miniaturen, die in der Sekundärliteratur bislang unbeachtet geblieben sind. Diese Jugenderinnerungen wurden erstmalig 1917, unverändert 1943 bzw. 1944, veröffentlicht. In „Braunschweig vor 60 Jahren" (1943)[3] beschwört er wehmütig das pittoreske Bild des mittelalterlichen Braunschweig mit seinen intakten Fachwerkquartieren, die kurze Zeit später für immer in den Feuerstürmen der Flächenbombardements verschwanden. Vor den Toren der Stadt ergeht sich der sensible Gymnasiast in der Einsamkeit der Natur, deren Schönheit ihn tief berührt. Sie ist für ihn Seelenlandschaft und zugleich Labsal für die „dumpfe Sehnsucht" seines Weltschmerzes. Neben dieser schwärmerischen Jugendträumerei ist ihm aber partiell durchaus ein wacher Sinn für die Realitäten im Herzogtum zu Eigen. Mit großer Bitterkeit erinnert er sich der „obrigkeitlich-patriarchalischen" Verhältnisse, sei es in Gestalt „häßlicher Grobheit gegen die kleinen Leute" durch einen Schaffner oder an eine Demütigung durch den Landsyndikus, bei dem er als Student vergeblich um ein Stipendium einkam. Als positiven Gegenpol neben der scheinbar heilen Naturwelt zeichnet er ein verklärt-idyllisches Bild des Gymnasiums MK, dem etwas Eskapistisches innewohnt, geprägt von Stille, Ruhe und Muße in einer apolitischen Umgebung, in der literarische Bildung dominierte.

Aufgrund seiner Authentizität noch aufschlussreicher nimmt sich der zweite autobiographische Abschnitt über seine Schülerjahre am MK (1876–1885).[4] Beide Quellen stellen Schlüsseltexte ersten Ranges dar, die retrospektiv entscheidende biographische Weichenstellungen eines sozialen Aufsteigers belegen. Bedingt durch seinen sozialen Status als Sohn armer Kleinbürger, die lange in einer billigen Wohnung in der Echternstraße „gehaust" hatten, hätte der Besuch eines Gymnasiums eigentlich außer Frage gestanden. Wäre da nicht ein aufgeschlossener Volksschullehrer gewesen, der die Begabung des aufgeweckten Knaben erkannt hatte. Er riet den Eltern, für den Sohn den mittleren Bildungsgang (Einjähriges) anzustreben und ihn am Realgymnasium (dem Vorläufer des späteren Gymnasiums Neue Oberschule) anzumelden. Hierzu kam es jedoch wegen des unpassenden Einschulungstermins nicht.

Eine Mordtat ist in Deutschland straffrei, wenn ein Vater seinen Sohn auf ein humanistisches Gymnasium gibt.

Simplicissimus 1911

Ein Zitat aus der satirischen Zeitschrift „Simplicissimus", eingefügt in ein Exlibris des Malers **Gustav Lehmann** ↑ (1905) für den Braunschweiger Rechtsanwalt Otto Lipmann.

Die Erinnerungen an seine Gymnasialzeit beeindrucken durch die Fähigkeit, sich plastisch und detailliert eine Vielzahl von Lehrpersonen und Begebenheiten zu vergegenwärtigen. Einer dieser Anstaltsleiter blieb ihm als eiskalter Machtmensch mit einer ausgeprägten „Freude am Quälen" im Gedächtnis, den er noch nach Jahrzehnten „verabscheut und gehaßt" hat. Im Ensemble des Schulpersonals finden sich gehäuft Soziopathen, wie sie als Protagonisten in den autobiografischen Schulgeschichten von Hermann Hesse („Unterm Rad", 1906) bis Alfred Andersch („Vater eines Mörders", 1980) literarisch überdauert haben. Beispielhaft dafür steht der Klassenlehrer Schütte: eine permanent Angst einflößende Ungestalt, zum Jähzorn neigend, der nicht davor zurückschreckte, mit seinem Stock „auch einmal ins Gesicht zu fahren". Schule als Ort institutionalisierter Gewalt. So nimmt es nicht wunder, dass Vierkandt, obgleich als überangepasster „Musterschüler" physisch unbehelligt, unter „dauernder Gedrücktheit" litt. Irritiert stellt er fest: „Das Merkwürdige aber war für mich, daß seine Neigung zur Brutalität meine Mitschüler in keiner Weise entrüstete oder mit Abneigung erfüllte. Im Gegenteil; Schütte war ein beliebter und bewunderter Lehrer, […] ein grundgelehrter Mann, den ich schon damals um seine Herrscherstellung im Reiche des Geistes bewunderte und beneidete." Im Kontrast dazu erscheint idealisiert das hehre Bild des „vollkommenen Lehrers", wie ihn als Klassenlehrer der schwarz gewandete Raabeforscher Wilhelm Brandes (1854–1928) verkörperte, „ein Mensch voll großer Güte und Würde".

Vierkandt überdauerte das NS-Regime in Überlingen am Bodensee. Nach 1945 kehrte er für wenige Semester an seine alte Wirkungsstätte in Berlin zurück. Dies war wohl der Tatsache geschuldet, dass die sowjetische Militäradministration ihn wegen seines vormaligen Lehrverbots als nicht belastet betrachtete und ihm frühere kapitalismuskritische Einlassungen zugute hielt. Danach wurde es bald wieder still um Vierkandt. Wenn einer seiner Mitstreiter, der Kölner Soziologe von Wiese, 1953 in seinem Nachruf die Hoffnung bekundete, die Wissenschaft habe eine Bringschuld der Wiedergutmachung gegenüber Vierkandt, damit sein Lebenswerk vor dem Vergessen bewahrt werde, so ist dieser Wunsch nicht in Erfüllung gegangen.

Die seit 1945 vorliegende Sekundärliteratur ist quantitativ und qualitativ spärlich und weitgehend affirmativ. Immerhin wurde sein bedeutendster Schüler **Theodor Geiger** (1891–1952) †1991 an der TU Braunschweig mit einem großen Symposion geehrt. Gerade der herkunftsvergessenen Braunschweiger Soziologie hätte es sehr gut angestanden, zur Kenntnis zu nehmen, dass sie und darüber hinaus die gesamte Profession in Deutschland auch auf den Schultern von Vierkandt steht. (Heinz Günther Halbeisen)

❖ **Quellen- und Literaturangaben**: **1** StA Braunschweig, MK AV 2 Nr. 4; **2** NLA Wolfenbüttel, Personalakte Alfred Vierkandt, 12 Neu 13 Nr. 42140; **3** Alfred Vierkandt, Braunschweig vor 60 Jahren, in: Die Hilfe, Berlin 1943, Bd. 49, S. 36-41; **4** Alfred Vierkandt, In der Abendsonne des Humanismus, in: Die Hilfe, Berlin 1944, Band 50, S. 193-198 und 212.

Abbildungen: **1** Bundesarchiv Bild 183 – R 67126; **2** Sammlung Sylvia Reuß.

Anna Vorwerk
(12.04.1839 – 18.11.1900)
Pädagogin, Schulleiterin

„Wir können uns heute gar nicht mehr vorstellen, in welchem Grade Anna Vorwerk Vorbild ihrer Schülerinnen und Lehrerinnen war, in Pünktlichkeit, im Gleichmaß ihrer Freundlichkeit, in Hilfsbereitschaft, in der Sicherheit, mit der sie Schülerinnen zu nehmen wußte, in ihrer Mütterlichkeit, mit der sie gehemmten Mädchen Mut machte."[1]

Seit der endgültigen Durchsetzung der Reformation im Fürstentum Braunschweig-Wolfenbüttel 1568 bemühte sich der Staat, eine Unterrichtspflicht für alle Kinder zur Festigung der Glaubensgrundsätze zu erreichen. Ökonomische Zwänge, wie z.B. die unzureichend finanzierte Lehrerausbildung, und die Notwendigkeit der Unterschichten, ihre Kinder frühzeitig zur Mitarbeit heranzuziehen, verhinderten jedoch, dass derartige Gesetze wirksam wurden.

In den Jahrzehnten nach dem Ende der Napoleonzeit verlangte das beginnende Industriezeitalter aber eine Umgestaltung des ungeordneten Schulwesens: Aus den alten Lateinschulen wurden humanistische Gymnasien. Handel und Gewerbe erforderten einen neuen Schultyp: Realinstitute (zuerst in Braunschweig 1825 durch August Brandes). Eine Kommission unter der Leitung des Magistratsdirektors Wilhelm Bode entwarf 1827 einen für die Stadt gültigen Schulentwicklungsplan, der die Richtlinien für die Bildung aller Kinder vorgab. Viele Privatanstalten wurden nun zu staatlichen Bürgerschulen I. und II. Ordnung mit getrennten Jungen- und Mädchenklassen. Diesem Vorbild folgten die größeren Gemeinden des Landes. Nach 1830 setzte der Staat die Unterrichtspflicht für alle Kinder des Herzogtums durch, nicht aber die Schulpflicht. So entschieden vermögende Eltern weiterhin, ob ihre Kinder in Schulen bzw. private Pensionate geschickt oder zu Hause unterrichtet wurden. Die Schulaufsicht durch die Landeskirche (Konsistorium) bestand noch bis 1918.

Schule war in der Regel Klassenschule, und mit der Klassenzugehörigkeit war auch der Bildungsweg vorgezeichnet. Die Höhe des Schulgeldes, das die Familien sich leisten konnten, entschied über die Schulart und die Länge der schulischen Ausbildung, die Begabung kaum. Die Schulen waren Lernschulen, in denen das mechanische Tun, das Auswendiglernen und Präparieren von Lektionen im Vordergrund standen. Unerwünscht waren Individualität und das Befähigen zu selbständigem Denken, Handeln und Verantworten. Nur einige der Privatschulen verfolgten andere Ziele.

Private höhere Mädchenschulen im Herzogtum Braunschweig, die sich vorwiegend in der zweiten Hälfte des 19. Jahrhunderts im Zuge der sich entwickelnden Frauenbewegung bildeten und von denen einige später zu staatlichen Lyzeen wurden, gab es in Braunschweig, Helmstedt, Wolfenbüttel und Blankenburg. In Wolfenbüttel waren es das Breymannsche Institut und die Anna-Vorwerk-Schule. Sie hießen damals meist höhere Töchterschulen. Das meinte, dass Mädchen aus vorwiegend vermögenden Schichten sie besuchten, denn höhere Töchter kosteten ein keineswegs geringes Schulgeld. Begabte Mädchen aus ärmeren Schichten hatten nur dann eine Chance auf eine bessere Schulbildung, wenn sie ein seltenes staatliches oder privates Stipendium erhalten konnten.

Anna Vorwerk, geboren 1839 in Königslutter, entstammte einem gebildeten und vornehmen Elternhaus. Die Vorfahren väterlicherseits waren seit Jahrhunderten Juristen, die der mütterlichen Linie Pastoren. Ihre Mutter Marie (1815-1896) gehörte zur Bode-Familie, aus der Magistratsdirektor Wilhelm Bode stammte. Der später berühmt gewordene Berliner Museumsdirektor **Wilhelm von Bode** †[2] war ihr Cousin. Die Juristenkarriere ihres Vaters Wilhelm (1803-1870) führte die Familie von Königslutter über Holzminden nach Wolfenbüttel, wo er das Amt des Obergerichtsrates ausübte. Die harmonische Kindheit, die Anna zusammen mit ihrem drei Jahre jüngeren Bruder Wilhelm erlebte, hatte für sie vor allem in Holzminden ihre Wurzeln, wo sie Handwerkern bei der Arbeit zusah und den Verkehr an der Weser beobachten konnte. „Fast regelmäßig trat die Weser über ihre Ufer. Ihr Wachsen wurde mit größter Spannung verfolgt, bis das Wasser die Grundmauern des Hauses und schließlich die Zimmer des Erdgeschosses erreichte. Dort lag das Kinderzimmer und wurde nun für einige Zeit unbewohnbar, nachdem die sorgliche Mutter schon vorher alle beweglichen Gegenstände in Sicherheit gebracht hatte. Nun begann für die Kinder ein ergötzlicher Interimszustand, der aber in dem Augenblick wieder aufhörte, wo das Wasser die Zimmer wieder verließ. Diese wurden dann nämlich sofort wieder bezogen, und es ist als Wunder anzusehen, daß die Kinder gesund blieben in einer Stube, deren Holzfußboden von der Nässe ganz krumm gezogen worden war."[2] Die Verwandten in Königslutter besuchte man ausgiebig zu Weihnachten, sonst aber nicht, denn die Reise von Holzminden nach Königslutter, für die wir heute drei Stunden benötigen, dauerte damals mit dem Postwagen zwei Tage, und man bereitete sich wochenlang darauf vor. Anna konnte von diesen Reisen, die den Höhepunkt des Jahres bildeten, noch im Alter mit Hingabe erzählen.

1851 zog die Familie nach Wolfenbüttel um. Dort besuchte Anna die letzten Klassen der Bürgerschule und eine „Nebenklasse für höhere Bildungsbedürfnisse".[3] Geschichte, Literatur und Musik waren ihre Lieblingsfächer. Nach der schulischen Grundausbildung schickte der Vater sie 1854 und noch einmal 1862 für jeweils 1½ Jahre nach Hamburg zu ihrem Onkel Fritz Vorwerk, dem Eigentümer eines großen überseeischen Handelshauses, mit dem Wunsch, seine musikbegabte Tochter könnte sich dort im Klavierspiel vervollkommnen.

1854 verlobte sie sich, gedrängt von ihren Eltern und Verwandten, mit einem Assessor im Hause ihres Onkels Bode, dem Pfarrer von Hoiersdorf (bei Schöningen). Nach einem Jahr hielt sie die ständigen Besuche ihres Bräutigams nicht mehr aus und trennte sich schriftlich von ihm. Die Gründe verschweigt ihre Biografin Genzmer. Für Anna Vorwerk war dies der einzige ernsthafte Versuch, in eine Ehe einzutreten. Für eine junge Frau mit einer engen Bindung an einen einfühlsamen Vater – er war bis zu seinem Tode ihr wichtigster Ratgeber und Förderer – und mit intellektueller Eigenständigkeit war es schwer, eine Ehe einzugehen und sich damit in das damals herrschende Joch der „naturgegebenen Unmündigkeit der Frau" zu begeben. Sie blieb ledig und bereute es ganz offensichtlich nie.

Nachdem ihr Klavierunterricht bei Johannes Brahms in Hamburg mit einem Missklang beendet wurde – er schwieg bei ihrem Vorspiel für den Vater –, schloss sie ihre Ausbildung bei einem mehrmonatigen Besuch von Verwandten in Berlin ab, wo sie u.a. durch den damals berühmten Pianisten und Wagnerinterpreten Hans von Bülow unterwiesen wurde. An eine Karriere als Pianistin dachten aber weder sie noch die Eltern. Man lud jedoch, um Annas Kunst zu präsentieren, gern Musikfreunde ins große Haus am Schlossplatz 4 ein.

„Aber einer unverheirateten Tochter wohlhabender Eltern bot sich damals wenig standesgemäße, ernsthafte Betätigung. Wie sehr es Anna Vorwerk dazu trieb, etwas Wesentliches zu tun, verriet ihre Gründung der Frauengruppe des Gustav-Adolf-Vereins in Wolfenbüttel. [Er unterstützte den Pfarrer bei der Gemeindearbeit.] Diesen Hunger nach einer wirklichen Lebensaufgabe teilte sie mit den geistig regeren Zeitgenossinnen."[4] Seit der Mitte des Jahrhunderts engagierten sich Frauen aus begüterten Häusern, solange ihnen politische Mitarbeit durch Staat und Kirche verwehrt wurde, in Aufgaben im sozialen und pädagogischen Bereich.

Anna Vorwerk lernte 1865 bei einem Vortrag die Pfarrerstochter **Schrader-Breymann** ↑ aus Watzum kennen, eine Verwandte und überzeugte Anhängerin der Pädagogik Friedrich Fröbels. Nach dessen Auffassung sollen „Erziehung, Unterricht und Lehre […] nachgebend (nur behütend, beschützend), nicht vorschreibend, eingreifend sein", denn das „Wirken des Göttlichen ist in seiner Ungestörtheit notwendig gut, muß gut, kann gar nicht anders als gut sein."[5] In diesem Sinne hatte Frau Breymann in Watzum bei Schöppenstedt einen Kindergarten und eine Privatschule aufgebaut. 1865 zog dieses Erziehungsinstitut nach Wolfenbüttel um. Es hatte inzwischen europaweit Berühmtheit erlangt. Ihre Vorträge vor dem „Verein für Erziehung" führten 1866 zur „Gründung und Erhaltung eines Kindergartens für Kinder zahlungsfähiger Eltern, verbunden mit einer Elementarklasse". Die Einrichtung, die vor allem Anna Vorwerk organisierte, zog in das ehemalige Residenzschloss der Herzöge am Schlossplatz.

Mit großem Aufwand und privaten Spenden mussten die Frauen des Vereins das Schloss für die Bedürfnisse eines Kindergartens und einer Schule herrichten. Als sich die neue Schule, um staatliche Anerkennung zu erlangen, eine Satzung und eine Leiterin geben musste, konnte dies nur Anna Vorwerk sein, die Unterricht gab und die Geschäftsführung übernommen hatte. Fernziel war es für sie, eine 10-klassige höhere Töchterschule zu entwickeln, weil eine solche in Wolfenbüttel noch nicht existierte. In den Jahren nach 1870 begann sich in Deutschland die Kindergartenidee auszubreiten, und es setzte sich die Erkenntnis durch, dass die Erziehung von kleinen Kindern der Frau am nächsten stand, dass sie dafür aber eine solide Schulbildung benötigte. Neben Kindergarten und Schule gehörten deshalb wie selbstverständlich zu Vorwerks Schlossanstalten eine Seminarabteilung zur Kindergärtnerinnen- und Lehrerinnenausbildung.

Obwohl der Verein Anna anfangs verpflichtete, Froebelsche Erziehungsgrundsätze beizubehalten, war ihr das Spielerische dieser Erziehung fremd. 1872 löste sich der Verein auf und Anna hatte freie Hand. Auch die Freundschaft mit Henriette Breymann zerbrach. „Was beide Frauen vereinigt hatte, war die Überzeugung, daß Mädchen zu Bildung und Berufsleben, insbesondere zur Aufgabe der Erziehung der Kinder, Zugang haben müßten. Aber Henriette Breymann ging vom Kleinkinde aus, das nicht gezwungen werden dürfte, um durch eigene Anschauung und eigene Einsichten zur freien Selbstbestimmung zu kommen. Das ging Anna Vorwerk zu langsam. Sie erstrebte eine ausgebaute, erfolgreiche Mädchenschule, in der zu Fleiß und Sorgfalt erzogen wurde und möglichst bald brauchbare Kindergärtnerinnen und Lehrerinnen Examen machten. Ihr Ziel war eine Schule, in der die Mädchen, von Erwachsenen geleitet, Kenntnisse und Fertigkeiten erwarben, die ihnen später von Nutzen sein würden."[6] Ihr Konzept war erfolgreich, die Schule wirtschaftlich gesund, auch deshalb weil sie selbst vermögend war und momentane Defizite durch eigene Mittel ausgleichen konnte. Aber sie griff auch moderne Methoden der Geldbeschaffung auf. Als sie ein „Feierabendhaus" als Altersruhesitz für Lehrerinnen und Kindergärtnerinnen plante, ließ sie ihre Schülerinnen für Basare werkeln, Konzerte geben und pachtete einen großen Obstgarten, dessen Früchte von ihnen auf Märkten verkauft wurden. Hinzu kamen Spenden, Vermächtnisse, Prüfungsgelder und ein staatlicher Zuschuss, sodass sie das Heim, mit dessen Planung sie 1893 begonnen hatte, 1896 einweihen konnte.
Sie arbeitete unermüdlich am Ausbau ihrer Schule: 1874 Einrichtung eines Internats zur Aufnahme von Mädchen aus ganz Deutschland; 1877 Prüfungsrecht für Seminaristinnen; 1884 Kurse für angehende Turn- und Handarbeitslehrerinnen, weil Anna beobachtet hatte, dass die Ausbildung zu Handarbeitslehrerinnen die „hohe Schule der Bleichsucht" sei; schließlich 1890 eine hauswirtschaftlich ausgerichtete Gewerbeschule für Schülerinnen, für die die Anforderungen einer 10-klassigen höheren Töchterschule zu groß waren. 1893 erreichte sie, dass die durch ihr Institut ausgebildeten Lehrerinnen durch wissenschaftliche Ferienkurse an der Universität Göttingen weitergebildet werden konnten. Dies war ein erster Schritt zu einem von ihr angedachten akademischen Studium für Frauen im Lehrberuf.
Anders als die Frauenrechtlerin Helene Lange ging Anna Vorwerk dem Streit um die Gleichwertigkeit der Frau aber aus dem Wege. Sie

war der Überzeugung, „daß die angeborenen (nicht anerzogenen) unersetzlichen Eigentümlichkeiten der Frau"[7] durch Erziehung und Bildung zum Nutzen der Gesellschaft und einer ehelichen Partnerschaft entwickelt und vertieft werden sollten. Ihrem Wesen nach war ihr „alles Rohe, Ungezügelte zuwider. Jede Art von Zank war ihr im hohen Maße unsympathisch; sie ließ es gewöhnlich gar nicht dazu kommen, sie schwieg lieber oder litt gar schweigend Unrecht. Ihr Bruder erzählt, daß sie oft, selbst wenn sie die Gekränkte war, den ersten Schritt zur Versöhnung getan habe, nur weil ihr ein längerer Groll unerträglich war."[8] Vielleicht waren ihre Ausbildungsziele u.a. vom Wunsch getragen, die Frauen zu befähigen, das autoritäre Patriarchat der Männer zu unterminieren. Schon Laotse hatte, sagt Bert Brecht, erkannt, „dass das weiche Wasser in Bewegung mit der Zeit den mächtigen Stein besiegt. Du verstehst, das Harte unterliegt."

Anna erzog zu Pflichterfüllung und Bescheidenheit: „Wir möchten sie, wohin sie ihr Weg auch dereinst führe, arbeiten lehren: treu arbeiten, denn Arbeit ist Gottes Gebot für alle Menschen und unsere oberste sittliche Pflicht, gründlich arbeiten, denn Arbeit läßt uns erstarken an Seele und Leib, und fröhlich arbeiten, denn Arbeit ist Glück und Segen; sie lehrt uns das eine, das Schönste und Edelste, das Bleibendste und Beglückendste: Uns selber zu vergessen."[9]

Sie starb am 18. November 1900. 1902 wurden ihre Anstalten in eine Stiftung umgewandelt, die von ihr mit 90.000 RM ausgestattet worden war. Die höhere Töchterschule wurde 1912 zu einem privaten Lyzeum ausgebaut. Dies erforderte akademisch ausgebildete Lehrkräfte. 1923 übernahm die Stadt das Lyzeum in ihre Trägerschaft. Aus ihm ging 1970 das Gymnasium im Schloss hervor. (Reinhard Bein)

⌂ **Touristischer Hinweis:** Das Anna-Vorwerk-Haus am Schlossplatz 4 mit dem Gartenpavillon aus Schloss Salzdahlum; das ehemalige Feierabendhaus Leibnitzstraße 6 in Wolfenbüttel. Grab: Friedhof, heute Parkanlage vor dem Herzogtore.

◈ **Quellen- und Literaturangaben**: **1**, **4**, **6**, **7** Ingeborg Ohlerich, in: Niedersächsische Lebensbilder 8, Hildesheim 1973, S. 287, 269, 278, 292; **2**, **8** Martha Genzmer, Anna Vorwerk, Wolfenbüttel 1910, S. 8, 21; **3** Walter Söchting, 100 Jahre Anna-Vorwerk-Schule in Wolfenbüttel, in: Heimatbuch für den Landkreis Wolfenbüttel, S.140; **5** Albert Reble, Geschichte der Pädagogik, Stuttgart 1965, S. 216 f.; **9** Ingeborg Baatz (Hg.), Anna-Vorwerk-Schule. 100 Jahre Mädchenbildung im Schloß, Wolfenbüttel 1966, S. 33.
Foto: Wie FN 9.

Rudolf Wassermann
(05.01.1925 – 13.06.2008)
Oberlandesgerichtspräsident
und Justizreformer

Wassermann gehörte zu den aus der Gefangenschaft nach dem Zweiten Weltkrieg zurückgekehrten jungen Soldaten der Jahrgänge etwa 1920 bis 1926, die besondere Anstrengungen unternehmen mussten, um eine Berufsausbildung zu beginnen oder fortzusetzen.

Aus Klötze in der Altmark stammend, Sohn eines dortigen Kaufmanns, musste er zunächst das Abitur in Gardelegen nachholen, um anschließend von 1946 bis zum Referendarexamen 1950 Rechtswissenschaft an der Heimatuniversität Halle/Saale zu studieren. Danach verließ er sogleich das von ihm verabscheute sowjetkommunistische Regime der DDR nach Westberlin, um die Referendarausbildung aufzunehmen und seine zusätzlichen Studien der Philosophie, Soziologie und Politikwissenschaft fortzusetzen. Hier wurde sein Referendarexamen zwar vollwertig anerkannt, aber die Referendarausbildung könne er erst beginnen, wenn alle in Westberlin geprüften Referendare, gleichgültig mit welcher Examensnote, eingestellt seien. Das könne bei der hohen Zahl der Bewerber lange dauern.

Zunächst, um Geld zu verdienen, auf Nachhilfestunden angewiesen, trumpfte Wassermann schon kurz nach seinem Eintreffen in West-Berlin auf. Zwei Tage nach seiner Ankunft 1951 las er im ASTA-Büro der Freien Universität die Einladung zu einem bundesweiten Preisausschreiben zum Thema Demokratie und schrieb in großer Eile einen Essay über Freiheit, Gleichheit und Liebe zur Demokratie. Das brachte ihm nach Peter von Oertzen (dem späteren Niedersächsischen Kultusminister) und Gerhard Stoltenberg (dem späteren Bundesfinanzminister) den dritten Preis ein.

Sodann erwirkte er seinen Eintritt in die Referendarausbildung. Er meldete sich beim Kammergericht mit dem Antrag, ihn zum dortigen Referendarexamen zuzulassen. Dieser einmalige Fall irritierte. Vierzehn Tage später war er in den Referendardienst aufgenommen. Die Geldsorgen blieben, damals gab es für Referendare einen Unterhaltszuschuss nur im letzten Jahr vor der Assessorenprüfung. Aber sein anfängliches Vorhaben, nebenbei Philosophie und Soziologie an der FU zu studieren, hatte Erfolg.

Er wurde wissenschaftlicher Assistent des Soziologen Otto Stammer, musste allerdings wegen seiner vormittäglichen Abwesenheit als Gerichtsreferendar auf seine Kosten eine studentische Hilfskraft einstellen. Nach dem Assessorexamen im Oktober 1955 und dem anschließenden Eintritt in die Berliner Justiz erwies sich Wassermann als eine der führenden Nachwuchskräfte, der 1958 Landgerichtsrat und 1963 Richter am Kammergericht (so der Name des Oberlandesgerichts in Berlin) wurde, wo er in der Präsidialabteilung und im Präsidentensenat tätig war sowie seit 1960 als Referendararbeitsgemeinschaftsleiter. Zugleich begann er, seine Überlegungen zur juristischen Ausbildungsreform und zur Reform der Justiz und des geistigen Selbstverständnisses der Richterschaft schriftstellerisch darzulegen.

Obwohl Mitglied der SPD und für höhere Ämter in Berlin prädestiniert, wurden besser vernetzte Bewerber bevorzugt. So strebte er von Berlin fort und wurde doppelt umworben: Von Frankfurt/Main, um Landgerichtspräsident zu werden, und aus Bonn, um in der Rosenburg (dem Bundesjustizministerium) Ministerialrat und Pressesprecher, auch Redenschreiber (für ein neues Strafrecht) des Justizministers Heinemann zu werden. Es kam zu einer Verabredung: Er ging zum 1.9.1967 nach Bonn, um die Justizpolitik in Schwung zu bringen, solange wollte Hessen den Posten des Landgerichtspräsidenten für ihn freihalten. Dortiger Präsident wurde er im Mai 1968.

Obwohl vom Justizminister der sozialliberalen Koalition, Gerhard Jahn, als neuem Ministerialdirektor einer neuen Abteilung Rechtspflege umworben, entschied sich Wassermann aber, der bis Jan. 1969 wöchentlich nach Bonn fuhr, um die neue Abteilung einzurichten, in Frankfurt zu bleiben, weil er seinen Platz als Justizreformer in der Mitte der Gerichte sah. Bei seinem Abschied von der Rosenburg war der Vorsitzende des Personalrats besonders traurig und fürchtete Ebbe in der Honorarkasse, die Wassermann durch seine vielen Veröffentlichungen kräftig beliefert hatte. Denn von den Honoraren behielt der Autor die Hälfte, die andere ging an den Personalrat. Wassermann tröstete damit, dass das Honorar von 2.000 DM für einen Illustrierten-Artikel noch ausstand. In Frankfurt bestand für den jungen Gerichtspräsidenten eine der Herausforderungen darin, mit dem Klamauk fertig zu werden, den die 68er Studenten in den Gerichtssälen veranstalteten. Er befürchtete sogar, seine Reformbestrebungen könnten an der Feindseligkeit der radikalen

Studenten scheitern. Er setzte dem publizistisch den liberalen und humanen Richtertyp entgegen. Zu einer Diskussion stellte er sich mit dem Wortführer inmitten von etwa 200 Radau machenden Studenten – mit Megaphon (das Foto figurierte in deutschen Zeitungen). Er konnte sie aus dem Gericht herausbefördern, indem er diesen die Fortsetzung der Diskussion außerhalb des Gebäudes anbot.

So sehr er den Kampf der 68er gegen den Muff unter den Talaren, gegen erstarrtes Establishment und die Residuen des Obrigkeitsdenkens begrüßte, störten ihn deren Revoluzzertum, Antiamerikanismus, Neomarxismus, Anarchismus, Verherrlichung der revolutionären Gewalt, die Ablehnung von Recht und Ordnung, Missachtung der Familie, sexuelle Zügellosigkeit. Die wollten den liberalen Rechtsstaat nicht reformieren, sondern zerschlagen, keine Verbesserung des Bestehenden, sondern eine andere Republik, sagte er.

Als sich die Aussicht zerschlug, Präsident des Oberlandesgerichts in Frankfurt zu werden, ergab sich die Ernennung zum Oberlandesgerichtspräsidenten in Braunschweig im Januar 1971. Die Vorgeschichte seines hiesigen Amtsantritts war sicherlich für ihn der schwerste Schock. Es entstand gegen ihn ein Kesseltreiben, das der Justiz nicht zur Ehre gereichte.

Im Rückblick schrieb er: „Es brach ein Aufstand in der niedersächsischen Richterschaft aus, wie ihn die Bundesrepublik bisher nicht erlebt hatte." – „Leitbild [seiner] Reformen sei der politische Kommissar", er sei die „Schlüsselfigur sozialistischer Rechtspolitik" und „für Rechtsstaatlichkeit und Demokratie [ein] sehr gefährlicher Richter." Belustigt hatte ihn nur, dass er als „roter Hesse" beschimpft wurde, tatsächlich aber aus einem Ort an der bis 1990 bestehenden Grenze (dem altmärkischen Klötze) stammte, der bis zum Wiener Kongress 1815 zum Herzogtum Braunschweig-Lüneburg als niedersächsischem Kernland gehört hatte.

In den 19 Jahren seines Wirkens an der Spitze der Justiz in Braunschweig ist Wassermann einer der bekanntesten Richter in Deutschland geworden und ein Glücksfall für die Braunschweiger Justiz. Für ihn war es aber auch ein Glücksfall, zu einem Gericht zu kommen, das hinsichtlich Bürgernähe und juristischer Effizienz einen Spitzenplatz unter den Oberlandesgerichten in der Bundesrepublik einnimmt.

Mit seinem Schlagwort und zugleich Buchtitel von 1972 vom politischen Richter, zugegeben für viele missverständlich, verfolgte er eine zeitgemäße Aufwertung der rechtsprechenden Gewalt als der dritten Säule im demokratischen Rechtsstaat neben Legislative (Parlament) und Exekutive (Verwaltung), der bisher, d.h. in der Zeit vor der grundgesetzlich konstituierten Bundesrepublik, nur das Dasein einer obrigkeitsstaatlichen Beamtenbürokratie gestattet war. Das Grundgesetz hob demgegenüber hervor, dass die Rechtsprechung den Richtern anvertraut ist (Art. 92 GG). Es wies damit auf die Bedeutung für die Gesellschaft und das Staatsganze hin, dass die Rechtsprechung auch Mittel der gesellschaftlichen Gestaltung ist. Das war ein Unterschied zu der herkömmlichen Auffassung, wonach Richter nur über Vergangenes zu entscheiden haben und wie Rechenkünstler Urteile aufgrund logischer Operationen fällen. Zudem müssen aber vielfach im Wege richterlicher Rechtsfortbildung Gesetze, die nicht eindeutig bestimmt sind, erst von den Richtern im Wege der an den Grundrechten und dem Gemeinwohl orientierten Auslegung zubereitet werden.

Das Politische der Rechtsprechung hat nichts mit Parteipolitik zu tun, obwohl Richtern nicht verboten ist, Mitglied einer demokratischen Partei zu sein. Es bedeutet vielmehr, gegenüber der bisherigen Selbsttäuschung, sich der gesellschaftlichen Bedeutung der Rechtsprechung bewusst zu sein und bürgerliche Freiheitsrechte zu verteidigen. Wassermann forderte eine menschenfreundliche Justiz, die nicht Herrschaftswissen von oben herab ausspielt, sondern auf gleicher Ebene Bürgernähe und Verständnisbereitschaft zeigt. Als Verhandlungsstil plädierte er für „die 3 Ks": Kommunikation, Kooperation u. Kompensation.

Er bewältigte dieses juristische Programm mit unglaublicher Tatkraft und Einfallsreichtum als Redner und Schriftsteller auf den Gebieten der Öffentlichkeitsarbeit, der Richterfortbildung und der Referendarausbildung. Dabei kam ihm eine glänzende Beherrschung der Sprache in Rede und Schrift zugute.

Zu seinen Nebentätigkeiten gehörten die Präsidentschaft des juristischen Landesjustizprüfungsamtes, die Mitgliedschaft im Verfassungsgericht in Niedersachsen sowie anderes.

Sein Denken und Handeln umfasste aber nicht nur die systematische Dimension mit Einbettung des Rechts in die demokratisch-rechtsstaatliche Gesellschaft und den Staat. Hervorzuheben ist auch sein waches historisches Bewusstsein, das sich zweifach verwirklichte: Das eine war das, was er als Festredner im Niedersächsischen Landtag am 3.10.1990 zur Feier der Wiedervereinigung sagte: „Mein ganzes berufliches Leben habe ich mich für die erinnernde Auseinandersetzung, aber auch Ahndung dessen eingesetzt, was unter der NS-Herrschaft geschehen ist". Aber er war nicht nur darauf festgelegt, sondern in weiterem Sinne bedacht, Schicksal in Bewusstsein zu verwandeln und dem Vergessen entgegenzuwirken, denn „nicht Wegsehen, sondern Erinnerung macht frei".

Als Novum in der bundesrepublikanischen Justizlandschaft hat er zum 50. Jahrestag der sog. Reichskristallnacht im Schwurgerichtssaal des Landgerichts ein Gedenken zur Erinnerung an die Verdienste, die Diskriminierung und die Verfolgung jüdischer Juristen veranstaltet. Sodann hat er zusammen mit Mitgliedern seines Gerichts die Geschichte der Braunschweiger Justiz erforscht, zu der verdienstvollerweise als herausragende Richter Juden gehörten: Heymann, die Mansfelds, Louis Levin, um nur einige zu nennen. So entstand im Jahre 1989 die Festschrift „Justiz im Wandel der Zeit", die ursprünglich zum hundertsten Jahrestag der Errichtung des Oberlandesgerichts (1879) hätte erscheinen sollen. Diese historische Dokumentation war so fruchtbar, dass unter der Präsidentschaft von Wassermanns Nachnachfolger Isermann und dem Präsidenten der Anwaltschaft Schlüter im Jahre 2004 eine zweite historisch instrumentierte Festschrift erschien.

Wassermann war ein treffsicherer, wacher Analytiker der Gegenwart. Nach dem Schwinden einer allseits verbindlichen Werteordnung in der pluralistischen Gesellschaft zugunsten von Beliebigkeit und Permissivität, wonach alles erlaubt sei, stellte er die besondere Bedeutung des Rechtsbewusstseins als der bejahenden Einstellung der Gesellschaft zum Recht als Ganzem heraus und lehnte zivilen Ungehorsam und Widerstandsrecht ab, lobte aber Zivilcourage. Und er beklagte ein bis in die höchsten Kreise hinein schwindendes Rechtsbewusstsein.

Mit seinem Buch „Die Zuschauerdemokratie" (1986), einem Plädoyer für eine Mitwirkungsdemokratie, nimmt er einen Platz unter den Demokratietheoretikern ein, zugleich als Parteienkritiker. Er tadelte die Klüngelwirtschaft und die Eigendynamik der Parteien, die vielfach über die Köpfe und Bedürfnisse der Bürger hinweg agieren, und untersuchte Auswege zugunsten einer größeren Bürgerbeteiligung wie z.B. einer weiteren Möglichkeit von Bürgerabstimmungen.

Unter seiner fast 20-jährigen Präsidentschaft erlebte das Oberlandesgericht Braunschweig eine Blüte und Präsenz in der Öffentlichkeit wie nie zuvor. Es gab eine Fülle von zustande gebrachten Projekten, die die innere Gerichtsstruktur verbesserten und die Effizienz der Justiz steigerten. Das Oberlandesgericht trat im Zusammenhang mit Vortragsveranstaltungen und Kunstausstellungen als Stätte der Begegnung der Justiz mit Persönlichkeiten aus Politik, Kunst, Wissenschaft und Wirtschaft hervor. In den siebziger und achtziger Jahren kam jeder Bundesjustizminister zu einem Vortrag nach Braunschweig. Es kamen auch österreichische Justizrepräsentanten mit seinem freundschaftlich verbundenen Justizminister Christian Broda an der Spitze sowie japanische Rechtswissenschaftler, diese, um die deutsche Gerichtsbarkeit vorbildlich gegenüber der autoritären Japans darzustellen. Einer übersetzte Wassermanns „Sozialen Zivilprozess" ins Japanische.

Wassermann und seine Frau, mit der er seit 1953 verheiratet war, waren überhaupt zauberhafte Gastgeber von Festen, wie auch die Gastfreundschaft in ihrem Hause in Goslar berühmt war und immer gerühmt worden ist.

Nach seiner Pensionierung war er weiterhin unermüdlich publizistisch tätig, so mit Kolumnen in der „Welt", die er telefonisch diktierte. Er befürwortete den schnellen Anschluss der DDR-Gebiete an die Bundesrepublik und tadelte die vielen intellektuellen Anhänger der deutschen Teilung. Er kannte ja von regelmäßigen Privatfahrten zu seiner hoch betagten Mutter in der Altmark die triste, hoffnungslose DDR-Umwelt. Er wandte sich scharf gegen die von der Bundesregierung und dem Bundesverfassungsgericht gebilligten entschädigungslosen SMAD-Enteignungen der Großgrundbesitzer (über 100 ha), die angeblich bei den Wiedervereinigungsverhandlungen von der russischen Seite gefordert wurden.

In den letzten Jahren seines Lebens, als er auf den Rollstuhl angewiesen war, rief er in schmerzfreieren Phasen an und bat mich zum „Goslarer Gespräch", wie er es nannte. Das waren immer Einzelgespräche, die mir unvergessen bleiben.

Er starb am 13. Juni 2008, seine Ehefrau ein knappes Jahr danach. Sein Sohn Hendrik, im diplomatischen Dienst des Auswärtigen Amtes stehend, setzt, schon zu Lebzeiten seines Vaters, dessen Vierteljahreszeitschrift „Recht und Politik" in Berlin als verantwortlicher Redakteur fort.

(Dieter Miosge)

◈ **Quellen- und Literaturangaben**: Die Darstellung schöpft aus jahrelangem persönlichem Erleben der freundschaftlichen Begegnungen und Gespräche und der Heranziehung von Wassermanns unveröffentlichten Memoiren, wofür ich Hendrik Wassermann danke. – Flotho, R. Wassermann zum 70. Geburtstag, Neue Juristische Wochenschrift 1995, S. 572; D. Miosge, Vertikale und horizontale Geistigkeit – In memoriam Rudolf Wassermann, Recht und Politik, 2013, S. 177 ff. **Foto**: Dieter Miosge.

Ludwig Winter
(22.01.1843 – 06.05.1930)
Architekt, Stadtbaurat, Hochschullehrer

Das Ölgemälde Erich Körners von 1913 zeigt einen gereiften Mann im schwarzen Gehrock, der mit einem Stechzirkel als Attribut seines Berufes selbstbewusst und stolz auf zwei seiner bedeutendsten Schöpfungen weist, das Neue Rathaus und die phantasievoll wiedererrichtete Burg Dankwarderode in seiner Vaterstadt Braunschweig.

Ludwig Winter wurde 1843 als Fritz Louis Julius Winter in Braunschweig geboren. 1859 änderte er seinen Rufnamen Louis in Ludwig um. Es war die Zeit, als im beginnenden nationalen Übereifer Französisches in der deutschen Sprache zurückgedrängt wurde.

Die Eltern waren der Steuerrevisor Christoph Julius Winter und Caroline Auguste Gerloff. Von 1854–1859 besuchte Louis das Gymnasium in Wolfenbüttel, verließ es ohne Abitur und studierte von 1859–1864 am Collegium Carolinum (der späteren Technischen Hochschule) in Braunschweig Architektur. Ein Abitur benötigte man damals dafür nicht. Stadtbaumeister Carl Tappe, gleichzeitig Hochschullehrer für Schöne Baukunst, Winters väterlicher Freund, riet ihm, nach dem Studienabschluss zu einem Aufbaustudium für mittelalterliche Architektur. Zunächst aber arbeitete Ludwig, um die Eltern zu unterstützen, bis 1868 als Lehrer an der Baugewerkschule in Holzminden, bei der Herzoglichen Eisenbahn- und Postdirektion und beim Kreisbaumeister Kruse in Schöningen. Dies diente als Vorbereitung für die Aufnahme in den Staatsdienst.

Nachdem er 1868 die zweite Staatsprüfung bestanden hatte, folgte er dem Rat Tappes, indem er sich an der Akademie der bildenden Künste in Wien zwei Jahre dem Studium der mittelalterlichen Baukunst widmete. Sein verehrter Lehrer in diesen beiden Jahren war der Württemberger Neugotiker Friedrich von Schmidt, dessen eindrucksvollstes Gebäude das neue Wiener Rathaus ist, an dessen Planung Winter mitarbeitete. Schmidts ungarischer Schüler Imre Steindl baute später das prunkhafte Budapester Rathaus, sein deutscher Schüler Ludwig Winter das Neue Rathaus in Braunschweig. Sie alle faszinierte die Gotik, und sie waren der Auffassung, die neuen Rathäuser des 19. Jahrhunderts müssten in diesem Stil errichtet werden, weil er den gesellschaftlichen Aufstieg des Bürgertums spiegele. Das alte Rathaus von Brüssel diente ihnen als Vorbild.

Nach Winters Rückkehr nach Braunschweig 1870 trat er als Gehilfe Carl Tappes (1816–1885) in den städtischen Dienst. 1877 wurde er Stadtbaumeister. Und mit dieser Sicherheit im Rücken konnte er Franziska Zwilgmeyer (1856–1932) heiraten, mit der er die Tochter Elisabeth (1878–1946) hatte. Nach der Versetzung Tappes in den Ruhestand 1879 wurde Winter sein Nachfolger als Leiter der städtischen Bauverwaltung. In dieser Position blieb er bis zu seiner Pensionierung 1914. Neben seiner Tätigkeit als Stadtbaurat, ab 1910 als Geheimer Baurat, lehrte er ab 1891 an der Technischen Hochschule romanische und gotische Baukunst. Sein erstes selbständiges Werk als Stadtbaumeister war der Entwurf und die Ausführung des Unterbaues für das Standbild Heinrichs des Löwen auf dem Hagenmarkt im romanischen Stil (1874). Nach seinem ersten Schulbau, der Bürgerschule Okerstraße (1880), versuchte Winter Maßstäbe für Schulbauten zu setzen.

Die 1881 errichtete Schule Bültenweg, ein Dreiflügelbau in neugotischem Stil, beeindruckt durch ansprechende Form und Zweckmäßigkeit. Typisch: getrennte Eingänge für Mädchen und Jungen links und rechts und ein repräsentativer zentraler Eingang für Lehrer. Die Schule missfiel aber den Stadtvätern, weil sie teurer kam als geplant.

Alle folgenden Schulen mussten deshalb preiswerter werden. Also baute Winter die weiteren ca. 20 Schulen standardisiert und gleichförmig wie Fabrikgebäude. Lediglich die Treppenhäuser lockern die eintönigen Fassaden durch Risalite und Zwerchgiebel etwas auf.

Neues Rathaus und Burg Dankwarderode (Postkarte von 1901).

Zu Winters Aufgabe gehörte es, Braunschweig auf seine Rolle als Großstadt vorzubereiten. Wichtige, isoliert liegende Gebäude wie Hauptbahnhof, Schloss und Staatstheater mussten verknüpft und ein modernes Verwaltungszentrum geschaffen werden. „Winter schaffte einen Straßendurchbruch vom Bahnhof in Richtung Burg und Dom, die Friedrich-Wilhelm- und Münzstraße. Er knickte diesen Straßenzug ab und stellte den Durchbruch Dankwardstraße zur Verbindung mit dem Steinweg her. An den Knickpunkt stellte er 1900 das neue Rathaus mit seinem hervorragend in die Stadtsilhouette hineinkomponierten Turme."[1] In dieses neue Stadtzentrum mit dem Rathaus als Mittelpunkt legte er die neuen Verwaltungsbauten der Regierung, der Polizei, der Justiz und die Staatsbank. Dafür mussten Okerarme zugeschüttet bzw. unter die Erde verlegt und im Wege stehende Gebäude abgerissen werden. Auch die 1873 ausgebrannte Burg Dankwarderode störte die Pläne der verkehrsmäßigen Erschließung des Zentrums und sollte abgerissen werden.
„Als beim Abbruch […] architektonisch wertvolle Überreste der alten Pfalz Heinrichs des Löwen zum Vorschein kamen, wurde Baurat Winter mit der Untersuchung des Gebäudes beauftragt, wobei dann noch

mehrere alte Bauteile entdeckt wurden. Über diese Funde und die Geschichte der Burg überhaupt hat er dann ein grundlegendes Werk verfasst, das 1882 bei Johann Heinrich Meyer erschienen ist."²
Hinzuzufügen ist, dass weder Winter noch die Mehrheit der Stadtväter den Wiederaufbau wollten. Bürgerproteste und eigene Neigung bewogen jedoch den Landesherrn, Prinzregent Wilhelm von Preußen, die Ruine zu kaufen und das Gebäude auf eigene Kosten rekonstruieren zu lassen. „Ludwig Winter bekam den Auftrag, er baute die Burg nach den bei der Untersuchung gewonnenen Erkenntnissen und eigenen Vorstellungen aus. Der Palast ist zweigeschossig, im Erdgeschoß befindet sich der Knappensaal, im Obergeschoß der Rittersaal. Beide Säle wurden durch eine Mittelarkade in der Länge geteilt. Zum Dom liegt die sogenannte Kemenate mit den Wohnräumen des Herzogs und die nach Fundamentresten teilweise rekonstruierte zweigeschossige Burgkapelle."³
Im Zweite Weltkrieg erhielt das Gebäude einige Treffer, lag viele Jahre notdürftig gesichert brach und musste zwischen 1981 und 1995 erneut wiederaufgebaut und restauriert werden. Der damit beauftragte Arcnhitekt **Justus Herrenberger** ↑ bewunderte die sorgfältigen Pläne Winters, die seinem Büro als Vorlage für die Rekonstruktion dienten: „Elf große Mappen mit über 960 Zeichnungen allerhöchster Präzision, graphischer Schönheit und künstlerischer Qualität. Er hatte fast alle Pläne selbst auf Karton gezeichnet, Lichtpausen waren damals noch nicht möglich. [...] Viele Pläne wurden farbig angelegt. Die Bemaßung und Beschriftung in seiner schönen Handschrift ist minuziös. Jedes Gewölbe, jeder Steinschnitt, Holzverbindungen, Tür- und Fensterbeschläge, Steinbildhauerarbeiten, Steinmosaik, Parkettmuster, Lampen, Vorhangschienen wurden von ihm ebenso entworfen und konstruiert wie alle Ornamente und die farbigen Bildunterschriften der Ausmalung."⁴ Die Ausmalung besorgte **Adolf Quensen** ↑¹, ein „auf die Welfen bezogenes Bild- und Ornamenteprogramm, das er, gestützt auf Studien in den Bibliotheken von Wolfenbüttel, München und Berlin"⁵, gemeinsam mit Winter entwickelt hatte.
Der Historismus, dem Winter wie fast alle seiner Zeitgenossen huldigte, beherrschte Europa das gesamte 19. Jahrhundert und lässt sich mit der Entwicklung des Nationalbewusstseins der Staaten erklären. Sie besannen sich auf ihre Geschichte, stellten aber fest,
dass außer Kirchen und Burgruinen wenig davon sichtbar war. Also erschufen, ergänzten oder vollendeten sie Bauwerke des Mittelalters.

Deutlich manifestierte sich Ludwig Winters Wirken auch im mittleren Teil des östlichen Ringgebiets. Erst 1888 konnte die Stadt vom Herzogshaus den so genannten Küchengarten kaufen, einen großzügig angelegten Park, der bis dahin unverkäuflich war und die Stadtentwicklung zwischen Nussberg und Hoftheater verhinderte. Nach Winters Plan von 1887 erschließt die Kaiser-Wilhelm-Straße (Jasperallee) das schachbrettartig angelegte Neubauviertel, in dessen Zentrum die St. Paulikirche emporragt, 1902 von Winter im gotischen Stil erbaut. Seit dem Bombenangriff 1944 fehlt ihr die einstmals das Viertel beherrschende Turmspitze. Die Kirche wurde in Nord-Süd-Richtung ausgerichtet, mit dem Eingang zur Kaiser-Wilhelm-Straße, und war damals ein Ort, „nicht zum Beten, sondern zum Vorfahren", wie Pastor Dietrich Kuessner einmal spöttelte. Teile des östlichen Ringgebiets wurden zur Nobeladresse der Residenzstadt.

Ludwig Winter war ein Mann seiner Zeit und wurde wegen der Perfektion, mit der er die Romanik und Gotik beherrschte, berühmt. Obwohl seine Bauwerke mittelalterlich anmuten, waren sie technisch auf Höhe der Zeit. Es fehlte weder an Elektrizität noch an hygienischen Einrichtungen. Das lässt sich gut an dem 1911/1915 von ihm im romanischen Stil geplanten Krematorium veranschaulichen.

Den romanischen Charakter des Gebäudes unterstreichen das Portal, die kleinen Fensteröffnungen und die grob behauenen Kalksteinquader der Fassade. Das Pyramidendach endet in zwei gebündelten Schornsteinen, die die Verbrennungsabgase von den Öfen im Keller zum Dach ableiteten. So erinnert Winters Werk im Stil an die hygienearme Zeit des Mittelalters. Der Bau selbst jedoch ist mit dem technischen Komfort der Neuzeit ausgestattet.

Das Krematorium war Winters letztes Werk in Braunschweig, 1914 ging er in den Ruhestand.

Schon zuvor hatte er für den letzten braunschweigischen Regenten, Herzog Johann Albrecht von Mecklenburg, gearbeitet. Für dessen Schloss Wiligrad am Schweriner See (erbaut 1896-1898, Architekt: Johann Haupt) entwarf er eine Nachbildung des Braunschweiger Burglöwen. Zwischen 1910 und 1920 arbeitete er für den Herzog (gest. 1920) und die hierzulande geliebte Herzogin Elisabeth (gest. 1908) an deren Grablege, einem pompösen, vom byzantinischen Stil beeinflussten Grabmonument in der Klosterkirche von Bad Doberan (Abb.).

In der Ratssitzung am 8. Mai 1930 würdigte Baurat Gebensleben den am 6. Mai 1930 in Braunschweig verstorbenen Ludwig Winter: „Ich habe eine ganz persönliche Einstellung zu ihm gehabt, da ich noch unter ihm arbeiten durfte und ihn auch als pflichttreuen Beamten und vor allem auch als vornehmen Menschen kennen lernen konnte. Vornehme Gesinnung und die besten Charaktereigenschaften zeichneten ihn aus, sodaß er uns allen ein Vorbild war."[6]

(Reinhard Bein)

⌂ **Touristischer Hinweis:** Grabmal Hauptfriedhof (Anlage und Aussegnungshalle sind sein Werk), Abt. 57; Persönlichkeitstafel an seinem Wohnhaus Abt-Jerusalem-Straße 9.; bemerkenswerte Villen in Braunschweig: Wolfenbütteler Straße 13 (1886) und Löwenwall 16 (1889); Grabmonument im Ostseebad Bad Doberan.

❖ **Quellen- und Literaturangaben**: **1, 3, 4** DAB 10/85, S. 1261 f.; StB Br. Brosch. II 13.871; **2** BLZ 14.5.1930; **5** Arbeitskreis Andere Geschichte (Hg.), Br. Persönlichkeiten des 20. Jh., Bd 1, Br. 2012, S. 194; **6** BAA vom 9.5.1930. – Neue Braunschweiger 19.3.2000; BZ 22.1.1993; Monika Lemke-Kokkelink, Ludwig Winter (22.1.1843-6.5.1930), Stadtbaurat und Architekt des Historismus in Braunschweig, Br. 1993.

Abbildungen: 1 Erich Körner, Städt. Museum Braunschweig; **2** Günter Rüggeberg, in: 74 Jahre Volksschule Bültenweg 1881-1956, Braunschweig 1956, S. 10; **3-5** Archiv Bein.

Die Autoren

▲ **Reinhard Bein** (*1941 in Guben), Studium der Germanistik und Geschichte, Oberstudienrat i.R. Zahlreiche Veröffentlichungen, Vorträge und Ausstellungen zur regionalen Zeitgeschichte. Mitglied im Arbeitskreis Andere Geschichte.

▲ **Herbert Blume**, Dr. Dr. hc. (*1938 in Fallersleben), Studium der Germanistik, Romanistik und Skandinavistik, Akademischer Oberrat i.R. Zahlreiche Publikationen zur Sprach- und Literaturwissenschaft.

▲ **Regina Blume** (*1948 in Braunschweig), Studium der Anglistik, Politologie u. Romanistik, Oberstudienrätin i.R. Aufsätze zur Sprachwissenschaft, Geschichte und Politik. Mitglied im Arbeitskreis Andere Geschichte.

▲ **Brigitte Cherubim** (*1945 in Marburg), Studium der Germanistik und Anglistik, Realschullehrerin i.R.

▲ **Heinz Günther Halbeisen** (*1944 in Bottrop), Studium der Soziologie und Politikwissenschaft, Anglistik und Philosophie, Reedereikaufmann, Oberstudienrat i.R. Mitglied im Arbeitskreis Andere Geschichte.

▲ **Gudrun Hirschmann** (*1947 in Delmenhorst), Studium der Geschichts- und Politikwissenschaft, Studienrätin i.R. Mitglied im Arbeitskreis Andere Geschichte.

▲ **Gilbert Holzgang** (*1949 in der Schweiz), Schauspieler, Dramaturg und Regisseur, seit 1966 in Braunschweig, Leiter des Theaters Zeitraum Braunschweig. Autor von Hörbüchern für die Volkswagen AG. Mitglied im Arbeitskreis Andere Geschichte.

▲ **Wolfhart Klie** (*1938 in Helmstedt), Studium der Germanistik, Anglistik und Geographie, Lehrer an der Gaußschule und Fachseminarleiter am Studienseminar in Braunschweig. Nach Studium Deutsch für Ausländer Lehrer in Ratibor (Oberschlesien), Studiendirektor i.R.

✍ **Dietrich Kuessner** (*1934 in Ostpreußen), Besuch des Predigerseminars, Pfarrer i.R. Zahlreiche Veröffentlichungen zur Braunschweigischen Landesgeschichte. Mitglied im Arbeitskreis Andere Geschichte.

✍ **Hans-Ulrich Ludewig,** Dr. phil. (*1943 in Waldenburg), Studium der Geschichte, Germanistik und Politikwissenschaft, Akademischer Oberrat i.R. Veröffentlichungen zur Arbeitergeschichte und zur regionalen Zeitgeschichte.

✍ **Dieter Miosge** (*1934 in Haldensleben), Studium der Rechtswissenschaft, Vorsitzender Richter am Oberlandesgericht a.D. Zahlreiche Veröffentlichungen zur Braunschweigischen Justizgeschichte sowie zur Rechtsphilosophie.

✍ **Almuth Rohloff** (*1940 in Helmstedt), Studium der Germanistik, Politikwissenschaft und Geschichte, Gymnasiallehrerin i.R. Mitglied im Arbeitskreis Andere Geschichte.

✍ **Isabel Rohloff** (*1972 in Braunschweig), Studium der Germanistik, Geschichte und Soziologie, Dramaturgin und Drehbuchautorin.

✍ **Hans Schaper** (*1951 in Wolfenbüttel), Studium der Germanistik, Anglistik und Psychologie. Beiträge zu biographischen Lexika und zur Regionalgeschichte.

✍ **Manfred Urnau** (*1949 in Dillingen/Saar), Studium der Romanistik, Soziologie und Politikwissenschaft, Oberstudienrat i.R. Mitglied im Arbeitskreis Andere Geschichte.

✍ **Susanne Weihmann** (*1953 in Helmstedt), Studium der Germanistik und Pädagogik. Ausstellungen und Veröffentlichungen zur Geschichte Helmstedts. Ratsmitglied in Helmstedt. Mitglied im Arbeitskreis Andere Geschichte.

Inhalt der Bände 1 und 2

↑ **A** Richard **Andree**, Ethnologe (Seite 08/ Band 1)

↑ **B** Fritz **Bauer**, Jurist (12/1); Heinrich August **Beckurts**, Chemiker (18/1); Otto **Bennemann**, Politiker (22/1); Oswald **Berkhan**, Arzt (28/1); Adolf **Bingel**, Arzt (32/1); Hermann **Blumenau**, Kolonisator (8/2); Wilhelm v. **Bode**, Kunsthistoriker, Museumsleiter (14/2); Friedrich **Boden**, Botschafter (36/1); Hermann **Bollmann**, Kartograph (20/2); Richard **Borek**, Kaufmann (40/1); Wilhelm **Bornhardt**, Geologe (26/2); Adolf **Busemann**, Aerodynamiker (44/ 1); Heinrich **Büssing**, Industrieller (48/1)

↑ **C** Gottfried Freiherr **von Cramm**, Tennisspieler, Unternehmer (30/2)

↑ **D** Richard **Dedekind**, Mathematiker (52/1); Walter **Dexel**, Maler, Bühnenbildner (56/1)

↑ **E** Hans **Eckensberger**, Zeitungsverleger (36/2); Georg **Eckert**, Hochschullehrer (60/1); Carl **Erdmann**, Historiker (42/2)

↑ **F** Oskar **Fehr**, Arzt (64/1); Hannsjörg **Felmy**, Schauspieler (68/1); Otto **Finsch**, Ethnologe (72/1); Kurt Otto **Friedrichs**, Mathematiker (76/1); Martha **Fuchs**, Politikerin (80/1)

↑ **G** Gustav **Gassner**, Biologe (84/1); Friedrich **Gaus**, Diplomat (48/2); Günther **Gaus**, Journalist (88/1); Theodor **Geiger**, Soziologe (92/1); Hans **Geitel**, Physiker (98/1); Friedrich Oskar **Giesel**, Chemiker, Physiker (102/1); Claire v. **Glümer**, Schriftstellerin (52/2); Gerda **Gmelin**, Schauspielerin (58/2); Elisabeth **Gnauck-Kühne**, Sozialpolitikerin (62/2); Jacques **Goldberg**, Opernregisseur (68/2); Otto **Grotewohl**, Politiker (106/1); Wilhelm **Grotrian-Steinweg**, Klavierbauer (110/1)

↑ **H** Wilhelm **Haarmann**, Chemiker, Unternehmer (74/2); Friederike v. **Hannover**, Königin von Griechenland (80/2); Christine **Hebbel**, Schauspielerin (86/2); Reinhold **Heidecke**, Mechaniker, Konstrukteur (92/2); Walter **Henn**, Architekt (114/1); August **Herrmann**, Schulreformer (154/1); Jakob **Hofmann**, Bildhauer (118/1); Walther **von Hollander**, Schriftsteller, Ratgeber (98/2); Ricarda **Huch**, Schriftstellerin (122/1); Hans-Herloff **Inhoffen**, Chemiker (126/1)

↑ **J** Rudolf **Jahns**, Maler (104/2); Heinrich **Jasper**, Politiker (130/1); Max **Jüdel**, Unternehmer (134/1); Adolf **Just**, Naturheiler, Unternehmer (108/2); Eduard **Justi**, Physiker (140/1); Franz **Jüttner**, Maler, Graphiker (114/2)

↑ **K** Bodo **Kampmann**, Bildhauer (120/2); Erhard **Kästner**, Schriftsteller, Bibliothekar (126/2); Heinrich **Kielhorn**, Sonderschulpädagoge (144/1); Friedrich Ludwig **Knapp**, Chemiker (132/2); Gustav **Knuth**, Schauspieler (150/1); Konrad **Koch**, Schulreformer (154/1); Robert **Koldewey**, Archäologe (136/2); Friedrich Wilhelm **Kraemer**, Architekt (158/1); Werner **Kraft**, Dichter, Philosoph (142/2); Alfred **Kubel**, Politiker (162/1)

↑ **L** Adolf **Ledebur**, Hochschullehrer (146/2); E. M. **Lilien**, Maler (168/1); Theodor **Litolff**, Musikverleger (152/2); Hugo **Luther**, Industrieller (172/1)

↑ **M** Fritz **Mackensen**, Maler (156/2); Walter **Mangold**, Sprachwissenschaftler (162/2); Hans **Meyerhoff**, Philosoph (176/1); Karl-Heinz **Möseler**, Chorleiter, Musikverleger (166/2); Carl **Mühlenpfordt**, Architekt (180/1); Carl **v. Müller**, Kapitän zur See (170/2); Gert **Munte**, Unternehmer (176/2)

↑ **O** Dieter **Oesterlen**, Architekt (184/1)

↑ **P** Agnes **Pockels**, Physikerin (188/1)

↑ **Q** Adolf **Quensen**, Kirchenmaler (192/1)

↑ **R** Paul **Raabe**, Bibliothekar, Kulturpolitiker (182/2); Wilhelm **Raabe**, Schriftsteller (196/1); Otto **Ralfs**, Galerist (204/1); Leopold **Reidemeister**, Museumsleiter (188/2); Herman **Riegel**, Sprachforscher (194/2); Arnold **Rimpau**, Unternehmer (198/2); Heinrich **Rodenstein**, Hochschullehrer (208/1); Heinrich **Rönneburg**, Minister, MdR, MdPR (202/2); Ephraim **Rothschild**, Unternehmer (206/2); Karl **Rowold**, Botschafter (212/2); Frieda **Rutgers van der Loeff-Mielziner**, Malerin (218/2)

↑ **S** Ernst **Sagelbiel**, Architekt (212/1); Ernst **Sander**, Schriftsteller, Übersetzer (216/1); Emmy **Scheyer**, Galeristin (220/1); Arno Wilhelm **Schimmel**, Klavierbauer (224/1); Johann Andreas **Schmalbach**, Unternehmer (228/1); Theo **Schmidt-Reindahl**, Bildhauer, Schulleiter (224/2); Rolf **Schmücking**, Kunsthändler, Galerist (230/2); Werner **Schrader**, Lehrer, Offizier (234/2); Norbert **Schultze**, Komponist (236/1); Walter Hans **Schultze**, Pathologe (232/1); Walter **Schulze**, Lehrer (240/1); Friedrich Werner Graf **von der Schulenburg**, Botschafter (240/2); Götz **von Seckendorff**, Maler (244/1); Victor **Schwanneke**, Schauspieler, Unternehmer (244/2); Kurt **Seeleke**, Landeskonservator (248/1); Ina **Seidel**, Schriftstellerin (254/1); Edda **Seippel**, Schauspielerin (250/2); Hans **Sommer**, Komponist, Mathematiker (258/1); Oswald **Spengler**, Philosoph (254/2); Theodor **Stiebel**, Unternehmer (262/2); Albert **Südekum**, Journalist, MdR, Minister (268/2)

↑ **T** Ulrich **Thein**, Schauspieler, Regisseur (262/1); Alfred **Tode**, Archäologe, Museumsleiter (274/2); Franz **Trinks**, Ingenieur (266/1)

↑ **U** Constantin **Uhde**, Architekt (280/2); Carl **Ulrich**, Staatspräs. (286/2)

↑ **V** Lette **Valeska**, Fotografin, Malerin (292/2); **Victoria Luise**, Herzogin von Braunschweig (270/1); Peter **Voigt**, Maler (277/1); Richard **Voigt**, Kultusminister (274/1); Friedrich Wilhelm **v. Voigtländer**, Optiker, Unternehmer (280/1)

↑ **W** Wilhelm **Waßmuß**, Diplomat, Geheimagent (298/2); Jürgen **Weber**, Bildhauer (284/1); Ehm **Welk**, Journalist, Schriftsteller (302/2); Friedrich **Westermann**, Verleger (288/1); Rudolf **Wilke**, Maler, Graphiker (294/1); Johannes **Winkler**, Raketeningenieur (298/1)

↑ **Z** Werner **Zahn**, Jagdflieger, Autorennfahrer, Bobfahrer (308/2)

Abkürzungen

ADB	Allgemeine Deutsche Biographie
AOK	Allgemeine Ortskrankenkasse
ASTA	Allgemeiner Studentenausschuss
AuSR	Arbeiter- und Soldatenrat
BA	Bundesarchiv
BAA	Braunschweigischer Allgemeiner Anzeiger (konservativ)
BBL	Braunschweigisches Biographisches Lexikon
BEL	Bürgerliche Einheitsliste (DVP, DNVP, Wirtschaftsgruppen)
BHE	Bund der Heimatvertriebenen und Entrechteten (Partei)
BLM	Braunschweigisches Landesmuseum
BLZ	Braunschweigische Landeszeitung (konservativ)
BNN	Braunschweiger Neueste Nachrichten (liberal)
Br.	Braunschweig (Stadt) / Braunschweigisch (Land)
BTZ	Braunschweiger Tageszeitung (Parteizeitung der NSDAP)
BZ	Braunschweiger Zeitung
CDU	Christlich-Demokratische Union Deutschlands
DDP	Deutsche Demokratische Partei (linksliberal)
DP	Deutsche Partei (nationalkonservative Partei)
DVP	Deutsche Volkspartei (nationalliberale Partei)
DNVP	Deutschnationale Volkspartei (rechtskonservative Partei)
FDP	Freie Demokratische Partei Deutschlands
FN	Fußnote
FU	Freie Universität (Berlin)
GE	General Electric (Großkonzern in den USA)
GG	Grundgesetz, Verfassung der Bundesrepublik
IHK	Industrie- und Handelskammer
HAB	Herzog August Bibliothek Wolfenbüttel
HAUM	Herzog-Anton-Ulrich-Museum Braunschweig
HJ	Jungenabteilung der Hitlerjugend
HPI	Heilpädagogisches Institut
HvF	Gymnasium Hoffmann von Fallersleben Schule
KAPD	Kommunistische Arbeiterpartei Deutschlands
KPD	Kommunistische Partei Deutschlands
KPM	Königliche Porzellanmanufaktur Berlin
Lkr.	Landkreis

MdL	Mitglied des Landtags (Abgeordneter)
MdN	Mitglied der Nationalversammlung (Abgeordneter)
MdPR	Mitglied des Parlamentarischen Rates (Abgeordneter)
MdR	Mitglied des Reichstags (Abgeordneter)
MIAG	Mühlen- und Industriebau AG
MK	Gymnasium Martino-Katharineum (gegründet 1415)
MSPD	Mehrheits-SPD (1918-1922)
NFD	Nationalkomitee Freies Deutschland
NDB	Neue Deutsche Biographie
NIEMO	Niedersächsische Motorenwerke (Büssing-Zweigbetrieb)
NLA Wf.	Niedersächsisches Landesarchiv, Staatsarchiv Wolfenbüttel
NLA H	Niedersächsisches Landesarchiv Hannover
NSDAP	Nationalsozialistische Deutsche Arbeiterpartei
NVA	Nationale Volksarmee der DDR
OB	Oberbürgermeister
OHG	Offene Handelsgesellschaft
o.J.	Ohne Jahresangabe
OLG	Oberlandesgericht
NO	Gymnasium Neue Oberschule (gegründet 1828)
SD	Sicherheitsdienst der SS (Geheimdienst der NSDAP)
SMAD	Sowjetische Militäradministration in Deutschland
SPD	Sozialdemokratische Partei Deutschlands
SS	hier: Sommersemester
StA	Stadtarchiv
StB	Stadtbibliothek
StM	Städtisches Museum
TH/TU	Technische Hochschule/Technische Universität
UB	Universitätsbibliothek
Uk	Unabkömmlich
UNESCO	United Nations Educational, Scientific and Cultural Organization
USPD	Unabhängige SPD (1917-1922) (linkssozialistische Partei)
VF	Volksfreund (Tageszeitung der SPD)
WG	Wilhelm-Gymnasium (anfangs Neues Gymnasium)
WS	hier: Wintersemester